특별한
나라
대한민국

대한민국 9가지 소통코드 읽기
특별한 나라 대한민국

ⓒ강준만, 2011

초판 1쇄 2011년 1월 28일 펴냄
초판 3쇄 2012년 9월 25일 펴냄

지은이 | 강준만 펴낸이 | 강준우 기획·편집 | 김진원, 문형숙, 심장원, 이동국
디자인 | 이은혜, 최진영 마케팅 | 박상철, 이태준 펴낸곳 | 인물과사상사
인쇄 및 제본 | 대정인쇄공사 출판등록 | 제17-204호 1998년 3월 11일
주소 | (121-839) 서울시 마포구 서교동 392-4 삼양빌딩 2층
전화 | 02-471-4439 팩스 | 02-474-1413 홈페이지 | www.inmul.co.kr | insa@inmul.co.kr
ISBN 978-89-5906-173-0 03300
값 15,000원

이 저작물의 내용을 쓰고자 할 때는 저작자와 인물과사상사의 허락을 받아야 합니다.
파손된 책은 바꾸어 드립니다.

대한민국 9가지 소통 코드 읽기

특별한 나라 대한민국

강준만 지음

머리말: 새로운 한국학을 위하여

"다큐멘터리 같은 픽션 영화와 픽션 영화 같은 다큐멘터리를 만들고 싶다." 프랑스 영화감독 장 뤽 고다르Jean Luc Godard의 말이다. 미국 작가 수전 손택Susan Sontag은 이 말을 받아 "픽션 같은 에세이, 에세이 같은 픽션을 쓰고 싶다"고 말한다.[1] 나는 손택의 말을 받아 이렇게 말하고 싶다. "논문 같은 잡글, 잡글 같은 논문을 쓰고 싶다."

'잡글'은 학계에서 논문 이외의 모든 글을 통칭하는 말이지만 주로 저널리즘적인 글을 가리킨다. 학술논문 예찬론자들도 인정하지만, 논문은 쓰는 사람과 심사하는 사람 이외엔 아무도 읽지 않는다는 게 학계의 통설이다. 이런 풍토에서 잡글처럼 쉽게 읽히는 논문을 쓰자는 것이 나의 오랜 꿈이었다. 이 책은 논문집이면서도 나의 그런 꿈을 실현하려고 애쓴 결과물이다. 한국이 특별한 나라이듯, 이 책도 특별한 책인 셈이다.

문화인류학자 에드워드 홀Edward T. Hall은 "문화는 드러내는 것보다 감추는

---

[1] Susan Sontag & Roger Copeland, "Susan Sontag Interviewed by Roger Copeland: The Habits of Consciousness", *Commonweal*, 108(February 13, 1981), p.84.

것이 훨씬 더 많으며, 더구나 묘한 것은 그 문화에 속한 사람들이 감춰진 바를 가장 모른다는 점이다. 나는 여러 해 동안 문화를 연구하면서 정말로 중요한 일은 외국문화를 이해하는 것이 아니라 자신의 문화를 이해하는 것이라는 점을 확신하게 되었다"고 말했다.[2]

이 관점에서 보자면 한국학의 불모지는 역설적으로 한국인지도 모른다. 한국인은 한국을 잘 알까? 우문愚問이라고 생각할지 모르지만 진지하게 던져볼 만한 가치가 있는 질문이다. 지난 20여 년간 나는 한국에서의 좌우 논쟁 또는 진보-보수 논쟁을 지켜보면서 그 논쟁의 상당 부분이 동전의 양면처럼 분리할 수 없는 한국사회의 명암明暗에 관한 논쟁이라는 것을 절감해왔다. 결코 이념의 문제가 아닌데도 그걸 이념화하는 비생산적인 싸움에 강한 문제의식을 느껴왔다. 이 책에 실린 논문들은 모두 커뮤니케이션학과 한국학의 접목을 시도했는데, 이는 나의 그런 문제의식에서 비롯된 것이다.

한국학은 '특수주의 학문'이다. '보편주의-특수주의'는 해묵은 논쟁이지만 전반적으로 한국 인문사회과학은 보편주의 성향이 강하다는 게 내 생각이다. 이는 자주 사회운동 실천에까지 침투해 큰 영향을 미치곤 한다. 예컨대 진보파는 계급을 앞세워 지역을 무시하는 보편주의 성향을 강하게 보이는데, 이는 그들이 강하게 비판하는 서구 추종주의의 다른 모습일 수 있다. 정당 기간당원제도 그렇다. 유럽의 좋은 것을 수입하는 일엔 열성이지만 한국의 특수한 실정과 환경에 대한 고민은 없거나 박약하다.

한국학이 국내에서 대접받기 어려운 또 하나의 이유는 이른바 '범주화의 폭력'에 대한 강한 경계심이다. 사람을 집단적으로 범주화해 그 어떤 특성을 말할 때에 일어날 수 있는 왜곡과 그에 따른 문제점이 심각하다는 것이

---

[2] 에드워드 홀, 최효선 옮김, 『침묵의 언어』(한길사, 2000), 58쪽.

다. 이와 관련, 전북대 교수 채수홍은 "어릴 적 밥상머리에서 화가 난 아버지가 '그래서 한국놈들은 안된다' 라는 말을 하는 것을 들어본 적이 있을 것이다. 눈에 거슬리게 운행을 하는 앞 차를 보면서 '여하튼 한국놈들은' 이라는 탄식을 하는 택시기사는 요즘도 만날 수 있다. 한국인이 자민족을 비하하는 이런 식의 민족성 담론은 우리에게 흔한 일상이다"라며 다음과 같이 말한다.

"사람은 사실 다양한 한국인이 하나의 성격을 지닌 것처럼 싸잡아 정의 내리는 민족성 담론에 문제가 많다는 것을 경험으로 알고 있다. 느리고, 감정보다 합리성을 앞세우고, 끈기 있게 문제를 파고들고, 개인을 집단보다 앞세우는 사람을 주변에서 얼마든지 발견할 수 있기 때문이다. 가족과 친구만 보아도 개인의 성격은 천양지차이다. 이런 사실을 알면서도 사람들은 왜 틈만 나면 민족성을 운운하는 것일까? 아마 일상적으로 경험하는 문제와 갈등을 민족성 탓으로 돌리면 모든 것이 쉽게 해석이 되기 때문일 것이다. 복잡한 세상과 자신의 힘으로 통제가 되지 않는 일을 단순화시켜 이해하기에 민족성 담론이 편리하기 때문일 것이다. 문제는 민족성 담론이 각양각색인 사람들을 뭉뚱그려 일종의 스테레오타입으로 만들어 부정적으로 이해한다는 점이다. 이런 식의 스테레오타입으로는 우리 앞에 펼쳐진 복잡한 현실을 제대로 해결할 수 없다는 점이다. 문제를 해결하기보다는 왜곡해서 해소하는 데 그친다는 점이다."[3]

전적으로 공감할 수 있는 주장이다. 그렇다면 우리는 '민족성' 이니 '국민성' 이니 하는 개념을 폐기처분해야 할까? 그렇진 않다. 칼이 사람을 죽이는 데에 사용될 수 있다고 해서 칼을 폐기처분해야 할까? 어떻게 쓰느냐가 중요

---

[3] 채수홍, 「자기비하의 담론에 익숙한 우리」, 『새전북신문』(2010년 4월 20일자).

한 게 아닐까? 재미동포 학자인 캐서린 문이 '한국인들은 극도로 열정적'이라고 말하면서 내린 다음과 같은 진단은 '민족성·국민성 담론'의 필요성을 말해주는 게 아닐까?

"한국인들은 무언가를 하기로 결정하고 나면 모든 에너지를 그 일에 쏟아부어 전부가 아니면 얻을 게 아무것도 없는 하나의 도전으로, 혹은 일종의 사활을 건 딜레마로 본래 상황을 바꾸어놓기까지 한다. 이에 대한 증거를 찾기란 쉬운 일이다. 그저 어떤 교회 안으로 들어가 큰 목소리로 '아멘'을 외치는 기도자의 열정을 보라. 신의 입장에서도 한국이 아닌 다른 곳에서 이런 목회자를 보고 듣기란 어려울 것이다."[4]

나는 민족성·국민성 담론을 조심스럽고 슬기롭게 쓰면서 한국사회에 대한 이해를 높여가자는 의미에서 '새로운 한국학'을 해보자는 말씀을 드리고 싶다. 새로운 한국학은 기존 해외 홍보의 수준을 뛰어넘어 한국인에게도 도움이 될 수 있게끔 한국사회의 명암을 있는 그대로 다 밝혀야 하며, 그 과정에서 한국 인문사회과학의 세계화도 가능하리라는 게 나의 생각이다.

이 책은 나의 이런 생각을 구현한 것이다. 모든 논문을 꿰뚫는 이론적 기조는 '문화정치학'이다. 각기 독립된 논문인지라 이론 부문에서 다소 중복되는 이야기가 나오는 것을 이해해주시기 바란다. 나는 문화정치학을 느슨하고 넓은 의미로 썼다. 간단하게 말하자면 문화를 정치학적으로 본다는 의미다. 이 책에 실린 논문들의 '초록'을 소개하면 다음과 같다.

---

4) 캐서린 문, 「한국 민족주의의 열정과 과잉」, 김동춘 외, 『불안의 시대 고통의 한복판에서: 당대비평 2005 신년 특별호』(생각의나무, 2005), 187쪽.

- **'빨리빨리'의 문화정치학: 한국의 '속도' 커뮤니케이션에 관한 연구**

'빨리빨리'라는 행동양식은 한국인들이 영위하는 일상적 삶의 전 국면을 지배하고 있음에도 우리는 빨리빨리를 커뮤니케이션 연구의 주제로 다루지 않고 있다. 커뮤니케이션의 거시적 환경을 다른 학문 분야로 간주하는 분업의 원리가 낳은 결과로 여겨진다. 본 연구는 이런 문제의식에서 출발하여 빨리빨리의 문화정치학을 탐구하면서 '속도 커뮤니케이션'의 기원과 유형을 제시한다. 여기서 속도 커뮤니케이션은 '속도를 표현하고 촉진하는 커뮤니케이션'으로 '속도 자본주의'라는 말이 나올 정도로 속도를 숭배하는 현대사회의 커뮤니케이션 속성을 포괄하는 동시에 빨리빨리가 유별난 한국문화의 특수성을 주요 기반으로 삼는 개념이다. 본 논문은 빨리빨리의 구조적 동인으로 ①일극주의, ②군사주의, ③수출주의, ④평등주의, ⑤각개약진주의 등에 주목한다. 이들은 공사公私를 막론하고 한국인의 커뮤니케이션 행위에 큰 영향을 미치며 그 반대도 성립된다. 즉, 5대 동인이 빨리빨리를 촉진했지만 역으로 빨리빨리의 원리에 근거한 속도 커뮤니케이션이 5대 동인을 지속시키거나 강화하는 효과도 냈다는 것이다.

(키워드: 빨리빨리, 속도, 일극주의, 군사주의, 수출주의, 평등주의, 각개약진주의)

- **아파트의 문화정치학: 아파트가 공공 커뮤니케이션에 미친 영향에 관한 연구**

우리는 공공 커뮤니케이션의 문제를 주로 언론 등 정보미디어 중심으로만 생각하는 경향이 있는데 실은 미디어의 수용환경, 즉 아파트 같은 거주 체제가 훨씬 더 중요할 수 있다. 그럼에도 우리는 엄격한 학문 분업 체제로 인해 주住의 문제를 커뮤니케이션과 연결시켜 생각하는 데에 대해 비교적 무관심했다. 그간 연구대상을 주로 정보미디어에 국한시켜온 언론사 · 커뮤니케이선사 연구가 '미디어 생태학'의 거시적 관점을 포용한다면 모든 광의의 미디어가 언론사·커뮤니케이션사의 연구주제가 될 수 있다. 이는 연구소재의 중복이 심하게 나타나고 있는 언론·커뮤니케이션학의 새로운 비전을 위해서도 요청되는 일이라 아니할 수 없다. 본 연구는 이런 문제의식하에 아파트가 공공 커뮤니케이션과 공동체문화에 미친 영향을 탐구한다. 한국에서 아파트의 미디어 기능은 ①포드주의적 효율성 전파, ②공동체 의식 약화, ③지위 구별 짓기 강화, ④여론의 쏠림과 불안정, ⑤공동체의 이익집단화 등 다섯 가지로 나누어 생각해볼 수 있다. 본 연구는 반세기에 걸친 한국 아파트의 역사를 살펴보면서 위와 같은 다섯 가지 기능을 역사적 사례를 들어 분석·해석한다.

(키워드: 아파트, 공공 커뮤니케이션, 공동체, 포드주의, 구별 짓기)

● **자동차의 문화정치학: 자동차가 한국인의 국가·사회 정체성에 미친 영향에 관한 연구**

일찍이 마셜 맥루한Marshall McLuhan이 주장했듯이 자동차는 인간 신체의 연장으로서 매우 중요한 미디어 기능을 수행해왔다. 그럼에도 그간 언론학자들을 포함한 인문사회과학자들은 자동차의 커뮤니케이션 기능을 놀라울 정도로 무시해왔다. 본 연구는 이런 연구풍토에 이의를 제기하는 동시에 자동차가 미디어로서 한국인의 국가·사회 정체성 형성에 큰 영향을 미쳤다는 가설을 제시하고자 한다. 한국에서 자동차의 미디어 기능은 크게 보아 ①근대화 상징으로서의 자동차, ②국가적 자부심 상징으로서의 자동차, ③국토 재발견 수단으로서의 자동차, ④공동체 의식 재편성 기제로서의 자동차, ⑤지위 구별 짓기 수단으로서의 자동차 등 다섯 가지로 나눌 수 있다. 본 연구는 개화기부터 오늘에 이르기까지 한국 자동차의 역사를 살펴보면서 위와 같은 다섯 가지 기능을 역사적 사례를 들어 분석·해석하고자 한다.

(키워드: 자동차, 정체성, 근대화, 국가적 자부심, 국토의 재발견, 공동체 의식, 구별 짓기)

● 죽음의 문화정치학: 한국의 '장례' 커뮤니케이션에 관한 연구

가정의례비가 혼례·상례만 해도 정부 예산의 25% 규모를 차지하는 나라에서 '죽음'을 커뮤니케이션학의 연구의제로 다루는 건 의미 있는 일일 것이다. 본 논문은 죽음의 문화정치학을 탐구하기 위해 한국문화의 특수성을 다루는 한국학과 커뮤니케이션학의 접목을 시도하면서 한국 장례문화의 특성으로 ①감정의 발산, ②억눌림의 폭발, ③장례의 축제화, ④장례의 인정투쟁, ⑤장례의 인맥투쟁 등 다섯 가지를 추출해 역사적으로 살펴본다. 대성통곡으로 대변되는 감정의 발산은 한국인의 감성적 기질의 발로인 동시에 죽음에 대한 공포를 떨쳐버리고 강한 타인지향성을 드러내는 의식儀式의 성격이 강하다. 사회적 차원에서 장례는 감정 발산에 능하고 심정으로 소통하는 한국인의 기질로 인해 자주 대대적인 시위의 기폭제로 기능했으며 지금도 그런 풍토는 여전하다. 장례의 축제화와 더불어 장례를 산 사람들의 '인정투쟁'과 '인맥투쟁'의 기회로 활용하는 것도 주요 특성이다. 이처럼 한국의 장례는 가족 차원에서건 사회적 차원에서건 철저히 외부지향적이며 현세주의적이다.

(키워드: 죽음, 장례, 시위, 축제, 인정투쟁, 인맥투쟁)

● 전화의 문화정치학: '구별 짓기'의 관점에서 본 한국의 전화문화사

이른바 '휴대전화혁명'에 성실히 대응해온 커뮤니케이션 학계에서는 2000년대 들어 많은 연구가 이루어졌지만 휴대전화의 이용 동기, 방식, 행태 등을 밝히는 경험적 연구에 집중되는 경향을 보였다. 본 연구는 이런 연구경

향을 보완하는 의미에서 설문조사로는 파악하기 어려운 한국의 문화적 특수성에 주목해 전화가 한국사회에서 누려온 지위재地位財로서의 위상을 역사적으로 탐구한다. 이런 탐구를 위해 피에르 부르디외Pierre Bourdieu의 '구별 짓기distinction' 개념이 동원되지만, 구별 짓기를 '공격적 구별 짓기'와 '방어적 구별 짓기'로 나누어 집단주의와 타인지향성이 강한 한국의 문화적 특수성을 강조한다. 그렇다고 해서 본 연구가 한국 전화의 성장에 구별 짓기가 가장 중요했다고 주장하는 건 아니다. 구별 짓기는 유선전화의 도입 때부터 전화 발달의 강력한 동인 중 하나였음을 역사적으로 밝힘으로써, 그간의 연구경향에서 구별 짓기가 비교적 저평가되고 있는 현실에 대한 관심을 환기시키려는 것이 본 연구의 취지다. 본 연구는 '관계 테크놀로지'로서의 전화는 지극히 한국적인 매체라는 점에 근거해 전화를 통한 구별 짓기는 영원히 계속될 것이라고 주장한다.

(키워드: 전화, 휴대전화, 구별 짓기, 정체성, 지위재)

● 대학의 문화정치학: 한국의 '대학 식민지' 체제에 관한 연구

식민지는 국가들 사이에만 존재하는 게 아니라 한 국가 내에도 극심한 지역 간 불평등의 형식으로 존재한다는 '내부 식민지internal colony' 이론은 학술적으로 사망한 것처럼 보이는 종속이론의 아류라는 비판으로부터 자유롭지 않지만, 탈식민 시대에 맞는 식민주의 개념의 재정의와 더불어 계급적 관점을 더해 재평가할 필요가 있다. 본 논문은 그런 재평가에 근거해 서울이 지방을 식민지로 거느리고 있는 가운데 대학 서열 체계의 상층부에 속하는 서울 명문대학들이 이 내부 식민지 체제를 온존·강화시키는 핵심적 역할을 하고 있다는 '대학 식민지론'을 제기한다. 대학 식민지론은 교육이 성공과 출세의 주요 수단이 된 한국사회에서 한국인들의 제1의 관심사는 자녀 교육이며, 자녀 교육은 서울에 집중된 명문대학 가기 경쟁을 근간으로 삼음으로써 과중한 금전적·심리적 부담과 그에 따른 민생의 피폐화를 초래하고 더 나아가 지방의 공동화를 초래하는 주범이라는 논지에 근거한다. 대학 식민지 체제하에서 지방은 인재 유출과 자금 유출이라는 피해와 더불어 자율적인 발전에 집중하는 관심의 결여 또는 왜곡이라는 3중고에 시달리게 된다. 본 논문은 내부 식민지 타파에 열성을 쏟는 세력마저 대학 식민지 체제에 대한 문제의식이 없어 사실상 내부 식민지를 강화하는 역설을 지적하면서, 타협을 거부하는 '진보적 근본주의'를 넘어서는 대안을 모색할 것을 제안한다.

(키워드: 내부 식민지, 대학 식민지, 대학 서열화, 서울 명문대학, 지방 대학)

● 영어의 문화정치학: 한국에서의 '영어제국주의'에 관한 연구

본 논문은 한국에서의 '영어제국주의English Linguistic Imperialism'가 우선적으로 내부 경쟁용 구별 짓기의 양태로 구현된 것에 주목하여 그 전개 과정을 기업 경쟁, 대학 경쟁, 조기교육 경쟁, 조기유학 경쟁, 평가시험 경쟁의 5단계로 나누어 살펴본다. 이 5단계는 동시다발적으로 일어나면서 상호 영향을 미치지만, 갈수록 '실용'과는 거리가 멀어지며 내부 경쟁용 구별 짓기가 강화되는 순서로 보아도 무방하다. 본 논문은 가진 자와 못 가진 자의 간극을 벌리는 이른바 '영어 격차English divide'가 정치경제적 격차일 뿐만 아니라 사회문화적인 격차와 더불어 영어 능력의 상징적 과시효과라고 하는 심리적인 격차라는 전제하에 이런 다양한 유형의 영어 격차를 메우려는 시도, 즉 "내 아이가 다른 집 아이에 비해 뒤떨어지는 건 참을 수 없다"는 한국형 평등주의가 한국에서 영어제국주의와 영어 광풍을 번성시킨 주요 동인이라고 주장한다. 다시 말해 영어 광풍엔 '사대주의'라거나 '내 마음의 식민주의'라는 평가만으론 환원할 수 없는 한국적 특수성이 있다는 것이다. 본 논문의 함의는 한국사회의 영어 광풍에 대해 좀 더 너그러워지자는 것이며, 이는 영어 광풍이 바꾸기 어려운 한국인의 정체성에 가까운 것일 수 있다는 점에 대한 인식을 새롭게 하자는 뜻이다.

(키워드: 영어제국주의, 영어 광풍, 영어 격차, 사대주의, 한국형 평등주의)

● '피'의 문화정치학: 한국의 '혈서 커뮤니케이션'에 관한 연구

한국인은 일상적 언어생활에서 '피'라는 말을 많이 쓸 뿐만 아니라 비상非常한 상황에선 직접 피로 글을 쓰는 혈서血書를 많이 이용해왔다. 혈서는 한국인의 대표적인 '비상 커뮤니케이션 수단'이라고 해도 좋을 정도였다. 본 논문은 지난 100여 년간에 걸쳐 혈서가 공적 영역(주로 시위 현장)에서 사회적 의미를 가졌던 사건들을 중심으로 기술하면서 피의 문화정치학을 탐구한다. 어떤 종류의 혈서이건 혈서는 자신의 몸에 상처를 내 피를 흘려야만 하는 것인바, 심정心情에 근거해야 하며 더 나아가 한恨으로까지 연결되기도 한다. 혈서에 의한 심정과 한의 표현은 의례성을 갖게 되었고 사람들의 시선을 쟁취하기 위해 '보다 강하게'를 외치지 않을 수 없는 '주목투쟁'의 악순환이 벌어지고 있다. 본 논문은 혈서가 '심정 커뮤니케이션'과 '한 커뮤니케이션'이라는 것을 밝히면서, 비록 혈서는 많이 사라졌을망정 혈서를 태동케 한 심정 커뮤니케이션과 한 커뮤니케이션은 민족주의, 개혁주의 등과 같은 이념적 '비상사태'와 결합 시 냉정한 이성을 배제하는 언어적 과장의 형식으로 지금도 건재하며 이는 수용자에게 카타르시스효과를 준다고 주장한다.

(키워드: 피, 혈서, 심정 커뮤니케이션, 한 커뮤니케이션, 카타르시스효과)

● 간판의 문화정치학: 간판은 어떻게 한국사회를 재현하는가?

문화 영역의 한국적 특수성을 한국학자들이 외면하면서 서양학자가 본격적인 연구서를 먼저 내는 일마저 생겨났고, 이를 개탄하는 목소리가 높다. 본 논문은 이렇게 된 이유를 분석하면서 간판 커뮤니케이션론과 한국학의 접목을 시도했다. 그간 '시각적 공해'의 주범으로 지탄받아온 간판은 한국 민주주의와 놀라울 정도로 닮은 양상을 보이고 있으며 사회 전반의 문화적 특성을 반영하는 동시에 표현하고 있다는 점에 주목했다. 그러한 문화적 의미에 대한 탐구는 ①속도주의, ②평등주의, ③형식주의, ④최대주의, ⑤냉소주의 등 다섯 가지를 추출해 역사적 사례들을 제시하고 분석 및 해석하는 방식으로 이루어졌다. 본 논문은 이런 5대 특성의 상호 관계와 간판이 한국사회를 재현하는 매개의 과정은 다음 연구과제로 남겨두는 한계를 안고 있으나 한국인들의 간판에 대한 비난과 혐오가 자기부정의 '부메랑'이 될 수밖에 없다는 점을 밝혔다는 데에서 의미를 찾을 수 있다.

(키워드: 간판, 속도주의, 평등주의, 형식주의, 최대주의, 냉소주의)

'부록'까지 합해 이 책에 실린 아홉 편의 논문 중 다섯 편은 논문집에 발표한 것이다. 조흡 동국대 교수와 같이 쓴 논문은 '단독 저서'라는 형식에 맞춰 부록으로 처리했다. 이 책은 논문집일망정 나는 뻔한 이야기를 증명하는 논문 형식의 한계를 넘어서 도전적이거나 도발적인 주장을 하는 시도를 하고자 했다. 물론 바로 그런 점을 논문 심사위원들이 자주 지적했기에 어느 정도의 타협은 불가피했다. 네 편의 미발표 논문은 좀 더 자유롭게 말하고 싶어 여기에 싣기로 했다. 발표된 논문의 출처는 다음과 같다

강준만, 「자동차의 미디어 기능에 관한 연구: 자동차는 한국인의 국가·사회 정체성 형성에 어떤 영향을 미쳤는가?」, 『언론과학연구』 제9권 2호(2009년 6월), 5~46쪽.

강준만, 「아파트의 문화정치학: 아파트가 공공 커뮤니케이션에 미친 영향에 관한 연구」, 『사회과학연구(충남대학교 사회과학연구소)』 제21권 1호(2010), 1~25쪽.

강준만, 「'빨리빨리'의 문화정치학: 한국의 '속도' 커뮤니케이션에 관한 연구」, 『언론과학연구』 제10권 3호(2010년 9월), 47~80쪽.

강준만, 「죽음의 문화정치학: 한국의 '장례' 커뮤니케이션에 관한 연구」, 『한국언론학보』 제54권 5호(2010년 10월), 86~107쪽.

조흡·강준만, 「간판의 문화정치학: 간판은 어떻게 한국사회를 재현하는가?」, 『한국언론학보』 제53권 6호(2009년 12월), 104~126쪽.

심사위원이 중복될 수도 있겠지만, 위 논문들을 위해 모두 15명의 심사위원이 수고해주셨다. 심사위원들의 심사평은 각 논문의 질적 향상에 큰 도움이 되었을 뿐만 아니라 '공짜로 공부' 하는 기쁨을 안겨주었다. 뒤늦게나마 심사위원들과 학회 관계자들께 깊은 감사를 드린다. 한국 생활양식뿐만 아니라 한국사회의 모든 것에 대한 문화정치학적 탐구는 나의 평생 작업이 될 것이다. 나의 이런 작업을 의미 있다고 봐주신 여러분께 뜨거운 감사를 드리며 이 책을 그분들께 바치고 싶다.

2011년 1월

강준만 올림

| 차례 |

머리말: 새로운 한국학을 위하여 5

1장　'빨리빨리'의 문화정치학:
　　　한국의 '속도' 커뮤니케이션에 관한 연구 19

2장　아파트의 문화정치학:
　　　아파트가 공공 커뮤니케이션에 미친 영향에 관한 연구 51

3장　자동차의 문화정치학:
　　　자동차가 한국인의 국가·사회 정체성에 미친 영향에 관한 연구 87

4장　죽음의 문화정치학:
　　　한국의 '장례' 커뮤니케이션에 관한 연구 125

5장　전화의 문화정치학:
　　　'구별 짓기'의 관점에서 본 한국의 전화 문화사 157

6장　대학의 문화정치학:
　　　한국의 '대학 식민지' 체제에 관한 연구 187

7장　영어의 문화정치학:
　　　한국에서의 '영어제국주의'에 관한 연구 213

8장　'피'의 문화정치학:
　　　한국의 '혈서 커뮤니케이션'에 관한 연구 245

부록　간판의 문화정치학:
　　　간판은 어떻게 한국사회를 재현하는가? | 조흡·강준만 277

참고문헌 314

일러두기

인명과 연도를 괄호 안에 함께 묶은 것은 책의 끝에 있는 참고문헌의 길라잡이로 밝히고자 함이다. 번역서의 경우는 해외 초판 발행 연도와 국내 초판 발행 연도를 '/' 부호로 구분하여 함께 표기했다.

1장 '빨리빨리'의 문화정치학

한국의 '속도' 커뮤니케이션에 관한 연구

1. 커뮤니케이션의 거시적 환경

① "보통 1시간 30분씩 걸리는 유럽식당의 저녁식사에 가서 줄곧 '빨리빨리'를 외쳐댄다. 디저트도 기다리기가 귀찮아서 거르고 일어서는 바람에 식당 측을 당황케 한다. 대절버스 운전사들은 '한국인 여행자를 태워 가면 밥 먹을 시간이 없다'며 한국인 수송을 사절한다. 웬만한 운전사나 단골식당 종업원들은 다른 한국어는 몰라도 '빨리빨리'라는 표현은 안다"(오태진, 1989).

② "외국의 대연주가들이 한국에 연주하러 와서 우리의 10대 초반 어린 음악도들을 보고 세 번 놀란다는 얘기가 있다. 어린 학생이 연주하겠다고 하는 곡목이 그 대가가 스무 살이 넘어서야 겨우 손대기 시작한 엄청난 곡이라서 처음 놀라고, 다음에는 그럼에도 그 어려운 곡을 너무나 잘 연주해 또 놀라고, 마지막으로 그 곡보다 기교적으로 훨씬 쉬운 기초적인 곡을 시켜봤을 때 너무나 못해 다시 한 번 놀란다는 것이다. 조급증이 빚어낸 우리 예술계의 병폐가 아닐 수 없다"(김용배, 2005).

③ "한국에 도착한 첫날 같은 장학금을 받고 여기에 온 선배에게서 한국 사람과는 같이 식사하지 말라는 '충고'(사실은 농담)를 들었다. 왜냐하면 한국 사람은 우

리보다 2~3배 정도 빠르게 먹기 때문이란다. 농담이지만 여기서 생활하면서 살펴보니 그건 농담이 아니었다"(소열녕, 2005).[1]

④ "자판기 커피 컵 나오는 곳에 손을 넣고 기다린다. 버스정류장에서 버스와 추격전을 벌인다. 화장실에 들어가기 전에 지퍼를 먼저 내린다. 삼겹살이 익기 전에 먼저 먹는다. 엘리베이터 문이 닫힐 때까지 '닫힘' 버튼을 누른다. 3분 컵라면을 3분이 되기 전에 뚜껑을 열어 먹는다. 영화관에서 스크롤이 올라가기 전에 나간다. 화장실에서 볼일을 보는 동시에 양치질을 한다. 웹사이트가 3초 안에 안 열리면 닫아버린다. 편의점 등에서 음료수를 미리 마신 뒤에 계산한다"(KBS 2TV, 〈스펀지〉, 2006년 1월 18일 방송).[2]

⑤ "히말라야 셰르파들은 한국인만 보면 흉을 보듯 '빨리빨리'를 외친다. 고산 등반에서 그들이 추구하는 '비스타리(천천히)'와 확연히 비교되기 때문이다. 필자가 1977년 한국 에베레스트원정대에 한국일보 기자로 참가했을 때 한국식 강행군이 건설현장에서만 아니라 고산 등반에서도 세계적인 화제가 되어 있음을 확인할 수 있었다"(이태영, 2009).

⑥ "산업사회에서는 10등만 해도 차지할 것도 있고 살아남을 수 있었지만 정보화 사회에서는 3등 안에 들지 않으면 차지할 것이 없어 살아남기 힘듭니다. 지식전쟁의 전사들이 바로 벤처기업가들인데, 그 벤처 근성이 우리 국민에게는 있습니다. '빨리빨리문화'와 '냄비근성' 때문에 지난 4년 동안 전 세계에서 우리나라 벤처기업이 가장 발전했고 앞으로도 발전할 겁니다"(이민화, 2000).

⑦ "일본에서 인쇄업자에게 명함을 주문했을 때의 일을 얘기하겠다. 그 업자 말로는 처음에 제판을 해야 하기 때문에 200장에 2만 엔이 든다고 했다. 너무 비싸다

---

[1] 소열녕은 경희대 국제교육원에 다니는 유학생으로 중국계 말레이시아인이다.
[2] 한국에 사는 외국인이 뽑은 한국인의 '빨리빨리 베스트 10'이다.

는 생각이 든 데다가 기간은 2주일이나 걸린다고 했다. 서울이라면 200장에 약 2만 원 정도면 한글, 한자, 영문이 섞인 훌륭한 명함을 만들 수가 있다. 그래서 결국 한국 친구에게 연락해 서울에서 만들어줄 것을 팩스로 부탁했더니 다음 날 교정본이 팩스로 왔고, 1주일 후엔 완성된 명함이 우편으로 도착했다. 어쨌든 서울에선 뭐든지 빠르다. 빠른 것은 버스의 속도뿐만 아니다. 세탁기나 냉장고 등의 가전제품이 고장 난 경우, 메이커가 운영하는 서비스센터에 전화하면 그날 중으로 정비사가 가정을 방문해서 수리해준다"(고하리 스스무, 2001, 71쪽).[3]

⑧ "한국인들이 부끄러워했고 한때 세계적 웃음거리였던 빨리빨리문화도 한류의 기세에 한몫하지 않나 싶다. 사실 음악이나 드라마, 영화 등의 빠른 전개는 한류에 빠진 중국인들을 매료시키는 요인이기도 하다. 빨리빨리 습성에서 기인하는 부지런함과 과감한 투자도 거론하지 않으면 섭섭하다"(최병준, 2005).[4]

⑨ "한국인들은 우리 도미니카인들에게 '희망의 얼굴'입니다. 이곳에서 근무하면서 한국의 급속한 발전과정을 연구한 책을 한 권 썼습니다.…… 한국인들의 '빨리빨리 정신'이 한국을 짧은 기간에 이처럼 발전시켰다고 평가하고 있습니다"(설원태, 2008).

⑩ "음식을 주문한 장소가 운동회가 한창인 초등학교 운동장이건 붐비는 지하철 역사驛舍 구석이건 상관없다. 전화 한 통이면 언제 어디서든 배달음식을 즐길 수 있는 곳. 아침밥, 과일 간식, 각종 선물은 물론 운동기구, 골프채, 심지어 놀이터까지 전화 한 통이면 배송해주는 '배달配達 민족'의 나라……. 바로 대한민국이다. 뭐든지 '빨리빨리' 처리해주길 바라는 지극히 한국적인 정서에 미국식 서비스 정신이 결합해 생겨난 이 배달문화는 최근엔 해외로 다시 역逆수출될 정도로

---

[3] 고하리 스스무는 한국 유학 경험이 있는 일본의 사회학자다.
[4] 이는 중국 런민人民대 마샹우 교수의 발언이다.

'한국 특유의 서비스'로 자리매김했다"(송혜진, 2009).

　한국사회의 특성인 '빨리빨리'라는 행동양식의 두 얼굴에 대한 증언들이다. 빨리빨리는 한국인에게 부정의 대상인 동시에 긍정의 대상이지만, 그 두 얼굴은 동전의 양면처럼 상호 분리할 수 없는 것이다. 빨리빨리를 어떻게 평가하건 이것이 한국인들이 영위하는 일상적 삶의 전 국면을 지배하고 있음은 분명한 사실이다. 매우 흥미롭거니와 놀라운 것은 그럼에도 우리는 빨리빨리를 커뮤니케이션 연구의 주제로 다루지 않고 있다는 점이다. 너무도 당연한 한국적 삶의 법칙이자 습속이기에 굳이 연구의 대상으로 삼을 필요를 느끼지 못한 걸까? 그런 점도 있겠지만 전반적으로 커뮤니케이션의 거시적 환경을 다른 학문 분야로 간주하는 분업의 원리가 낳은 결과로 여겨진다. 커뮤니케이션 연구도 최근 사회 전 분야에 걸쳐 수용되고 있는 '통섭統攝·consilience'의 원리를 받아들여 커뮤니케이션에 영향을 미치는 거시적 환경도 연구대상으로 삼는 시도를 해보는 게 바람직하지 않을까? 본 연구는 이런 문제의식에서 출발하여 빨리빨리의 문화정치학을 탐구하면서 '속도 커뮤니케이션'의 기원과 유형을 제시하고자 한다.

　이 논문이 신문 기사 등에서 흔하게 볼 수 있는 빨리빨리에 관한 상식을 넘어서 독자들에게 무엇을 줄 수 있는가? 문화의 정치성에 주목해봄으로써 새로운 안목을 얻을 수 있지 않을까. 문화정치학은 사람들이 자신의 일상생활 속에서 의미를 발견하고 창출해가는 모든 영역이 그것을 둘러싼 정치·경제·사회·문화와 관계를 맺는 복합적인 과정을 중시하는바, '익숙한 것'을 '낯설게 보는' 효과를 통해 커뮤니케이션 연구의 지평을 넓히는 데 기여할 수 있다(Angus & Jhally, 1989 ; 이무용, 2005 ; 강준만, 2009, 2010 ; 조흡·강준만, 2009). 모든 한국인이 빨리빨리에 대해 잘 알고 있지만 이 행동양식의 '손익계산'에 대해선 비교적 무감각한 편이다. '비용'을 지적해도 기껏해야 '대충대충'이나 '후딱후딱'의 이미지만 떠올릴 뿐이다.[5] 문화정치학은 그런 외양의 차원을 넘어 문화의 심층으로까지 파고들어 문화적 요소들의 절대적 상호 의존성을 밝힘으로써, 분리될 수 없는 문화적 긍정·부정성에 대해 우리가 각기 다른 태도를 취하는 습속에 대한 성찰의 기회를 제공할 것이다. 예컨대 소통과 민주적 리더십은 '느림'을 전제로 하는 것임에도 우리는 그것마저 빨리빨리 이뤄내려는 경향을 보임으로써 필요 이상으로 정치를 혐오하게 된 건 아닌가.

본 연구는 빨리빨리라는 행동양식을 표현하고 촉진하는 커뮤니케이션을 '속도 커뮤니케이션'이라 명명하고, 역사적 고찰을 통해 그 정치경제적 배경과 사회심리적 메커니즘의 지도를 그리는 데에 주요 목적을 두고 있다. 여기서 속도 커뮤니케이션은 '속도 자본주의'라는 말이 나올 정도로 속도를 숭배하는 현대사회의 일반적인 속성을 포괄하는 동시에 '빨리빨리'가 유별난 한국문화의 특수성을 주요 기반으로 삼는 개념이다. 이 커뮤니케이션 모델은 매우 복합적이다. 송신자와 수신자를 상정한 가운데 송신자의 의도, 수신자에 대한 효과, 상호 피드백 등을 전제로 하는 일반적인 커뮤니케이션 모델도 포함하지만, 전반적으론 커뮤니케이션 참여자들이 집단적인 분위기와 압력에 호응하거나 그것들을 스스로 창출함으로써 송·수신의 경계가 모호해지고 송·수신자가 중첩되면서 상승효과를 일으키는 집단 커뮤니케이션 모델로 볼 수 있다. 집단적인 분위기와 압력의 생산은 언어-비언어적 대인·조직 커뮤니케이션에서부터 매스 커뮤니케이션에 이르기까지 다양한

---

[5] 예컨대 박호성에 따르면 "8·15 이후 우리 사회를 줄기차게 지배해온 통치철학이 있다면 그것은 한마디로 '빨리빨리, 그러나 아무렇게나' 정신일 것이다. 말하자면 '대충대충', '후딱후딱' 이데올로기가 바로 보수집단의 정치이념이자 생활철학이었다는 말이다. 이러한 '졸속의 원리'는 조그만 도로공사에서부터 크게는 국가의 운명을 좌우할 중대한 정책 결정에 이르기까지 사회와 나라 구석구석에 스며들지 않은 곳이 없다"(박호성, 2009).

유형의 커뮤니케이션과 더불어 주거양식과 교통수단 등과 같은 비#정보매체 등에 의해 이루어진다. 후자의 경우 매체는 "의사소통을 위한 수단이 아니라 의사소통을 가능하게 하는 조건"이라는 재정의를 수용하는 새로운 인식의 틀이 요구된다(김균·정연교, 2006, 18~30쪽).

많은 사회과학자가 현대사회를 논하면서 속도를 다루긴 하지만 이를 본격적인 탐구주제로 삼는 연구는 드물다(Virilio, 1977/2004 ; Gleick, 1999/2000 ; Borscheid, 2003/2008 ; Poscente 2008). 속도 연구의 효시라 할 비릴리오(Virilio, 1977/2004)의 『속도와 정치』는 전쟁과 속도가 인간사회와 현대문명의 기초라고 주장한다. 비릴리오는 전쟁 중심으로 '속도의 정치경제학'을 말하지만, 전쟁적 가치의 확산으로 삶이 전쟁처럼 수행되고 영위되는 '속도의 문화정치학'도 말해야 할 것 아닌가. 이 후자를 말할 수 있는 가장 좋은 나라가 바로 한국이다. 본 연구는 세계에서 빨리빨리가 가장 두드러지는 나라로 평가되는 한국을 무대로 속도의 정치경제학과 속도의 문화정치학의 모든 과정을 속도 커뮤니케이션의 거시적 환경으로 간주하여 그 지형도를 살펴보고자 한다.[6]

2. '빨리빨리'의 구조적 동인

'빨리빨리문화'의 원인은 무엇인가? 빨리빨리는 개화기 시절부터 한국사

---

[6] 국가 간 의식조사 비교 연구가 많이 이루어지고 있지만 흥미롭게도 '빨리빨리'를 조사대상으로 삼는 법은 없는 것 같다. 글 첫머리에 빨리빨리에 대한 증언 10개를 장황하게 소개한 것도 그런 이유 때문이다. 한국이 세계에서 빨리빨리가 가장 두드러지는 나라로 평가된다는 주장의 근거는 이 증언들과 더불어 한국인의 의식이나 국민성을 탐구한 저자들이 한결같이 외국인들의 증언을 곁들이면서 그 같은 평가를 내리고 있다는 것으로 대신하고자 한다(이케하라 마모루, 1999 ; 주강현, 1999/2002 ; 박영규, 2000 ; 고하리 스스무, 2001 ; 박재환, 2004 ; 김영명, 2005 ; 강준만, 2006 ; 경향신문 특별취재팀, 2006 ; 정수복, 2007 ; 탁석산, 2008).

회에 큰 영향을 미쳐온 사회진화론Social Darwinism의 적자생존適者生存·약육강식弱肉强食·우승열패優勝劣敗 원리가 여러 조건과 맞물리면서 대중의 일상적 삶에서 단순화한 형태로 구현된 것으로 볼 수 있지만, 주로 지식인 사이에서 유통된 사회진화론이 직접 대중에게 영향을 미쳤다고 보기는 어렵다. 빨리빨리는 내적 요인과 외적 요인이 복합적으로 작용한 결과임에도 그간의 논의는 어느 한쪽으로 치우친 면을 보였다.

주강현은 빨리빨리를 '집단적 신명'의 관점에서 분석한다. 빨리빨리는 신명으로 일을 처리하는 한국인들의 부정적 측면이 누적된 결과라는 것이다(주강현, 2002, 196쪽). "쇠뿔도 단김에 빼라"는 말로 대변되는 무교적 즉흥성이 미친 영향에 주목하는 시각도 있다(정수복, 2007, 167~168쪽). 그러나 한국의 빨리빨리가 오랜 역사를 갖고 있는 건 아니다. 개화기에 조선을 다녀간 서양인들이 남긴 기록들은 한결같이 한국인들의 '게으름'과 '느림'을 지적하고 있다. 그런가 하면 일제 식민통치의 경험과 상처가 빨리빨리의 동인이라는 주장도 있다. 박영규에 따르면 "조금만 더 빨리 세상에 눈을 떴더라면, 조금만 더 빨리 서구의 발전된 문화를 받아들이고 부국강병에 힘썼더라면 결코 이 지경에 처하지는 않았을 것을……. 그런 한과 눈물과 비통함이 우리의 '빨리빨리 의식'을 만들어냈다. 빨리빨리 의식에는 바로 그런 아픔이 도사리고 있다. 늦게 시작했기 때문에 지금이라도 빨리빨리 저들을 따라잡아야 한다는 강박관념의 산물인 것이다"(박영규, 2000, 62쪽). 한국인들이 "우리의 1년은 세계의 10년"이라는 구호 아래 문자 그대로 '미친 듯이' 또는 '전쟁하듯이' 일했다고 하는 점에서 이 주장은 일리가 있지만 식민통치를 겪은 모든 나라가 다 그렇지는 않다는 점에서 모든 걸 다 설명하진 못한다.

한국적 특수성을 인정하지 않는 시각도 있다. 빨리빨리는 "어떤 나라의 국민성 따위와는 아무 상관없이 산업화의 정도에 의한 것"이라는 주장이다

(박홍규, 2007). 같은 맥락에서 빨리빨리의 원인을 한국이 '노동중독사회'라는 데서 찾으려는 시각도 있다(강수돌, 2006). 그래서 "사회가 산업화에서 민주화를 거쳐 선진화로 나아가고 있는 이 시기에는 생존을 위해 빨리빨리 행위하던 습관은 사라지고 있다"는 주장마저 나온다(탁석산, 2008, 77쪽). 과연 그럴까? 국가별 차이를 무시하고 빨리빨리의 주요 동인을 산업화에서만 찾는 것에 문제는 없을까? 이와 관련, 주목하지 않을 수 없는 건 산업화 이전의 개화기에도 가난과 학정과 수탈을 못 이겨 압록강과 두만강을 넘어 간도와 연해주, 이어 해외로 이주한 조선인들은 매우 부지런하고 빨랐다는 사실이다. 즉, 국내에선 가난이 '탐욕스러운 관리들로부터 농민들을 보호할 수 있는 최고의 방어막 구실'을 했기에 부지런하거나 빨라야 할 필요가 없었지만 조건이 달라지면서 전혀 다른 행동양식이 나타났다는 것이다(배경식, 1999).

그렇다면 빨리빨리는 조건의 산물일 뿐 한국인의 체질과는 무관하단 말인가? 그렇게 말하기는 어렵다. 사계절이 뚜렷한 곳에서 쌀농사를 짓는 사람들은 빠르지 않고선 생존 자체가 위협을 받는다. 이런 삶의 방식이 수천 년 누적되면 빨리빨리가 몸에 배기 마련이다. 예컨대 『세종실록』(1433년 7월 12일)에 따르면 세종이 근정전을 보수하기 위해 기와를 굽도록 지시하면서 "우리나라 사람은 매사에 빨리하고자 하여 정밀하지 못하니 어떻게 하면 정밀하고 좋게 구워서 비가 새어 무너질 염려가 없게 하겠는가?"라고 걱정했다는 기록이 있다(김기철, 2010).

이 문제를 어떻게 보아야 할까? '체질'과 '조건' 둘 다 중요하다고 정리할 수 있겠다. 한국에서 빨리빨리가 전 국민의 행동강령처럼 자리 잡게 된 결정적 계기는 한국전쟁과 "싸우면서 일하자"는 전시논리의 연장선상에서 1960년대부터 추진된 군사주의적 개발독재다. 전쟁과 전시상황에서 군사작전의 정수는 경쟁과 속도가 아닌가. 경쟁과 속도가 숭배받는 세상을 한 세대 이상 살아온 데다 추가적인 요인들이 가세하면서 한국인에게 잠재되어 있던 빨리빨리 체질이 유감없이 드러난 것이다. 한 개인의 행동양식은 거창한 애국심보다는 자신의 삶에 직접적인 영향을 미치는 조건들에 더 영향을 받는다는 점에서, 식민통치로 인한 집단적 경험과 상처는 다른 동인들에 미칠 수 있는 간접적 영향으로 보는 게 옳을 것이다. 본 논문은 빨리빨리의 구조적 동인으로 ①일극주의, ②군사주의, ③수출주의, ④평등주의, ⑤각개약진주의 등에 주목한다.

첫째, 일극주의다. 한국은 일극 중앙집중성이 매우 강한 사회다. 강력한 중앙집권 체제를 유지했던 조선조 500년의 역사와 더불어 지정학적 구조가 낳은 결과다. 3면이 바다로 둘러싸여 있는 나라가 바다를 포기하는 바람에 사람들의 삶이 원심력을 상실하고 구심력 중심으로 흐르고 말았다(이규태, 1991). 그래서 개인의 출세와 성공과 삶의 보람마저도 곧 누가 더 중앙의 핵심에 가까이 가느냐 하는 게임이 되고 말았다. 이를 정면으로 다룬 건 아닐망정 일극 중앙집중성이라고 하는 한국적 특수성을 가장 잘 밝혀준 책은 헨더슨(Henderson, 1968/2000)의 『소용돌이의 한국정치』다. 이 책에 대해선 그간 '오리엔탈리즘'의 혐의가 제기되기도 했지만 이 책의 핵심 메시지는 여전히 유효하다. 그건 바로 '중앙과 정상을 향한 맹렬한 돌진'이다. 분권화된 체제는 경쟁의 목표를 다극화하기 때문에 경쟁의 강도와 속도를 비교적 낮출 수 있지만 일종의 '병목 현상'을 유발하는 일극 체제하에선 빨리빨리를 맹렬하게 실천해야 하는 정반대의 일이 일어난다.

둘째, 군사주의다. 한국은 군 장성 출신이 대통령으로 집권한 기간이 한 세대(30년)에 이르며 그중 25년은 군사독재 정권의 군사주의가 이념화된 시기였다. 특히 박정희는 국가가 주도하는 외자 의존적 수출주도형 공업화정책을 근간으로 한 '군사적 성장주의' 노선을 택했고, 국가의 주도적 역할을 통해 성장 과정을 단축시킬 수 있다는 발상과 실천은 초고속 압축성장 condensed economic growth을 가져왔다(홍성태, 2001 ; 우석훈, 2008). 군사주의는 일방적 비난의 대상이 되고 있지만(권인숙, 2000, 2005 ; 박노자, 2000) 여기서 군사주의는 기존의 부정적 의미를 탈피해 '목표를 군사작전식으로 강력한 일극 리더십 체제하에서 신속하게 달성하는 것을 최우선 가치로 여기는 이념'이라는 가치중립적 개념으로 쓰고자 한다. 징병제는 한국의 거의 모든 남성 인구에 군사주의적 가치를 주입시키는 메커니즘이 되었으며 기업들도 사실상 군사적 속도주의를 효율의 원리로 삼고 있음에 주목할 필요가 있다. 물론 군사적 속도주의의 첫 번째 계명은 '빨리빨리'다.

셋째, 수출주의다. 군사적 성장주의 노선은 '수출의 전쟁화'를 낳았다. 수출은 선택의 문제가 아니었다. 1970년대의 구호가 말해주듯이 오직 '수출만이 살길'이었다. 좁게는 수출, 넓게는 나라 밖과의 관계에 나라의 운명이 달렸다고 보는 멘털리티 mentality를 수출주의라고 한다면, 오늘날에도 세계 최고 수준인 한국 경제의 높은 대외의존도로 인해 수출주의는 건재하다고 말할 수 있다. "기름 한 방울도 안 나는 나라" 운운하는 표현이 잘 말해주듯이 한국인들은 높은 대외의존도에 대해 만성적인 불안감을 갖고 있는 동시에 국제적 상황에 매우 민감하게 반응한다. 내부의 경쟁 상대는 말할 것도 없거니와 늘 외부의 경쟁 상대를 염두에 두고 살아가야 하기 때문에 빨리빨리를 외치지 않을 수 없다.

넷째, 평등주의다. 앞서 거론한 일제 식민통치의 경험과 상처가 미친 영향이 크다. 박재환은 한국사회는 전통적 권위와 성역이 사라지고 각 분야에서 극단적인 평등주의가 팽배하고 있다고 진단하면서 그 원인을 일제의 강점에서 찾는다(박재환, 2004). 이민족에의 병합은 단순히 국권의 상실에 그치는 것이 아니라 전통적 지배문화가 현실 적합성을 상실했다는 것을 웅변으로 입중하는 것이었으며, 양반문화는 더 이상 성역이 아니라 그동안 야만국으로 치부하던 일본의 신문명에 정복당함으로써 폐기되어야 할 구시대적 유산에 불과했다는 것이다. 여기에 한국전쟁이 미친 영향이 결정적이었다. 한국전쟁은 전근대적 계급·신분관계를 해체시키면서 평등주의를 확산시켰고 경쟁의 가치를 촉진했다(정진상, 2000). 게다가 한국은 사회문화적 동질성이 강한 동시에 고밀집사회이므로 전후에도 '이웃과의 비교'가 삶의 주된 행동양식으로 자리 잡았다. 이렇게 해서 나타나는 이른바 '이웃효과 neighbors effect'는 빨리빨리의 동인이 되었다.

다섯째, 각개약진주의다. 각개약진各個躍進이란 적진을 향해 병사 각 개인이 지형지물을 이용하여 개별적으로 돌진하는 것을 뜻하는 군사 용어다. 이런 각개약진은 한국적 삶의 기본 패턴이다. 한국인들은 국가의 무능으로 불행한 근현대사를 겪으면서 공적 영역은 불신하고 사적 영역만 신뢰하는 행동 패턴을 갖게 되었다. 여기에 한 맺힌 세월에 대한 강한 보상심리의 작용으로 '공적 소극성, 사적 적극성' 현상까지 나타났으며 사적 적극성은 중앙과 정상을 향한 맹렬한 돌진의 양상을 띠었다. 이런 점에서 앞서 말한 한국인의 평등주의는 독특하다. 정작 집단적으로 힘을 합쳐 이뤄내야 할 평등주의는 외면하고 개인·가족 차원에서 "남에게 뒤처질 수 없다"는 신조를 실천하려는 평등주의인 것이다. 이 또한 빨리빨리를 실천해야만 할 이유다(강준만, 2008).

이상 설명한 일극주의, 군사주의, 수출주의, 평등주의, 각개약진주의 등 5대 동인은 서로 밀접하게 관련되어 있지만 여기선 분석을 위해 유형화를 시도한 것이다. 이들은 필자의 직접적인 관찰과 더불어 저널리즘·학술적 문헌에서 다룬 모든 유형의 빨리빨리 행동양식의 근본 원인을 탐구하는 과정을 거쳐 추출된 것이다. 5대 동인은 동시다발적으로 한국사회에 영향을 미쳐왔지만 빨리빨리가 범국민적 행동양식으로 자리 잡는 과정의 관점에서 보자면 시간의 흐름에 따른 단계별 동인으로 보아도 무방하다. 군사주의는 일극주의라는 토대 위에서 그 효율성을 발휘할 수 있었고, 수출주의는 군사주의가 주로 경제적 측면에서 나타난 것이며, 평등주의는 국가적 부의 축적을 개인·가족 중심의 부의 축적과 병행케 하는 동인이 되었으며, 각개약진주의는 개인·가족 중심의 평등주의를 심화시켰다고 볼 수 있다. 이 5대 동인은 공사를 막론하고 한국인의 커뮤니케이션 행위에 큰 영향을 미치며 그 반대도 성립된다. 즉, 5대 동인이 빨리빨리를 촉진했지만 역으로 빨리빨리의 원리에 근거한 속도 커뮤니케이션이 5대 동인을 지속·강화하는 효과도 내고 있다는 것이다. 이제 이런 5대 동인이 속도 커뮤니케이션과 어떤 관계를 맺는지 사회적·일상적 커뮤니케이션에서 나타나는 담론 중심으로 분석해보기로 하자.

3. '속도 커뮤니케이션'의 기원과 유형

(1) 일극주의

한국이 서울을 일극 정점으로 삼는 강력한 중앙집중 체제를 갖게 된 것은 조선조 때부터이며 이후 서울 집중은 계속 강화되어 1960년대엔 "지방민의 서울 이주를 허가제로 하는 입법"을 주장하는 목소리까지 나올 정도였다.[7]

---

[7] 다산 정약용(1762~1836)이 죽기 전 자녀들에게 무슨 일이 있어도 사대문 밖으로 이사 가지 말고 버텨야 하며 서울을 벗어나는 순간 기회는 사라지며 사회적으로 재기하기 어렵다고 신신당부한 동시에 경고했던 메시지는 이후로도 계속 유효했다(송도영, 2004, 61쪽). 비록 실현되진 않았지만 1964년 2월 서울시장 윤치영이 "지방민의 서울 이주를 허가제로 하는 입법"을 주장할 정도였고, 소설가 이호철은 1966년 2월부터 11월까지 250회에 걸쳐 『동아일보』에 소설 『서울은 만원이다』를 연재했다. 이후 서울은 계속 '초만원'으로 내달렸다(손정목, 2003).

오늘날 한국의 인구밀도는 1km 당 474명으로 세계 3위지만 전 면적의 70%에 이르는 산악지대를 빼고 평지 중심으로 계산하면 세계 1위다. 게다가 국토 면적의 12%에 불과한 수도권에 인구의 절반이 몰려 있는 가운데 서울의 인구밀도는 1만 6,181명으로 세계 최고 수준이며 다른 대도시들도 서울 모델을 따르고 있다. 이미 2005년 전체 주택 1,322만 채 가운데 아파트 비율 52.7%(696만 채)를 기록했으며 이후 새로 짓는 주택의 90%가 아파트인바, 한국은 '아파트 공화국'이라 불릴 정도로 인구밀집도에 있어서 독보적인 나라다. 높은 인구밀집도는 뭐든지 '빨리빨리' 하지 않으면 배겨낼 수 없는 삶의 조건을 형성했다. 한국이 연방제 국가도 아니면서 그 어떤 나라보다 더 강력한 대통령제를 채택한 것도 이런 조건과 무관치 않다.

특히 그 어떤 분야보다도 서울 일극 구조가 실현된 대중매체와 통신·교통 시스템은 커뮤니케이션의 속도를 빠르게 하는 데 결정적인 영향을 미쳤다. 모든 지역의 커뮤니케이션 구조와 관행은 다원적인 지역 간 소통보다는 서울과의 빠른 소통 위주로 이루어졌으며, 총선이나 지방선거에서도 '지역 간 협력'이라는 이슈는 실종된 가운데 대부분의 후보들은 서울과 빨리 소통할 수 있는 능력, 즉 '줄'을 과시하는 것을 주요 선거 전략으로 삼았다. 세계에서 가장 빠른 압축성장과 세계에서 가장 높은 도시화율은 다시 사회 전반의 속도를 높이는 이유가 되었다.[8] "도시는 선이다"라는 구호가 말해주듯 도시엔 속도를 높여주는 '직선의 미학'이 강조되었으며 "인권人權은 없고 차권車權만 있다"는 말이 나올 정도로 도시·교통정책은 속도 위주로 재편성되었다. "질주 본능, 누구에게도 지기 싫다"는 식으로 속도를 강

---

8) 한국은 서구에서 최소 150년에서 200년은 걸렸을 변화를 불과 30~40년 만에 이뤄냈으며(한홍구, 2003), 도시화율은 미국(80.8%) 등 선진국보다 높은 90.2%를 기록하고 있다(박재현, 2006).

조하는 자동차 광고는 휴대전화·인터넷 광고와 더불어 속도 숭배주의 확산에 일조했다.

중앙집중 체제는 서울과 지방의 관계에만 국한되지 않았다. 부분이 전체와 비슷한 구조로 되풀이되는 구조를 가리키는 이른바 '프랙털fractal' 원리에 따라 지방의 각 지역 내에도 또 다른 중앙집중 체제가 구축되었다.[9] 서울과 지방을 막론하고 중심부와의 빠른 소통 능력은 모든 유형의 조직에서 가장 우대받는 능력 중의 하나가 되었다. 지방분권이 어려운 이유도 꼭 서울 기득권 세력의 저항이나 방해 때문만은 아니다. 일극주의에 익숙한 시각에선 지방분권이 "지역 이기주의와 토호 정치의 창궐 같은 이기적 참여 폭발로 인한 '분권적 혼란' 으로 연계될 위험"과 더불어 업무 처리 속도의 효율성에 대해 우려한다(홍순권, 2003, 93~94쪽).

일극 집중화는 '가치구조의 획일화' 를 촉진한다(최장집, 2002). 일극화된 대중매체와 통신·교통 시스템은 획일적인 가치를 유포시키는 데 앞장섬으로써 '국민통합' 엔 기여했는지 몰라도 대중의 삶에 '다양성' 이 살아 숨 쉬기 어렵게 만드는 데에 일조했다. "모로 가도 서울만 가면 된다"거나 "지방방송 꺼"라는 말은 이 획일화를 잘 말해준다. 한국에서 집단사고groupthink가 소집단을 넘어 선거나 여론조사 등을 통해 범국민적 차원에서 빨리, 그리고 자주 나타나는 것도 바로 이런 이유 때문이다.[10] 다양성을 존중해주지 않고 획일성이 알게 모르게 강요되는 사회에선 '인정認定 욕구' 조차 획일화된다. 모든 게 다 '보다 더 높은 곳을 향하여' 라는 구호로 압축된다. 수평적 구조에

---

9) 한국의 인구분포가 프랙털 모습을 보이는 것이 좋은 예다. 수도권에 인구의 절반이 몰려 있듯이, 지방에서도 각 권역별로 가장 큰 2개의 도시에 권역 인구의 절반 이상이 집중되어 있다(김지석, 2005).
10) 집단사고는 응집력이 강한 집단의 성원들 사이에서 가장 강력해 보이는 의견에 따라 빨리 만장일치를 이루려고 하는 사고의 경향을 말한다.

선 평화공존할 수 있는 사람들도 그러한 수직적 구조에선 평화공존하기가 어려워진다. 중앙을 향하여, 보다 높은 곳을 향하여, 격렬한 속도로 돌아가는 소용돌이는 세상을 빨리빨리의 격전장으로 만들지만 동시에 놀라운 역동성과 활력을 만들어내기도 한다. 한국은 그런 역동성과 활력으로 세계에서 가장 빠른 경제 성장을 이룩했다.

(2) 군사주의

1961년 5·16쿠데타의 성공으로 군사 정권이 집권한 이후 한국사회는 '일사불란'과 '속전속결'을 생명으로 아는 군사적 '수사修辭 공동체'로 변모했으며 그 행동강령은 늘 '빨리빨리'였다.[11] 특히 1960년대 말부터 '산업전사'나 '수출의 기수' 같은 새로운 단어가 산업용어로 등장했으며 이 새로운 단어들은 "민족주의를 발전주의 및 군대식 수사와 결합시켰고, 산업노동자들을 국방을 위해서 싸우는 군인들과 동일시했다"(구해근, 2002, 207쪽). 수출 전사들이 일하는 기업도 군대 조직처럼 움직였다. 박정희는 한 달에 한 번씩 자신이 직접 중앙청에서 '수출진흥확대회의'를 주재했으며, 자신의 집무실엔 기업별 수출 현황을 막대그래프로 그려놓게 해 수출 실적을 매달 체크하면서 관계 부처와 기업들의 '고지 점령'을 독려했다(김창훈, 2002, 137~138쪽).

박정희는 '중단 없는 전진'과 더불어 "밀어붙일 때 밀어붙여라"라고 외치

---

11) 군사 정권의 군사작전식 일 처리 방식을 상징적으로 잘 보여준 대표적인 사건이 KBS TV의 개국(1961년 12월 31일)이다. 노정팔의 증언에 따르면 "정말로 번갯불에 콩 구워 먹는 속도보다도 더 빨랐다. 창설 계획을 세운 것이 그해 8월 14일, 건축 공사를 시작한 것이 10월 10일이니 2개월 남짓 걸린 셈이다. 기재는 미국 RCA 기계를 발주하여 12월 10일에 비행기로 실어 날랐고, 그때부터 설치 공사가 강행군되었다. 아마 기네스북에 오를 만한 일이요, 세계적인 기록일 것이다. 남들 같으면 아무리 빨리해도 2~3년은 걸려야 했을 일을 우리는 불과 3개월도 안 걸려 해치운 것이다. 자랑해야 할지 졸속이라고 비난해야 할지 모르겠다"(노정팔, 1995, 458쪽).

면서 국정 운영을 군사작전 하듯이 했으며 자신처럼 군인 정신이 충만한 사람들을 선호했다. 이들은 수치화된 목표를 내걸고 이를 내면화하는 행동 패턴을 보였고 그 과정에서 빨리빨리는 굳이 외칠 필요조차 없는 절대당위가 되었다(오원철, 1996). 이런 속도주의는 새마을운동에서부터 충효운동에 이르기까지 사회 전반에 걸쳐 작동하는 기본 모델이 되었다. 또 학도호국단 체제는 대학과 언론을 포함한 '지식계의 병영화'를 몰고 왔다(리영희, 1987 ; 황병주, 2000). 오늘날까지도 해마다 입학철이면 반복되는 대학 신입생 음주 사망사고와 얼차려 등 가혹행위가 끊이지 않는 것도 대학이 군사주의문화로부터 자유롭지 못하다는 것을 잘 말해준다. 군사주의의 속도 숭배는 음주문화에까지 영향을 미쳤다. 빨리 마시고 빨리 취하는 한국인의 속주速酒문화를 대변하는 이른바 '폭탄주'가 기수별 상명하복上命下服 정신이 강한 군·검찰·언론계에서 가장 발달한 것도 우연이 아니다. 또한 남북분단 상황에서 군사주의가 최우선시한 국가안보 때문에 36년 4개월간(1945년 9월 7일~1982년 1월 5일) 지속된 야간 통행금지는 한국인들이 빨리빨리를 내면화하게 만드는 데 큰 영향을 미쳤다.

"하면 된다"라거나 "안 되면 되게 하라"는 구호 아래 군사주의적 고도성장이 국시國是라 할 만큼 전 사회 분야를 휩쓸면서 포드주의적 양산 체제가 하나의 규범으로 자리 잡았고, 이는 주거양식에까지 영향을 미쳤다. 한국의 아파트를 포드주의의 관점에서 본 줄레조(Gelézeau, 2003/2004, 125~126쪽)는 1970년대의 아파트 건설이 군사작전식으로 이루어진 것에 주목한다. 그는 "가장 충격적인 구호는 '주택건설 180일 작전'으로, 잠실의 초창기 4개 단지가 이 기록적인 기간 안에 건설되었다"며 "군대 용어에서 빌려온 '작전'이라는 용어에서 느낄 수 있듯이, 북한의 주체사상에 필적하는 가치를 내건 적극적인 정부 선전구호의 지휘하에 대대적인 국민적 참여의 역할이 무엇이었는지를 짐작할 수 있다"고 주장한다. 줄레조는 유럽의 기준으로 아파트에 대해 매우 부정적인 시각을 드러내지만 '주택난의 공포'라고 하는 한국의 절박했던 현실을 간과할 수는 없다. 즉, 주택에도 적용된 포드주의적 효율성은 필요악必要惡의 성격이 강했다는 뜻이다.

다만 문제는 포드주의적 효율성이 필요악이었던 시절이 지났음에도 여전히 주택건설 180일 작전과 같은 빨리빨리가 한국인의 삶을 지배하고 있다는 점일 것이다. 비상한 시기에 필요하기도 했던 '위험을 무릅쓰는 문화a risk-taking culture'도 건재하다. 일상적 삶을 늘 전시 상태로 간주하는 심성 때문이다. 한국인들이 '화이팅'이라는 말을 거의 인사말 수준으로 즐겨 쓰는 것도 바로 이런 현실을 말해주는 것으로 볼 수 있다. 위험을 무릅쓰는 문화에선 속도가 가장 중요하기 때문에 안전이나 프라이버시 등의 가치는 뒷전으로 밀려나는 경향이 있다. 한국이 매년 2,000명 이상 사망할 정도로 산업재해율이 매우 높아 경제협력개발기구OECD 회원국 가운데 부동의 1위를 차지하고 있는 것이나 초고속인터넷통신망은 세계 최고 수준이지만 개인정보 보호가 낙후되어 있는 것은 바로 속도 위주의 삶을 잘 말해준다. 한국인들의 일상적 언어에 속도를 강조하는 말이 무수히 많은 것도 그런 이유 때문일 것이다. 빨리빨리 외에도 급急히, 속速히, 어서, 서둘러, 즉각, 즉시, 금방, 곧바로, 지체 없이, 얼른얼른, 빠르게, 좀 더 빠르게, 아주 빠르게, 대단히 빠르게, 말할 수 없이 빠르게, 숨 가쁘도록, 죽기 살기로, 눈썹이 휘날리게 등등 끝이 없다. 속도를 직접 강조하지 않더라도 사실상 속도를 미화하거나 숭배하는 담론은 언어 전반에 퍼져 있다.

(3) 수출주의

군사 정권의 '군사적 성장주의' 체제하에서 수출은 전쟁이되 성전聖戰이었다. 심지어 수출은 '국가 종교'라고 해도 좋을 정도였다. 정부가 사실상 주도한 일본인 대상 기생관광에서 잘 나타났듯이 젊은 여성들의 육체마저 '수출 상품'이 되어야만 했고 그들은 달러를 벌어들이는 '애국자'로 불렸다.[12] 이는 '인구는 많고 자원은 없고' 게다가 '기름 한 방울 안 나는 나라'의 국민이 가진 '달러 강박증'을 잘 말해준다. '잘살아보세'라는 찬송가가 울려 퍼지는 가운데 수출과 달러를 위해선 그 어떤 모욕과 희생도 감수해야만 했다. 수출 전사 지휘관들에게 주어진 특혜도 엄청났다. 그래서 당시에는 수출만 하면 대통령이 뒤를 봐준다는 믿음 때문에 "모든 길은 수출로 통한다"는 말이 유행했다(중앙일보 특별취재팀, 1997).

수출은 한국의 국력신장을 나타내는 가장 확실한 지표였다. 수출 1억 달러 고지를 점령한 지 6년 만인 1970년에는 10억 달러, 7년 후인 1977년엔 100억 달러, 18년 후인 1995년엔 1,000억 달러를 넘어섰다. 언론은 늘 이런 기록을 대서특필하면서 좀 더 속도를 낼 것을 주문했으며 이는 오늘날까지 지속되고 있다. 예컨대 "한국 수출 사상 첫 세계 10위: 3분기엔 세계 9위도 넘볼 만"이라는 기사 제목이나 "세계 10위 오른 한국 수출, 좀 더 뛰자"라는 사설 제목 따위는 흔히 볼 수 있는 것이다(김선하, 2009 ; 동아일보, 2009).[13]

앞서 말했듯이 여기서 "좁게는 수출, 넓게는 나라 밖과의 관계에 나라의

---

12) 문교부장관이 달러를 벌어들이는 기생들을 '애국자'라고 말하자 "그럼 당신 딸부터 애국자로 만들어보라"는 항의가 줄을 잇기도 했다(박승옥, 1991, 114쪽). 매매춘의 국책사업화는 비단 일본인 관광객들만을 대상으로 한 게 아니었다. 1970년대부터 주한미군이 그러한 국책사업의 주요 고객으로 등장했다. 기지촌 여성들을 대상으로 매월 실시하는 교양 강좌에선 시장, 지역의 공보관, 경관 등이 인사말을 하면서 "여러분 모두는 우리 조국을 위해 외화를 벌려고 일하는 민족주의자들이다"라고 말하곤 했다(Moon, 1997/2002, p.156). 이런 식의 '칭찬'은 학교에서조차 이루어졌는데, 1970년대 중반 어느 중학교 교사는 학생들에게 "미군에게 몸을 파는 우리 누나들은 애국자다. 그 누나들이 벌어들이는 달러는 가난한 우리나라 경제발전에 큰 도움을 주고 있다"고 말하기도 했다(이승호, 2002, 186~187쪽).
13) 실제로 이런 요청에 힘입어서인지 2009년 수출은 3,638억 달러로 세계 시장점유율 3%대에 진입하는 동시에 세계 9위에 올랐고, 무역수지 흑자는 410억 달러로 사상 최대치를 기록했다.

운명이 달렸다고 보는 멘털리티"를 의미하는 '수출주의'는 계속 높아진 대외의존도로 인해 선진국 문턱에 다다른 시점까지도 한국인을 지배하는 주요 이념 중의 하나가 되었다. 한류韓流마저 수출산업의 연장선상에서 이해된 가운데 코믹 넌버벌 퍼포먼스 〈점프〉가 2007년 무역의 날에 문화공연업계로는 최초로 100만 달러 수출탑상을 수상한 것도 이런 현실을 잘 말해준다. 한국 경제의 대외의존도는 1990년대 초까지는 50%대 중반을 나타냈으나 외환위기 직후인 1998년에는 84.1%로 높아졌으며, 이후 70~80%대를 계속 유지한 가운데 2008년에는 110.6%라는 기록을 세우기도 했다. 대외의존도를 낮춰야 한다는 목소리가 높지만 한 번 설정된 경로經路를 바꾸는 게 쉬운 일은 아니다. 게다가 높은 대외의존도는 문제될 게 없으며 오히려 '대외활용도'나 '대외개척도'라는 용어로 바꿔야 한다거나 "한국인 야성·경쟁본능 죽이면 국운도 끝난다"고 주장하는 이들도 적지 않다. 그 어느 쪽을 택하건 한국인들이 대외 상황에 매우 민감하게 반응하면서 만성적인 불안감을 갖고 있다는 건 분명한 사실이다(송길호, 2005 ; 오창민, 2009 ; 조전혁, 2007 ; 유종일, 2008 ; 김영봉, 2010).

그 불안감은 민족주의 정서와 결합해 빨리빨리를 행동강령으로 삼아야 할 이유가 되었으며, 이는 세계를 향한 '인정투쟁'으로도 나타난다. 한국사회는 오래전부터 '동양 최고', '동양 최대', '동양 최초', '세계 최고', '세계 최대', '세계 최초' 등과 같은 '최고 병'·'최대 병'·'최초 병'을 앓아왔다. 초등학교가 '세계로 뻗는 ○○초등학교'라는 플래카드를 내거는 것이나 음식점들이 서로 '원조'임을 주장하고 나서는 건 바로 최고·최대·최초주의의 반영으로 볼 수 있다. 이런 정서는 해외에서 활약하는 대기업들에 대한 이중의식을 낳았는데, 그 대표적 사례가 바로 '삼성 신드롬'이다. 삼성과 삼성 회장 이건희는 '무노조 경영'과 '편법 상속' 등 사회적 지탄을 받은 일들을 적잖이 저질렀지만 국민적 차원에선 '존경받는 기업'과 '존경받는 기업인'의 위상엔 아무런 흔들림이 없었다. '반도체 세계 1위', 'LCD 세계 1위', '휴대폰 세계 3위' 등과 같은 타이틀 때문이다. 삼성이 한국을 대표하는 기업으로 세계시장에서 잘만 싸워준다면 국내에서야 무슨 흠이 있건 별로 중요치 않다고 보는 한국인들의 지극한 애국심이 삼성과 이건희에 대한 호의적 시각을 만들어낸 것이다. 삼성 스스로도 유포시킨 '세계와의 경쟁' 담론은 늘 한국인들로 하여금 빨리빨리의 원리에 충실한 것을 요구했다.[14] 정부마저 이런 '1등 신드롬'에 참여했다. 공보처는 '국가경쟁력 제고'를 위한 시리즈 광고를 내보냈는데, 한 광고에서는 "1등이 아니면 살아남지 못하잖아요"라는 말과 함께 "당신의 경쟁 상대는 어느 나라 누구입니까"라는 말로 1등이 되기 위한 경쟁 상대를 찾으라고 역설했다. '빨리빨리'를 실천하라는 암묵적 선전인 셈이다.

(4) 평등주의

식민통치와 전쟁 등 파란만장한 시련으로 점철된 한국의 근현대사는 "사람팔자 시간문제"라는 말을 낳게 했다. 이는 옛날의 속담이 아니라 현실에 그대로 운용되는 생활원리였다. 사회적 혼란으로 하루아침에 지위와 신세가 뒤바뀔 때 사람들은 무슨 생각을 했을까? "너나 내가 다를 게 무엇이냐. 너는 어쩌다 출세를 했을 뿐이니 나도 운수만 따르면 출세하는 건 시간문제다"라는 생각을 했을 것이다(정성호, 1999). 이는 치열한 생존 경쟁에 대해 긍정적인 자세를 취하는 방향으로 1960년대 대중문화에 잘 반영되었다.[15] 이런 긍

---

[14] 예컨대 1994년 삼성이 내보낸 '세계일류' 광고 시리즈 가운데 하나를 보자. "엘리사 그레이, 그레이엄 벨보다 한 시간 늦게 전화 발명에 성공. 하지만 아무도 2등은 기억하지 않는다. 세계일류 삼성의 마지막 선택입니다."

정적인 자세는 '개천에서 나온 용' 또는 '자수성가를 이룬 사람'을 '코리안 드림'의 모델로 삼으면서 빨리빨리라는 행동양식을 미화하고 촉진했다. 오늘날에도 한국 TV드라마에서 속도 위주의 치열한 경쟁이 극적인 쾌감을 일으키는 주요 수단이 된 건 그런 현실을 말해주는 것으로 볼 수 있다(강명석, 2010).

행복감은 이웃과의 비교에서 나온다. 이런 '이웃효과'에 관한 한 한국은 타의 추종을 불허했다. 한국사회 특유의 사회문화적 동질성과 밀집성 때문이다. 동질적인 고밀집사회는 이웃과의 비교를 강요한다. 이웃을 의식하지 않고선 단 한시도 못 살게 만든다. '엄친아(엄마 친구 아들)', '엄친딸(엄마 친구 딸)', '아친남(아내 친구 남편)', '딸친아(딸 친구 아빠)' 등과 같은 말들이 순식간에 국민이 공감하는 신조어가 될 정도로 그 비교는 필사적이다. 한국 경제가 중진국 수준을 넘어선 뒤에도 빨리빨리라는 경쟁 논리를 생활화시킨 데엔 바로 그런 이웃효과가 컸다. 인터넷을 비롯한 현대적인 원격통신은 이웃효과의 국지적 본성을 소멸시켰는데(Bernstein, 2005) 한국은 고밀도 덕분에 세계적인 인터넷 강국으로 등극했으니 이웃효과로 인한 평등주의와 그에 따른 빨리빨리 경쟁은 한국적 삶의 본질이라 해도 과언이 아니다.

한국인은 '하향억제 의식'과 더불어 '단독상향 성향'이 매우 강하다.[16] 이는 서열문화와 맞물려 '격'과 '급' 따지기로 이어진다. 군이건 검찰이건 어느 기수가 고위직을 차지하면 그 기수보다 높은 기수에 있는 사람들은 옷을 벗어야 한다. 이는 한국사회의 관행적 법칙이며 언론매체는 이를 자연스

---

15) 예컨대 1964년의 히트가요 '회전의자'는 "빙글빙글 도는 의자 회전의자에 임자가 따로 있나"라며 "억울하면 출세하라"고 했고, 같은 해에 나온 또 다른 히트가요 '쥐구멍에도 볕 들 날 있다'는 "돈 없다 괄세 마오, 무정한 아가씨/ 캄캄한 쥐구멍에도 볕 들 날 있소/ 모를 건 사람의 팔자라고 하는데/ 그렇게 쌀쌀할 건 없지 않겠소"라며 생존 경쟁에 대해 긍정적인 자세를 취했다(이영미, 1998).

럽게 여기는 담론을 양산해낸다. 단독상향 경쟁은 "사촌이 논을 사면 배가 아프다"는 식의 '공격적 평등주의' 담론으로 표현된다. 오늘날까지도 많은 한국인이 "배고픈 건 참아도, 배 아픈 건 못 참는다"는 삶의 철학으로 생존 경쟁에 임하고 있다. 이와 관련, 경향신문 특별취재팀은 이렇게 주장한다. "남처럼 잘살고 잘 먹겠다는 의지만큼 강력한 성취동기는 없다. 여기에는 개인이나 기업이 따로 없다. 누구나 출세하기 위해, 더 잘 먹고 잘살기 위해, 권력을 쥐기 위해 전력투구한다. 목적지상주의가 후유증을 남기기도 했지만 무엇이든 달성하고자 하는 욕구가 삶의 질을 급신장시킨 사실을 부인할 수 없다. 한국이 세계 10위권 경제대국으로 선진국 진입을 바라보게 된 배경에는 '너도 하면 나도 하겠다'는 평등의식이 깔려 있는 것이다"(경향신문 특별취재팀, 2006, 17~20쪽).

"너도 하면 나도 하겠다"는 평등의식은 개인적 빨리빨리 경쟁을 촉진한다. 사교육과 조기교육 열풍은 그런 경쟁의 산물이며, 심지어 여행이나 관광마저 경쟁의 대상이 된다. 해외 어디에 가서 무엇을 했다기보다 '해외여행을 다녀왔다'는 것 자체가 중요하기 때문에 여행·관광의 속도가 매우 빠르다.[17] 이런 평등의식은 '고립의 두려움'을 증폭시켜 자주 쏠림효과를 낳음으

---

16) 한국인의 상향의식에 주목한 이규태는 그 단적인 증거로 유럽 사람들에 비해 하향을 하지 않으려는 하향억제 의식이 별나게 강하다는 것을 들 수 있다고 주장한다(이규태, 1991, 114~119쪽). 유럽 사람들은 상황이나 사정 또는 환경이 바뀌면 그에 맞추어 자연스레 하향을 하지만 한국인은 사정이나 상황이 달라졌다 해도 하향은 끝내 하지 않으려 하며, 어찌할 수 없이 하향을 하게 될 때에는 처참하고 처절한 심경에 빠지고 만다는 것이다. 또 이규태는 구미인들이 "집단상향 성향이 강한 데 비해, 우리 한국인은 내 개인을 상승시키려는 단독상향 성향이 강하다"며 "이 같은 구조적 특성 때문에 한국인은 같은 동료나 같은 집단 사람, 그리고 직위서열이 같은 사람일수록 무자비하게 짓밟고 모략하고 헐뜯고, 마냥 단독상향만 하려 한다"고 주장한다. 이규태의 주장엔 사회구조적 이유에 대한 분석이 빠져 있긴 하지만, 한국인들의 하향억제 의식이 강하고 단독상향 경쟁이 매우 치열하다는 건 분명하다.
17) 2005년 한국관광공사가 실시한 설문조사에 따르면 58.5%가 '해외여행을 경험했다는 만족감'을 들었다(김기태, 2010).

로써 제2차적인 집단적 빨리빨리를 유발한다. 이를 잘 보여주는 게 이른바 '1,000만 신드롬'이다. 1,000만 신드롬은 1,000만 관객을 목표로 하는 '대형 영화 제일주의blockbuster mentality'가 한국 영화계를 지배하고 있는 현실과 이를 뒷받침해주고 있는 관객의 쏠림 현상을 일컫는 말이다. "너 아직도 안 봤니?"라는 말과 함께 벌어지는 '빨리빨리 보기' 경쟁이 눈덩이효과를 낳아 경제활동 인구 세 명 중 한 명이 같은 영화를 보러 가는 일이 가끔 벌어지는 것이다. 기업들은 한국인의 이런 속성을 겨냥해 "1,000만 명이나 쓰는 카드가 있대요. 괜히 1,000만이겠어요"라는 식의 광고를 해댄다(장은교, 2006 ; 노재현, 2006). "너도 하면 나도 하겠다"는 평등의식은 현재에서 행복을 찾으려고 하는 한국인 특유의 현세주의와 맞물려 속도 경쟁을 가속화시킨다.

(5) 각개약진주의

한국인의 단독상향 성향이 강해진 데엔 그만한 이유가 있다. 국가가 개인을 보호해주지 못한 세월이 길었던 한국 근현대사의 불행은 한국인들을 개인과 가족 중심의 각개약진에 일로매진하게 만들었기 때문이다. 2005년 한국인의 빨리빨리 기질을 다룬 〈SBS 스페셜〉이 잘 지적했듯이 "'빨리빨리'는 식민지와 한국전쟁을 겪는 동안 어떻게 해서든지 살아남아야 했던 한국인의 생존조건이었다". 한국인의 이 독특한 생존조건은 한국전쟁 이후에도 건재했다. 이와 관련, 박재환은 '속전속결주의'라는 용어를 쓴다. 그는 현재 한국사회의 일상생활의 원리로 작용하고 있는 속전속결주의는 아직도 절차와 신용과 게임의 룰이 정착되지 않은 사회적 상황에서 비롯된 것이라고 분석한다(박재환, 2004). 국가를 비롯한 공공의 영역에서 결정한 정책이 장기적으로 집행되기보다 반대의 여론이나 정치적 필요에 의해 몇 년 만에 바뀌는 사례는 부지기수로 많았기 때문에 새로운 정책에서 유리하다고 생각하는 사람은 한시바삐 그 좋은 기회를 이용하려 했다는 것이다. 왜냐하면 조금만 늦어도 그런 조건은 어느새 변경될지 모르기 때문이다.

여기에 정치에 대한 불신과 환멸도 가세해 국민은 사회적·제도적 차원의 평등주의를 꺼리거나 불신한다. 그래서 한국인의 평등주의는 주로 개인·가족 차원에서만 작동하며, 그 주요 수단이 '자녀 교육' 이다. 한국인은 나와 내 가족의 문제를 사회와 제도가 해결해주지 못할 것이라는 경험적 확신을 갖고 있다. 그들은 '공적 불신, 사적 신뢰' 라는 원칙을 준수하면서 자녀 교육과 더불어 자신의 각종 연고 챙기기에 급급한 삶을 살고 있다.[18] 누가 더 많은 연고·사교 모임을 갖고 있느냐에 따라 삶의 경쟁력이 결정되는 현실에선 빨리빨리가 미덕일 수밖에 없다.

각개약진형 삶은 주택에 대한 인식에서도 잘 드러난다. 한국인 다수의 거주양식인 아파트는 '살 집 house of living' 이라기보다는 '팔 집 house of sale' 이다. 2006년 기준 선진국에선 전체 주택의 5% 범위 내에서 거래가 이루어진 반면, 한국은 거의 20%에 이르렀다. 평균 거주 기간도 서울의 경우 5.4년에 지나지 않았다. 주택 수명도 약 14.8년으로 일본의 2분의 1, 독일의 4분의 1, 프랑스의 6분의 1, 미국의 7분의 1, 영국의 10분의 1 정도에 불과하다(박철수, 2006). 아파트 광고는 '욕심' 을 강조함으로써 속도전쟁의 당위성을 환기시킨다.[19] 욕심은 일 처리에 있어서 '급행료' 와 '기름칠' 의 심리적 기반이 되었으며

---

18) 2006년 한국개발연구원KDI의 '사회적 자본 실태 종합조사' 보고서에 따르면, 한국 국민들의 사회적 관계망 가입비율은 동창회 50.4%로 가장 높고 종교단체 24.7%, 종친회 22.0%, 향우회 16.8% 등이 뒤를 이었다. 반면 공익성이 짙은 단체들의 가입률은 2%대에 머물렀다. 소득·학력이 높을수록 연줄을 중시하는 것으로 나타났다(오관철, 2006).

19) "'욕심낸 그곳에 꿈에그린이 온다(한화건설)', '욕심내세요(대방건설)', '욕심내세요, 어울림이니까(금호건설)', '서울이 욕심내는 곳(대림산업)', '욕심나는 투자처(이수건설)', '욕심낼수록(한화)', '욕심낼 만한 이유(현대리모델링)', '욕심만큼(대우건설)', '아름다운 삶의 욕심(고려개발)'"(양웅, 2005).

자녀 교육마저 '행복은 성적순'이라는 원리하에 '출세의 지름길'로 인식하게 만든다. 그래서 '족집게' 학원을 찾게 되고 학원은 "잠재력의 마지막 여력까지 뽑아내자"고 외친다. 부모는 "친구 사귀지 마, 공부해"를 외치고, 학생은 "졸면 죽는다"라거나 "입시전선 우방 없다"라는 표어를 써 붙인다. '만인에 대한 만인의 경쟁' 체제가 가동되는 것이다. '속이 타다', '속을 태우다', '속이 끓다', '속을 끓이다' 등의 표현이 말해주듯이 한국인이 화병火病에 잘 걸리는 것도 바로 이런 삶의 조건과 무관치 않다. 오죽하면 미국정신과협회에서 화병을 한국인에게서 볼 수 있는 특이한 정신질환으로 규정하고 1996년 질병목록에 'Hwabyung(화병)'을 새로운 항목으로 등록했겠는가(최봉영, 2009).

한국의 정당이 채 3년이 되지 않는 평균 수명으로 '포장마차'라는 별명을 얻게 된 것도 우연이 아니다. 정당의 포장마차화엔 여러 이유가 있지만 가장 중요한 게 빨리빨리로 대변되는 조급증이다. 정당 내부개혁은 기득권 집단의 반발로 인해 시간이 오래 걸리지만 정당정치의 착근을 위해선 반드시 겪어야 할 과정이다. 그러나 조급한 유권자들은 당내 개혁세력 또는 불만세력이 딴살림 차리는 걸 선호하거나 불가피하다고 이해한다. 자신도 각개약진하는 삶을 살기에 정치인들도 각개약진할 수 있다고 보는 셈이다.

이런 각개약진문화에선 '기회주의와 행동의 무작위화無作爲化·randomization'가 번성하며(전상인, 2001, 178~179쪽) 행동은 물론 '눈치'도 빠를수록 좋다. '척 하면 삼천리'를 가야 자신에게 유리한 판단을 내릴 수 있기 때문이다. 그래서 '눈치작전'이라는 말까지 나온다(임태섭, 995쪽). 한국인의 언어생활에서 눈치라는 어휘가 많이 사용되는 것도 바로 그런 이유 때문이다.[20] 행동에서부터 눈치에 이르기까지 무엇이든 빨라야 한다는 강박관념으로 인해 불안과 피곤의 만성화가 나타나지만, 이 세상에 믿을 건 나와 내 가족밖에 없다는 한국인들의 신앙은 계속 유지되어왔다. 그러다 보니 한국인들은 부지불식간에 어떤 사회적 문제를 직접 해결하려 하기보다는 빨리빨리 이뤄지는 변화를 통해 그 문제를 건너뛰거나 비교적 사소하게 만드는 방식을 선호한다. 그래서 책임 규명에도 소홀할 수밖에 없으며 '책임윤리'가 자리 잡기도 힘들다.

각개약진주의는 일종의 극단적 개인주의라고 볼 수 있는데, 개인주의와 집단주의는 상호 배타적인 건 아니다. 개인주의가 작동하는 삶의 영역과 집단주의가 작동하는 삶의 영역이 각기 다르기 때문이다. 한국에서 생존 경쟁이나 사회적 문제의 해결은 개인주의적이지만 삶의 가치나 타인지향성만큼은 집단주의적이다. 이른바 '월드컵 신드롬'의 경우처럼 가끔 벌어지는 집단적 열광의 비밀도 바로 여기에 있다. 이런 열광은 각개약진에 지친 심신을 달래기 위한 집단주의 축제다.

4. 결론 및 논의

이상 살펴본 바와 같이 한국의 빨리빨리문화는 ①일극주의, ②군사주의, ③수출주의, ④평등주의, ⑤각개약진주의 등에 의해 생겨나고 촉진되어왔다. 이 5대 동인들은 각기 독립적인 것은 아니며 상호 간섭과 조합으로 다른 유형의 행동양식을 낳기도 한다. 예컨대 이른바 '줄서기' 또는 '줄 세우기' 문화는 일극주의와 각개약진주의에 의해 형성·촉진되며, 이것이 집단적으

---

20) 최상진의 연구에 따르면 1992년 10월 1일부터 1995년 9월 13일까지 5대 일간지를 분석해본 결과 '눈치'라는 어휘의 사용빈도는 『중앙일보』 554건, 『한국일보』 472건, 『조선일보』 410건, 『한겨레신문』 287건, 『동아일보』 247건으로 나타났다(최상진, 2003, 752쪽).

론 '쏠림'의 문화로 나타나기도 한다.

한국인의 빨리빨리 기질은 오랫동안 비판의 대상이었지만 디지털 시대를 맞아 재평가되었고 이젠 예찬의 대상으로까지 격상된 느낌이다. 빨리빨리가 디지털 시대의 경쟁력 근원이라고 보기 때문이다. 특히 '속도의 효율'을 중요하게 생각하는 기업인들이 그런 재평가에 앞장서고 있다.[21] 기업인들의 '빨리빨리 긍정론'에 대해 "한국인을 소비의 주체로만 바라보는 데다, 산업적 논리에 문화해석의 틀을 무리하게 꿰맞춘 것 아니냐는 혐의"도 제기되지만(손원제, 2005) 그 어떤 문제에도 불구하고 빨리빨리가 한국이 자랑하는 초고속 압축성장의 비결이었음을 어찌 부인할 수 있으랴. 물론 압축성장도 잘못된 것이라고 비판하는 목소리도 있지만 이는 그만큼 부작용이 컸다는 뜻이지 한국이 전화(戰禍)의 잿더미에서 오늘과 같은 경제발전을 이룬 것 자체를 부정적으로 보는 건 아닐 게다. 한국의 압축성장과 빨리빨리를 몹시 부러워하는 나라도 많다는 걸 감안하는 게 공정하지 않겠는가.

본 논문은 기원 중심으로 빨리빨리문화를 분석했지만 빨리빨리는 많은 경우 원인과 결과를 동시에 내장하고 있다. 예컨대 개인 중심의 연고주의는 빨리빨리를 촉진하지만 동시에 빨리빨리는 연고주의를 강화하는 식이다. 동질적인 연고와 코드는 시간과 비용을 절약해준다. 연고주의는 이심전심이라는 속도를 숭배하는 유사 이데올로기다. 학벌주의도 다를 게 없다. 학벌주의는 복잡한 인간평가의 과정을 학벌이라는 '간판' 하나로 대체함으로써 시간을 줄이고자 하는 '속도전쟁'이다. 한국의 근현대사는 불확실성의 질곡으로 점철된 시대였기에 한국인들은 본능적으로 불확실성에 대한 공포감을 갖고 있

---

21) 『월간 CEO』가 2005년 CEO 50명을 대상으로 실시한 설문조사 결과에 따르면, 한국인의 '빨리빨리' 정신이 경제발전에 어느 정도 기여했다고 보느냐는 질문에 '실보다 득이 다소 높다'가 42%, '득보다 실이 다소 높다'가 22%, '비슷하다'는 18%로 나타났다(김경두, 2005).

다. 그래서 불확실성을 제거하는 데에 도움을 주는 종교 · 위계질서 · 신분증 문화가 발달되어 있다. 간판은 불확실성 제거의 표지이기에 요란할수록 좋다. 속도전쟁의 이면엔 바로 이 불확실성에 대한 공포가 자리 잡고 있다. 다른 것에 대한 공포는 동질성을 찾고자 하는 시도로 이어진다. 또 이게 같은 간판을 가진 사람들의 결속력을 높여주기 때문에 이왕이면 좋은 간판을 가져야 할 결정적인 이유가 된다. 좋은 간판을 가진 사람들이 느끼는 간판의 우선적인 효용은 안도감이다. 자기 확인이다. 요란한 간판을 내건 상인들도 똑같은 말을 한다. 간판은 자기 존재 증명인 셈이다.

한국의 빨리빨리문화는 두 얼굴을 갖고 있다. '역동성'과 '조급성'이라는 두 얼굴이다. 그렇듯 빨리빨리엔 명암이 있지만 아무래도 명明 쪽이 큰 것 같다. 그 어떤 부작용에도 빨리빨리 경쟁의 근거가 되는 희망이 살아 있고, 이는 경쟁 없는 '신분사회'보다 훨씬 낫다는 이유에서다. 그렇지만 이는 양자택일할 문제는 아니며 지속가능한 수준의 경쟁문화를 조성하려는 노력이 필요하다. 그런 점에서 빨리빨리가 한국사회의 구조와 작동 메커니즘에 미치는 영향이 제대로 탐구되지 않고 있다는 점에 대한 문제의식이 필요하다. 이를 연구하면 비릴리오의 '속도의 정치경제학'을 능가하는 '속도의 문화정치학'이 한국을 무대로 탄생할 수 있으리라. 본 논문은 그 수준에까지 미치진 못했다. 그간 저널리즘 수준에서만 다뤄진 빨리빨리의 기원에 대한 유형 분석을 시도한 수준이다. 그러나 본 논문은 우리가 앞으로 '빨리빨리의 문화정치학'에 관심을 가져야 할 이유는 분명히 밝혔다고 생각한다. 모든 게 유기적으로 상호 연계되어 있음에도 각기 따로 분리하여 다룸으로써 문제의 본질적 실체에 접근하지 못하는 한계를 넘어설 필요가 있다는 것이다.

향후 빨리빨리에 관한 연구주제로는 ①속도 커뮤니케이션의 정교한 커뮤니케이션 모델 구축, ②속도 커뮤니케이션의 확산 정도를 밝히기 위한 공식·비공식-언어·비언어적 커뮤니케이션에 대한 양적·질적 내용분석, ③ '신속'과는 다른 '성급', '조급' 등을 분리하고 추출해내는 빨리빨리의 질적 분석, ④속도 커뮤니케이션을 증진시키는 테크놀로지 하드웨어와 소프트웨어의 관계 탐구, ⑤사회적 현상으로 부각되고 있는 '느림의 철학'이 속도 커뮤니케이션을 약화시키는 게 아니라 오히려 강화해주는 일종의 '보상·재충전 메커니즘'으로 작용하고 있는 건 아닌가 하는 점에 대한 연구 등을 생각해볼 수 있겠다.

그간 속도전쟁의 최대 논거 중의 하나였던 '국제경쟁력'은 자살 증가와 결혼·출산의 감소 앞에서 점점 설득력을 잃고 있다. 하루 평균 35명이 자살을 한다. 한국의 자살 사망률은 경제협력개발기구 30개 회원국 중 1위다. 반면 결혼과 출산은 크게 줄고 있다. 이는 한국의 발전 전략, 아니 한국사회를 움직이는 근본 원리의 효용성이 그 어떤 한계에 다다랐다는 걸 말해주는 신호는 아닐까? 이제 한국인을 질식시키는 속도전쟁의 구조에 대해 말해야 할 때가 아닐까? 하지만 이념의 언어로 접근하면 실패하기 십상이다. 속도전쟁은 이념보다 더 크고 근본적인 문제이기 때문이다. 그것을 이념으로 협소화시키면 문제의 본질이 왜곡되고 은폐된다. 많은 경우 특정 정치집단의 성패가 정책 제시·집행 속도의 완급 조절에 의해 결정된 사례가 많다는 것도 속도의 중요성을 말해준다.

최근 한국사회에서 소통의 중요성을 강조하는 말들이 많아진 건 바람직한 일이지만 '뿌리'를 외면한 채 '나뭇잎'만 논하는 건 아닌지 살펴볼 필요가 있겠다. 소통의 사전적 의미는 '뜻이 서로 통하여 오해가 없음'이지만 그 실천 이념은 화이부동 和而不同이다. 뜻이 서로 통하지 않더라도 다른 의견을 존중하고 포용해야 한다는 것이다. 그런데 이게 말처럼 쉽지 않다. 그렇게 하다가 어느 세월에 일을 할 수 있겠느냐는 반론이 제기될 법하다. 많은 이가 소통을 '홍보'로 오해하는 것도 무리는 아니다. 우리는 지도자와 권력의 소통 능력을 문제 삼는 일엔 익숙하지만 우리 사회가 전반적으로 소통을 중요하게 생각하고 높게 평가하는가 하는 점은 외면하고 있다. 한국은 빨리빨리에 중독된 사회다. 소통은 시간이 좀 걸린다. 한국인들이 선호하는 '과감한 결단'과 '저돌적 추진'의 적敵이라고 해도 좋을 정도다. 오늘날 한국인 다수가 자랑스럽게 생각하는 한국의 압축성장은 소통을 건너뛴 '시간 절약'의 결과로 보는 것이 옳지 않을까? 빨리빨리에 근거한 일사불란은 소통을 어렵게 만든다는 점에 대한 성찰이 필요하다.

2장 아파트의 문화정치학

아파트가 공공 커뮤니케이션에 미친 영향에 관한 연구

1. 미디어 연구의 확장을 위하여

"14동 주민 여러분, 경비실에서 알려드립니다. 오늘은 3·1절입니다. 모든 가정에서는 경건한 마음으로 빠짐없이 국기를 게양해주셔야겠습니다. 제가 아까 둘러보니 14동 주민 여러분이 태극기를 가장 안 달고 있습니다. 다른 동 주민들은 거의 다 달고 있는 것으로 사료되고 있습니다. 아직 국기를 안 다신 14동 주민 여러분은 지금이라도 얼른 다셔야겠습니다"(이승호, 2002, 138쪽).

2002년 3·1절 때 어느 아파트의 풍경이다. 우리의 일상에서 흔히 접하는 일이기에 별생각 없이 넘어가는 게 당연할 수도 있겠지만 '낯설게 보기'를 시도해보면 어떨까? 이미 2005년 전체 주택 1,322만 채 가운데 아파트 비율 52.7%(696만 채)를 기록한 한국은 '아파트 공화국'이라 불릴 만큼 아파트에 있어 독보적인 나라가 아닌가. 위 일화처럼 주민 의견·행동의 통일을 압박하는 일은 단독주택 지역에선 일어나기 어렵다. 그렇다면 전 국민의 반 이상이 아파트에 살고 있기 때문에 생겨날 수 있는 일은 무엇일까? 이와 같은 소박한 의문에서 출발한 본 논문은 한국의 아파트 중심 거주 체제가 공공 커뮤니케이션에 미친 영향을 탐구하고자 한다.

1930년대부터 꽃을 피운 서구의 도시사회학은 그간 인구집중과 도시화, 도시환경의 경험, 도시와 정체성, 도시민들의 상호 관계, 도시혼잡 등과 같은 도시문제, 도시정책, 도시공간구조의 특성과 상호 작용 등의 문제를 다뤄왔으며 이런 연구의제들은 국내의 도시사회학에도 대체적으로 수용되어왔다(Savage & Warde, 1993/1996 ; 조명래, 2002). 아파트 중심의 주거 체제는 한국만의 독특한 현상이지만 그간의 아파트 연구가 이렇게 축적된 도시사회학의 연구성과에 크게 빚졌다는 점을 부인하긴 어려울 것이다. 그간 이루어진 아파트 연구는 크게 보아 ①도시사회학적 연구(한국도시연구소, 1998 ; 김왕배, 2000 ; 최병두, 2002 ; Gelézeau, 2003/2004, 2007 ; 전상인, 2009), ②공간환경학적 연구(한국공간환경연구회, 1992, 1993 ; 한국공간환경학회, 1995 ; 홍두승·이동원, 1993 ; 조명래, 2004 ; 홍성태, 2004 ; 임석재, 2005, 2008), ③부동산·경제학적 연구(최명철, 2001 ; 김상헌, 2004 ; 김은실, 2004 ; 송도영, 2004 ; 심승희, 2004 ; 장상환, 2004 ; 홍영애 외, 2004 ; 김헌동·선대인, 2005 ; 박태견, 2005 ; 임달호·조재길, 2006 ; 선대인·심영철, 2008), ④역사적 연구(손정목, 1988, 2003, 2005 ; 한국역사연구회, 1998 ; 강준만, 2006 ; 전남일 외, 2008, 2009 ; 장림종·박진희, 2009), ⑤인문사회과학적 연구(이건영, 1995 ; 이재현 외, 1995 ; 강내희 외, 1992 ; 김우창 외, 2000 ; 강홍구, 2001 ; 강홍빈·주명덕, 2002 ; 강내희, 2004 ; 김형국, 2004 ; 박철수, 2006 ; 김찬호, 2007 ; 허의도, 2008) 등 다섯 가지로 분류할 수 있다.

본 논문이 시도하고자 하는 커뮤니케이션학적 연구는 위 연구들에서 스쳐 지나가듯 산발적으로 이루어졌거나 온라인 커뮤니케이션 연구 차원에서 이루어진 것에 불과하다(홍성구, 2009). 아파트가 커뮤니케이션 연구에서 비교적 외면당한 것은 정보미디어와 같은 주요 주제 중심으로 좁고 깊게 파고들면서 실증성을 중시하는 학술적 전문화 관행에서 비롯된 것으로 보인다. 아파트가 크게는 한국사회, 작게는 공공 커뮤니케이션에 어떤 영향을 미쳤느냐 하는 의제는 그런 연구관행으론 접근하기가 쉽지 않다. 이는 정보미디어에 관한 연구는 무수히 많지만 시위, 소문, 시장, 연고모임, 음주, 반상회, 전단 등 커뮤니케이션에 매우 중요한 영향을 미치는 소통 수단과 공간이 연구의제에서 거의 누락되어온 것과 맥을 같이한다. 이는 과연 바람직한 것인가. 혹 연구방법론의 엄격성이 의제를 지배하는 본말 전도의 상황에 우리가 너무 익숙해진 건 아닌가. 이런 의문은 미디어를 '인간의 연장extensions of man'으로 이해한 맥루한(McLuhan, 1964)의 미디어 개념과 이를 기반으로 하는 '미디어 생태학'의 가능성에 주목하게 만든다(임상원 외, 2004 ; Casey Man Kong Lum, 2008).

 미디어를 환경으로, 또는 환경을 미디어로 이해하는 미디어 생태학은 실증적으로 포착하기 어려운 의제들을 껴안는 것을 오히려 장려한다. 심지어 앨뤼(Ellul, 1965/1973)는 미디어를 분리된 현상이 아니라 교육, 종교, 법, 정치, 경제, 인간관계 등 사회를 구성하는 모든 것과 결합되어 있는 것으로 간주하면서, 미디어 연구는 미디어만을 연구해선 절대로 안 된다고 주장한다. 그의 주장에 전적으로 동의할 순 없을망정 미디어가 수용자에게 영향을 미치기 이전 수용자가 처해 있는 조건까지 미디어 연구의 의제로 삼자는 제안은 수용해도 무방할 것 같다. 그간 연구대상을 주로 정보미디어에 국한시켜온 언론사·커뮤니케이션사 연구가 미디어 생태학의 거시적 관점을 포용한다면 아파트는 자연스럽게 연구의 정당한 의제로 떠오를 것이다. 어디 아파트뿐인가. 일상의 모든 것이 언론사·커뮤니케이션사의 연구주제가 될 수 있다. 본 연구는 그런 문제의식하에 아파트가 공공 커뮤니케이션과 공동체문화에 미친 영향을 역사적 분석을 중심으로 탐구해보고자 한다.

미디어 생태학적 관점에서 미디어 개념의 확장은 송신자와 수신자를 상정한 가운데 송신자의 의도를 중히 여기는 전통적인 커뮤니케이션 모델과 충돌한다. 따라서 여기서 미디어는 "의사소통을 위한 수단이 아니라 의사소통을 가능하게 하는 조건"이라는 재정의를 수용하는 새로운 인식의 틀이 요구된다(김균·정연교, 2006, 18~30쪽). 본 논문은 아파트가 '의사소통을 가능하게 하는 조건'으로서의 미디어 기능을 갖는다고 보는 미디어 생태학적 관점에서 출발해 이 기능이 공공 커뮤니케이션에 미치는 영향을 살피고자 하는 것이다. 여기서 공공 커뮤니케이션은 공공 의제를 다루는 커뮤니케이션으로서 공동체적 가치의 유지와 발전에 기여하는 대인·그룹·사회·대중매체 커뮤니케이션을 모두 포괄하는 개념으로 사용한다. 공동체 개념은 크게 나누어 물리적 공간을 말해주는 지리적 영역, 사회관계를 나타내는 상호 작용, 집단의식을 나타내는 공통의 연대 등 세 가지 범주로 나눌 수 있다(강대기, 2001). 여기서는 이 세 가지 범주를 모두 포함하되 '전통공동체'가 아닌 '민주공동체'의 개념으로 쓰고자 한다(한승완, 2002).

이론과 더불어 맥락을 중시하고자 하는 본 연구는 문화를 정치·경제·사회와 분리된 영역으로 바라보는 것을 거부하는 문화정치학의 입장에 서 있다. 문화정치학은 사람들이 자신의 일상생활 속에서 의미를 발견하고 창출해가는 모든 영역이 그것을 둘러싼 정치·경제·사회와 관계를 맺는 복합적인 과정을 중시한다(이무용, 2005 ; 조흡·강준만, 2009). 예컨대 서울보다는 지방도시들의 아파트 비율이 더 높은 점이 지역공동체를 어떻게 바꾸고 있으며 아파트 비율이 가장 높은 광주의 지역사회가 민주화 이후 어떻게 변화했는가 하는 질문을 던져보자.[1] 이 질문은 입증 자료의 부족으로 본문에서 다루진 않았지만 아파트문화가 지역정치에까지 영향을 미칠 수 있는 가능성을 시사해준다. 이런 가능성을 탐구하는 것이 문화정치학의 주요 의제일 수 있다.

　미디어 개념의 확장을 꾀하는 동시에, 기존 정보미디어 중심의 연구가 미디어의 수용환경과 그것이 정보미디어에 미치는 영향을 소홀히 해온 것을 보완하려는 시도에서 비롯된 본 논문은 아파트에 대한 직접적인 관찰과 아파트 관련 문헌 정독에서부터 출발해 문화의 정치적 측면과 작용에 주목하는 문화정치학의 관점에서 아파트의 미디어 기능으로 다섯 가지를 추출해냈다. ①포드주의적 효율성 전파, ②공동체 의식 약화, ③지위 구별 짓기 강화, ④여론의 쏠림과 불안정, ⑤공동체의 이익집단화 등이 바로 그것이다. 이는 단지 기존 문헌들에서 언급된 정도나 빈도수에 따른 것은 아니다. 커뮤니케이션학적 관점의 상상력이 개입되었다. 예컨대 아파트 거주 체제가 '여론의 쏠림과 불안정'을 낳는다는 것을 직접적으로 지적한 문헌은 없었지만, 그걸 시사하는 단서를 발견하면 이를 신문 등의 정기간행물 기사로 보완해 가설을 완성하는 방식을 취했다. 방법론과 관련, 이런 주제가 커뮤니케이션 학술논문 주제로 다뤄진 적이 거의 없다는 점은 본 논문의 한계이자 새로운 가능성이 아닐까. 모든 해석학적 연구의 객관성은 상호주관성의 정도로 측정할 수밖에 없듯이(정수복, 2007) 본 논문의 학술적 객관성과 가치는 독자들의 공감과 동의에 달린 문제일 것이다.

　아파트의 다섯 가지 미디어 기능은 각기 층위가 다르며 서로 밀접하게 연관되어 있다. '포드주의적 효율성 전파'는 다른 기능들의 토대가 된다. 효율성은 공동체 의식, 개인 정체성, 여론 등과 같이 눈에 보이지 않고 경제적 수치로 나타낼 수 없는 것을 고려하지 않기 때문에 이들의 형성 메커니즘을 희

---

1) 주요 도시별 아파트 거주 비율은 광주 70.0%, 울산 64.1%, 대전 63.8%, 경기도 62.4%, 대구 60.1%, 부산 57.4%, 서울 55.7% 등이다(윤희일, 2007).

생으로 해서 추구될 수 있는 가능성을 내포한다. 공동체 의식과 지위 구별 짓기는 상호 대립하면서도 보완하는 모순적 관계에 있다. 공동체 의식의 약화가 개인의 지위 구별 짓기를 강화할 수 있지만, 동시에 공동체 의식이 전무한 집단에선 지위 구별 짓기를 통한 만족감의 크기가 줄어들기 때문이다. 아파트공동체는 최소한의 공동체 의식을 기반으로 한 지위 구별 짓기를 극대화하는 동시에 공동체를 이익집단으로 전화할 수 있는 최적의 환경으로 볼 수 있다. 그런 환경에서 여론 형성은 피상적 수준에서 급속히 이루어지는 '쏠림' 현상을 보이며 따라서 불안정한 속성을 가질 가능성이 있다. 이 다섯 가지 미디어 기능은 특정 시기에 동시에 나타나기도 하지만, 주요 특징이라는 점에선 시간적 흐름에 따른 발전단계를 말해주는 것이다. 이를 이론적으로 논의한 뒤에 역사적 분석으로 들어가기로 하자.

2. 아파트의 미디어 기능

포드주의Fordism는 이동형 일관 작업 공정의 도입과 노동자들에게 전문화된 임무를 할당하는 노동 통제로 경제적 효율성을 극대화시켜 소품종 대량생산을 가능케 한 경영 지도원리를 말한다. 1914년 미국에서 자동차 생산에 도입된 포드주의는 '20세기 소비자 혁명'의 씨앗이자 견인차가 되었다. 포드주의로 대량생산 체제가 작동함에 따라 광고를 중심으로 소비자를 양산하는 체제가 구축되었고, 이에 따라 대중의 정체성 변화가 일어났다. 기능성과 효율성 중시, 대량생산과 대량소비, 국가·정부의 경제 규제, 대중문화 동질화를 특징으로 하는 포드주의의 자본축적 체제가 새로운 변화에 너무 경직되어 있다는 것이 밝혀지면서, 1970년대 중반부터 유연적 축적flexible accumulation

을 중심으로 한 포스트포드주의post-Fordism가 탄생했다. 노동 과정이나 노동시장, 제품, 소비패턴의 유연성에 뿌리를 둔 포스트포드주의는 이전의 '규모의 경제economies of scale'를 '범위의 경제economies of scope'로 전환시켰으며, 초국적기업들이 새로운 글로벌 생산 시대에서 생산 통제자로서의 개별 국가 · 정부를 대체하는 결과를 초래했다. 이런 변화의 와중에서 계층 양극화의 문제도 대두되고 있다(Harvey, 1989/1994 ; Kreitzman, 1999/2001 ; Ewen, 1976).

그러나 포스트포드주의가 포드주의를 완전히 대체한 건 아니다. 포드주의의 흐름은 여전히 지속되고 있으며 포스트포드주의는 포드주의라는 큰 틀 안에서의 일부 교정효과를 실현하고 있을 뿐이다. 특히 한국은 극소수 도시국가를 제외하곤 세계에서 가장 빠른 압축성장, 세계 최고 수준의 대외의존도, 세계에서 가장 높은 도시화율을 기록하고 있는 매우 특별한 나라다.[2] 그 어떤 부작용에도 불구하고 포드주의의 효율성 없이 이게 가능했을까? 이런 놀라운 산업화 · 도시화 속도를 세계 최고의 아파트 거주율과 분리해 생각할 수 있을까? 이는 동전의 양면처럼 분리하기 어려운 게 아닐까? 최근 한국사회에 건물의 초고층화 붐이 일고 있는 것은 한국형 포드주의의 질긴 생명력을 말해주는 게 아닐까?[3]

주거 구조에서의 포드주의를 대표하는 건 아파트다. "찍어낸다"는 말이

---

2) 한국은 서구에서 최소 150년에서 200년은 걸렸을 변화를 불과 30~40년 만에 이뤄냈으며(한홍구, 2003) 대외의존도(국내총소득에 대한 수출 · 수입액의 비율)는 미국(19.5%)이나 일본(21.8%) 등 선진국에 비해 월등히 높은 70.3%(2004년)에서 110.6%(2008년)를 기록하고 있으며(송길호, 2005 ; 오창민, 2009), 도시화율도 미국(80.8%), 독일(88.5%), 영국(89.2%) 등 선진국보다 높은 90.2%를 기록하고 있다(박재현, 2006).
3) 초고층건물은 오래전부터 국가적 자부심의 상징으로 여겨졌으며, 오늘날에도 "세계가 돌아볼 만한 초고층건물 하나쯤 가져도 좋지 않을까"라고 소망을 피력하는 이들이 많다(이문열, 2004). 100층이 넘는 마천루는 현재 세계에 5개뿐이지만 그런 소망에 따라 5년 뒤 한국에만 10개가 들어서게 된다(정유미, 2009).

어울릴 정도로 표준화된 일관공정하에서 빠른 시간 내에 주택의 대량생산이 가능하기 때문이다. 아파트는 표준화뿐만 아니라 밀집성을 가능케 하기 때문에 소비 유통망과 정보사회의 인프라 구축에도 매우 유리하다. 교통체증이라는 부작용은 있지만 교통망 구축도 '소품종 대량생산' 체제의 혜택을 볼 수 있다. 아파트가 구현한 포드주의적 효율성은 주거의 중요성 때문에 사회 전 분야에 걸쳐 파급효과를 갖는다. 이로 인해 공공 커뮤니케이션도 그런 원리의 지배를 받을 가능성이 있다는 추론이 가능하다. 이는 '커뮤니케이션의 압축성장' 이라 이름 붙일 수 있는 성격의 것으로서, 공공 커뮤니케이션에 있어서 속도 위주의 폭발과 사회적 역동성 증대라는 결과를 낳는다는 가설을 세워볼 수 있다.

아파트는 자연발생적인 주거 형태가 아니라 대규모의 집단이동을 전제로 함으로써 '뿌리 뽑힘' 을 수반하는 주거 형태다. 당연히 공동체 의식도 어떤 식으로건 흔들릴 수밖에 없다. 아파트의 밀집성은 자본의 논리로 계속 초고층화 하는 등 과밀화로 치닫고 있다. 과밀은 스트레스·불안·질병·범죄와 밀접한 관계를 맺고 있다(Morris, 1994/1996 ; Hall, 1996/2002). 집 내외부가 철저하게 격리된 밀폐 구조인지라 아파트 단지 내에서 삶의 방식도 사람들을 아파트 내에 가두어버리는 격리내향화隔離內向化로 인해 모든 거주자를 '낯익은 이방인' 으로 만든다(이건영, 1995). 아파트 거주는 자동차 중심의 생활방식을 불러오고 작은 장터 역할을 해온 지역 유통점을 몰락시키는 최대 이유가 되고 있다. 또 아파트의 투자·투기 상품화 현상으로 아파트 거주자들은 늘 이사 갈 준비를 하는 삶의 자세로 자신의 거주 지역을 대한다. '살 집' 이 아니라 '팔 집' 인 셈이다. 잦은 이사는 위치구속성situatedness의 탈피를 가져오고 이로 인한 개인들의 심리적 불안과 위험, 정체성 위기에 대한 우려의 목소리가 제기된 지 오래다(Giddens, 1991/1997).

그러나 동시에 아파트 체제는 "열려 있기 때문에 닫혀 있고, 닫혀 있기 때문에 열려 있다"는 역설을 가능케 한다. 이 역설을 가장 잘 보여주는 나라가 바로 일본이다. 일본은 외부에 대해 매우 폐쇄적인 사회지만 문화면에서는 외부의 문화를 탐욕스러울 정도로 적극 받아들인다. 고자카이 도시아키는 "'닫힌 세계'인 일본이 너무도 뚜렷한 서양화로 나타나는 '열린 문화'를 가지는 역설은 어떻게 설명하면 좋을까"(고자카이, 2003)라는 문제를 제기한 후, 사회가 닫혀 있음으로 해서 그 문화가 열린다는 가설을 제시한다. 외래 정보가 원래의 맥락에서 분리된 상태로 들어오기 때문에 그것이 구체적으로 어떤 상황에 자리하고 있었는지가 무시되기 쉽고, 따라서 정보원과 정보 내용이 분리되기 쉽기 때문에 일본인의 근간은 달라지지 않는다는 확신하에 문화적 개방성을 유지할 수 있다는 것이다. 이 원리는 아파트 체제에도 그대로 적용할 수 있다. 기본적으로 닫혀 있는 최소한의 프라이버시 보호를 전제로 오히려 느슨하지만 왕성한 공동체 활동이 가능하다는 뜻이다. 물론 그런 공동체 활동이 '민주공동체'의 정신에 부합하는가 하는 것은 별개의 문제이겠지만 말이다.

투자·투기상품으로서의 아파트는 소유자의 계급과 지위를 말해주는 구별 짓기의 강력한 수단으로 기능한다. '구별 짓기'는 행위자들이 사회적인 구별을 확실히 하고 서로 구분되는 인지양식을 확보하기 위해 사용하는 전략을 가리킨다. 기존 계급 개념에 취향문화라고 하는 변수를 더한 새로운 계급 개념이 필요하다는 걸 역설한 개념이기도 하다(Bourdieu, 1979/1996). 아파트는 피상적으로나마 타인에 대한 관찰과 비교평가가 용이한 주거 구조이기 때문에 이런 구별 짓기는 동질적인 아파트 단지 내에서도 벌어진다. 이는 아파트 내부 개조 경쟁은 물론 자녀 교육과 전반적인 소비생활에서도 '구별 짓기'과 '따라잡기' 경쟁을 불러일으킨다. 전국적으로 아파트 체제는 엄격한 위계 구조를 갖게 되며 최상위에 속한 아파트 집단이 그런 경쟁과 유행의 선도 역할을 맡는다. 이런 구별 짓기 문화는 공공 커뮤니케이션의 균질화를 어렵게 만드는 대신 커뮤니케이션의 '갈등'과 '소음'을 키울 가능성이 높다. 무엇보다도 구별 짓기에 의한 커뮤니케이션의 위계화 현상 때문이다. 또한 사회적 담론이 자신의 거주 지역에 따라 영향을 받는 동시에, 청자의 입장에서 담론 그 자체에 대한 평가에 앞서 그 담론 제시자의 거주 지역을 살펴보는 풍토에선 원활한 사회적 소통을 기대하기 어려울 것이다.

주거 구조와 양식에 어떤 변화가 있다 하더라도 대중의 사회참여 욕구는 잠재된 형태로나마 어느 정도 살아 있을 것이라고 가정한다면 이상 지적한 포드주의적 효율성 전파, 공동체 의식 약화, 지위 구별 짓기 강화 등이 그 욕구의 발현 양상에 변화를 미치리라는 추론이 가능하다. 특히 큰 사회적 현안이 대두되었을 때엔 아파트의 집단 구조 체제가 획일적인 압력으로 작용한다. 그러나 이 압력은 일시적이고 휘발성이 강해 여론의 쏠림과 불안정성을 낳을 가능성이 매우 높다. 이는 '공공 커뮤니케이션의 이벤트화' 또는 '공공 커뮤니케이션의 카타르시스 축제화' 현상이라고 이름 붙일 수 있는 성격의 것이다.

아파트로 인해 공동체 의식이 약화되긴 했지만 사라진 건 아니다. 공동체 의식의 성격이 달라졌다고 보는 게 옳을 것이다. 무엇보다도 이익·계급적 성격이 두드러졌다. 아파트공동체의 이익집단화 현상이다. 일반적으로 압력집단은 집단에 참여하는 동기의 관점에서 크게 '가치지향형 purposive', '친목도모형 solidary', '이익추구형 material' 등 세 가지 형태로 나눌 수 있다. 이 가운데 이익추구형 집단은 참여자에게 실질적인 이익을 주어야 하며, 활동 성과에 '무임승차자 free rider'를 허용할 경우 조직적 성장은 매우 어려워진다. 그런데 이익집단으로서의 아파트공동체는 참여자들에게 실질적인 이익을 줄 뿐만 아니라 원천적으로 무임승차자를 차단할 수 있는 강점을 갖고 있다. 흔히 이익집단의 3대 과제로 지적되는 ①조직 유지, ②영향력 행사, ③조직 성원들 사이의 커뮤니케이션 등에서도 아파트공동체는 일반적인 이익집단에 비해 훨씬 유리하다(Berry, 1984 ; North, 1983). 아파트가 촉진한 이익공동체의 성장은 공공 커뮤니케이션의 '이익 갈등' 요소를 크게 만들며, 계급적 동질성이 촉진한 이른바 '취향의 계급화' 또는 '계급의 취향화' 현상은 공공 소통을 어렵게 만들 수 있다는 가설이 가능하다.

이상 논의한 아파트의 5대 미디어 기능은 아파트라는 거주 체제의 특징이지만 이는 공공 커뮤니케이션을 구조화하는 특징이기도 하다. 즉, '포드주의적 효율성 전파'는 주거의 밀집도, '공동체 의식 약화'는 외부와의 단절 정도, '지위 구별 짓기 강화'는 주거의 위계화 수준, '여론의 쏠림과 불안정'은 소통상의 피암시성 수준, '공동체의 이익집단화'는 주거상의 이해관계 반응 여건과 직결된다고 볼 수 있다. 이제 이들을 역사적으로 살펴보기로 하자.

3. 아파트가 한국사회에 미친 영향

(1) 포드주의적 효율성 전파

한국 최초의 아파트는 일제강점기로 거슬러 올라가지만 국가정책에 의해 아파트 건설이 추진된 건 1962년 7월 2일 대한주택공사의 창립 이후였다. 국가재건최고회의 의장 박정희는 창립식 훈시를 통해 "주택사업에 힘을 기울여 국민생활의 안정을 기하라"고 말했다. 대한주택공사의 첫 작품은 1962년 12월 1일에 준공한 마포아파트(현 서울 도화동 삼성아파트 자리)였다. 마포아파트는 최초의 단지형 아파트로 아파트 단지 전체의 완공은 1964년에 이루어졌는데, 대지 1만 4,141평에 8~18평형 10개동, 642가구가 건설된 저밀도 아파트였다. 수시로 아파트 건립 과정을 점검했던 대통령 박정희는 마포아파트 단지 완공식에서 '아파트 거주'와 '시대에 뒤떨어진 과거의 청산'을 연결시켰다. 그는 이전에 역설했던 '국민생활의 안정'에서 한 걸음 더 나아가 '봉건적인 생활양식에서 탈피'한 '생활혁명'을 외쳤으며 "입주자들의 낙원을 이룸으로써 혁명한국의 한 상징이 되기"를 바라는 동시에 "선진국의 국민처럼 잘살아보자"고 열변을 토했다.

그러나 일반 대중의 아파트에 대한 거부감은 매우 강했다. 1960년대 말까지 아파트는 '마당과 장독대가 없는 집'이라는 인식과 더불어 위·아래층 소음 등 공동생활의 불편함 때문에 서민들의 주거공간이라는 시각이 지배적이었다. 1970년 4월 8일 33명의 생명을 앗아간 와우아파트 붕괴 사고는 아파트에 대한 부정적 인식을 심화시켰다. 이런 이유 등으로 1970년 아파트는 3만 4,000여 채로 총 주택 443만 3,000여 채 가운데 0.77%에 지나지 않았다(박철수, 2006, 30쪽). 아파트에 대한 호의적 인식 변화는 매일 서울 인구가 900명씩 늘어나던 1970년대에 이루어지기 시작했다. 서울 인구의 계속되는 폭증으로 주택의 대량생산 체제가 필요했던 상황에서 아파트 이미지를 고급화하는 홍보정책과 재산 가치를 키우는 주택정책이 맞아떨어진 결과였다.

1970년대는 군사주의적 고도성장이 국시國是라 할 만큼 전 사회 분야를 휩쓸던 시절이었기에 포드주의적 양산 체제가 하나의 규범으로 자리 잡았고, 아파트는 그런 체제에 부합했다. 한국의 아파트를 포드주의의 관점에서 본 줄레조(Gelézeau, 2003/2004, 125~126쪽)는 1970년대의 아파트 건설이 군사작전식으로 이루어진 것에 주목한다. 그는 "가장 충격적인 구호는 '주택건설 180일 작전'으로, 잠실의 초창기 4개 단지가 이 기록적인 기간 안에 건설되었다"며 "군대 용어에서 빌려온 '작전'이라는 용어에서 느낄 수 있듯이, 북한의 주체사상에 필적하는 가치를 내건 적극적인 정부 선전구호의 지휘하에 대대적인 국민적 참여의 역할이 무엇이었는지를 짐작할 수 있다"고 주장한다.

줄레조는 유럽의 기준으로 아파트에 대해 매우 부정적인 시각을 드러내지만 '주택난의 공포'라고 하는 한국의 절박했던 현실을 간과할 수는 없다. 즉, 주택에도 적용된 포드주의적 효율성은 필요악의 성격이 강했다는 뜻이다. 이를 서양이나 오늘의 기준으로만 보는 건 아파트에 대한 이해를 그르칠 위험이 있다. 줄레조는 포드주의에 대한 자세한 논의 없이 그 효율성을 곧장 군사주의적 효율성과 동일시하고 있으나 군사주의는 포드주의의 실행 동력이 되는 정서적 측면으로만 이해하는 것이 옳다. 군사주의만으로 "빨리, 많이, 싸게"라는 세 가지 목표를 동시에 달성할 수는 없었기 때문이다. 아파트 폭발 시기에 나온 많은 소설이 부동산 투기를 신랄하게 비난하면서도 서민들의 아파트에 대한 열망과 입주 후 느끼는 행복감을 그리고 있는 건 아파트가 일방적으로 단죄될 수 없는 한국적 상황을 말해주는 것으로 볼 수 있다. 더 나아가 대중의 소비 욕망과 충족을 어떻게 보느냐에 따라 포드주의적 효율성은 긍정적인 평가를 받을 수도 있는 것이다.

아파트 거주 체제는 한국 경제발전 요인 중의 하나인 집적集積의 실현으로, 그로 인한 효율성은 유통에서 가장 두드러져 대중의 풍요로운 소비생활에 크게 기여했다. 한국사회의 정보화를 앞당긴 요인 중 하나도 아파트 대단지가 제공해준 포드주의적 효율성이었음을 어찌 부인할 수 있으랴. 중앙집중화의 터전 위에 선 '아파트 공화국'이야말로 네트워크를 깔기에 가장 적합한 체제였다. 반면 미국이나 유럽 국가들은 교외 주거지역의 특성상 인구밀집이 쉽지 않기 때문에 비용이 많이 들어 인터넷 보급망에서 한국에 뒤처질 수밖에 없었다. 한국은 국민의 반 이상이 아파트에 거주할 뿐만 아니라 전화국 반경 4km 내에 거주하는 인구가 93%라 서비스 공급에 매우 유리했다(고

성호, 2004 ; 이상훈, 2006).

　인터넷의 발달이 시사하듯이 아파트는 한국사회의 커뮤니케이션 구조를 효율성 위주로 재편함으로써 대중문화적 동질성을 제고시키는 데에 영향을 미쳤다. 정치적 목적이건 상업적 목적이건 대중문화가 동질적일 때 최소 비용으로 최대 수익을 올릴 수 있을 것인바, 효율성은 동질성과 동전의 양면과도 같은 관계였다. 매스 커뮤니케이션에서부터 대인 커뮤니케이션에 이르기까지, 중앙집중적·고밀집·동질적 커뮤니케이션이 발달했다. 거의 예외 없이 모든 아파트 거실의 한복판에 텔레비전이 들어선 건 결코 우연이 아니다. 1990년대 중반까지만 해도 아파트 거실에 놓은 장식장의 높이는 60cm 정도였지만 이것이 1990년대 후반에 들어서면서 30cm로 낮아진 건 순전히 텔레비전의 대형화 때문이다(최성호, 2004). 그 정도로 아파트의 삶은 '텔레비전을 향해 앉은 생활'로 구조화된 셈이다. 물론 신문 배급도 아파트 과밀 체제 덕분에 용이했다. 아파트 반상회부터 아파트 단지 내 방송에 이르기까지 집단·대인 정보 유통도 용이하고 신속하게 이루어질 수 있는 여건이 조성되었다.

　이 때문에 나타나는 2차적 영향은 이제 곧 따로 살펴보겠지만, 아파트로 인해 촉진된 '공공 커뮤니케이션의 포드주의'라고 하는 가설은 앞으로 모든 종류의 커뮤니케이션 연구에서 고려해볼 만한 것이 아닐까. 예컨대 우리는 지도자와 권력을 가진 자들의 소통 능력을 문제 삼는 일엔 익숙하지만 우리 사회가 전반적으로 소통을 중요하게 생각하고 높게 평가하는가 하는 점은 외면하고 있다. 한국은 '빨리빨리'에 중독된 사회다. 소통은 시간이 좀 걸린다. 한국인들이 사랑하는 '과감한 결단'과 '저돌적 추진'의 적이라고 해도 좋을 정도이다. 오늘날 한국인 다수가 자랑스럽게 생각하는 한국의 압축성장은 소통을 건너뛴 시간 절약의 결과로 볼 수도 있지 않을까?

(2) 공동체 의식 약화

아파트 건설과 생활의 포드주의적 효율성은 아파트의 상품화를 그만큼 용이하게 만드는 것이어서 아파트를 투자(투기) 상품으로 전환시키는 데에도 일조했다. 정부의 효율성 논리가 건설업체의 경제성 논리와 결합한 가운데 전국에 걸쳐 '아파트 바람'이 불면서 수요자들은 아파트를 재테크 수단으로 활용했고, 이에 따라 실시간대로 아파트 시세에 따라 울고 웃는 이른바 '주택의 증권화 현상' 마저 나타났다(윤희일, 2007). 주택이 증권으로 간주되는 체제하에서 사는 사람들의 공동체 의식에 아무런 변화가 없었으리라고 보기는 어렵다.

물론 아파트 거주자들이 공동체적 욕구를 외면하고 사는 건 아니다. 공동체의 재편성이라고 보는 게 옳을 것이다. 소규모 임대 아파트 단지의 경우 아파트 주민들 간의 사회적 연대와 신뢰가 매우 높게 나타나는 경우도 많거니와, 일반적으론 아파트 평수가 클수록 폐쇄적이지만 사회경제적 동질성 때문에 최고급 아파트의 인적 네트워크가 활발해지는 양상도 나타나고 있다. 국내 최고급 아파트인 타워팰리스의 경우 각종 동호회 모임이 활발하며, 골프 모임만 해도 30개 이상이다. 따라서 아파트 단지가 공동체적 인간관계를 '해체' 한다고 보기는 어렵다. 다만 이런 재편성의 흐름을 겪으면서 공동체 의식이 '약화' 된다고는 말할 수 있을 것이다. 아파트공동체가 아무리 활성화된다 해도 그건 일시적인 성격이 강하기 때문이다.

2006년 기준 선진국에선 전체 주택의 5% 범위 내에서 거래가 이루어진 반면, 한국은 거의 20%에 이른다. 평균 거주 기간도 아파트가 많은 도시 지역일수록 짧다. 서울 5.4년, 경기도 6.0년, 인천 6.8년인 데 비해 지방은 9.9년이며 군 단위 지역은 15.7년이다. 이런 노마드적 주거생활 탓에 지역공동체를 위한 사회자본의 축적이 어려워지는 문제를 드러내고 있다. 특히 재건축 재개발 붐은 한국 아파트의 수명을 단축시키는 주요 요인이 되었다. 한국의 주택 수명은 약 14.8년으로 일본의 2분의 1, 독일의 4분의 1, 프랑스의 6분의 1, 미국의 7분의 1, 영국의 10분의 1 정도에 불과하다. 잦은 이동성 때문에 아파트의 문패가 실종되는 등 익명성도 심화되고 있다. 아파트 내부에서도 가전家電제품은 개전個電제품화되고 가족 성원들끼리도 점점 더 얼굴을 안 보게 되는 라이프스타일이 자리 잡는다. 그래서 "도대체 아파트에서는 어떤 의미에서 가족이라고 말할 수 있는가"라는 의문까지 제기된다(박철수, 2006 ; 전상인, 2009).

물론 아파트로 인한 공동체 의식의 약화가 부정적인 면만을 갖고 있는 건 아니다. 아파트는 대가족 제도에서 핵가족 체제로의 이행을 가속화시킴으로써 기존 가부장제 체제하에서 페미니즘 가치 구현에 기여했다. 또한 아파트는 생활방식, 가사분담, 외출용이 등 전반적인 라이프스타일 구도 자체가 여성에게 유리하게 되어 있다. 프라이버시문화를 확산시킴으로써 전통적 집단 내 인간관계에서 나타날 수 있는 불필요한 간섭과 개입을 차단하는 효과를 발생시킨 것도 아파트의 장점으로 볼 수 있다. 명암을 동시에 보는 게 필요하리라. 앞서 거론한 포드주의적 효율성에도 명암이 있는데, 이번엔 암暗을 보기로 하자.

상위 10개 건설회사들의 아파트시장 의존율은 70%를 상회하며 건설회사 전체를 보면 100% 아파트사업만 하는 곳이 90%가 넘는다(임석재, 2008). 뇌물사건의 55%는 건설 관련 부패라고 하는 점도 주목할 만하다. "대한민국 부패는 건설에서 시작해 건설로 끝난다고 해도 과언이 아니다"라는 말까지 나오고 있는 실정이다(박민영, 2009). 국내 공공사업 규모는 연 100조 원에 달하고 민간주택건설 및 투자사업 규모도 연 100조 원에 달하는데, 이 중 10~20%(20~40조 원)가 비자금으로 조성되고 있는 것으로 추정된다. 이 비자금

중 절반이 로비 및 향응, 접대, 뇌물 등에 사용된다(김헌동·선대인, 2005, 172~173쪽). 재건축을 둘러싼 갈등과 비리도 사람들의 심성을 피폐하게 만들지만 아파트를 중심으로 한 건설 부패가 공동체적 가치 구현에 기여한다고 보기는 어렵다. 이런 상황에서 아파트의 건축설계는 철저하게 자본 논리와 효율성의 지배를 받는데, 이렇게 되면 "처음 출발부터 오로지 경제성이나 상업성에 의해서만 주도되기 때문에 세밀한 작품성이나 인간을 위한 섬세한 정성 따위는 철저하게 제외된다"(임석재, 2008, 230쪽).

아파트와 자동차의 관계도 주목할 필요가 있다. 세계에서 가장 빠른 한국의 자동차 증가율은 세계에서 가장 높은 아파트 거주율을 기록하게 만든 동인이 되었다. 물론 그 반대의 관계도 성립된다. 대도시 주변의 신도시 건설은 아파트 건설을 전제로 하는데, 신도시 아파트는 도로를 사랑한다. 대도시로의 출퇴근에 편리한 교통이 신도시 주민들의 최우선 과제라는 뜻이다. 신도시 자체에 관심을 갖는다 해도 개인·가족 중심의 삶의 조건에만 머무를 뿐 지역공동체의 공적 이슈에 대해선 무관심해지기 마련이다. 교외로의 탈출뿐만 아니라 주차장을 갖추지 못한 기존 단독주택의 한계와 아파트 중심의 유통 구조 때문에도 자동차 소유와 아파트 거주는 상호 상승관계를 유지했다(강준만, 2009). 지금 전국 방방곡곡에서 치열하게 일어나고 있는 대기업 유통업체와 지역 영세 유통업자들 간의 갈등은 바로 아파트-자동차 체제의 산물이다. 여기서 중요한 것은 이 문제를 지역 주민들만의 자율적 각성만으로는 해결할 수 없을 만큼 지역공동체가 약화된 수준에 놓여 있다는 사실이다.

우리는 공공 커뮤니케이션의 문제를 주로 언론 등 정보미디어 중심으로만 생각하는 경향이 있는데 실은 정보미디어의 수용환경, 즉 아파트 같은 거주체제가 훨씬 더 중요할 수 있다. 공동체적 연대감의 약화나 결여는 사회적 이슈를 받아들이고 평가하는 데 영향을 미칠 수 있기 때문이다. 정보의 유통 단계에 주목한 고전적인 효과 연구들은 사실상 수용자가 타인과의 접촉에 있어서 폐쇄된 상태인가 개방된 상태인가 하는 것과 밀접한 관련을 맺고 있다는 점을 상기할 필요가 있겠다. 인류 역사상 많은 유토피아 사상이 주거공동체 실험을 수반했다는 건 주거 형식의 중요성을 시사해준다. 1820년대에 로버트 오웬Robert Owen이 미국에서 시도했지만 실패로 돌아간 '협동마을village of cooperation'의 경우처럼 대부분의 주거공동체는 모든 사람이 완전히 평등하게 일하고 생활하는 방식을 지향하고 있다. 반면 아파트공동체는 그 어떤 협동을 시도하건 주거상의 개인주의에 기반하고 있기 때문에 개인주의를 긍정하는 공공 커뮤니케이션의 융성을 가져오기 마련이다. 우리 인간에게 일정한 공동체 욕구가 있다고 가정한다면, 아파트 거주로 공간 중심의 공동체 의식은 약화되는 반면 인맥이라고 하는 네트워크 중심의 공동체 의식은 강화될 가능성이 높다. 이런 변화는 장기적으로는 개인주의적 욕망이 이전보다 더 존중되고, 단기적으로는 공동체 의식 자체가 사회적 논의의 대상이 되는 방향으로 공공 커뮤니케이션의 의제 형성과 내용에 영향을 미칠 수 있다.

(3) 지위 구별 짓기 강화

아파트는 소득에 따른 거주지 분리 현상과 더불어 기존 공동체 개념에 일대 변화를 가져오는 동시에 지위 구별 짓기를 강화하는 위력을 발휘하고 있다. 지위 구별 짓기는 사회문화적 동질성과 평등주의가 강한 한국 같은 사회에서 더욱 왕성하게 일어난다. 다양한 인종·민족이 모여 사는 사회와 달리 사람들을 구별할 만한 기준이 상대적으로 약하며 "너도 하면 나도 하겠다"는 평등 욕망이 일부 계층의 구별 짓기를 추종하는 결과로 나타나기 때문이다. 그래서 묘한 역설이 발생한다. 아파트라는 동질적이고 획일화된 주거 체제가 오히려 아파트 간 구별 짓기를 부추기는 역설이다. '거주지 분리'와 더불어 동시에 나타나고 있는 것은 '브랜드 분리' 현상이다. "당신이 살고 있는 곳이 당신을 말해줍니다"라는 아파트 광고가 주장하듯이 자신의 거주지는 물론 아파트 브랜드로 자신의 지위를 드러내려는 것이다. 마치 아파트라고 해서 다 같은 아파트가 아니라는 걸 시위하려는 것처럼 보일 정도다. '아파트'라는 이름조차 싫다는 듯 다른 이름을 쓰려는 시도는 마치 숨바꼭질 놀이를 연상시킨다. 1990년대 말부터 '~빌', '~빌리지' 등이 유행하더니 이후 '~힐', '~뷰', '~파크' 등이 유행했고, 뒤이어 '~팰리스', '~캐슬' 등이 출현했다.

아파트 브랜드 가치가 폭등한 건 2000년 3월 삼성물산이 '래미안'이라는 신규 브랜드를 내세워 성공한 이후다. 그 뒤 e-편한세상(대림산업), 푸르지오(대우건설), 아이파크(현대건설), 캐슬(롯데건설), 자이(GS건설) 등 건설회사마다 독자 브랜드를 쏟아내기 시작했다. 브랜드 가치가 뛰면서 같은 지역, 같은 평형이라도 브랜드에 따라 값이 2배까지 차이 나기도 했다. 급기야 지방 중소업체들이 대형업체들의 유명 브랜드와 비슷한 이름을 붙이는 '짝퉁'도 나타났다. 대우건설의 '푸르지오'와 비슷한 '푸르지요', 삼성물산의 '래미안'을 흉내 낸 '라미안' 등이 등장한 것이다. 오래전에 지어진 아파트들도 몸값을 높이기 위해 개명을 하기에 바빴다. 기존의 삼성·대림·대우·현대·LG아파트에 거주하는 주민들은 옛 브랜드 대신 최신 브랜드를 달아 달라고 요구했으며 실제로 개명에 성공한 아파트들도 있었다. 곧 개명될 것이라는 소문만 돌아도 아파트 값이 수천만 원씩 뛰는 일도 벌어졌다(조인직, 2004; 서찬동, 2005; 김은남, 2005).

아파트 분양광고 문구도 대부분 구별 짓기를 주요 소구점으로 내세우고 있다. "처음부터 끝까지 최고의 자부심", "정상의 인생을 살아오신 분이라면 어울리는 주소도 특별해야 합니다", "1% 월드클래스들이 꿈꾸어왔던 섬", "Upgrade Your Life!", "세상의 명예가 되는 Royal Address", "Castle First", "Noble Community", "수준 높은 ○○의 프라이드", "주거 명품"(김찬호, 2007, 161쪽). 아파트업체들은 유명 여자 연예인을 광고 모델로 내세워 그런 차별화를 공격적으로 추진했다. 고현정, 이영애, 김남주, 최지우, 채시라, 김현주, 송혜교, 장진영, 김희애, 신애라, 김지호, 한가인, 미셸 위, 고소영, 이나영, 장서희, 이미연, 김정은, 송선미, 김태희, 전지현 등 아파트 모델을 하지 않으면 유명 연예인 축에도 끼지 못할 정도가 되었다.

서울 강남은 '구별 짓기' 문화투쟁의 선도 지역으로서 모든 한국인의 주목의 대상이 되었다. 2000년 4월 27일, 헌법재판소가 과외 금지에 대해 '위헌 판결'을 내림으로써 강남을 정점으로 삼는 사교육시장은 요동을 쳤고, 강남의 대치동은 '학원 1번가'로 등장했다. 이후 교육이 강력한 구별 짓기 요소로 부상했다. '자녀 교육'과 더불어 '인맥 만들기'도 강남 등과 같은 고급 아파트 거주 지역을 선호하게 만든 주요 이유다. 강남이 인맥 만들기의 보고라는 점을 입증하듯, 각종 통계는 강남이 한국사회 파워엘리트의 집결지라는 것을 웅변해주었다. 2004년 강남, 서초, 송파구 등 3개 자치구의 인구는 160만 명으로 서울 전체 인구의 16%에 해당하지만 서울시에 거주하는 파워엘리트(4급 이상 공무원, 정치인, 교수, 임원급 이상 금융인, 법조인, 차장급 이상 언론인, 과장급 이상 전문의, 저명한 문화예술인 등)의 48%가 3개 구에 거주했다(조명래, 2004).

서울뿐 아니라 지방 대도시에도 곳곳에 '강남'이 만들어지고 있으며 이에 따라 학력·학벌이 차별적으로 재생산되는 '거주지 분리' 현상이 나타나고 있다(이종규, 2006). 이런 문제를 개선하기 위해 재건축 아파트에 임대주택 의무 공급을 강제하는 '사회적 혼합 social mix' 정책은 그 선의에도 불구하고 오히려 그룹을 양극화해 갈등을 양산하는 이유가 되고 있다(전상인, 2009). 단지 내 혼재의 경우 한국사회의 경제 및 사회현실 전반에 걸쳐 가장 불만이 많은 것으로 나타났다. 이는 쾌적한 사회심리환경 조성의 측면에서 그다지 바람직한 구성 방법이 아님을 암시한다(박현정·홍두승, 1993). 이른바 '이웃효과' 때문이다. 이웃효과는 한국인들의 자부심과 행복도가 낮은 주요 이유다. 공부를 잘하는 학생인데도 옆집에 공부를 더 잘하는 아이가 있으면 주눅 들고 집에서 구박받기 쉬운 이유도 바로 여기에 있다. 이웃효과의 변종이라 할 '엄친아(엄마 친구 아들)' 현상인 셈이다. 아파트는 '거주지 분리' 와 '이웃효과' 라는 상호 상반된 딜레마 상황에 처해 있다고 할 수 있는데, 이는 아파트가 대외적·대내적으로 2중의 지위 구별 짓기 기능을 수행하고 있는 것으로 볼 수 있다.

이는 공공 커뮤니케이션의 위계화와 그에 따른 소통 장애를 불러올 수 있다. 소통을 하려면 먼저 상대를 인정하고 존중해야 할 텐데, 삶에 기본적인 거주 체제가 지위 구별 짓기의 주요 수단이 된 사회에서 그런 인정과 존중은 기대하기 어렵다. 노무현 정권 시절 강남을 둘러싼 사회적 담론의 충돌은 메시지 그 자체보다는 메시지의 출처, 즉 담론 생산자의 거주지가 중요한 의미를 갖는다는 걸 잘 보여주었다. 이른바 '강남 좌파' 를 둘러싼 논란도 바로 이 현상의 일부로 볼 수 있다. 예컨대 "개인적으로야 불투명한 방식의 부동산 투기를 동원하면서까지 물질적 혜택을 한껏 향유하면서도 세상에 나가서는 사회적 약자를 위해 속세의 도덕과 정의의 빈곤을 질타할 수 있다면 그보다 신나는 인생이 어디 있겠는가"(이신우, 2005)라는 식의 담론은 구별 짓기 기능이 뛰어난 거주지에 사는 진보주의자들에 대해 흔하게 쏟아지는 비판이 되었다. 뚜렷한 근거가 없으면서도 거주지를 문제 삼아 '위선과 불신' 의 혐의를 제기할 수 있는 사회에서 원활한 사회적 소통이 가능하겠는가.

"당신이 살고 있는 곳이 당신을 말해줍니다"라는 표어는 광고 문구일 뿐만 아니라 공공 커뮤니케이션의 제약 조건으로도 작용하고 있으며 이는 전국에 걸쳐 나타나고 있다. 오랜만에 만난 친구들 사이에서도 어디에 산다는 말만 듣고도 "자네 성공했군!" 이라는 인사말을 건네는 게 익숙한 풍경이 된 사회에서 사회적 문제인들 제대로 논의할 수 있을까. 어느 아파트 단지에서 무슨 일이 일어나면 그곳의 사회적 위계가 어디에 속하느냐에 따라 신문 기사의 방향과 논조가 달라지는 건 이제 흔한 일이다. 한동안 한국사회를 휩쓸었으며 지금도 그 영향력을 유지하고 있는 '엄친아 신드롬' 도 바로 그런 공공 커뮤니케이션의 변화에서 비롯되었다고 해석하면 지나친 억측일까?

(4) 여론의 쏠림과 불안정

도시의 탄생 이래로 도시는 극단적으로 대비되는 두 얼굴을 갖고 있다. 도시는 자본주의의 타락상이 두드러지게 나타나는 장소인 동시에 그런 타락상에 저항할 수 있는 세력이 평소 집결해 있는 장소이기도 했다. 이 두 번째 얼굴, 즉 개인이 군중 속으로 쉽게 매몰되는 것에도 양면성이 있다. 그것은 비상시 정의로운 저항엔 도움이 되지만 평상시엔 여론 형성에 있어서 합리성이 결여된 감성 위주의 쏠림과 불안정을 낳을 수 있다.

이런 이치에 따라 한국의 과잉 도시화는 그 어떤 역기능에도 불구하고 한국의 민주화에 큰 기여를 했다. 이른바 서울의 '한국 민주화 선봉장론' 이다. 김형국은 "민주화는 역사적으로 도시화의 산물이었다. 18세기에 산업혁명이 일어나면서 부를 축적한 도시의 시민들은 민주화도 아울러 요구한 것이 서구 민주주의의 발단이다"(김형국, 1995, 91~92쪽)라며 다음과 같이 주장한다.

"이런 도시화의 역사는 한국의 현대사에서 그대로 나타났다. 인구가 밀집한 도시는 커뮤니케이션을 극대화할 수 있는 장소인 까닭에 시위의 동기를 시민들에게 일시에 알릴 수 있고 또한 시위를 순식간에 조직할 수 있는 입지적 이점이 있다. 일제강점기 때 백성들의 항일시위가 장터나 도시에서 발생했던 것도 그 때문이다. 현대에 들어와 그 정치적 시위의 입지적 이점이 서울에서 가장 큰 것은 당연했다. 서울이 고밀도의 초대형 도시로 자라났기 때문이다.…… 민주화의 성취면에서는 서울의 공덕은 높이 평가되어야 한다. 도시화의 고조가 민주화를 이루는 데 촉매가 되었다는 말이다."

서울의 고밀도는 아파트 덕분이다. 적어도 1987년 6월항쟁은 그런 '집단밀집효과group density effect'의 덕을 크게 보았다. 그러나 이는 몇 십 년 만에 한 번 일어나는 국가적 대사건일 뿐이다. 그런 대사건을 예외로 한다면 아파트의 고밀도 구조는 평상시엔 여론의 쏠림과 불안정에 일조한다는 가설이 가능하다. 이른바 '광장'과 '밀실'의 변증법적 관계 때문이다. 반세기 전 최인훈이 갈파했듯이 인간은 광장에 나서지 않고는 살지 못하는 동시에 밀실로 물러서지 않고는 살지 못하는 동물이다(최인훈, 2001). 아파트는 밀실이다. 그렇기에 광장이 필요하다. 일상적 삶에선 밀실을 선호하는 대신 이벤트·축제·시위형 폭발 의식으로 광장 욕구를 대체한다. 월드컵축제나 촛불집회처럼 세계를 깜짝 놀라게 만드는 광장의 폭발이 자주 일어나는 것도 바로 그런 이유 때문이다. 좋건 나쁘건 세계적으로 독보적인 한국의 인터넷게시판문화도 그 관점에서 이해할 수 있다. 이는 한국 민주주의가 긍정적이건 부정적이건 늘 '열풍'의 소용돌이에 휘말려 들 가능성이 높다는 것을 시사한다.

아파트 체제의 효율성 혜택을 본 대중매체는 공동체 통합의 결정적인 역할을 했지만, 바로 그런 이유 때문에 여론의 쏠림과 불안정은 더 심해졌다고 볼 수 있다. 이는 이른바 '소용돌이 정치'라고 하는 테제와 일맥상통하는 가설이다(Henderson, 1968/2000). 한국인들은 정당 등의 매개조직은 물론 대면對面 접촉의 공공 커뮤니케이션 과정을 경유하지 않은 채 대중매체를 통한 '직거래'를 선호한다. 아니 선호라기보다는 직거래를 하지 않으면 안 될 상황에 처해 있다고 보는 게 옳겠다. 한국처럼 한 대도시에 대중매체가 집중되어 있는 나라가 또 있을까? 대중매체의 서울 집중은 다른 어떤 분야보다 더 심하다. 인터넷은 '대중매체 일극 구조'를 깰 수 있는 가능성으로 주목을 받았지만, 그 가능성은 상징적인 수준에 지나지 않는다는 것이 곧 밝혀졌다. 포털의 공룡화가 잘 보여주듯, 집중과 쏠림이 인터넷의 속성이 아닌가 할 정도로 인터넷은 기존 일극 구조를 오히려 강화시키는 결과를 초래했다.

한국 대중매체의 수용자도 다른 나라에선 그 유례를 찾기 어려울 정도로 동질적이며 중앙집중적이다. 한국사회의 독보적인 '쏠림'·'소용돌이' 현상은 바로 그런 특성의 산물이다. 강력한 교육열에 따른 문맹 인구 일소, 대중매체 하드웨어의 수출산업 육성, 새로운 것을 적극 받아들이는 국민적 진취성, 놀이를 좋아하는 '호모 루덴스(놀이하는 인간)' 기질 등도 대중매체의 영향력을 크게 만드는 데에 기여했다. 여기에 도입 초기부터 오늘에 이르기까지 대중매체를 각종 민관 합동 캠페인 도구로 적극 이용함으로써 대중매체의 동원 기능을 비대하게 만들었다. 이와 같은 이유들로 대중매체는 늘 한국인 삶의 한복판을 차지해온 것이다.

이런 조건은 여론을 '획일화 압력'의 산물로 보는 침묵의 나선이론 the spiral of silence theory의 설명력을 높여준다. 우리는 어떤 의견과 행동양식이 우세한가를 판단하여 그에 따라 의견을 갖고 행동하려는 경향이 있는데, 수용자의 집단별(거주지역별) 동질성을 증대시키는 반면 이질성(다양성)을 감소시키는 아파트 거주 체제의 특성은 여론 형성 과정을 단순화하며 단축시키는 효과를 낸다. 이는 선거 유세에서 잘 드러난다. 후보들은 인구가 밀집되어 있는 아파트 단지를 집중 공략하기 마련이다. 주민들이 유세 현장엔 직접 참석하지 않더라도 창문을 열고 내다보는 건 익숙한 풍경이 되었다. 큰 아파트 단지의 유세 현장 분위기는 선거의 대세와 승패를 예감할 수 있는 주요 지표가 된다. 무엇보다도 그 분위기에 대한 유권자들 사이의 상호 확인이 가능하기 때문이다. 이는 아파트 단지의 출현 이전엔 얻기 어려웠던 효과다.

이에 더하여 아파트는 의견과 행동의 전염력이나 압박력이 높은 거주 체제다. 거주자가 지켜야 할 기본 원칙에서부터 국경일에 국기를 게양하는 것에 이르기까지 아파트 경비실은 행동 통일을 요청하는 단지 내 방송을 수시로 내보낸다. 예컨대 2002년 6월 월드컵 열풍 때 많은 아파트에 태극기가 내걸린 것도 아파트 관리소와 통반장이 합심해 "태극기를 걸고 주민이 하나됨을 보여주자"며 태극기를 걸지 않은 집을 찾아가 태극기를 걸도록 권유했기 때문이었다. 2002년 월드컵 열풍은 물론 그해 겨울에 일어난 '미선·효순 추모 촛불시위'도 아파트의 그런 집단밀집효과로 볼 수 있을 것이다. 이 효과가 '노무현 정부를 창출하는 풀뿌리 힘'으로 작용했다는 점에서 노무현 정부는 '아파트가 만든 정부'였다는 주장마저 나온다(허의도, 2008, 204쪽). 과장된 주장일망정 고밀도 민주주의는 다른 사람들을 관찰하는 데 유리하기 때문에 '따라 하기'를 낳기 마련이고, 그렇게 하지 않을 경우 공연한 불안감을 갖게 만든다는 건 부인하기 어렵다. 아파트는 프라이버시가 보장되는 주거 체제라곤 하지만 자동차로 생활이 보이고 공개적으로 비교되는 게 많다(조옥라, 1998).

그래서 아파트라는 주거양식도 획일적이지만 내부마저 획일화되어 있으며 생활양식도 획일화되어 있다. 이런 획일화는 다시 역으로 여론 형성의 쏠림과 불안정을 촉진할 가능성이 높다. 남들이 하는 대로 따라가는 것이 무난하며 바람직하다는 '아비투스 habitus(습속)'는 공적 사건에 대한 의견과 행동양식에서도 쏠림으로 나타날 가능성이 높으며, 이런 쏠림 자체가 곧 다른 방향으로의 쏠림을 전제로 하는 사고·행동양식이기 때문에 안정과는 거리가 멀다고 볼 수 있다.

(5) 공동체의 이익집단화

누구건 자신이 사는 주거공동체의 이익을 도모하기 위해 행동하는 것은 당연하지만, 아파트공동체의 이익집단화 현상은 매우 적극적이고 공세적인 이익 도모 현상을 가리키는 것이다. 이는 '공동체 의식 약화'와 상호 연계된 현상으로 일부 중복되지만, 굳이 분리해 다룬 것은 시간적 흐름에 따른 발전 단계를 밝히는 동시에 앞서 거론한 '공동체 재편성'의 방향과 내용이 바로 이것이라는 점을 강조하기 위해서다. 즉, 아파트가 지위 구별 짓기의 도구로 광범위하게 실천·인식되는 과정을 거친 후에 아파트공동체의 이익집단화가 본격적으로 이루어질 것이며, 이는 새로운 유형의 공동체 의식이 발현되고 강화되는 현상으로서 기존 '공동체' 개념에 대한 재검토를 요구한다는 점을 밝히고자 하는 것이다.

재건축 허가가 떨어진 아파트에 "경축 ○○아파트, 안전진단 통과!─ 21세기형 주거공간, ○○○"이라고 쓰인 플래카드가 휘날리곤 한다는 게 그러한 성격 변화를 잘 말해준다. 물론 여기서 '안전진단 통과'란 합격이 아니라 불합격을 의미하는 말이며, 따라서 아파트를 허물고 다시 지을 수 있게 됨으로써 아파트 주민들이 재건축 프리미엄을 붙여서 아파트를 비싸게 팔 수 있게 되었다는 걸 의미하는 것이다(김은식, 2003). 이런 희한한 '경축 에피소드'가 말해주듯이 아파트는 이기적 시위를 대량생산하는 공장이기도 하다. 아파트는 시위 체험과 방법론을 가르쳐주는 대학이다. 일부 아파트 반상회가 내부 담합을 통해 집값을 올려놓는 묘기를 선보일 수 있는 것도 고밀도 주거 구조의 힘을 잘 말해준다 하겠다.

고밀도 주거 구조의 혜택을 입은 인터넷은 다시 고밀도 행태를 강화한다.

더 나은 칸막이 속으로 들어가려는 '위계의 게임'은 인터넷 시대에 신속한 정보 교환으로 인해 증폭되고 있기 때문이다. 부동산 인터넷 사이트의 상담 코너에선 '투자' 상담뿐만 아니라 똑같은 강남이라도 어느 학교가 더 좋다는 정보까지 왕성하게 교환되고 있다. 반상회는 1980년대 후반 민주화와 더불어 아파트 생활의 보급으로 쇠퇴하다가 2002년 부동산 광풍 이후 집값 담합 등 이익집단화의 수단으로 활용되기 시작하면서 부흥기를 맞았다(한장희·허윤, 2005 ; 윤혜숙, 2005).

2005년 7월 4일 강철규 공정거래위원장은 아파트 부녀회의 가격 담합에 대해 "공정거래법은 사업자를 대상으로 하기 때문에 현행법상 사업자 자격이 없는 부녀회를 조사할 수는 없다"며 "그러나 아파트와 상가 등 부동산 분양·임대를 둘러싼 허위·과장 광고 행위는 직권으로 조사하겠다"고 밝혔다. 2006년 들어 정부는 아파트 부녀회 등의 집값 담합 행위에 대한 형사처벌 방침까지 밝혔다가 우왕좌왕하면서 7월 11일 그 방침을 유보하고 아파트 담합 지역의 실거래가 수시 공개와 시세 발표 중단 등을 골자로 하는 소극적 집값 담합 단속대책을 발표했다(김신영, 2005 ; 박진석, 2006). 이는 그만큼 아파트 이익공동체의 힘이 크다는 걸 말해주는 에피소드인지도 모르겠다. 종합부동산세(종부세)에 대한 대응도 좋은 예다. 기준시가 6억 원이 넘는 강남 지역 아파트의 경우 2006년 종부세 자진납부 마감일을 앞두고 아파트 들머리마다 공고가 붙었다. 입주자대표회의 이름으로 "종부세를 내지 말자!", "위헌소송 등 변호사들의 도움을 받아서 전체적으로 일괄해결을 할 테니 단체행동에 들어가자!"는 내용이었다(김선주, 2006). 2008년 3월 '강남구 공동주택 입주자 협의회'란 단체는 18대 총선에 출마한 각 당 출마자들을 대상으로 한 종부세 관련 토론회까지 열어 "종부세 폐지를 약속하라"고 압박을 가하기도 했다(이태희, 2008).

사실 주택 보유 형태가 투표 행위에 미치는 영향은 도시사회학의 오랜 쟁점 중 하나였다(Savage & Warde, 1993/1996). 한국에선 18대 총선 때 본격적인 '아파트 투표론'이 제기되었다. 2008년 2월 이명박 대통령의 취임 직전에 시작된 서울 강북 지역의 아파트값 상승과 재개발에 대한 기대감이 4월 9일 선거에서 한나라당의 강북 지역 '싹쓸이'란 결과로 나타났다는 것이 아파트 투표론의 근거다. 일부 전문가들은 이를 '아파트의 계급화'라고 불렀다. '아파트 계급', '아파트 계층'의 등장이라는 것이다(이태희·최성진, 2008). 18대 총선 결과 서울시에서 아파트 비율이 높은 상위 10개 구의 21개 선거구에서 한나라당이 20석을 차지한 것과 관련, "국민주택 규모인 85㎡(25.7평형) 이상의 아파트만 사면 한나라당 지지자가 된다"는 말도 나왔다(이태희, 2008). 아파트 투표론은 경제 사이클의 영향, 노무현 정권에 대한 반감·환멸 등과 같은 다른 변수들을 충분히 감안하지 않았다는 한계를 안고 있기는 하지만 이런 잠정적 결론은 내릴 수 있을 것 같다. 즉, 다른 이슈들이 유권자들의 마음을 사로잡지 못한다면 아파트공동체는 아파트의 자산 가치에 집착하는 이익집단으로서 행동할 것이다.

가격 담합이나 계급투표 등과 같은 이익 추구 행위는 아파트 단지 이외의 거주 지역에선 불가능하진 않더라도 기대하기 어려운 일이다. 무엇보다도 커뮤니케이션상의 어려움이 많기 때문이다. 반면 효율적인 커뮤니케이션 채널을 내장한 채 탄생되는 아파트 단지는 그런 이익 추구 행위를 용이하게 만들어주었다. 물론 아파트 단지 전체의 브랜드 가격에 의해 모든 아파트 거주자들이 똑같은 영향을 받는 등 아파트라는 상품의 특성이 '이익공동체'의 성격을 극대화시킨 점도 있지만, 중요한 건 이런 내부 커뮤니케이션 행위의 학습과 확산이 사회 전체의 공공 커뮤니케이션에 미치는 영향은 결코 작지 않으리라는 데에 있다.

기존 공동체 의식에 그 어떤 변화가 있건 인간은 타인지향적인 동물로서 사교와 친교 없이 세상을 살아가기는 어렵다. 설사 목적지향적인 모임일지라도 그런 모임에서 사교·친교 욕구를 해소할 수 있다. 아파트가 새로운 공동체를 탄생시킬 수 있는 근거다. 재테크 수단으로서의 아파트의 이익을 지키기 위한 이익공동체 외에도 동질적인 계급이 몰려 살게 만든 아파트 체제 덕분에 용이해진 취미·여가·브랜드공동체 등이 바로 그것이다. 그러나 이런 공동체는 포드주의의 '이동식 조립공장'처럼 언제든지 호환이 가능한 공동체다. 이런 한계를 넘어서기 위해 종교공동체와 연고공동체가 전통적이면서 이익지향적인 두 가지 목적을 동시에 수행하는 공동체로 발달하게 된다. 2006년 한국개발연구원KDI의 '사회적 자본 실태 종합조사' 보고서는 이런 현실을 어느 정도 반영하고 있다. 이 보고서에 따르면 우리나라 국민들의 사회적 관계망 가입비율은 동창회가 50.4%로 가장 높고, 종교단체 24.7%, 종친회 22.0%, 향우회 16.8% 등이 뒤를 이었다. 반면 공익성이 짙은 단체들의 가입률은 2%대에 머물렀다. 소득·학력이 높을수록 연줄을 중시하는 것으로 나타났다(오관철, 2006).

이런 현실은 공공 커뮤니케이션의 사사화privatization와 이에 따른 '지대 추구rent-seeking'를 초래하고 있다. '지대 추구'는 사적 영역의 집단들이 생산적 활동을 통해 수익을 얻기보다 국가 부문의 자원과 영향력에 접근하여 수익을 얻고자 하는 비생산적인 행위를 의미하지만, 공사公私 영역의 구분은 말할 것도 없거니와 지대 추구 방법의 정당성과 생산성의 경계가 명확한 건 아니다. 그러나 오히려 그렇기 때문에 공공 커뮤니케이션이 갈등을 빚는 당사자들 모두 화려한 명분은 내세우지만 실제로는 각 진영 또는 파당의 이익을 앞세워 '편 가르기 싸움'으로 전락하는 주요 이유가 되고 있다. 정권만 바뀌면 여야는 말할 것도 없고 당파성을 가진 언론, 지식인, 일반 지지자 들이 이전에 내세웠던 주장과는 정반대되는 주장을 하는 건 익숙한 풍경이 되었다.

물론 아파트 거주자들에 의한 변화의 가능성이 없는 건 아니다. 아파트는 그 어떤 문제에도 불구하고 대면적 접촉의 가능성과 소모임을 통한 인원 동원의 잠재력을 내재하고 있다. 특히 거주자들의 동질성 덕분에 그 잠재력은 매우 크다. 앞으로 새로운 유형의 아파트 주민운동이 벌어질 수 있는 이유다. 그간 아파트 관련 운동은 주거 확보, 주민 자치, 생활 문화·환경 개선, 소비자운동 등 '복합적 주민운동'의 양상을 보였는데, 공공성을 강화하는 방향으로의 변화도 기대할 수 있다(조명래, 1992 ; 최병두, 2002). 온라인 커뮤니티를 매개로 한 아파트공동체 형성의 가능성도 주목할 만하다(홍성구, 2009). 온라인에서의 협동을 기반으로 한 선물경제gift economy의 확산은 새로운 가능성임에 틀림없다(Smith & Kollock, 1999/2001). 이런 시도들이 '공동체 의식 약화'와 더불어 '공동체의 이익집단화'라고 하는 큰 흐름을 전면적으로 바꿀 정도의 힘을 발휘하긴 어려울지도 모른다. 이른바 '느리게 살기 운동'의 경우처럼 평소 삶을 지배하는 가치와 정반대되는 가치를 의도적인 활동을 통해 충족시킴으로써 부분적인 보상을 추구하는 '가치 패러독스value paradox' 현상에 머무를 가능성이 높다. 그러나 이 시도들이 거시적인 주거정책의 변화를 요구하는 국민적 합의를 이끌어낼 수 있는 토대가 된다면, 다른 결과를 목격할 수도 있다.

4. 결론 및 논의

이상 살펴본 바와 같이 포드주의적 효율성을 위해 강력한 국가 주도로 건설된 '아파트 공화국'은 공동체 의식을 약화시키고, 지위 구별 짓기를 강화하고, 여론의 쏠림과 불안정을 낳고, 공동체의 이익집단화를 촉진하는 기능을 수행했다. 물론 이 모든 게 다 아파트 때문에 일어난 일이라는 주장을 하는 건 아니다. 설마 그럴 리가 있겠는가. 우리의 시간과 관심에서 큰 몫을 차지하는 주거공동체가 의식주를 해결해주는 공간의 차원을 넘어서 그 형식과 상호 작용의 유형에 따라 우리의 의식과 행태에 그 어떤 경향성을 부여해주는 조건으로서 갖는 의미에 주목해보자는 게 본 논문의 취지였다. 아파트는 새로 짓는 주택의 90%를 차지하고 있기 때문에 한국의 아파트 거주율은 계속 높아갈 것이고, 이런 경향성도 심화될 가능성이 높다. 그러나 동시에 한국사회의 놀라운 역동성처럼 아파트문화도 매우 역동적인 모습을 보였기 때문에 앞으로의 변화 가능성마저 부인하긴 어렵다. 한국에서 아파트는 정치경제적 현상인 동시에 사회심리적 현상이었기 때문이다.

한국의 아파트 단지를 '중간계급 제조 공장'으로 보는 줄레조(Gelézeau, 2007)는 냉대받던 아파트가 명품으로 자리 잡은 이유를 권위주의 산업화 이래 정부·재벌·중산층의 '3각 특혜동맹'에서 찾지만, 그것보다는 좀 더 복잡한 메커니즘이 작동한 것으로 보인다. 그것은 기대효과로 인한 여론의 평준화효과다. 한국에서 중산층은 적어도 심리적으로 고착된 계급 범주가 아니며 최하층에서도 언제든지 진입할 수 있다고 보기 때문에 3각 특혜동맹이라고 단언하긴 어렵다. 즉, 누구나 중산층이 될 수 있다고 생각하는 기대효과가 있기 때문에 아파트정책을 비롯한 계층 관련 정책에 대한 여론 형성에 있어서 계층 간 차이가 크게 나타나지 않고 평준화 경향을 보인다는 것이다. 그건 마치 전국의 모든 학부모들이 자녀를 서울의 명문대학에 보낼 것을 염두에 두고 기존 학벌주의와 입시정책을 수동적으로나마 인정하고 긍정하는 이치와 비슷하다. 이는 아파트가 여론의 쏠림과 불안정을 낳지만 바로 그 효과로 인해 압도적 선호 대상이 되었으리라는 가능성을 시사해준다.

일부에선 소득이 높아지면 아파트가 외면받을 것이라는 '아파트 부정론'을 주장하고 있지만 아파트의 강점에 대한 옹호론도 만만치 않다. 아파트는 단독주택에 비해 유지·관리비가 적게 들고 놀이터, 노인정, 공원 등 주민편의시설을 잘 갖출 수 있다는 강점이 있으며 고령화 시대에 아파트가 원스톱 생활 서비스를 용이하게 한다는 이유 때문이다(차학봉, 2007). 이런 장점이 아니더라도 기존 건설산업의 구조도 아파트 공화국을 지속시키는 힘으로 작용할 것이다. 이미 오래전부터 주택산업이 아파트로 획일화·표준화되어 있기 때문에 개인주택 공사비는 감당하기 어려울 정도로 높다. 건축시장의 그런 특성 때문에 수요자들이 아파트 이외의 다른 주택양식은 선택하기가 쉽지 않다(임석재, 2005). 또한 아파트 중심의 부동산 광고는 신문 광고 매출 기여도 1위이며, 2001년부터 2004년까지 부동산 광고는 메이저 신문 매출의 40%를 차지했다는 점도 언론이 아파트에 이해관계를 갖고 있다는 점에서 무시할 수 없는 하나의 변수다(김헌동·선대인, 2005).

그러나 그 어떤 장애 요인이 있건 아파트의 미래가 꼭 지금과 같진 않을 것이다. 부분적인 '교정' 일망정 이미 포드주의에서 포스트포드주의로의 전환이 아파트 분야에서도 시도되고 있기 때문이다. 건설업체들은 '평면 주문형 아파트' 및 '가변형 아파트'의 개념 등과 같은 다양화 시도를 하고 있으며, 마케팅 전략에서도 '열린 아파트' 개념을 강조하고 나섰다. 아파트 단지 내외의 녹지 공간을 많이 확보한 '도심 속 전원 아파트'도 선을 보이기 시작했다. 동일 아파트 단지 내의 층별·가구별 설계, 디자인 다양화와 더불어 전통한옥 디자인을 적용하는 저층 아파트도 새롭게 건설되고 있다. 이런 모든 시도가 구조적인 변화의 출발점인지 아니면 한 단계 더 나아간 구별 짓기로만 끝날 것인지는 지금으로썬 예단하기 어렵다. 중요한 건 시장논리를 넘어서 공동체 의식의 함양을 배려하는 국가 공공건설·건축정책의 존재 여부

일 것이다. 정부와 공공기관들이 주거 확보의 효율성이나 경기 활성화 등과 같은 '토건국가적' 목표에만 집착한다면 이는 공공 커뮤니케이션을 희생으로 삼는 결과를 초래할 수도 있다.

한국 언론은 자주 미국의 왕성한 자선·기부문화를 언급하면서 우리도 그런 문화를 키워야 한다고 역설하지만, 본 연구의 함의는 그게 캠페인만으로는 이룰 수 없는 일이라는 걸 시사해준다. 미국의 자선·기부문화는 지역사회가 정부보다 먼저 생겨났으며 지금도 지역공동체가 미국인의 삶에서 큰 비중을 차지하는 풍토를 근간으로 해 형성된 것이다(Boorstin, 1989/1991, 278~302쪽). 아파트를 중심으로 재편성된 공동체문화가 아무리 활성화된다 해도 아파트 거주의 일시적 성격을 극복하지 않는다면, 지역공동체에 관심과 애정을 갖고 자선·기부 활동을 하는 동기 부여도 이뤄지기 어렵다. 가끔 언론에 보도되곤 하는 큰 규모의 자선·기부 행위가 거의 예외 없이 지역공동체보다는 국가를 생각하는 애국심에 의해 추동되는 것도 바로 이런 현실을 말해주는 게 아닐까. 물론 이는 아름다운 일이긴 하지만 지역공동체보다 국가를 앞세우는 방식으론 광범위한 자선·기부문화의 확산을 기대하긴 어려울 것이다.

아파트가 공공 커뮤니케이션에 미친 영향에 주목한 본 연구는 그간 커뮤니케이션 연구의 대상에서 배제되었던 주제를 끌어들여 새롭게 시도한 것인 만큼 여러모로 시험적이다. 광범위한 역사를 다루는 데에 따른 지면의 한계로 논지를 충분히 입증하지 못한 점도 문제로 지적할 수 있겠다. 커뮤니케이션사 연구 영역의 확대 필요성에 대한 관심을 공유한 언론학자들이 각자 다양한 주제로 연구를 시도하면서 사실상의 협업 체제를 구축해 상호 배움의 기회를 제공함으로써 언론학의 지평을 풍요롭게 만들 수 있기를 기대한다.

3장 자동차의 문화정치학

자동차가 한국인의 국가·사회 정체성에 미친 영향에 관한 연구

1. 미디어 연구의 확장을 위하여

"삼십대 중반에 마련한 첫 차였기에 내 애정은 각별했다. 엔진오일도 자주 갈아주고, 타이어도 수시로 체크해주고, 샤워도 잘 안 하는 주제에 세차는 신경 써서 꼬박꼬박 해주곤 했다. 궂은 날 마다 않고 험한 길 동행해주는 친구였기에, 나는 태어나서 처음으로 사물에게 어떤 애정까지 나누어주었다"(이기호, 2007).

모든 자동차 운전자들이 한 번쯤 겪었음직한 이야기다. 자동차는 애정을 나누어주는 사물을 넘어 우리 신체의 일부가 되었다. 랄프 왈도 에머슨은 "지구상의 모든 도구와 엔진들은 인간의 수족과 감각의 연장일 뿐이다"라고 했는데, 자동차만큼 이 말을 실감 나게 만드는 것도 없으리라. 에머슨의 아이디어를 빌려 미디어를 '인간의 연장extension of man'으로 이해한 맥루한은 자동차는 '다리의 연장'이라고 했다(McLuhan, 1964). 이는 시각적 비유일 뿐, 자동차는 다리의 연장을 넘어서 우리의 속도 감각과 공동체문화에 큰 영향을 미치는 미디어로 기능하고 있다. 그러나 우리는 자동차의 그런 미디어 기능에 대해 학술적 관심을 기울이지 않고 있다. 자동차는 자동차공학자, 교통학자, 경제학자의 연구대상으로만 머무르고 있을 뿐이다. 팀 에덴서Tim Edensor가 "사회과학자들이나 문화이론가들은 놀라울 정도로 자동차를 무시해왔다"고 개탄하는 걸 보면 이는 전 세계적인 현상으로 보인다(Edensor, 2008, p.287).

단지 자동차뿐일까? 다른 교통수단을 포함하여 대중의 일상에 심대한 영향을 미치는 많은 기술 체계들이 사회과학자들이나 문화이론가들의 관심 밖에 놓여 있다. 이는 대학의 학문적 분업 구조 때문에 빚어진 결과로 보인다. 개인 연구자가 언론·미디어학은 정보미디어 중심의 학문이라는 무언의 약속이 미치는 규정력을 넘어서긴 쉽지 않다. 정보미디어 중심에서 미디어 개념의 확장을 시도한 미디어 생태학이 있기는 하다. 미디어를 환경으로, 또는 환경을 미디어로 이해하는 미디어 생태학의 넓은 지평은 우리의 미디어 이해를 풍요롭게 하는 데 크게 기여해왔다(Casey Man Kong Lum, 2008). 그러나 미디어 생태학도 구체적 분석으로 들어가는 건 꺼려왔으며, 이로 인해 '이론' 보다는 '관점perspective' 제시에만 머무른다는 비판이 제기되기도 했다(Meyrowitz, 1985, pp.22~23). 국내 연구에서도 미디어 생태학에 대한 관심은 아직까지 '사상 연구'에만 머무르는 경향을 보였다(임상원·이윤진, 2002 ; 임상원 외, 2004 ; 오창호, 2003, 2004 ; 김균·정연교, 2006 ; 김상호, 2008 ; 이호규, 2008).

오늘날 맥루한에 대한 학계의 호의적 재평가가 왕성하게 이루어지고 있긴 하지만 그가 생존 시에 학계로부터 냉대를 받았던 이유, 즉 사회과학적 엄밀성의 결여에 대한 포용이라는 '복권'까지 이루어지는 것 같지는 않다. 실증 패러다임이 지배하는 연구풍토에서 '상상력'은 아카데미즘이라기보다는 저널리즘의 아류로 간주되기 십상이며, 바로 이런 경향이 자동차 등과 같이 거시적 문명 비평 수준의 연구를 멀리하게 만드는 또 다른 이유이기도 하다. 그러나 우리가 기술과 문화의 관계에 대한 연구를 아예 포기한다면 모를까 그것을 진지한 연구대상으로 삼고자 한다면, 기존 풍토에 이질적인 연구방법론에 대해 포용력을 발휘하는 것이 필요하지 않을까. 이는 최근 기술환경의 변화로 많은 대학에서 학과 명칭에 '정보'라는 단어를 포함시키는 방향으로 개명을 하는 등 정체성 혼란을 겪고 있는 언론·커뮤니케이션학의 미래를 위해서도 바람직하지 않을까.

이런 문제의식은 그간 신문, 잡지 등 제도적인 정보미디어에만 치우쳐온 언론사言論史 연구의 의제를 재평가할 필요성으로 연결된다. 간판, 반상회, 소문, 시위, 시장, 연고모임, 음주문화, 전단, 포스터 등 커뮤니케이션에 매우 중요한 영향을 미치는 소통 수단과 공간이 의제에서 누락되어온 연구풍토는 바람직한 것인가. 혹 연구방법론의 엄격성이 의제를 지배하는 본말 전도의 상황에 우리는 너무 익숙해 있는 건 아닌가. 이런 의문은 언론사 연구의 의제 재평가가 역사학계에서 벌어지고 있는 일상사와 사회사 사이의 갈등을 해소할 수 있는 출구 역할을 할 수도 있다는 가능성에 주목하게 만든다. 일상사는 구조사 중심의 기존의 사회사와 달리 구조 자체보다는 구조에 대한 인간 경험의 측면을 중시하면서 역사 연구에서 이론·가설·모델을 배제하려는 경향을 보였다. 그러나 이런 경향은 사회사 연구에서 종종 나타나는 사회과학적 개념이나 이론의 무분별한 차용에 경종을 울렸다는 순기능에도 불구하고 "개념과 이론에 의한 논증적 분석을 포기하고 이해와 공감으로 역사를 서술할 수 있다는 믿음은 낡은 역사주의적 역사인식의 환상에 지나지 않는다"는 비판에 직면해 있다(안병직, 2002, 76~77쪽).

일상사와 사회사는 평행선을 달리는가? 결코 그렇지 않다. 둘의 결합은 가능하거니와 필요하다. 사회사가 없는 일상사는 인식 능력에 문제가 있고, 일상사를 외면한 사회사는 현실에의 근접성과 폭넓은 인식을 잃게 된다(Dülmen, 2001). 기존 학술 분업 구조와 관행에 대한 성찰적 자세만 잃지 않는다면, 역사의 구조와 과정을 중시하는 동시에 살아 숨 쉬는 사람들의 주체성과 그들의 인식과 경험을 살리는 건 매끄럽진 않더라도 얼마든지 해낼 수 있는 일이다(이유재·이상록, 2006). 일상사와 사회사를 결합하기 위해선 생산·노동과 소비·여가를 동시에 다루는 게 필요하다(정근식, 2006). 그런데 커뮤니케이션과 관련된 많은 의제들은 일상사와 사회사를 동시에 껴안지 않으면 안 되는 특성을 지니고 있다. 커뮤니케이션이 거시와 미시, 생산과 소비를 가로질러 이루어지기 때문이다. 자동차도 바로 그런 의제 중 하나다. 본 연구는 이런 문제의식하에 자동차가 한국인의 국가·사회 정체성 형성에 미친 영향을 탐구함으로써 미디어 연구의 확장을 시도해보고자 한다.

    그런데 이런 시도엔 두 가지 문제가 도사리고 있다. 첫 번째 문제는 기존 정보미디어와는 다른 자동차미디어 기능의 성격과 범주를 이론적으로 어떻게 규정할 것인가 하는 점이다. 미디어 개념의 확장은 송신자와 수신자를 상정한 가운데 송신자의 의도를 중히 여기는 전통적인 커뮤니케이션 모델과 충돌한다. 따라서 여기서 미디어는 "의사소통을 위한 수단이 아니라 의사소통을 가능하게 하는 조건"이라는 재정의를 수용하는 새로운 인식의 틀이 요구된다(김균·정연교, 2006, 18~30쪽). 그래도 문제는 여전히 남아 있다. 우리가 일반적으로 미디어의 5대 기능으로 일컫는 ①정보information, ②상호 연결correlation, ③지속continuity, ④오락entertainment, ⑤동원mobilization 등은 기능인 동시에 미디어의 목적이며, 미디어와의 관계는 직접적이다(McQuail, 1987). 이와 같은 식으로 자동차의 미디어 기능을 밝히고자 할 경우 가장 중요한 기능은 아마도 '신속한 이동'일 것이다. 그러나 본 논문이 갖는 관심은 신속한 이동과 같은 1차적 기능보다는 그것들이 상징하는 것과 인간의 감각과 인식에 미치는 영향에 관한 것이다. 따라서 여기서 말하는 자동차의 미디어 기능은 2차적 기능이며 정체성 형성과 관련된 커뮤니케이션과 집단의식에 영향을 미치는 것임을 밝혀둘 필요가 있겠다. 여기서 '2차적'이라 함은 클리퍼드 기어츠(Geertz, 1973)가 말한 'thick description'의 용법을 원용한다는 의미에서다. 국내 학자들에 의해 '중층적 기술', '치밀한 묘사', '촘촘한 묘사', '두꺼운 묘사', '두터운 묘사' 등 다양하게 번역된 이 개념은 연구자가 기존 사회과학적 개념이나 모델을 매개로 하지 않고 연구대상에 직접 접근해서 그 의미 연관을 해명하는 방식을 가리키기 위해 만들어진 것이다(김기봉, 2002). 이는 기존 방법론으로 포획하기 어려운 문화적 현상을 다룰 때에 유용할 것으로 생각한다. 2차적 기능은 '형태figure'와 '배경ground'을 동시에 볼 때에 형태에 대한 온전한 이해를 할 수 있다는 의미를 내포한 것이기도 하다. 이와 관련, 김균·정연교는 자동차를 사례로 들어 다음과 같이 말한다.

"'자동차'를 단지 자동차, 즉 차체로만 인식하는 사람은 자동차가 현대문명에 가져온 문화사회적이고 정치경제적인 변화를 읽어낼 수 없다. 온전한 의미에서의 '자동차', 즉 자동차의 형태와 배경은 단지 차체만이 아니라 주유소, 고속도로, 주차장 및 대기오염, 백화점, 대도시와 모두 유기적으로 연결되어 있다. 따라서 자동차라는 테크놀로지를 제대로 이해하기 위해서는 이러한 배경적 지식을 자동차의 형태와 함께 인식해야만 한다"(김균·정연교, 2006, 31~32쪽).

두 번째 문제는 미디어 생태학적 관심이 구체적인 역사적 분석과 만날 때에 야기될 수 있는 갈등의 문제다. 이 갈등은 전자의 광범위한 시·공간적 지평을 비교적 작고 좁은, 그것도 '기능'이라는 효과 연구 패러다임에 갇히게 하는 결과를 초래하거나 그런 느낌을 줄 수 있다. 이는 우리 커뮤니케이션학이 안고 있는 본원적 딜레마 중 하나는 아닐까. 그 딜레마는 인문학적 상상력과 사회과학적 실증성의 결합이 가능하냐는 해묵은 문제인 동시에, 커뮤니케이션 행위 자체가 그 두 가지 조화되기 어려운 범주를 가로질러 일어나기 때문에 빚어지는 문제일 수 있다. 예컨대 군중시위라는 커뮤니케이션 행위는 누적된 문화적 유산과 무관할 수 없다는 점에서 거시적 연구대상이지만, 그 시위를 촉발시킨 직접적인 원인과 시위군중 내부의 집단역학이 관찰과 분석의 대상이 될 수 있다는 점에선 미시적 연구대상이다. 전자와 후자 모두 커뮤니케이션학의 정당한 연구의제가 될 수 있지만, 둘을 결합시키려는 시도는 아무래도 우리 학술공동체에 익숙하지 않거니와 이론적 장벽을 넘어서기가 쉽지 않다. 이른바 '시위 공화국' 이라는 말이 나올 정도로 한국사회에 수많은 시위가 발생하고 있지만 언론의 시위 보도 분석을 제외하곤 시위 자체를 다룬 논문이 거의 없다는 점은 그런 문제와 부담을 말해주는 것이 아닐까. 본 논문은 이러한 문제를 인식하면서 사회적·정치적 세계를 이해하기 위해 때로는 불가피하게 본질주의적 범주를 사용할 수밖에 없다고 보는 전략적 본질주의strategic essentialism의 원리를 원용해 인문학적 상상력과 사회과학적 실증성의 조화를 꾀해보고자 한다. 이는 '전략적 기능주의' 라 이름 붙일 수 있을 것이다. 자동차에 관한 거시적 일반 이론은 그 역사와 발전이 앞선 서구사회를 중심으로 서술되기 마련인바, 한국적 특수성을 밝히려는 시도는 전략적으로 기능주의와 타협하지 않을 수 없는 처지에 놓여 있다는 것이다.

자동차에 대한 인식은 나라마다 다르다. '유사 이데올로기' 라 해도 좋을 정도로 자동차는 한 국가의 중심적 가치를 대변한다. 자동차의 발명은 유럽에서 이루어졌지만 자동차문화가 먼저 만개한 나라는 미국이었다. 미국인들에게 자동차는 거대한 대지를 장악하기 위한 수단이었다. 미국인은 세계 어느 나라 국민들보다 안전을 '자율autonomy' 과 '이동성mobility' 의 개념으로 파악해왔으며, 이는 곧 자동차auto-mobile를 의미하는 것이었다(Rifkin, 2005, p.120). 미국인들에게 자동차는 신앙과도 같은 것이다. 미국에서 자동차는 '아메리칸 드림' 이나 '자유 이데올로기' 와 여러 가지 방식으로 복잡하게 뒤얽혀 있는 상징물이며 미국적 개인주의를 구성하는 중요한 주제다(Edensor, 2008). 1914년 자동차 생산에 도입된 포드주의는 '20세기 소비자혁명'의 씨앗이자 견인차가 되었다(Kreitzman, 2001). 포드주의로 대량생산 체제가 작동함에 따라 광고를 중심으로 소비자를 양산하는 체제가 구축되었고 이에 따라 대중의 정체성 변화가 일어났다(Ewen, 1976). 그래서 미국사회에 관해 알아야 할 필요가 있는 모든 것들은 정치사상보다는 미국인들의 운전 행태에서 훨씬 더 많이 배울 수 있다는 주장마저 제기되고 있다(Baudrillard, 1994, p.111).

비슷한 점이 없는 건 아니지만 한국에서의 '자동차 이데올로기'는 미국의 그것과 다르다. 미국이나 유럽에선 '자동차 노마디즘nomadism'이 중요한 의미를 갖는다(Attali, 2005, p.346). 그러나 한국은 '노마디즘'이나 '이동성'을 앞세워야 할 만큼 땅덩어리가 넓지 않다. 남북분단으로 국토는 '반도'에서 '섬'으로 변했기 때문에 국경을 넘나들 수도 없다. 자동차가 대변하고 구현한 소비주의문화의 발달 과정도 다르며 국가주의·민족주의 발현 양상도 다르다. 한 세대 이상의 세월에 걸친 식민통치를 겪은 동시에 세계 최고의 '압축성장'을 해온 한국에서 자동차는 근대화·선진화의 상징으로서의 가치와 더불어 내적 '구별 짓기'의 용도가 가장 큰 의미를 갖는다. 자동차와 국가·사회 정체성의 관계를 이론적으로 규명한 뒤에 이런 한국적 특수성을 탐구해보기로 하자.

2. 자동차와 국가·사회 정체성

인간은 홀로 살지 않는다. 홀로 산다면 정체가 무슨 소용이 있으랴. 정체성은 타인을 전제로 한다. 자신이 아닌 타인에 의한 확인과 증명을 통해 형성되는 개념이다. 인간은 이성만으로 살지 않는다. 자신의 정체를 규정하기 전까지는 자기 이익을 추구하면서 합리적으로 계산하고 행동할 수 없다. 이익을 추구하는 정치는 정체성을 전제로 한다(Huntington, 1996, p.97). 정체성은 사람들이 갖는 의미와 경험의 원천으로서 그 주체의 크기에 따라 국가 정체성, 사회 정체성, 개인 정체성, 자아 정체성 등으로 분류할 수 있지만 이들은 상호 분리된 것이 아니며 어떤 식으로건 연관되어 있다. 물론 개인이 다른 집합적 정체성에 대해 무관심하거나 적대적일 수 있으며 그 와중에서 정체성 분열을 겪을 수 있지만, 그렇다 하더라도 그의 개인 정체성이 자신이 소속된 집단의 정체성으로부터 완전히 자유로울 수 있는 건 아니다(Kellner, 1997 ; Rifkin, 2005).

정체성은 주로 국가·사회 제도로부터 발생하지만 사람들이 그 제도를 내면화하면서 그들 자신의 의미를 구축하지 않으면 별 의미를 갖지 못한다(Giddens, 1997 ; Castells, 2004). 제도와 개인적인 의미 구축 사이의 매개 역할을 하는 것들은 무수히 많지만 그 매개의 힘은 '확인과 증명'의 명확도에 따라 달라진다. 미디어와 국가·사회 정체성의 관계가 그간 스포츠 분야에서 많이 연구되어온 것도 바로 이런 이유 때문이다(Andrews & Jackson, 2002 ; Foer, 2005 ; Szymanski & Zimbalist, 2006 ; 신성아, 2008 ; 정희준, 2009). 직접적인 국가 간 경쟁을 하는 국제스포츠는 드라마틱한 스펙터클의 제공과 더불어 그런 확인과 증명을 계량적인 방법으로 해줌으로써 대중의 열광과 '의미 창출'의 조성에 매우 유리하다.

세계화 시대에 국가 정체성은 약화되거나 사라질 것으로 예상되었지만(Morley & Robins, 1995) 예기치 않은 상황이 벌어지고 있다. 이른바 정체성의 '파킨슨 법칙Parkinson's Law' 때문이다. '파킨슨 법칙'은 공무원의 수와 업무량은 아무 관계가 없으며 업무의 많고 적음과는 관계없이 공무원의 수는 늘어난다는 법칙인데, 이와 비슷하게 정체성도 그걸 표현할 정치적 공간이 허용되는 정도에 따라 팽창하거나 수축하는 경향이 있다는 것이다(Gitlin, 1995, p.100). 인터넷과 자동차가 바로 이런 '공간의 정치학'을 낳는 대표적인 미디어다. 인터넷이 촉진하는 단일 이슈 정치single issue politics와 집단 극화group polarization는 이른바 '신민족주의'를 탄생케 한 결정적 요인이 되었다. 오프라인 세계에선 자동차처럼 국가경제와 대중생활에서의 실질적 중요성이 절대적이고, 가시성可視性이 높고 상징적 의미가 강한 기술제품들이 기술경쟁・무역분쟁・상징투쟁의 미디어로 떠오르면서 국가 정체성에 대한 관심을 고조시키고 있다. 자동차는 국제스포츠처럼 직접적인 국가 간 경쟁을 전제로 하는 건 아니지만 간접적으로 국가 간, 국내 계층 간 경쟁이 이루어지는 대상이기 때문에 국가・사회 정체성 형성에 큰 영향을 미친다.

자동차의 이런 기능은 이미 1920년대부터 나타난 현상이다. 1925년 베를린 자동차박람회의 모토는 "독일 사람은 독일 차를 삽니다!"였는데, 이 같은 애국주의적 구호는 이후 박람회는 물론 자동차 무역을 지배하는 기본 이념이 되었다(Möser, 2007). 1930년대엔 이른바 '자동차 파시즘'이 파시즘 국가들을 휩쓸었다. 파시즘의 유지엔 자동차가 결정적 영향을 미쳤다고 해도 과언이 아닐 정도로 파시즘 지도자들은 자동차를 '국가・민족의 영광을 위한 실체이자 상징'으로 이용했다. 독일의 히틀러는 1933년 전 국토에 대규모 고속도로를 건설하는 '아우토반 건설계획'을 발표한 데 이어, 1934년엔 자동차가 '특권계급의 독점물'인 현실을 지적하면서 국민이라면 누구나 소유할 수 있는 '국민차Volkswagen' 생산을 선언했다. 1938년 최초의 국민차인 폭스바겐38이 출시되자, 히틀러는 '강함과 기쁨의 차' 저축운동을 통해 모든 노동자가 자동차를 소유할 수 있게끔 하겠다고 장담했다. 이 운동은 제2차 세계대전으로 중단되고 말았지만 당시 독일 대중의 마음을 사로잡았다(Virilio,

2004 ; 마에마, 2004). 히틀러가 아우토반과 국민차를 '민족공동체'의 건설을 내세워 정치적 선전용으로 이용한 반면, 이탈리아의 무솔리니는 자동차 경주대회를 선전에 이용했다. 무솔리니의 선전은 큰 성공을 거둬 이후 이탈리아는 자동차 경주대회에서 세계의 정상권으로 군림하게 되었다. 스페인의 프랑코도 히틀러의 뒤를 따라 자동차 파시즘으로 장기집권의 토대를 구축했다(Eatwell, 1995 ; Guerin, 1974 ; 요미우리신문사, 1996).

자동차는 오늘날에도 '세계 자동차전쟁'이라는 말이 어울릴 정도로 국가 간 경쟁에서 대중의 열광과 분노를 자주 촉발시키는 미디어로 기능하고 있다. 1980년에서 1994년까지 일본이 미국을 추월해 세계 최대의 자동차 생산국의 자리에 올랐을 때 미국인들이 엄청난 충격을 받은 것은 미국에서 자동차가 차지하는 상징적·실질적 중요성을 잘 말해준다. 1980년대 초 미국 언론이 일본 차가 미국 본토를 공습한다는 보도를 쏟아내자 미국 전역에서 해머로 일본 차를 박살내는 이벤트가 줄을 이었다. 2009년 2월 25일 미국 대통령 버락 오바마가 첫 의회 연설에서 "자동차를 발명한 나라인 미국이 자동차 산업을 포기할 수 없다"고 말하는 실수를 저지른 것이나, 독일의 다임러 벤츠 사가 이 실언을 강력 반박하고 나선 것은 자동차가 경제적 산업 이상의 것임을 말해준다. 한 달여 후 오바마가 미연방조달본부에 관용차로 미국산 자동차 1만 7,600대를 구입하라고 긴급지시를 내린 것도 이를 말해주는 게 아닐까(마에마, 2004 ; 남정호, 2009 ; 김시현, 2009 ; 류이근, 2009). 이렇듯 자동차는 내셔널리즘 이미지투쟁의 장場으로 기능해왔으며, 이는 현재진행형이다.

또한 오늘날 소비주의문화가 개인 정체성 형성의 핵심으로 떠오른 상황에서(Slater, 2000) 소비주의문화의 견인차 역할을 하고 있는 자동차는 개인 정체성을 집단 정체성으로 연결시키는 데에 중요한 역할을 하고 있다. '제2의 피부'로 불리는 의복의 기능적 평준화는 의복의 브랜드 경쟁을 불러왔지만 브랜드의 가시성은 크게 떨어진다. 반면 '제3의 피부'로 불리는 자동차는 온 차체로 브랜드를 표현하기 때문에 정체성 표현에 있어서 한결 유리한 고지를 차지하고 있다. 특히 인간과 기계가 완전히 다르다거나 분리되어 있다는 생각을 더 이상 유지할 수 없게 되면서(Mazlish, 2001) 자동차가 사실상 인간 정체성에 스며드는 현상마저 나타나고 있다. 많은 운전자가 결코 얼굴을 맞대고서는 꿈도 못 꿀 자신들의 공격성과 적대감을 운전대 뒤에서 발산할 수 있는 것도 바로 그 점을 말해주는 것으로 볼 수 있다(Rifkin, 1996). 자동차가 광고와의 유착이라고 해도 좋을 정도로 주요 광고 상품이라는 점도 대중의 정체성 형성에 큰 영향을 미친다. 부서지기 쉬운 자아는 상품 정체성에 의해 지지되며, 그 과정에서 광고는 소비자본주의 논리를 정당화하는 동시에 유토피아적 대안의 비전을 공급한다(Ewen, 1988/1996, 1989). 자본주의는 존재를 소유에 종속시키고 상품의 사용가치를 교환가치에 종속시켰던 초기 단계를 거쳐, 이제 소유 그 자체를 겉모습에 종속시키고 교환가치를 번영과 풍요의 환상이라 할 위신을 세워주는 상품의 능력으로 측정하는 단계에 접어들었다(Lasch, 1979, pp.136~137).

이런 상품 능력의 위계질서에서 자동차는 최상층부에 속해 있다. 서양에서 자동차가 그런 욕망 실현의 수단으로서 대중화된 건 1920년대였으며, 이는 당시 자동차 선진국인 미국에서 드라마틱하게 나타났다. 1924년 '자동차왕' 헨리 포드를 대통령으로 추대하려는 대중운동이 광범위하게 일어날 정도로 포드는 미국인들에게 구세주로까지 여겨졌다. 그는 그 자격으로 아메리칸 드림을 설파하는 전도사가 되었다. 그가 외친 '아메리칸 드림교'의 강령 중 하나는 "가난한 사람이란 돈이 없는 사람이 아니라, 꿈이 없는 사람이다"였다(문원택 외, 1997 ; Beemer & Shook, 2000). 미국의 경우가 말해주듯 서양에서 자동차는 개인의 욕망을 충족시키는 단계에서 출발하여 사회·국가

정체성 형성에 영향을 미치는 요인이 되었다. 그러나 자동차 대중화가 서양에 비해 70년이 늦은 1990년대에야 이루어진 한국에서는 정반대의 현상이 나타났다. 일제강점기에서부터 1950년대까지 자동차는 일부 특권층의 전유물로만 인식될 정도로 많지 않았기에 대중적 차원의 개인 정체성 변화를 말하기엔 이른 시점이었다. 1959년 서울 시내의 총 차량은 9,000여 대에 불과했으며 처음으로 교통신호등이 등장한 것도 바로 이 해였다(강인철, 1999, 274쪽 ; 김진송, 2006, 113~114쪽). 자동차는 1960년대에 '조국 근대화'·남북체제 경쟁과 더불어 "우리도 할 수 있다"는 식의 국가적 역량을 입증하는 집단 정체성 형성의 수단으로 인식되었고, 집단적 차원에서 개인의 변화는 그 이후에 자동차가 대중화되기 시작하면서 나타났다. 서양과는 달리 한국에서 자동차를 소비사회 이론 등과 같은 한 가지 이론만으로 규명하기 어려운 이유도 바로 여기에 있다.

한국에서 자동차의 미디어 기능은 크게 보아 ①근대화 상징으로서의 자동차, ②국가적 자부심 상징으로서의 자동차, ③국토 재발견 수단으로서의 자동차, ④공동체 의식 재편성 기제로서의 자동차, ⑤지위 구별 짓기 수단으로서의 자동차 등 다섯 가지로 나눌 수 있다. 여기서 '근대화 상징'과 '국가적 자부심 상징'은 자동차의 존재와 증가 자체만으로도 확보할 수 있는 것이다. 자동차는 처음에는 신기한 구경거리로서, 그다음엔 "나도 한번 타보고 싶다"는 욕망의 대상으로서 그 시선의 주인공들에게 메시지를 전달하는 기능을 수행했다. 이 기능은 끊임없이 관련 통계와 더불어 국가 간 비교를 앞세우며 경제적 진보를 확인하고 과시하는 정부의 발표와 담화, 그리고 이것을 중계하는 동시에 자체 담론을 생산해내는 언론·광고매체에 의해 확대재생산되었다. '국토 재발견'은 자동차를 통해 시각적으로 직접 확인하거나 이동성이 증대된 언론매체를 통해 간접 확인하는 기능이며, '공동체 의식 재편성'은 자동차가 사람들의 의식에 직접적으로 미치는 영향과 더불어 그들의 일상적 삶에 미치는 영향의 과정을 거쳐 나타나는 기능이다. '지위 구별 짓기'는 자동차가 지위재(地位財)로서 갖는 기능이다.

　이 다섯 가지 기능은 각기 분리할 수 없으며 특정 시기에 동시에 나타나는 것이기도 하지만, 주요 특징이라는 점에선 시간적 흐름에 따른 발전단계를 말해주는 것으로 볼 수 있다. 정체성과 관련해 '개인' 이전에 '국가'가 앞선 것이 한국 자동차문화에 미친 영향은 무엇일까? '실용주의'보다는 자동차의 상징적 가치에 더 큰 의미를 부여하는 결과를 초래했다는 추론이 가능하다. 즉, 개인이 자동차를 지위 구별 짓기 수단으로 이용하는 정도가 다른 나라들보다 더 강하다는 것이다. 이는 오랜 세월에 걸쳐 자동차를 '근대화 상징'이자 '국가적 자부심 상징'으로 여겨온 습속이 내면화된 결과로 여겨진다. 물론 인구 구성의 높은 동질성으로 인해 구별 짓기의 수단이 많지 않다는 점도 간과해선 안 되겠지만, 자동차가 현대기술 체계의 총아로서 선진성을 대변하는 동시에 개인의 지위를 말해주는 자부심의 근원이라는 점이 중요한 의미를 갖는다는 뜻이다.

　이후 경제 성장과 함께 자동차 대중화가 이루어지고 여가문화가 발달하면서 자동차는 국토를 재발견하는 수단으로서의 의미를 갖는다. 이는 많은 개발도상국가들에서 근대화가 일정 부분 토착화를 불러오는 경향과 맥을 같이 하지만, 여가를 활용하기 위해 어디론가 달려야만 하는 자동차의 속성상 당연한 일이었다. 이 과정에서 대중은 국토와 문화재에 대한 인식을 새롭게 했다. 또한 자동차 대중화는 교외로의 탈출과 주거 구조의 변화를 가져오는 동시에 개인주의문화를 진작시킴으로써 공동체 의식을 재편성하는 주요 동인이 되었다. 자동차는 도입 초기부터 일종의 '신분증명서'로 지위 구별 짓기의 유력한 수단이었지만, 자동차 대중화 시대에 구별 짓기는 전 국민적 참여를 가능케 함으로써 자동차를 '인격화'하는 인정투쟁이 일어나게 된다. 이제 자동차의 이런 다섯 가지 기능을 역사적으로 살펴보기로 하자.

3. 자동차가 한국의 국가·사회 정체성 형성에 미친 영향

(1) 근대화 상징으로서의 자동차

개화기 시절 근대성과 진보의 상징으로 여겨진 여러 외래 문물 가운데 가장 큰 충격을 미친 것은 철도였다. 1899년(광무 3년) 9월 18일 오전 9시 노량진과 제물포를 잇는 경인철도가 개통되었을 때 기차는 시속 20~30km에 지나지 않았지만 당시 사람들에게 경이와 전율의 대상이었다. 기차는 4개월 전에 도입된 전차와 더불어 근대화의 상징으로 간주되면서 많은 사람들에게 서구 과학기술의 위력을 실감케 한 '대사건'이 되었다. 1905년 경부선(580km), 1906년 경의선(706km)이 개통되자 이에 감격한 최남선은 1908년에 '경부철도가'라는 창가를 만들어 철도를 근대화 상징으로 예찬했다. 철도에 대해 최남선보다 더 감격한 이는 이광수였다. 그가 1917년에 발표한 『무정』은 철도 소음을 '문명의 소리'로 예찬했다. 그는 "그 소리가 요란할수록 그 나라는 잘된다. 수레바퀴 소리, 증기와 전기기관 소리, 쇠마차 소리⋯⋯. 이러한 모든 소리가 합하여서 비로소 찬란한 문명을 낳는다"고 했다. 그러나 철도는 동시에 '일제의 한국에 대한 침략·수탈·억압·차별의 수단'이기도 했다(정인경, 1998; 정재정, 1999; 박천홍, 2003).

철도에 비해 비교적 민중의 원성을 덜 사면서 근대화의 상징으로 떠오른 건 자동차였다. 한국에 최초의 자동차가 들어온 건 1903년이었지만 일반인들도 탈 수 있는 택시가 선을 보인 건 1912년이다. 이때에 사람들은 자동차를 '쇠당나귀'라고 불렀다. 이게 무슨 괴물이냐며 막대기로 차체를 꾹꾹 찔러보는 사람이 있는가 하면, 차 안에 번갯불이 들었다는 낭설을 믿고 타 죽을까 봐 두려워 자동차에 아예 접근하지 않는 사람들도 있었다(임종국, 1995). 일제는 1910~1920년에 자동차를 위한 새 도로, 이른바 신작로新作路를 건설하는 데 열을 올렸다. 낙후된 한반도를 자신들의 통치로 바꿔놓았다는 것을 자랑하고자 했던 과시효과와 더불어 군사적 목적 때문이었다(손정목, 1996). 1920년대 중반부터 자동차가 본격적으로 신문 광고에 등장했다. 자동차강습소도 생겨났는데, 경성자동차강습소는 자동차 운전수를 "암흑세계에서 광명세계에!", "인습적 직업에서 해탈하야 문명적 직업에!"라고 소개했다. 이때의 운전수들은 상류사회 출신의 멋쟁이였다. 1925년 이정옥이 25세의 나이로 운전수 시험에 합격하자 신문은 '동양 최초의 여자 운전사'라며 대서특필했다. 경성에 버스가 등장한 건 1928년이었는데, 유니폼을 입은 여차장은 큰 인기를 누려 경성제국대 학생들의 연애 상대가 되기도 했다(김태수, 2005).

    자동차를 조선 근대화의 과시 도구로 삼고자 했던 일제의 목적이 어느 정도 달성되었는지는 알 수 없지만, 일제치하에서 자동차가 갖는 근대화의 상징적 가치는 한국인에겐 당혹스럽고 모순적인 것이었다. 진정한 의미에서 근대화 상징으로서의 자동차가 나타난 건 최초의 국산 승용차가 등장한 1955년 9월이다. 첫출발을 의미하는 시발始發이라는 뜻에서 '시발'이라는 이름을 갖게 된 이 차는 망치로 드럼통을 펴서 차체를 만들고 미군으로부터 불하받은 군용 폐차에서 빼낸 엔진을 얹어 조립한 것이었지만, 광복 10주년 기념 산업박람회에서 대통령상을 수상할 정도로 한국인에겐 가슴 뿌듯한 것으로 여겨졌다(오유석, 1998 ; 김명진, 2005).

휘발유는 귀했다. 자동차가 마냥 신기했던 어린아이들은 자동차 배기가스 냄새가 무슨 '진보의 냄새'라도 되는 것처럼 그게 좋다고 배기통 근처에 코를 들이대고 흡입하던 시절이었다(전성용, 1994). 1950년대엔 미국 원조기관에서 장악한 석유저장회사인 코스코KOSCO의 횡포가 대단했다. 코스코가 기름 공급을 중단하면 한국 경제는 물론 당장 교통 체계부터 마비되었기 때문에 미국은 코스코를 한국 정부에 대한 최종 압력수단으로 이용했다. 여기에 한이 맺힌 대통령 이승만은 누구든 기름 없이 달리는 자동차를 개발하면 온갖 특혜를 다 주겠다고 공언했다. 이승만 못지않게 기름에 한이 맺힌 사람도 있었으니, 1957~1960년까지 시발자동차회사 공장장을 지내다 5·16쿠데타 후 상공부 관리가 된 오원철이었다. 그는 경제개발5개년계획을 작성하면서 정유 공장을 최우선 중요 사업으로 올렸다(오원철, 1995).

1962년 3월 박정희는 자신의 저서로 나올 『국가와 혁명과 나』(1963년 9월 1일 출간)를 대필할 박상길에게 자못 흥분한 표정으로 메모지를 내밀고 손가락으로 짚어가면서 "북한은 자동차를 연 3,000대 생산하나 남한은 무無"라는 점을 지적했다(박상길, 1992). 1962년 5월 국가재건최고회의는 '자동차 공업 보호법'을 제정함으로써 본격적인 남북 간 근대화 경쟁을 예고했다. 1964년 박정희는 서독 방문 시 본에서 쾰른까지 20km 구간의 아우토반을 왕복으로 달리면서 두 차례나 도로 중간에서 차를 멈추게 하고 이것저것을 살펴볼 만큼 지대한 관심을 표명했다. 이때 박정희는 고속도로 건설을 결심했고 이는 1970년 7월 7일 경부고속도로 개통으로 실현되었다. "서울-부산 간 고속도로는 조국 근대화의 길이며 국토 통일의 길이다." 추풍령에 세워진 경부고속도로 준공기념탑에 새겨진 박정희의 글씨는 그렇게 말하고 있었다. 경부고속도로 개통과 비슷한 시기에 자동차 공장들이 세워지기 시작하면서 한국사회는 새로운 자동차문화 시대로 진입하게 되었다. 당시 '일일생활권'이라는 말은 생소한 개념이었다. 서울에서 대전까지 버스를 타고 가는 데 8시간이 걸리던 시절이었으니 서울에서 아침 먹고 부산에서 점심 먹는다는 건 매우 놀라운 일로 여겨졌다. 너무도 놀라워 국내 관광사업자들은 외국 관광객들의 관광코스에 고속도로를 끼워 넣었지만 "그런 건 우리나라에서도 많이 볼 수 있죠"라고 항의를 받기도 했다(강준만, 2006년 6월호, 2006년 12월호).

1973년 1월 12일 박정희는 유신 이후 처음으로 연두교서를 발표했다. 박정희는 '마이카' 시대를 달성하겠다고 선언했다. 그로부터 5개월 후인 1973년 6월 시흥에 있는 20만 평의 대지에 기아자동차의 소하리 공장이 완공되었다. 바로 이 시기에 현대자동차는 시작차試作車 1호인 '포니'를 완성했다. 포니는 1974년 10월 토리노 국제자동차박람회에 출품되었으며 1976년 6월엔 중미 에콰도르에 최초로 포니 6대를 수출하는 것을 시작으로 해외시장 공략에 나섰다(오원철, 1996). 이후 놀라운 성장을 기록하는 한국 자동차의 해외 진출은 경부고속도로에서부터 출발한 것이었지만, 그 도로가 잉태한 1970년대 삶의 풍경은 그렇게 단순하진 않았다. 고속도로 건설은 땅값에 영향을 미쳐 농민들의 주거지 상실로 인한 이촌 현상을 유발시켰으며, 농촌과 지방 인구는 경로의존성path dependency의 원리에 따라 경부고속도로에 흡수되어 서울로 더욱 집중되었다(홍승직, 1993 ; 최종헌, 1993). 그럼에도 이로 인한 사회문제는 자동차와 고속도로가 상징하고 매개한, '조국 근대화'라고 하는 국가정체성 형성을 위한 불가피한 비용으로 간주되었다.

(2) 국가적 자부심 상징으로서의 자동차

'근대화'와 '국가적 자부심'이 별개의 것은 아니지만, 전자가 뒤처진 것을 만회한다는 소극적 개념이라면 후자는 앞서갈 수도 있다는 가능성을 만끽하는 적극적 개념으로 볼 수 있다. 1980년대 들어 자동차는 근대화를 넘어서 국가적 자부심의 원천으로 기능하게 되었다. 자동차는 1980년에 50만 대, 1985년에 100만 대를 돌파하면서 중산층의 상징으로 떠올랐다. 중산층에 편입되기 위한 욕망은 세계를 상대로 한 국력 인정투쟁이라고 할 수 있는 '86 아시안게임'과 '88 서울올림픽' 등과 같은 국제적 이벤트 개최를 계기로 더욱 무르익었으며, 여기에 자동차 수출이 가세하여 자동차가 국가적 자부심의 상징이 되는 상황이 전개되었다.

1980년대 후반 자동차 수출은 괄목할 만한 성장세를 이루었다. 1986년 1월 20일 현대자동차가 최초로 미국에 포니엑셀 1,000대를 수출 선적하는 기록을 세운 이후 1986년 한 해에만 81개국 수출이 이루어졌으며 1988년 102개국, 1989년 120개국으로 늘어났다. 포니엑셀이 미국시장 진출 1년 만에 20만 대를 팔아치운 것에 대한 미국 내 반응은 국내 뉴스로 수입되어 한국인의 국가적 자부심 제고에 기여했다. 1986년 미국 『뉴욕타임스』는 현대자동차 사장 정세영을 '산업영웅'으로 선정했으며 크라이슬러 회장 리 아이아코카는 "현대자동차를 생각할 때마다 몸서리를 치곤 한다"는 사실상의 극찬을 내놓았다(변용식, 1986 ; 허영섭, 1999). 자동차 수출은 많은 한국인에게 이른바 '약소국 콤플렉스'에서 비롯된 국가주의적 애국심을 일깨워주었는데, 연세대 교수 김동길이 정주영을 존경하게 된 것도 순전히 자동차 때문이었다. 김동길은 "내가 정주영 씨를 한국의 거인으로 평가하기 시작한 것은 1985년인가 캐나다 강연을 가서 때마침 그곳에 상륙한 현대자동차의 포니 승용차를 목격한 그때부터였다"고 말했다. 그는 포니 승용차 안에 타고 있던 백인 젊은이들이 "가서 껴안아주고 싶을 만큼 아름다운 피조물"이었으며 "정주영은 한국인 모두에게 긍지를 심어준 민중의 영웅이다"라고 단언했다(강준만, 2006년 6월호).

미군정과 6·25전쟁 시절 자동차에 탄 미군에게 껌과 초콜릿을 구걸했으며 1950년대 중반 미군 폐차에서 빼낸 엔진을 드럼통 차체에 얹은 자동차를 신기한 듯 보고 자랐던 한국의 아이들이 아닌가. 그들이 커서 자동차를 만들어 미국에 팔았다는 건 김동길을 포함한 그 세대의 한국인들에겐 그야말로 살 떨리는 감격이었을 것이다. 감격의 내용은 다르지만 60여 년 전 미국에서 일어났던 '포드 숭배 현상'이 한국에서 재현된 셈이었다. 이 숭배를 바탕으로 포드가 대통령직에 도전하고자 했던 것이나, 나중에 정주영 역시 그러했던 것도 역사의 우연만은 아닐 것이다. 삼성그룹 회장 이건희가 1990년대 후반 매우 부정적인 여론에도 '21세기 국가 장래를 위해서'라는 이유를 내세워 자동차산업에 뛰어든 것도 바로 그런 '포드효과'로 볼 수 있다(이건희, 1997, 91쪽). 결국 삼성자동차는 삼성그룹의 최대 위기를 초래한 채 역사의 뒤안길로 사라지고 말았지만 이는 자동차에서 국가적·기업적 자부심을 찾고자 하는 열망이 그만큼 강하다는 예증으로 볼 수 있으리라.

1995년 기준으로 국내 자동차 생산량은 연간 252만 6,000대로 증가해 미국(1,198만 5,000대) 일본(1,019만 7,000대) 독일(466만 9,000대) 프랑스(347만 5,000대)에 이어 자동차 생산량 세계 5위국으로 부상했다. 이는 한국인들에게 국가적 자부심을 안겨준 '쾌거'로 평가되었다. 자동차산업이 국가경제에서 차지하는 비중도 급격히 높아졌다. 1995년 말 자동차산업의 수출 비중은 6.54%, 제조업 내 생산액 비중은 9.60%, 종업원 비중은 7.46%로 급신장하여 국가 주력산업으로 자리 잡았다(이봉현, 1997). 1990년대 후반 대우자동차는 동유럽시장을 적극 공략했고 이를 주도한 김우중은 정주영에 이어 '자동차 영웅'으로 예찬되었다. 1998년 서울대 경영대 교수 곽수일은 "흔히 우리의 역사를 돌이켜 볼 때 우리 민족은 한 번도 외국을 공격해 정복한 적이 없다고 한다. 비록 정복은 아니더라도 우리 민족 최초로 외국에 당당히 진출해 개척하는 모습을 동유럽이라는 신세계에 진출해 사업을 펼치고 있는 '대우의 세계 경영'에서 보고 있다"고 주장했다(곽수일, 1998, 399쪽). 비록 대우의 '세계

경영'은 비극적인 결말을 맺고 말았지만 당시 김우중을 국가적 자부심을 드높인 영웅으로 칭송하는 담론이 많이 쏟아져 나왔다.

김동길과 곽수길이 느낀 감격은 해외 관광을 나간 많은 한국인들에 의해 공유되었다. 세계 어느 곳을 가건 목격하게 된 한국 자동차는 그들의 국가적 자부심을 높여주었다. 이에 호응하듯 국내 자동차 광고도 늘 국가적 자부심을 부각시키는 방향으로 이루어졌다. 포니의 수출 때부터 자동차를 선적하는 사진과 함께 국력을 외쳐대는 건 자동차 광고의 기본 포맷이 되었다. 2001년에 나온 쏘나타 광고는 "112개 나라의 번호판을 달고 달립니다. 당신의 쏘나타가 세계 명차들과 당당히 겨루고 있습니다"라고 주장했다. 한국 자동차의 해외 수출과 진출 현황은 언론에 의해 민족주의적 논조로 상세히 보도되었다. "옛날 혜초가 걷던 길, 이제 현대가 달린다"라는 말이 나올 정도로 한국 자동차는 한국의 문화적 저력으로까지 간주되었다(디지털내일, 2004). 여기에 각종 통계수치를 기초로 한 '순위 저널리즘'까지 가세하곤 했다. 한국이 자동차 생산에서 '세계 5강'이라는 통계는 언론에 의해 국가적 자부심을 고취시키는 방향으로 보도되는 게 관례로 자리 잡았다. "차車 생산 '세계 4강' 눈앞에"라거나 "한국 승용차수 아阿 전체보다 많아" 등과 같은 기사 제목이 말해주듯이 한국은 늘 '자동차 강국'으로 묘사되었다(백수하, 2005 ; 고세욱, 2006).

외신의 한국 자동차 예찬도 국내에 그대로 수입되어 한국인의 자긍심 앙양에 기여했다. 2005년 5월 현대차의 미국 앨라바마 공장 준공을 전후로 그런 기사들이 많이 나왔다. 예컨대 『타임』 2005년 4월 25일자는 현대차의 비약적인 성장을 "세계 자동차업계 사상 가장 놀라운 기적"이라고 했다. 현대차가 세계 일부 지역의 딜러 만족도 조사에서 독일·일본 차들을 물리치고 1등을 차지했다든가 하는 기사들도 비슷한 효과를 냈다(이임광, 2007). 진보신문인 『한겨레』(2009년 4월 2일자)도 1975년 포니가 탄생한 지 33년 만에 국산 기술만으로 풀 라인업을 채운 것을 '기술독립선언'으로 규정하면서 관련 기사 사진 배경에 태극기를 깔았다. 이와 같은 '자동차 민족주의'는 미국 자동차산업이 파산 위기에 직면하면서 앞으로 더욱 강해질 가능성이 높아졌다.

(3) 국토 재발견 수단으로서의 자동차

우리 인간의 역사는 "주로 타인으로부터 공간을 탈취하고 외부인으로부터 그것을 방어하려는 노력의 기록"이었다(Hall, 2000, p.77). 국토도 크지 않거니와 오랜 세월 외적의 침입에 시달려온 한국에서 국토는 늘 신성한 수호 대상으로서 '금수강산錦繡江山'으로 명명되어왔다. 백두산이 민족의 '정수리'로 신성화되었으며 남북분단 이후엔 독도가 그 같은 상징이 되고 있는 것도 바로 그런 이유 때문이다. 2005년 4월 독도를 찾은 시인 고은은 독도를 '내 조상의 담낭'이라 했으며 동행한 100여 명의 시인들도 독도를 '국토의 혼백'으로 노래했다. 이처럼 국토를 신체의 일부로 여기는 '국토신체론'은 "고대인들의 집단주술과도 같은 정신세계"를 말해주는 것이라는 주장도 있지만(이영훈, 2006), 정도의 차이는 있을망정 그런 정신세계로부터 자유로운 나라는 이 지구상에 존재하지 않는다고 보는 게 옳지 않을까. 오늘날 '국토순례'가 많은 국민이 참여하는 행사로 제도화된 것도 국토가 애국심과 민족주의의 저수지와도 같다는 점을 말해주는 것으로 볼 수 있으리라.

이런 국토 사랑의 역사에 있어서 자동차는 매우 중요한 의미를 갖는다. 많은 나라들이 정부 정책 차원에서 국내 자동차 여행을 '애국심'과 연결시켜왔다. 1920년대 프랑스와 독일에선 자국의 '역사적인 풍경'을 감상함으로써 애국심을 고취시킬 수 있다는 이론하에 도로는 그런 시각적 스펙터클을 많이 보여줄 수 있는 방향으로 건설되었다(Möser, 2007). 실제로 자동차 여행은 국토의 재발견을 가능케 함으로써 민족주의를 고무하는 데 기여했다. 이와 관련, 에덴서는 "민족은 어떤 의미에서 자동차산업의 발전과 도로 시스템의 확장을 검토함으로써 더 잘 알 수 있는 문제가 되었다"며 "자동차 덕분에 민족을 응시하게 될 가능성은 더 커졌다"고 했다(Edensor, 2008, pp.307~308). '공기 단축'을 최대 목표로 내세워 건설된 한국의 고속도로는 시각적 스펙터클을 많이 보여줄 수 있는 방향으로 건설되진 않았지만 '민족'을 응시할 수 있는 기회를 제공하는 데 있어선 큰 변화를 불러왔다.

1990년 6월 자동차는 300만 대를 돌파했는데, 이때부터 휴가철에나 팔리던 여행 안내서들이 연중 꾸준히 나가 교보문고, 종로서적 등 서울 시내 대형 서점들은 코너를 따로 만들기에 이르렀다. 『환상의 드라이브- 서울 근교』, 『환상의 드라이브- 설악, 영동, 영남』, 『환상의 드라이브- 호남, 제주』 등 모두 7권으로 된 『오너 드라이브 백과』 이외에도 『도로관광 가이드』, 『행정, 관광교통을 위한 도별 지도』, 『문화관광도로 도별 지도』, 『전국 도로관광지도』, 『수도권 도로지도』, 『관광 서울』, 『한국 도로지도』, 『전국 도별 도로관광지도』, 『새한국 도로지도』, 『등산 안내지도』 등이 모두 베스트셀러가 되었다(김문겸, 1993, 195~196쪽). 1991년 10월 자동차가 400만 대를 돌파하면서 언론의 관광 정보는 거의 '마이카족'들을 위한 것이 되었다. 신문들은 앞다투어 '오토캠핑', '단풍 드라이브' 등의 고정 코너를 연재했다. TV도 결코 신문에 뒤지지 않았다. 마이카족들을 위한 프로그램들이 양산되었을 뿐만 아니라 자동차가 없으면 드라마 전개가 어려울 정도로 자동차를 드라마의 중심에 놓는 제작 방식을 취했다.

1970년대 초반 서양에선 개인·집단 정체성에 대한 집착으로 이른바 '헤리티지산업heritage industry'의 부흥이 일어났다(Harvey, 1994). 한국에선 20년 후에 일어났으며, 이를 잘 보여준 것이 1993년 이른바 '서편제 열풍'이다. 언론은 영화 《서편제》의 흥행 성공을 가리켜 '전통으로의 회귀'를 선언했으며 "'우리의 것'의 '르네상스'가 도래했다"고 주장했다. 일부 여행사들은 영화 속의 감동을 체험할 수 있는 '서편제 관광' 상품을 개발해 좋은 반응을 얻기도 했다. 이어 1993년에서 1994년까지 한국사회를 강타한 영남대 교수 유홍준의 『나의 문화유산 답사기』는 '문화적 사건'이 되었다. "인간은 아는 만큼 느낄 뿐이며, 느낀 만큼 보인다"와 "우리나라는 전 국토가 박물관이다"라는 두 가지 명제를 화두로 삼아 쓴 유홍준의 책은 '문화사적 기적'이니 '문화 충격'이니 하는 평가를 받았다. 시인 고은은 유홍준의 책으로 인해 "몇 천 년 동안 잠든 보물들이 깨어나 찬란한 잔치를 베풀기 시작한다"며 "무릇 벗들이여, 이 책과 더불어 순례하라, 찬탄하라"고 외쳐댔다. 그런 순례로 사람들의 발이 닿지 않던 문화유적지에 수많은 사람들의 발길이 몰리면서 언론과 문화평론가들은 '우리의 것'에 대한 재인식이 이루어지고 있다고 주장했다. 우리 문화의 르네상스를 선언한 신문도 있었다. 『나의 문화유산 답사기』는 1년 동안 50만 부가 판매되었고 60주 연속 베스트셀러 목록에 오르는 진기록을 세웠으며 2·3권까지 포함해 지금까지 220만 부 정도가 판매되었다.

   어떻게 이런 일이 가능했을까? 한산하던 88고속도로가 1993년 여름 문화기행의 열풍으로 자동차의 물결을 이뤘다는 사실에 주목할 필요가 있다(이상문, 1993). 또 『나의 문화유산 답사기』의 제2권이 나오자마자 다시 베스트셀러로 부상한 1994년 8월 하순에 발표된 한 가지 통계는 더 많은 것을 말해준다. 그 통계는 다름 아닌 자동차 보유대수다. 당시 한국의 자동차는 700만 대를 돌파했다. 한국의 '마이카 시대'는 그것이 불과 10년 내로 이루어졌다는 점에서 다른 나라에서는 유례를 찾아보기 어려운 것이었다. 대부분의 중산층은 마이카를 갖긴 했지만 그걸 어떻게 놀이문화에 써야 할는지 곤혹스럽기 그지없었다. 주말에 유명하다고 하는 관광지에 차를 몰고 갔다가 '교통지옥'을 경험해보지 않은 사람이 없을 정도였다. 그렇다고 이름도 없는 산과 들을 향해 차를 몰고 간다는 것도 어쩐 좀 이상했다. 1985년 이후 우후죽순처럼 생기기 시작한 교외의 러브호텔이 있긴 했지만, 그건 자동차만 있다고 해서 아무나 갈 수 있는 곳은 아니었다. 유홍준의 『나의 문화유산 답사기』는 바로 이런 고민을 해결해주었다. 과거엔 이상하게 생각되던 곳을 찾아갈 수 있는 명분을 제공해준 것이다. 게다가 이름이야 있건 없건 어디에 무엇이 있다는 식의 관광 정보를 접할 기회가 중산층에게 많지 않았다. 요컨대 『나의 문화유산 답사기』는 중산층의 주말 자동차 놀이문화에 일대 변화를 가져온 것이다(강준만, 2006년 6월호).

1995년 자동차는 800만 대를 돌파했다. 이 시점을 전후로 전 국토에 '가든' 형 음식점이 넘쳐 났고 전원주택 붐이 일기 시작했다. 1997년경엔 "우스개이지만 카섹스를 빼고, 자동차를 구입한 중산층이 제일 먼저 하는 일은 도시 근교나 시골로 전원주택을 지을 땅을 구경하러 다니는 일"이라는 말까지 나왔다(장정일, 1997). 전국적으로 도시 근처엔 '전원카페'가 우후죽순 들어섰으며 건설사들에 의한 '전원의 상품화'도 본격화되었다. 1997년 한 건설사는 광고 문안을 통해 "물총새가 아침을 여는 전원마을, 푸른 호반과 솔향기가 있는 전원"이라고 주장하고 나섰다(구동회, 1997).

전국을 무대로 한 자동차 여행과 전원 붐은 많은 환경문제를 낳기도 했지만 그간 좁은 지역에 갇혀 지내던 한국인에게 국토의 재발견이라고 하는 새로운 경험을 제공했다. 주 5일 근무제는 이 경험을 일상화했다. 이는 베네딕트 앤더슨Benedict Anderson이 말한 '상상의 공동체imagined community'로서의 민족이 시각적 구체성을 확보하게 되는 과정으로 볼 수 있다(Anderson, 2002). 자동차로 인한 국토의 재발견이 곧장 민족주의 정서의 발현으로 나타난 건 아니지만, 국토에 대한 감각이 추상적인 것에서 구체적인 것으로 바뀌는 데에 크게 기여함으로써 향후 민족주의 정서 분출의 잠재력으로 축적되었다고는 말할 수 있을 것이다.

(4) 공동체 의식 재편성 기제로서의 자동차

한국의 자동차 증가율은 1990년대 전반 한 해 평균 12.2%로 세계 1위를 기록했다. 제일기획의 '1996년 한국인의 라이프스타일' 조사에 따르면 "집 없어도 차부터 사겠다"는 사람이 43%에 이르렀다. 한국의 자동차 밀도는 자동차 왕국으로 불리는 미국의 11배에 이르렀지만 선진국이 되려면 자동차가 더 많아야 한다고 주장하는 사람들이 많았다(김영수, 1996 ; 김정수, 1997). 광고는 이런 주장에 정당성을 부여했다. 1996년 국내 자동차 3사(현대, 대우, 기아)의 4대 매체에 대한 광고비 지출 총액은 총 1,220억 원으로 차 1대당 광고비가 8만 원 꼴로 들어갔다(박의준, 1997). 그런 마케팅 노력에 힘입어 1997년 7월 15일 한국의 자동차 보유대수가 드디어 1,000만 대를 돌파했다. 1903년 구한말 고종황제의 어용승용차 한 대가 처음 국내에 도입된 지 94년 만에 세계에서 열다섯 번째로 '자동차 1,000만 대 국가'에 진입한 것이다. '1,000만 대 돌파'로 한국의 자동차 보급률은 인구 4.65명당 1대(승용차 6.5명당 1대), 1.5가구당 1대(승용차 2가구당 1대)가 되었다. 자동차가 국내에 도입된 후 100만 대(1985년 5월)에 이르는 데는 83년이 걸렸지만 100만 대에서 1,000만 대로 늘어나는 데는 12년밖에 걸리지 않았다.

이런 변화가 공동체 의식에 어떤 영향을 미쳤을까? 자동차에게 거리를 빼앗긴 사람들은 '자동차 속의 인간'이 됨으로써 자동차와의 합일화를 시도한 것이 '현대성의 경험'으로 여겨져왔다(Berman, 1998, 205쪽). 속도는 더 빠른 속도를 욕망하기 마련이며 그 과정에서 모든 것을 '좀 더 빨리'라는 단일한 욕망의 중력장 속으로 밀어 넣는다는 의미로 '속도의 파시즘'이라는 개념도 제시되었다(Virilio, 2004 ; 이진경, 2002). 이런 평가들엔 논란의 소지가 있을망정, 자동차로 인한 속도 증진이 사람들을 좀 더 성급하게 만들었을 가능성은 충분하다고 볼 수 있다. 한국에선 여기에 자동차 보급 확대를 따라가지 못하는 자동차 인프라와 교통문화까지 가세함으로써 교통체증과 교통사고율은 세계 최고 수준을 기록했으며 주차전쟁도 치열했다. 밤이고 아침이고 웬만한 주택가에선 차량 주차를 둘러싸고 때 아닌 싸움이 벌어지는 걸 심심치 않게 목격할 수 있었다. 주택가에서만 이런 일이 벌어진 게 아니었다. 대학캠퍼스에선 교수와 학생이 주차문제로 서로 멱살을 잡고 싸우는 일까지 일어났다.

자동차는 사람들을 격리·분리시키며 고착화된 계층 이동성을 공간 이동성으로 대체함으로써 불만의 폭발을 잠재우는 '위로 기능'을 갖는다(Hall, 2002 ; Alvord, 2004 ; Wernick, 1989). 도로만이 유일한 평등 공간이기 때문이기도 하다. 자가용 승용차 소유자들이 자동차가 제공하는 자유와 풍요와 권력의 환상으로 인해 '위로'를 받는 동시에 보수적인 성향을 갖게 되는 사례는 포항에서 찾아볼 수 있었다. 한때 한국 노동운동의 희망으로 불리던 포항제철 노조는 1992년 7월 겨우 47명의 조합원만을 갖고 있었다. 한마디로 노조의 사실상 사망이었다. 포항제철 직원 1만 2,900명(광양 제외) 중 자가용을 가진 사람이 전체의 47.7%인 6,161명에 이른 것이 그 이유로 지목되었다(강준만, 2006년 6월호). 부동산값 폭등으로 날이 갈수록 어려워진 사회경제적 이동성은 마이카족의 대열에 참여해 얻어지는 물리적 이동성으로 상쇄할 수 있다는 걸까? 자동차회사들은 마치 그런 심리 상태를 겨냥한 듯한 광고 공세를 퍼부었다. 1992년에 나온 자동차 광고 카피들은 대부분 자족성과 이동성을 강조하고 나섰다. "'엑셀'이 있어 올겨울은 따뜻하다", "누구인가? 첫사랑처럼 강렬하게, 자유처럼 신선하게, 잠든 나의 열정을 깨우는 그대는. 스포츠 패션카 스쿠프", "지상비행 땅 위에서 난다! 화려한 파워의 자동차, 에스페로". 자동차의 증가로 날이 갈수록 도로에서 속력을 내긴 어려워졌지만 그럴수록 자동차 광고는 파워와 속도를 강조했다. 1997년의 주요 광고 카피를 보자. "최강의 꿈 아반떼", "당할 자 누구인가? 씨에로", "하늘과 땅을 가르는 힘, 세피아", "질주 본능, 누구에게도 지기 싫다, 라노스". 이는 자동차가 모든 종류의 이동성을 상징하는 심리 상품이기도 했다는 걸 말해주는 게 아닐까?

서울을 비롯한 대도시는 걷기가 점점 더 어려워지는 공간이 되어갔다. '인권' 보다는 '차권' 이 우세했다. 1990년대 중반 전체 인구 대비 보행자 교통사고 지수를 나라별로 비교해보면 한국 보행자들의 위험지수는 선진국에 비해 최고 10배 이상 높았다(임삼진, 1997). 일반 국도의 95.5%엔 '인도'가 아예 없었다. 2006년 길을 걷다 교통사고로 숨진 사람은 전국적으로 2,442명인데, 이 가운데 70%가 지방도로에서 발생했다(김연기, 2007). 세계 대부분의 국가에선 자동차 보험을 민사民事로 보상받는 방법으로만 사용하고 형사처벌은 별개지만 한국만은 예외였다. 교통사고특례법 4조 1항은 "종합보험만 들면 웬만한 사고를 내도 처벌되지 않는다"는 인식이 상식으로 통용되게 만든 '차권' 위주의 법이었다. 2009년 2월 26일 헌법재판소가 종합보험에 가입한 운전자도 교통사고로 피해자에게 중상해를 입히면 형사처벌해야 한다고 결정하자 이를 '충격'으로 받아들인 사람들이 많았다(손진석, 2009).

차 없는 거리를 만들려고 해도 주민들이 반대해 실패로 돌아가곤 했다. 이처럼 거리는 대중의 진출보다는 대중의 종속이 강화되는 방식으로 관리되었으며 이는 대중의 열성적 지지하에 이루어졌다(강내희 외, 1994). 자동차가 부추기는 분리주의와 보수성은 화려한 자동차 광고로 은폐되었을지 몰라도 공동체의 성격마저 달라지는 건 막을 수 없었다. 광주의 한 좌담회에선 "만약 1980년 5월에도 이렇게 승용차 소유자들이 많았다면 광주 시민항쟁이 가능했겠느냐"는 의문에 대한 논의가 이루어졌다. 참석자들은 자동차가 "사람과 사람의 관계를 이완시키는 극단적 분리주의 속성이 강한 대표적 메커니즘의 산물"이라는 점을 지적하면서 시민항쟁은 일어나지 않았으리라는 데에 의견을 같이했다(김준태, 1996).

분리주의를 넘어선 공동체 의식을 공유하기엔 대중의 자동차 열망은 너무 강했고 자동차 증가 속도는 너무 빨랐다. 자동차는 공동체 의식을 재편하는 대표적인 기제가 되었다. 자동차는 중산층의 교외 탈출을 가능케 함으로써 대도시 주변에 신도시들을 탄생시켰고 이는 기존 공동체 개념에 큰 변화를 몰고 왔다. 교외로의 탈출뿐만 아니라 주차장을 갖추지 못한 기존 단독주택의 한계 때문에도 자동차 소유와 아파트 거주는 상호 상승 관계를 유지했다. 세계에서 가장 빠른 한국의 자동차 증가율은 세계에서 가장 높은 아파트 거주율을 기록하게 만든 동인이 되었고, 공동체 개념은 아파트 중심의 느슨한 공동체로 재편성되었다. 사람들은 점점 더 자동차로 인한 고립을 선호했다. 자동차는 새로운 '문화적 우상'으로서 이른바 '카쿤carcoon=car+cocoon'형 인간을 창출해냈다(Durning, 1994). 전체 자동차의 62%가 매일 시내 도로로 쏟아져 나왔으며 이 62%의 자동차 가운데 78%가 나 홀로 운전 차량이었다(김찬호, 2008). 자가용 통근 시간과 지역공동체 현안에 대한 관심의 관계는 반비례하는 경향을 보였고, 집단의 이익과 소비주의적 편의성이 공동체를 지배하는 구심점으로 자리 잡았다. 아파트 부녀회는 아파트 가격 담합으로 공정거래위원회의 감시 대상이 되었고, 마이카족을 위한 대형 할인매장은 지역의 소규모 유통업체들을 고사시키는 결과를 초래했다.

세계 60개 나라를 돌며 활동하는 프랑스 출신의 세계적 사진작가 얀 베르트랑은 "서울은 자동차에 의해 살해된 도시"라고 주장했다(신용관, 2009). 이런 과격한 표현엔 동의할 수 없을망정, 서울이 외국의 대도시들과 비교해 가장 자동차 중심적인 도시라는 평가를 내리는 건 무방하리라. 심심하면 벌어지는 집단적 열광의 비밀도 바로 여기에 있다는 추론이 가능하다. 월드컵축제와 같은 집단적 열광은 자동차가 부추긴 개인·가족 중심의 각개약진에 지친 심신을 달래기 위한 주기적이고 일시적인 공동체축제인 셈이다. 또한 촛불집회와 같은 대규모 집회는 표방한 주제의 의미와 더불어 평소엔 자동차로만 접근할 수 있었던 대형 차도를 맨몸으로 점령할 수 있는 재미와 기쁨 때문에 번성할 수 있었다.

(5) 지위 구별 짓기 수단으로서의 자동차

'구별 짓기'는 행위자들이 사회적인 구별을 확실히 하고 서로 구분되는 인지양식을 확보하기 위해 사용하는 전략을 가리킨다. 기존 계급 개념에 취향문화라고 하는 변수를 더한 새로운 계급 개념이 필요하다는 걸 역설한 개념이기도 하다(Bourdieu, 1995). 이런 구별 짓기에 있어서 '물건 중의 왕이고 첨단의 사물'인 자동차는 크기, 동력, 가격, 이미지 등 다양한 등급들을 야기함으로써 최선봉에 있다(Lefebvre, 1990, pp.150~151). 자동차는 도입 초기부터 지위 구별 짓기의 강력한 수단이었지만, 당시엔 극소수 특수 계층에만 한정되어 광범위한 인정투쟁의 대상이 되진 못했다. 자동차의 지위 구별 짓기 기능은 자동차의 대중화 이후 본격화되었다. 또한 자동차는 이른바 '디드로효과 Diderot effect'로 구별 짓기의 확대재생산을 이끌었다. 디드로효과는 "소비재의 보완물에 문화적 일관성을 유지하도록 고취시키는 힘"으로, 특정 자동차 브랜드를 소유하면 그 브랜드에 어울리는 다른 소비재들을 구매하게끔 하는 압력을 뜻한다(McCracken, 1996). 이를 이용한 게 기업들의 '크로스 브랜딩' 전략이다. '카션 carshion=car+fashion'이란 말도 그래서 나왔다. 소비 위계질서의 최상층부에 속한 자동차는 사실상 소비를 통한 구별 짓기의 선두주자인 셈이다.

이런 구별 짓기 효과를 극단적으로 보여준 게 바로 1990년대 중반 이른바 '야타족'의 등장이다. 압구정동의 오렌지족 출신인 야타족은 고급 승용차를 몰고 다니면서 엽색 행각을 하는 젊은이들을 가리키는 속어다(고길섶, 1998). 여기서 중요한 건 젊은 여성이 자동차의 브랜드만 보고서 처음 보는 남자의 차에 동승하곤 했다는 사실이다. 세상을 깜짝 놀라게 만든 연쇄살인범 강호순의 주요 범죄 수단도 바로 자동차였다. 이와 관련, 조은미는 이렇게 말한다.

"그를 빛나게 한 건 그가 아니다. 그가 탔다는 차다. 바로 에쿠스다. 일찍이 한 자동차 광고가 줄창 읊어댔다. '당신을 말해주는 건 바로 당신의 차' 랬나 뭐랬나. 그 광고, 정곡을 찔렀다. 차는 이제 그 사람이다. '비싼 차 주인은 멋진 인간'이라고 말하는 시대다. 좋은 차 몰고 다니는 인간을 성폭력 살해범이라고 의심할 여자가 얼마나 될까? 비싼 차가 진짜 공범이다"(조은미, 2009).

일반적 차원에서 자동차를 통한 구별 짓기를 잘 보여준 건 작은 차를 비하하는 개그의 유행이다. 1991년에 출시된 대우의 티코가 주요 표적이 되었다. 2004년 교통문화운동본부와 에너지관리공단이 수도권 지역의 경소형차 이용자 500명을 대상으로 실시한 설문조사 결과에 따르면 응답자의 82%가 차가 작다는 이유로 무시당한 경험이 있었다. 이들이 무시당한 장소는 호텔이 31%로 가장 높은 수치를 보였다(이현우, 2005). 특히 사업을 하는 사람들에게 고급 대형 승용차는 필수였다. 실용주의를 내세워 고급차를 이용하지 않으면 같이 어울리는 동류 그룹 내에서조차 '왕따'를 당해 도저히 사업을 할 수 없다고 토로하는 이들이 많았다(박용석, 2006).

사정이 이와 같았으니 경소형차 사용 비중이 높을 리 없었다. 일본이 20%를 넘는 것에 비해 한국은 2000년 3.5%, 2003년 3.2%, 2004년 4.5%로 일본의 5분의 1 수준에 머물렀다. 2006년 2,000cc 초과 차량의 비중은 30%를 넘어섰다. 이는 미국(60.6%)을 제외하면 독일(21.1%), 일본(20.5%), 영국(12.8%), 프랑스(10.4%), 이탈리아(9.7%) 등 주요 자동차 생산국을 앞서는 수치였다. 2007년 새로 등록한 승용차 98만 6,000여 대를 조사한 결과 평균 배기량은 2,113cc로 유럽연합EU 평균 배기량(1,744cc)보다 21%가 큰 것으로 나타났다. 튜닝tuning이라는 구별 짓기도 가세했다. 튜닝의 사전적 의미는 '조율'이지만 취향에 맞게 차의 외관을 고치거나 성능을 바꾸는 걸 가리키는 말로 많이 쓰였다. 2005년 국내 튜닝시장 규모는 1조 원대를 넘어섰다.

대형 승용차나 튜닝보다 한 단계 높은 구별 짓기를 원하는 사람들에게는 수입 자동차가 있었다. 이미 1990년대 중반 외제차 광고는 그 점을 노린 한 편의 신파극을 연출했다. "자네 이 차 훔친 것 아냐?" 이런 광고 카피 밑에 다음과 같은 해설이 달렸다. "참 열심히 살았습니다. 저도 볼보 한 대 마련했습니다. 선배님, 저도 이제 볼보 주인입니다"(한천수, 1996). 1995년 10월 충남 아산시 군포면 국도에선 볼보 승용차와 프레스토 승용차가 추월 경쟁을 벌이다 볼보 승용차에 탄 사람이 공기총을 쏴 프레스토 승용차를 탄 사람에게 중상을 입힌 사건이 발생했다(윤희일, 1995). 그 총을 쏜 '미치광이'는 감히 프레스토가 볼보에 도전한다는 걸 참아내기 어려웠을 것이다.

수입 자동차 가격은 세계에서 가장 큰 자동차시장인 미국에 비해 30~40%가량 비쌌다. 심지어 1억 원 이상 비싼 경우도 있었다. 이는 외국 유명 자동차업체들이 AS비, 마케팅 비용 등 각종 명목의 비용을 국내 소비자들에게 전가하기 때문이었는데, 문제는 외제차는 비싸면 비쌀수록 잘 팔린다는 이들 유명 수입차업체들이 한국시장을 보는 시각이었다. 물론 이 시각은 늘 맞아떨어져 "비싸게 불러야 잘 팔린다"는 게 '한국시장의 법칙'으로까지 승격되었다(백상현, 2006 ; 중앙일보 특별취재팀, 2007). 2007년 수입 자동차는 마魔의 선이라고 불리던 '판매량 5만 대, 시장점유율 5%' 벽을 뛰어넘었는데, 수입

자동차협회는 "수입차는 부(富)의 상징이 아니라 개성을 표현하는 수단"이라는 점을 강조했다(조용우, 2009).

이는 이미 사라지거나 죽어버린 개성이 상품을 통해 추상적인 형태로 부활하는 전형적인 사례였다(Baudrillard, 1991). 이런 소비주의적 개성은 늘 갱신되어야만 하는 불안정한 약속이다(Gitlin, 2006). 특히 구별 짓기용 개성은 더욱 불안정하기 때문에 갱신의 속도는 빠를 수밖에 없다. 한국의 자동차 교체주기가 세계 최고를 기록한 것도 우연이 아니다. 미국과 일본은 자동차 교체주기가 약 8~9.5년, 폐차주기가 18년인 데 비해 한국은 평균 4년의 교체주기에 폐차주기가 7.6년이었다(김상규, 2005). 이에 저항해 '자동차 10년 타기 시민운동'이 벌어지기도 했지만 이는 한국인의 정체성에 대한 도전으로, 성공하기는 애초부터 어려웠다. 2007년 자동차 등록대수는 1,640만 대로 성인 2명당 1명이 자동차를 보유한 셈이 되었으며, 자동차는 "신이 인간을 축복하려고 내린 선물"이라는 주장까지 대두되었다(안병하, 2007). 한국철도연구회는 '파국으로 치닫는 승용차 의존'을 비판했지만 "승용차 보유 자체는 자연스럽게 받아들이되 과도한 이용을 줄이는 데 정책의 초점을 맞추어야 한다"는 대안을 제시하는 것에 머물렀다(한국철도연구회, 2007, 85쪽). 지위 구별 짓기 수단으로서 자동차가 갖는 매력을 넘어설 수는 없다는 현실적인 타협책인 셈이다.

4. 결론 및 논의

이상 살펴본 바와 같이 한국에서 자동차는 근대화 상징, 국가적 자부심 상징, 국토 재발견 수단으로서 그리고 공동체 의식 재편성 기제, 지위 구별 짓기 수단으로서 한국인의 국가·사회 정체성 형성에 큰 영향을 미쳐왔다. 우선 자동차는 근대화에 대한 열망과 서양에 대한 동경의 매개체로서 한국인의 꿈이자 욕망 그 자체로 출발했다. 미국과 유럽으로의 자동차 수출은 '수출 한국'의 대들보인 동시에 '보릿고개'를 자동차를 타고 고속으로 넘어가는 것과 같은 짜릿한 감격과 자부심의 근원이었다. 이런 단계를 거쳐 대중화된 자동차는 국토의 재발견 수단으로서 기능하며, 이 과정에서 대중은 국가·민족에 흡수되는 동시에 본격적인 소비사회로 진입하면서 자동차를 통한 지위 구별 짓기에 몰입하게 된다. 구별 짓기는 개인·가족 차원의 선진화(근대화)·자부심 경쟁인 셈이었다. '인권'이 '차권'에 압도되어도 그건 중요치 않았다. 자동차는 신체의 일부이자 '신체 자본'이 되었기 때문이다. 옷차림새를 보고 사람을 차별하듯, 브랜드를 보고 자동차를 차별하는 건 당연한 일이었다. 사람들은 차별받지 않기 위해, 돋보이기 위해 돈을 몸에 투자하듯 자동차에 투자했다. 이는 국가건 개인이건 남에게 뒤처지는 것에 대한 공포가 내면화된 '속도의 아비투스'인 동시에 모든 걸 위계화하는 신자유주의 정서의 일상화이자 나름의 현실순응 전략으로도 해석할 수 있는 것이다.

한국 자동차의 역사는 한국형 자본주의의 역사이기도 하다. 자동차는 고속성장의 포드주의적 양산 체제의 견인차로서 한국형 압축성장을 상징했다. 대한민국의 국가브랜드였던 '다이내믹 코리아Dynamic Korea'는 사실상 자동차의 속성이자 이미지이기도 했다. 안전은 주요 고려 사항이 아니었다. 너무도 뒤처져 나라를 빼앗긴 쓰라린 경험이 있는 한국인들은 마냥 빨리 내달리고 싶어 했다. 한국의 압축성장은 '위험을 무릅쓰는 문화'의 산물이기도 하다. 경부고속도로는 세계에서 가장 빨리 건설되었다는 기록을 세웠지만, 이 기록 달성의 와중에 77명이 안전사고로 사망했으며 이후 세계 최고의 교통사고 사망률을 기록하게 된 것도 바로 그런 문화의 반영이다. 좁은 땅과 높은 인구밀도를 자랑하는 한국에서 "달리는 한 나는 천국에 있다"고 외치긴 어려웠다. 어딜 가도 자동차가 철철 흘러 넘쳐 빨리 달릴 수 없었기 때문이다. 고속도로마저 자주 주차장으로 변하곤 하는 교통지옥에서 자동차는 '소유' 그 자체에 더 큰 의미를 두어야 했다. 그럼에도 자동차 광고가 한결같이 '안전'은 무시한 채 '속도'만 강조한 건 대중의 그런 갈증과 욕망을 읽어내고 속도감의 환상이나마 즐겨보라는 배려 때문이었으리라. 언론의 자동차 관련 보도는 전반적으로 '마이카' 옹호와 예찬 일색이었는데, 이는 자동차업체가 유력 광고주라는 사실 못지않게 자동차를 향한 전 국민적 열망을 반영한 것으로 볼 수 있다(강준만, 2006년 6월호).

새로운 기술이 가져오는 이익과 손해는 공평하게 분배되지 않는 법이다(Innis, 1951). 자동차 여행이 촉진한 국토의 재발견은 중앙 중심이었기 때문에 지방엔 '축복을 가장한 저주'로 나타났다. 지방이 부동산 투자·투기의 본격적인 대상이 된 것과 '지방의 서울 흉내 내기'도 문제였지만 더욱 심각한 건 '중앙 쏠림' 현상이었다. 2004년 4월 1일 KTX Korea Train Express 개통이 만들어낸 수도권의 강력한 흡인력에 지방이 쪼그라드는 현상을 가리켜 '빨대효과'라는 말이 나왔는데, 이는 이미 1990년대부터 자동차 대중화로 나타난 현상이다. 1990년대 지방자치의 확대에도 이후 수도권 집중이 가속화된 데엔 '자동차 빨대효과'가 미친 영향이 컸다.

그러나 그 어떤 사회적 역기능에도 불구하고 한국의 자동차는 여전히 꿈과 욕망을 싣고 달린다. 이제 전 가구에 걸쳐 '1가구 2자동차'를 실현하는 '세컨드 카 임팩트'와 더불어 더 나은 차를 갖기 위한 경쟁이 시작되었다. 자동차의 꿈은 영원하다. 자동차는 한국인의 국가·사회 정체성 형성의 한 축을 담당하고 있기 때문이다. 그로 인해 정당성을 확보하는 것들이 있으며, 이는 사회의 거시적인 진로까지 결정한다. 기업의 모델과 논리에 따라 재조직되는 '기업사회'는 일방적으로 강요되는 게 아니다(김동춘, 2006). 기업사회는 국민적 지지하에 구축되고 있으며 대중의 자동차 사랑은 그 기반이 된다. 도로 건설을 중심으로 한 '토건국가'가 지속되고 있는 이유도 만인의 사랑을 받는 자동차에서 정당성을 확보하고 있기 때문이다. 대중의 일상에 수많은 공권력 규제가 가해지는 '규율사회'의 최전선은 도로다. 과속에서부터 음주운전에 이르기까지 자동차 운전에 대한 규제는 생명과 안전을 위해 당연시되며 이는 전반적인 규율사회를 수용하는 정서의 배양에 기여한다.

자동차의 미디어 기능을 탐구한 본 연구는 신문, 방송, 인터넷 등 담론·영상 중심의 미디어 연구를 넘어서 미디어와 커뮤니케이션 개념을 확장함으로써 언론학 연구의 지평을 넓혀보려는 데에 주요 목적을 두었다. 이미 언론학계에서도 다양한 미디어의 사회문화사 탐구가 이루어지고 있는바(유선영·박용규·이상길 외, 2007), 언론학 연구의 기존 의제 설정을 재검토해야 할 필요성에 대한 최소한의 공감대는 형성되어 있는 것으로 보인다. 그간 언론학 연구에서 사실상 배제되어온 다양한 성격의 미디어를 연구대상으로 포함하는 건 언론학의 '가로지르기'가 필요하다는 점을 의미하는 것이기도 하다. 같은 맥락에서 국내 서양사학자들이 이론적으론 풍성하게 소개해온 일상사·미시사의 실천적 연구를 언론사의 영역으로 편입시키는 것도 고려할 만하다.

본 연구는 자동차와 국가·사회 정체성의 관계만 다루었지만 앞으로 더 낮은 단계의 정체성 탐구도 시도할 수 있을 것이다. 1990년대에 10%대에 머무르던 여성 운전자 비율은 현재 40%대에 들어섰는데, 이는 광고 분석에만 머무르던 '자동차와 페미니즘'이라는 주제의 연구지평을 넓혀줄 수 있다는 걸 시사해준다. 미국에서 흑인 차별을 약화시킨 결정적 힘은 자동차라는 주장이 있다는 것도 참고할 필요가 있겠다(McLuhan, 1964). 자동차 내 섹스는 물론 러브호텔의 폭증이 시사하는 바와 같이, '자동차와 성혁명'도 시도해 볼 만한 연구주제다. 또 자동차가 각국의 역사, 문화, 기후 풍토, 도로 조건 등을 반영하는바, 국가별 비교 분석을 통한 문화 간 커뮤니케이션 연구로 나아갈 수도 있을 것이다(Eckermann, 2004 ; 황순하, 2005 ; Collett, 2006). 언론의 자동차 관련 보도의 심층 분석, 가벼운 읽을거리를 선호하게 만든 고속버스 여행이 주간지·잡지시장에 미친 영향, 자동차가 라디오에 미친 영향 등도 좋은 연구의제가 될 수 있으리라.

본 연구는 그간 커뮤니케이션 연구의 대상에서 배제되었던 주제를 끌어들여 새롭게 시도한 것인 만큼 여러모로 시험적이다. 광범위한 역사를 다루는 데에 따른 지면의 한계로 논지를 충분히 입증하지 못한 점도 문제로 지적할 수 있겠다. 기술과 문화의 관계에 대한 관심을 공유한 언론학자들이 각자 다양한 주제로 연구를 시도하면서 사실상의 협업 체제를 구축해 상호 배움의 기회를 제공함으로써 언론학의 지평을 풍요롭게 만들기를 기대한다.

4장 죽음의 문화정치학

한국의 '장례' 커뮤니케이션에 관한 연구

1. 문화정치학과 한국학의 접목

 "인문과학은 항상 죽음을 소홀히 한다. 인문과학은 도구를 가진 인간(호모 파베르), 뇌를 가진 인간(호모 사피엔스), 언어를 가진 인간(호모 로쿠엔스)을 분간해내는 데 자족한다. 그러나 인간 종種은 죽음이 생중에 실재해 있는 유일한 종이고, 죽음에 장례를 동반하는 유일한 종이며, 또한 죽은 자들의 사후생이나 부활을 믿는 유일한 종이다"(Morin, 1970/2000, p.11).

 에드가 모랭Edgar Morin이 이같이 말한 건 1970년인데, 이후로는 달라졌을까? 여러 분야에서 죽음을 인문·사회과학적 연구의 대상으로 삼는 변화가 있긴 했지만 커뮤니케이션학의 '죽음 외면'은 여전한 것 같다. 죽음은 언론 보도와 관련해서만 연구대상이 될 뿐이다(이완수 외, 2009; 정대필·이아람, 2009; 남재일, 2010). 그럴 만한 이유가 있다. 죽음을 커뮤니케이션 현상으로 볼 수 있는가 하는 문제 때문이다. 죽음마저 커뮤니케이션 현상으로 보기 시작하면 커뮤니케이션학은 모든 인문사회과학을 다 포괄해야 하는 문제에 직면하게 된다. 다만 장례는 달리 볼 수 있다. 한국에서 장례식은 많은 사람이 모여서 커뮤니케이션 행위를 하는 주요 마당이기 때문이다. 같은 동아시아권이라도 일본은 물론 중국과도 크게 다른 한국 장례문화의 가장 큰 특성이 '감정의 발산'과 더불어 '장례의 축제화'라고 하는 점은 '장례' 커뮤니케이션 연구의 필요성을 말해준다(주강현, 2005).

서양에서 카니발은 상하귀천의 차이를 일시 중지시키는 평등주의 축제였다(Bakhtin, 1968). 축제를 통해 집단적인 삶의 심화와 집단 정체성의 확인이 이루어졌다(Duvignaud, 1991/1998). 한국에서 그런 카니발에 해당하는 게 바로 장례라 할 수 있다. 장례는 "죽음에 대한 개인의 부적응을 사회적으로 표현하지만, 또한 동시에 살아남은 개인들의 상처를 어느 정도 아물게 해주는 사회적인 절차"다(Morin, 1970/2000, p.87). 장례의 축제화는 장례의 이런 변증법적 복합을 실현하는 사회적 커뮤니케이션 현상으로 볼 수 있다. 한국에선 장례가 산 사람들의 '인정투쟁'과 '인맥투쟁'에 적극 활용되고 있기 때문에 '커뮤니케이션 마당'으로서의 장례식 규모는 커지기 마련이다. 장례를 통해 남들의 인정을 받고 인맥을 쌓으려는 시도를 '투쟁'이라고 부르는 건 과장의 혐의가 있지만, 1990년대 중반 한국의 가정의례비가 혼례·상례만 해도 정부 예산의 25% 규모에 이르렀으며 2010년 상조업 시장규모만 6조 원대에 이른다는 것은 그게 결코 과장이 아닐 수 있다는 걸 시사해준다(김상우, 1998; 정희상, 2010).

집단 차원의 장례는 죽음의 해석을 중심으로 정치적 의미를 갖는다. 베이컨은 "죽음의 장례는 죽음 그 자체보다도 인간을 더 두렵게 한다"고 했다(Morin, 1979/2000, p.29 재인용). 또 노베르트 엘리아스(Elias, 1982/1998, p.85)는 "죽음 자체는 위협적이지 않다. 사람들은 기나긴 꿈속으로 떠나가고 세상은 사라진다. 두려운 것은 죽어가는 고통이며, 또 사랑하는 사람이 죽었을 때 산 자의 상실감이다. 죽음을 둘러싼 집합적이거나 개인적인 환상은 종종 사람들을 섬뜩하게 한다"고 했다. 게다가 적극적인 정치적 의도가 가세하기도 한다. 추모와 기념을 주요 내용으로 하는 정치적 '기억산업'이 팽창하면서 '기억전쟁'이 활발해진 가운데 "정치적 시계추가 한 번씩 흔들리면 동상을 끌어내리고, 거리 이름을 바꾸고, 공휴일을 폐지한다"(Cohen, 2001/2009, p.478).

그렇듯 죽음의 기억은 권력과 통제의 문제와 직결된다. 기억의 학술적 위상은 인문사회과학계의 오랜 쟁점이며, 이에 대해선 많은 연구가 이루어져 왔다(윤택림, 2003 ; 김원, 2005 ; 박지향 외, 2005 ; 전진성, 2005 ; 이진경, 2007). '기억으로서의 역사'가 소수자와 피해자의 위치에서 기록되고 실행될 때엔 주관성의 문제는 고통과 비극의 생생한 전달에 도움이 될 것이다. 우리가 흔히 쓰는 '역사의 업보'라는 말은 기억·체험·상처엔 치러야 할 비용이 있다는 걸 의미하기도 한다. 같은 목표를 지향하는 사람이라도 이성으론 이해가 잘 가지 않는 행태를 보인다면 그건 기억·체험·상처가 다르기 때문일 것이다. 한국인의 집단적 기억·체험·상처는 자주 논리와 이성의 영역을 벗어난다. 특히 사회적 공인의 장례와 더불어 나타나기도 하는 감정적 폭발과 그걸 둘러싼 정치적 맥락의 해석은 모든 사회에 존재하는 것이겠지만, 이 지구상에서 한국만큼 그런 '감정적 폭발'로 인한 사회적 변화가 왕성하게 일어난 나라가 또 있을까?

본 논문은 죽음의 이런 문화정치학을 장례를 중심으로 탐구하고자 한다. 장례 등 의례에 관한 연구는 그간 많이 이루어졌지만(한국역사연구회, 1998 ; 이은봉, 2000 ; 김열규, 2001 ; 박재환 외, 2004 ; 국사편찬위원회, 2005 ; 박태호, 2006) 본 논문은 장례에서 나타나는 커뮤니케이션 행위에 중점을 두고자 한다. 문화정치학은 사람들이 자신의 일상생활 속에서 의미를 발견하고 창출해가는 모든 영역이 그것을 둘러싼 정치·경제·사회와 관계를 맺는 복합적인 과정을 중시하는바, '익숙한 것'을 '낯설게 보는' 효과를 통해 커뮤니케이션 연구의 지평을 넓히는 데에 기여할 수 있다(Angus & Jhally, 1989 ; 이무용, 2005 ; 강준만, 2009, 2010 ; 조흡 · 강준만, 2009).

그런 탐구의 과정에서 한국문화의 특수성이 언급될 것이다. 여기서 문제가 되는 것은 한국문화의 특수성을 다루는 한국학이 자주 문화결정론, 본질주의essentialism, 동어반복tautology 등의 혐의를 받는다는 점이다(권숙인, 1999). 본 논문에선 이 한계를 넘어서는 시도를 병행하고자 한다. 우선 문화적 특성은 문화결정론의 폐쇄성을 넘어선 '문화적 문법cultural grammar'의 수준에서 다룰 것이며, 본질주의 · 동어반복 혐의는 사회적 · 정치적 세계를 이해하기 위해 때로는 불가피하게 본질주의적 범주를 사용할 수밖에 없다고 보는 전략적 본질주의strategic essentialism와 더불어 한국적 특수성을 변화와 수정이 가능한 상대적 개념으로 보는 것으로 대응하고자 한다. 물론 이는 암묵적 전제일 뿐 본문에서 구체적으로 드러나는 것은 아니지만, 논문 전반에 걸쳐 강조되는 문화의 정치경제적 배경과 더불어 문화의 이면에 숨은 '세속적 전략'은 그런 전제에 상응하는 것이다. 모든 해석학적 연구의 객관성은 상호 주관성의 정도로 측정할 수밖에 없듯이(정수복, 2007) 본 논문의 학술적 객관성과 가치는 독자들의 공감과 동의에 달린 문제일 것이다.

2. 장례 커뮤니케이션의 문화정치학

우리는 살아가기에 너무 바빠 보통 죽음을 잊고 산다. 지금과 같은 '속도 자본주의' 시대엔 더욱 그럴 것이다. 그러나 단지 바쁜 것만이 죽음을 잊게 된 이유의 전부는 아니다. 우리 인간은 죽음과 친숙했지만 현세에서의 행복을 추구하고 슬픔을 떨쳐내기 위해 죽음을 현실에서 소외시켰다. 언제부터 그렇게 했는지에 대해선 여러 의견이 있지만, 적어도 20세기 이후 죽음은 '더 외롭고 기계적이며 비인간적인 것'으로 여겨지면서 '수치스럽고 금기시된 대상'이 되었다(Kübler-Ross, 1969/2008, p.18 ; Ariès, 1975/1998, p.70). 20세기 말부터는 죽음이 본질적으로 생물학적 사건이라고 보는 생물학 우위의 시대가 열렸으며(Lock, 1997/2002) 여기에 공학까지 가세해 '인체의 상업화' 또는 '인간 육체의 식민화'까지 이뤄지게 되었다(Kimbrell, 1993/1995). 삶에서 죽음이 배제된 것을 '문명화 과정'의 산물로 보는 엘리아스(Elias, 1982/1998, p.13)는 이렇게 말한다.

"죽음의 본질이 무엇인가에 대한 해답은 사회가 발전하면서 변화한다. 즉, 그것은 단계마다 다르다. 한 단계 내에서도 집단에 따라 차이가 나기도 한다. 죽음의 관념과 장례 의례 자체는 사회화의 한 측면이다. 공통의 관념과 의례는 사람들을 통합한다. 관념과 의례상의 차이는 집단을 구분한다. 수세기 동안 죽음이라는 문제와 그 끝없는 삶에의 위협에 대처하기 위해 사람들이 고수해온 수많은 믿음들에 대해 조사를 해보는 것도 의미 있는 일일 것이다."

실제로 죽음에 대한 철학은 문화권별로 큰 차이가 있다. 이른바 '죽음의 질The Quality of Death'도 나라마다 다르다.[1] 특히 자살은 엄밀한 의미에서 자살이 아니라 사회적 환경과 작용의 결과이기 때문에(Durkheim, 1897/1951) 문화적 현상이라고 해도 과언이 아니다. 1940년대부터 서양 인류학자들은 '수치의 문화shame culture'와 '죄의식의 문화guilt culture'의 차이에 주목했는데, 일본과 같

---

[1] 2010년 7월 영국의 연구기관 EIU(Economist Intelligence Unit)가 경제협력개발기구 회원국 30개국을 포함한 세계 40개국을 대상으로 '품격 있는 죽음'을 기준으로 '죽음의 질'을 조사한 결과에 따르면, 한국은 하위권인 32위를 차지했다(정영오, 2010).

은 '수치의 문화' 권에선 죽음으로 수치를 넘어서려는 독특한 자살문화가 발달되어 있다(Benedict, 1946/1995). 2007년 자살자 수가 1만 3,407명(하루 평균 37명)을 기록한 한국의 자살률이 경제협력개발기구 회원국 중 가장 높고, 회원국 평균의 2배에 이른다는 것도 같은 맥락에서 이해할 수 있겠다. 노무현 전 대통령처럼 검찰 수사에 따른 심리적 압박을 견디지 못해 자살한 공인이 2003년 이후 10명이 넘는다는 것도 그런 현실을 말해준다. 언론이 죽음을 보도하는 방식도 나라마다 다르다. 예컨대 태국에서 신문들이 시체 사진을 경쟁적으로 싣고 매년 방송이 투신자살 장면을 수백 건 생중계 방영한다는 것은 태국인들이 독특한 '죽음의 미학'을 갖고 있다는 점을 말해준다(Ramonet, 1999/2000).

장례문화도 크게 다르다. 같은 동아시아권 국가라도 한국인은 대성통곡과 같이 감정을 발산하는 문화를 갖고 있는 반면, 일본이나 중국의 장례식장에서 한국과 같은 통곡 장면은 찾아보기 쉽지 않다(정해승, 2006). 이런 감정발산은 사회적 차원에선 한국 특유의 '인물 중심주의'와 만나면서 어떤 인물의 '죽음'이 대대적인 시위의 기폭제로 작동하는 주요 이유가 된다. 왜 한국은 인물 중심주의의 문화를 갖게 되었을까? 세 가지 이유가 있다. 첫째, 고난과 시련의 역사로 인한 '영웅 대망론'이다. 일제강점 직전 전국을 휩쓴 영웅숭배주의는 오늘날까지도 '지도자 중심주의'라는 유산으로 남아 있다. 이념이나 원칙보다는 인물 중심의 파벌 형성이 오늘날에도 건재하다. 둘째, 이념과 같은 추상보다는 사람에 더 잘 빠지는 체질과 더불어 한 번 마음 주면 웬만해선 돌아서지 않는 의리·정情문화다(김열규, 1986 ; 최상진, 1999). 조직의 내부고발자를 '사회정의'보다는 '배신'의 관점에서 보는 이들이 많은 것도 이런 문화와 무관치 않다. 셋째, 지도자의 강력한 리더십으로 사회구조와 문화적 관행의 한계를 뛰어넘어 모든 걸 빨리 해결하고 싶어 하는 '빨리빨리

문화'다. 누구나 말로는 법치法治의 당위성을 역설하면서도 일시적으로나마 문제 해결에 도움이 될 때엔 이른바 '인치人治'를 환영하는 것도 바로 그런 이유 때문이다.

'인물 중심주의'는 악惡을 주로 관계의 관점에서만 이해하는 한국인의 상대주의로 인해 더욱 강화된다(Alford, 1999/2000). 즉, 누가 더 나쁜가 하는 상대적 기준으로 평가를 내리기 때문에 자신이 지지하는 인물의 그 어떤 중대한 결함이 나타난다 해도 지지엔 아무런 영향을 미칠 수 없다는 뜻이다. 이런 효과는 죽음으로 인해 증폭된다. 서양에선 과오 논란에 휩싸인 사람이 자살을 하면 억울함이 풀어지는 게 아니라 스스로 입증하는 게 되지만 한국에선 정반대로 "오죽 억울하면 그랬을까" 하고 동정의 대상이 되는 동시에 정당성까지 확보하는 경향이 있다(이규태, 1983b, 347~353쪽).[2]

여기에 '인권을 수단화하는 문화'가 가세한다. 한국 여성을 대상으로 한 주한미군 범죄에서 보듯이 '개인이 당한 폭력'을 '민족의 유린'으로 환원하고, 범죄의 피해조차 '고통'보다는 '수치'의 문제로 접근하려는 경향이 강하다는 것이다(정유진, 2000). 심지어 미군 장갑차에 의해 사고사한 소녀들(효순·미선)마저 '스승으로 남을 아이들' 혹은 '횃불로 살아 숨 쉬는 심장'으로 묘사되면서 반미 촛불시위의 수단이 된다(정유진, 2003). 1980년대 이후 노동운동·학생운동에서 일어난 분신자살의 주인공들이 유서에서 모두 다 자신의 희생으로 세상이 바뀌기를 바라는 희망을 피력한 것도 이런 문화의 반영

---

2) 이와 관련, 서홍관은 "우리 사회는 죽은 자를 지나치게 존중하는 사회"라며 다음과 같이 말한다. "이런 죽음의 미화에 언론사들의 책임도 만만치 않다. 누가 되었건 이들이 죽음을 선택한 뒤에는 '주변 사람들에게 억울하다고 말했다'느니, '오죽했으면 자살했겠느냐'는 식의 동정론에 입각하여 보도하기 때문에 원래 사건의 본질은 쉽게 사라지고 만다.…… 자신의 잘못이 있다면 처벌과 비난까지도 감수하고 반성하는 용기가 필요한 것이고, 만약 부당한 혐의와 비난을 받고 있다면 그에 맞서서 싸우는 용기 또한 필요하다"(서홍관, 2007).

으로 볼 수 있다(오재환, 2004). 한국 근·현대사에서 일어난 주요 시위들의 이면엔 꼭 누군가의 죽음이 있었다는 건 결코 우연이 아니다.

내세관도 다르다. 한국인은 죽은 사람이 살아 있는 사람들에게 영향력을 행사할 수 있다고 믿는데, 이게 바로 성대하고 화려한 장례식이 발달한 이유 중 하나다(김상우, 2004). 자살 방법도 신체를 크게 훼손하지 않는 투신자살이 많은 편이며 장기 기증을 꺼리는 것도 바로 그런 죽음관과 관련되어 있다(이규태, 1983b, 340~346쪽). 이런 죽음관에 대한 이견도 있다. 한국인은 죽음을 부정不淨한 것, 더럽고 위험한 것으로 간주해 혐오감과 공포감으로 대하며 이는 영혼보다는 육체를, 내세보다는 현실을 중시하는 사고방식의 결과라는 견해다. 현실주의적 신앙도 이와 관련이 있기 때문에 '죽음 없는 사상'과 '죽음을 기피하는 삶'을 살아오게 했다는 것이다(김열규, 1986, 2001). 더 나아가 한국인은 이 세계가 유일한 세계라고 보며 죽은 후의 세계를 믿지 않는다는 주장도 있다(탁석산, 2008). 이런 차이는 한국인은 강한 내세관을 갖고 있되, 그마저 현세적이라는 걸로 정리하면 될 듯하다. 즉, 내세의 모든 것이 현세와 밀접한 관련을 맺고 있다고 생각한다는 것이다. 극락관이 발달하지 않고 지옥관이 발달한 것도 내세관이 현세의 윤리적 가치에 치중하고 내세의 철학적 가치에 등한했기 때문이며, 현세적이기 때문에 사자死者와 생자生者와의 커뮤니케이션이 가능하다고 생각해 성대한 장례·제사문화가 발달했다는 주장이다(이규태, 1983a, 355~361쪽).

더 나아가 장례는 치열한 현세주의 의식儀式으로서 산 사람들의 인정투쟁과 인맥투쟁의 무대가 된다. 장례는 망자의 인생에 대한 최종 평가의 의미를 갖는 건 물론이고 망자의 가족·가문의 사회적 위상을 드러내는 행사로서의 의미를 갖는다. 성대하다 못해 요란스럽고 사치스럽기까지 한 장례가 정부의 규제에도 불구하고 반세기 넘게 여전히 계속되고 있는 것도 바로 이런 이유 때문이다. 조문객의 수와 더불어 조문객의 신분이 그 집안에 대한 세인의 인정 수준을 말해주는 것으로 여겨지는 상황에서, 장례에 참여하고 부조를 하는 건 물론 다른 조문객과의 관계를 맺는 것은 사회적 인맥 관리의 필수라는 게 세간의 상식으로 통용되고 있다.

이제 본 논문은 한국 장례문화의 이 같은 특성을 ①감정의 발산, ②억눌림의 폭발, ③장례의 축제화, ④장례의 인정투쟁, ⑤장례의 인맥투쟁 등 다섯 가지로 나누어 역사적으로 살펴보고자 한다. 이 다섯 가지를 근간으로 삼는 '장례 커뮤니케이션'은 "장례에서 망자의 죽음에 대한 감정을 발산하고 더 나아가 그간 축적된 억눌림을 폭발시키면서도 현세주의적 낙관주의로 축제 분위기를 감돌게 하며, 그 과정에서 인정투쟁과 인맥투쟁을 전개하는 일련의 행위와 관련된 커뮤니케이션"으로 정의할 수 있겠다. 이 다섯 가지 유형의 커뮤니케이션은 언어적·비언어적으로 표현되는바, 본 논문은 그 표현의 양상을 기술·분석·해석하는 데 중점을 두고자 한다.

3. 장례 커뮤니케이션의 유형과 양상

(1) 감정의 발산

"한국의 장례식장 분위기를 상상했는데 일본은 마치 중역 회의장에 온 것처럼 사방이 정숙하다 못해 고요했다. 누구 하나 소리 내서 우는 사람도 없었고 한국 장례식장처럼 떠들며 술을 마시거나 고스톱을 치는 일은 더욱더 없었다. 분명 망자의 죽음이 슬펐을 텐데 심하다 싶을 정도로 자신의 슬픔을 죽이며 문상객을 맞는 모습이 충격에 가까웠다. 극도로 감정을 억제하는 힘, 이것이 일본의 파워인 동시에 가장 큰 단점이었다"(차길진, 2004).

일본의 장례식장 풍경을 본 한국인들이 자주 토로하는 놀라움이다. 한국은 감정을 발산하다 못해 '내지른다'고 표현해야 어울리는 독특한 문화를 갖고 있다. 1934년 조선총독부는 '의례준칙'을 제정해 상여로 운구할 때는 상여소리를 하지 말고 정숙해야 한다고 규정했지만, 그건 한국인의 인성을 바꾸라는 것처럼 실현하기 어려운 무모한 요구였다(박태호, 2006). 이른바 '심정心情' 문화 때문이다.

최상진은 한국문화와 한국인의 심리를 이해하는 데 가장 중요하고 핵심적인 개념은 심정이라고 했다. 그는 심정을 "마음이 일어난 상태와 상황"이자 "움직인 마음과 움직인 마음의 정황"(최상진, 1999)으로 정의했다. 그에 따르면 한국어에서 마음이란 영어의 mind보다 좁은 의미로 사용된다. 영어의 mind는 이성reason과 감정passion을 모두 포괄하나 한국어의 마음은 주로 passion과 관계가 많다. 한국 선거에서의 동정표는 한국인이 심정에 약함을 간접적으로 암시한다. 최상진은 '섭섭한 심정', '야속한 심정', '억울한 심정', '답답한 심정', '죽고 싶은 심정', '서러운 심정', '울고 싶은 심정' 등의 사례에서 볼 수 있듯이, 심정은 주로 부정적 상황에서 발동한다고 평가했다. 심정표현 언어의 기저를 보면 그러한 심정을 표현하는 사람 속에 무엇인가를 추구하거나 원하거나 싫어하거나 회피하려는 욕구나 동기가 전제되어 있다는 것이다. 보통 이러한 욕구나 동기가 원하거나 기대하는 방향으로 결과되지 않을 때 심정은 발동한다. 반대로 원하거나 기대하는 방향으로 결과되고 동시에 그러한 결과를 낳은 상대의 행동에 기대 이상의 좋은 마음이 실려 있을 때에도 '눈물겹도록 고마운 심정'과 같은 심정이 일어날 수도 있으나, 일반적으로는 부정적 결과에 대한 심정이 보편적이라는 것이다.

심정표현은 수용자를 전제로 한다. 장례에서의 대성통곡은 "망자의 죽음은 결국 자기의 잘못에서 생기게 되었다는 죄책감, 더 나아가 닥쳐올지도 모르는 재앙을 피하거나 감소시키려는 집단적 방어장치"로 볼 수 있다(이은봉, 2000, 239쪽). 그렇기 때문에 자신의 슬픔을 널리 알리기 위한 대성통곡이 필요하다. 대성통곡은 아니더라도 최소한 눈물은 보여야 한다. 그렇지 않으면 일부 수용자들로부터 "눈물 한 방울 흘리지 않더라"는 험담을 들을 수 있다. 그렇다고 해서 대성통곡을 위선으로 볼 순 없다. 홀로 있는 상태에서도 대성통곡이 일어날 수 있지만, 장례에 참석한 수용자들의 존재로 인해 대성통곡이 증폭된다고 이해하는 게 옳을 것이다. 수용자엔 망자도 포함된다. 제사祭祀가 잘 말해주듯이 한국인들에게 죽은 사람과 산 사람의 '관계'는 결코 끊어지지 않기 때문이다(권수영, 2007, 52~56쪽). 슬픔의 표현이 곧잘 자해自害로까지 나아가는 이유도 바로 여기에 있다. 타인지향성이 매우 강한 유교문화에선 부모의 죽음에 대해 자식들이 느낀 슬픔을 표현하고 알리는 게 미덕으로 통용되며, 슬픔의 표현은 강할수록 좋다는 원리에 따라 자해가 발생하는 것이다.[3] 이런 자해의 전통은 거의 사라졌지만 그 원리는 아직도 공적 영역의 시위에 남아 있다. 자기희생을 통한 도덕적 선善의 획득을 위해 단식을 하거나 삭발을 하거나 심지어는 혈서를 쓰는 시위가 아직도 성행하고 있는 것이다(민동용, 2003).

대성통곡으로 대변되는 감정의 발산은 어빙 고프만이 역설한 이른바 '인상 관리impression management'의 관점에서 보자면(Goffman, 1959), 죽으면 모든 게 용서되거나 심지어 미화되는 한국인의 죽음관에 따라 산 자의 죄책감을 해소하려는 커뮤니케이션 전략에 의해 증폭된다고 볼 수 있다. 인상 관리가 거

---

3) 1997년 마지막 '유림장'으로 알려진 고 인암 박효수 옹의 장례식 때에 상주인 3형제는 3일간 곡기를 끊는 등 평범한 인간으로선 감당하기 힘들 만큼 몸을 학대했다. 그들은 보름간 수염도 깎지 못한 채 차가운 마룻바닥에서 잠깐씩 눈을 붙였으며, 부의금을 낸 720명만 잡아도 상주들은 최소한 그 횟수만큼 '에고에고' 곡을 하며 허리 굽혀 절을 했다. 그들은 이후 3년간 매일 아침저녁으로 곡을 하고 산소에 성묘를 하는 시묘살이를 했다(김중식, 1997).

의 본능의 수준에서 이루어질 수 있듯이, 이 '전략'은 꼭 의도적인 건 아니며 무의식의 세계에서 일어날 수도 있다. 또한 그런 커뮤니케이션 전략은 사회적 차원에서도 일어날 수 있다. 누군가의 죽음이 매우 안타깝거나 억울하다는 심정의 공유가 광범위하게 일어나 사회적 차원에서 폭발하면 대대적인 시위로 발전하곤 한다. '억눌림'의 폭발이다. 몇 가지 주요 사례를 살펴보기로 하자.

(2) 억눌림의 폭발

1919년 1월 21일 고종이 돌연 뇌일혈로 승하했다. 민중은 통곡하며 분노했다. 수십만의 군중은 대궐문 앞에 몰려들어 삼베옷을 입고 짚으로 자리를 깔고서 밤낮으로 소리 내어 울었으며, 경향 각지의 장사꾼도 가게문을 닫고 조상弔喪했고, 공·사립학교의 모든 남녀 학생들도 스스로 머리를 풀어 통곡하면서 거리를 헤매었다. 기생들도 대한문 앞에서 단체로 엎드려 호곡했다(최기영, 1992 ; 김진봉, 2000 ; 김태수, 2005). 송우혜는 "독립운동가들은 의도적으로 '일제의 사주에 의한 독살설'을 퍼뜨려서 조선 백성을 격앙시켜 독립운동전선으로 밀고 나갔다"며 이렇게 말한다. "태황제의 돌연한 죽음은 두 가지 중요한 요소를 조선 백성들에게 제공했다. 첫째는 독살설에 의해서 침략자 일본에 대한 적개심이 거대한 불기둥처럼 타올라 두려움을 잊게 만든 것이요, 둘째는 인산因山(임금, 왕비 등의 장례식) 때문에 자연스럽게 사람들이 많이 모일 수 있는 계기와 장소를 제공한 것이다. 왕세자 이은이 부친의 인산을 치르려고 서울에 들어와 머문 지 35일째인 1919년 3월 1일, 고종의 인산일을 이틀 앞두고 저 유명한 3·1독립만세운동이 폭발했다. 여기서 우리 민족의 항일독립운동사와 관련해 한 가지 궁금증이 인다. 만약 그 시기에 그런 상태로 고종이 죽지 않았더라도 3·1독립만세운동과 같이 거대한 규모와 형태와 동력을 지닌 독립운동이 폭발적으로 일어나는 것이 가능했을까? 물론 대답은 부정적이다"(송우혜, 1999).

1926년 4월 25일 평소 병약했던 순종이 승하했다. 순종의 '병세 위독' 소식이 알려진 4월 하순부터 전국적으로 애도와 추모의 분위기가 일기 시작했다. 『동아일보』 1926년 4월 30일자에 따르면, 7~8세의 어린 학생까지도 돈화문 앞에 엎드려 "상감님!"을 부르며 정신없이 통곡하는 등 "풀과 나무도 떨며 슬피우는 천만인의 울음소리"가 삼천리강산을 눈물로 적셨다(김호일, 2005, 217쪽 재인용). 이후 국장이 치러진 6월 10일까지 조선사회는 일종의 신드롬에 빠져들었다. 백성들은 전국 곳곳에서 머리를 풀고 엎드려 궁성을 향해 망곡望哭(국상을 당하여 대궐문 앞에서 백성들이 모여서 곡을 함)했으며 서울에 거주하던 백성들은 창덕궁으로 몰려들어 통곡했다(김인덕, 1992 ; 천정환, 2005). 6월 10일 순종 인산일을 기해 일어난 6·10만세운동은 바로 이런 배경에서 폭발한 것이다. 이는 3·1운동 이후 최대 규모의 항일독립운동이었다. 운동 주체는 격문을 살포하고 독립만세를 외치며 대규모 군중시위를 전개했다. 6·10만세운동으로 일본 경찰에 붙잡힌 학생들은 전국적으로 1,000여 명에 달했다. 또 전국 여러 곳에서 2만 명이 넘는 학생들의 맹휴盟休가 그 뒤를 이음으로써 6·10만세운동은 3·1운동과 1929년 광주학생운동의 가교 역할을 했다. 또 신간회 창립에도 하나의 중요한 기초와 계기를 만들어주었다(신용하, 2002 ; 김용직, 2001).

1960년 3월 15일 마산에서 대통령·부통령 선거의 투표 부정에 대한 항의 시위가 일어났다. 경찰의 발포로 7명이 사망하고 870명이 부상을 당했지만 전국적인 시위는 일어나지 않았다. 4월 11일 정오경 마산 앞바다에서 교복 차림의 10대 소년의 시체가 눈에 최루탄이 박힌 채 발견되었다. 그 소년은 마산상고 1학년에 재학 중이던 김주열이었다. 그는 3월 15일 밤 시위에 참가했다가 실종되었는데 실종 27일 만에 참혹한 시체로 발견된 것이다. 이게 4·19혁명의 도화선이 되었다. 김진배는 "무엇이 이토록 만들었는가. 부정선거인가, 학생들의 정의감인가, 권력 내부의 혼선인가, 이승만의 고령인가. 그런 것들은 결정적 요인이라 보기 어렵다"며 이렇게 말한다. "신문에 난 '한 장의 사진'이 역사를 바꾼 것이다. 뒤통수에 최루탄이 박힌 처참한 16세 소년의 시체가 마산 앞바다에 떠오르지 않았다면, 그리고 이러한 사진이 부산의 신문에 그치고 서울의 신문에까지 나지 않았다면 그 4월의 일은 벌어지지 않았을 것이 확실하다. 들고일어나는 데는 시간이 필요한 것인가. 그렇지 않다면 혁명은 유권자에게 투표용지를 주지 않고 공개투표·사전투표를 자행하던 그 순간에 몽둥이를 들고서라도 폭발했어야 했다. 마산에서 벌써 '부정선거 다시 하라', '발포 경관 처단하라' 소리가 나오는데도 서울은 3·15 이후 34일 동안 쥐 죽은 듯이 조용했다"(김진배, 1995).

1987년 4월 13일 전두환 정권은 대통령 직선제를 수용하지 않는 호헌 발표를 했지만 아직 본격적인 시위는 일어나지 않았다. 5월 18일 서울대생 박종철의 고문치사 사건이 은폐조작되었다는 것이 폭로되었고, 6월 9일 연세대에서 시위 중이던 학생 이한열이 경찰이 쏜 직격 최루탄에 맞아 피를 흘리며 사실상 사망 상태에 이른 모습을 찍은 사진이 신문에 실렸다. 장충종은 "바로 이 한 장의 사진이 신문에 보도된 다음 날부터 대학에는 대형 걸개그림이 걸렸고, 시위 학생들은 이 사진을 손수건, 스카프 등으로 제작하여 국민들에게 배포하기 시작했다. 결국 이 사진은 군사독재 정권의 집권에 종지부를 찍는 촉매제 역할을 한 결정적인 사진이 되었다"(장충종, 1998)고 말했다. 당시 연세대학교 총학생회장이었던 우상호는 "한열이의 최루탄 피격은 학생과 시민의 결집력을 극대화하는 결과를 가져왔다"고 회고했다. 6월 9일 이전까지만 해도 민주화투쟁의 승리에 대한 의구심이 팽배했지만 이한열이 뇌사 상태에 빠져 있다는 소식이 전해지면서 "이대로는 안되겠다"는 공감대가 학생·시민들에 확산되었으며, 이는 도심 가두시위를 겁내지 않는 상황으로 이어졌다는 것이다. 이게 바로 6·10민주항쟁과 대통령 직선제를 수용한 6·29선언의 배경이었다. 뇌사 상태에 빠진 이한열은 부상 27일 만인 7월 3일에 사망했으며 이 소식은 큰 반향을 불러일으켰다. 7월 9일 이한열의 장례식이 거행된 연세대 교정에는 10만의 인파가 몰려들었으며, 이한열의 어머니 배은심은 연단에 올라가 "이제 다 풀고 가라. 엄마가 갚을란다. 한열아…… 한열아 가자, 우리 광주로"라며 피 끓는 통곡을 토해냈다. 연세대에서 10만으로 시작된 추도행렬은 신촌네거리 노제를 지내면서 30만으로 불어났고 시청 앞에 이르러서는 무려 100만여 명으로 증가했다. 이 당시 시민과 학생들은 대형 태극기와 이한열의 영정, 그리고 '한열이는 부활한다', '한열아, 너의 가슴에 민주를' 등이 적힌 300여 개의 만장을 앞세운 운구행렬의 뒤를 따랐다(임창용, 1998). 이후 한국사회엔 민주화의 소용돌이가 몰아치게 되었다.

2009년 5월 23일 박연차 전 태광실업 회장으로부터 640만 달러를 받은 혐의로 검찰의 수사를 받던 노무현 전 대통령이 투신자살로 서거했다. 노무현을 지켜주지 못했다며 후회와 참회의 목소리가 폭포수처럼 쏟아졌으며 '열병과도 같은 눈물의 행렬'이 전국을 휩쓸었다(이계삼, 2009, 181쪽). 조문객은 500만 명에 이르렀으며 수많은 시위 시도가 이루어졌다. 그 와중에서 노무현의 과오에 대해 일정 부분 비판적이었던 진보적 신문들마저 호된 비난의 대상이 되었으며, 이 신문들은 반성의 자세를 보였다.[4] 5월 31일 민주당도 노무현과의 결별을 시도했던 이전과는 달리 "민주당은 '노무현 정신'을 이어가겠다"고 선언함으로써 4년 8개월 만에 한나라당에 앞설 정도로 지지율이 급등했다. 그러나 노무현 서거 책임의 장본인으로 지목된 이명박 정권의 반대

편에 있던 사람들도 서거 전의 노무현에 대해 실망과 분노와 좌절을 드러냈었다. 이미 그때에도 검찰 수사의 문제를 몰랐던 게 아니었다. 그걸 충분히 감안한다 해도 부정부패에 대해 '패가망신'을 외치며 도덕적 우월감을 과시했던 노무현 측이 "해도 너무 했다"는 정서였다. 그러나 노무현의 서거로 모든 게 일순간에 역전되었다. 그의 자살이 '정치적 보복에 의한 타살'로 규정되면서 이명박 정권에 대한 반감과 분노가 하늘을 찔렀고, 이런 상대적 관점이 모든 판단을 지배했다. 이 '노풍盧風'은 당시 '폭발'의 수준에까지 이르진 못했지만, 1년여가 지난 2010년 6·2지방선거에까지 큰 영향을 미칠 정도로 강한 지속성을 보였다.

이상 살펴본 바와 같이 일제강점기의 항일시위는 물론 '4·19혁명'부터 '6월항쟁'에 이르기까지 한국 민주화에 기여한 주요 시위는 모두 죽음으로 촉발된 것이었다. 한국인에게 차분한 대화와 토론의 마당은 주어지지 않았고, 그런 경험도 별로 없었다. 억눌림에 대해 잠자코 인내하다가 어느 순간 누군가의 죽음을 계기로 일시에 '욱' 하고 폭발하는 패턴이 반복되어왔다. 노무현의 죽음도 그렇게 볼 수 있다. 조희연은 '죽음의 비극성'이 갖는 효과에 주목하면서 "한국 역사에서 흥미로운 사실을 발견하게 되는데, 그것은 한국의 정치지도자들의 경우 '비운에 간' 인물들에 대해서만 '동의적' 태도가

---

4) 시민 편집인(옴부즈맨) 이봉수는 『한겨레』에 쏟아진 그런 비난을 소개하면서 『한겨레』도 노무현의 흠집내기에 일조했다는 진단을 내린 뒤 아프게 반성할 것을 촉구했다(이봉수, 2009). 실제로 『한겨레』와 『경향신문』은 그런 '자책감' 때문이었는지, 반성을 넘어서 노무현의 자살을 미화하는 등 '노무현 신화 만들기'에 앞장섰다. 이와 관련, 박경신은 "언론사의 참회도 '피의자가 공정히 재판받을 권리를 침해하지 않도록 주의해야 한다'는 선에서 그쳐야지 '유죄 확정 전까지는 범죄수사에 대해 드러난 단서들의 보도는 공인이라 할지라도 자제해야 한다'는 범위까지 확대되는 것은 곤란하다"(박경신, 2009)고 꼬집었다. 노무현 신화 만들기엔 진보적 지식인들도 적극 가세했으며 이들은 나중에 다른 진보적 지식인들로부터 '지식인의 정신적 패배'라거나 '생각하는 일들을 포기해버린 듯한 지식인'이라는 비판을 받았다(박경미, 2009 ; 이계삼, 2009).

존재한다는 것이다"(조희연, 2010, 209쪽)라고 말한다. 이는 진보적 관점에서 이른바 '박정희 신드롬'을 설명하기 위해 한 말이지만, 김구에서부터 노무현에 이르기까지 '비극적 죽음'을 맞은 모든 정치지도자들에 대한 대중의 태도에도 똑같이 적용할 수 있다.

커뮤니케이션 환경의 관점에서 보자면 이런 '억눌림의 폭발'은 '서울 일극 집중구조'와 관련이 있는 것으로 보인다. 인구가 밀집한 대도시는 커뮤니케이션의 범위와 강도를 극대화할 수 있는 장소이기 때문에 시위의 동기를 많은 사람들에게 일시에 알릴 수 있고 또한 시위를 순식간에 조직할 수 있는 입지적 이점이 있다. 김형국이 '서울의 한국 민주화 선봉장론'을 제기하는 근거다(김형국, 1995). 현대에 들어선 서울 일극 집중구조보다 더욱 집중화된 '서울 미디어 일극 집중구조'가 그런 폭발의 가능성을 더욱 높여주었다. 그런데 여기서 주목할 것은 사적 영역에서도 장례가 오랫동안 만나지 못했던 사람들을 같은 장소에 일시에 집결시키는 효과를 발휘함으로써 어느 정도의 공적 성격을 갖게 해주는 '커뮤니케이션 마당'이라는 사실이다. 장례의 축제화는 장례의 이런 특수한 기능의 가치를 높이 평가한 것과 관련이 있지 않을까?

(3) 장례의 축제화

1902년부터 1903년까지 서울에 주재한 이탈리아 총영사 카를로 로제티는 1904년 이탈리아에서 출간한 책에서 조선 장례의 축제화에 대한 놀라움을 표현했다.[5] 이와 관련, 주강현은 원래 전통적 상장례 풍습은 음주가무를 곁

---

5) 로제티에 따르면 "장례식의 주된 분위기가 분명 슬픈 것만은 아니다. 이것은 바로 자신들의 감정을 가장하려는 극동 아시아 모든 민족의 기질인 것이다. 상여꾼들은 종종 청중의 웃음을 자아내는 노래를 부르며 보조를 맞춰 행진하고, 가족을 둘러싼 친지들은 농담이나 웃음짓으로 가족을 흥겹게 하기 위해 온갖 수단을 쓰는데, 우리 관점에서 볼 때는 매우 어색하게 보이는 것이었다"(주강현, 2005, 260쪽 재인용).

들인 놀이식의 장례 방식이었을 가능성이 높다고 보았다. 이 같은 '장례의 축제화 전통'은 유교적인 관습에 의해 거세되긴 했지만 "근자에 이르기까지 각 지방에는 장례날 먹고 노는 풍습이 이어지고 있었으니 유교적인 교화책과는 반대로 민중의 풍습에서는 계속 가무하는 장례 풍습이 이어지고 있었음을 알 수 있다"는 것이다(주강현, 2005). 슬픈 감정을 발산하는 경우에도 축제적 요소가 빠지지 않고 등장했다. 순종의 국상 기간 중에도 멋내기 유행이 파고들었다는 게 흥미롭다. 『신여성』 1926년 6월호에 따르면, 이 기간 중 여학생들을 비롯한 모든 여성이 무명 상복인 깃옷을 입었는데 "깃옷이라 하는 것은 부모가 돌아가더라도 성복成服(초상이 난 후 나흘째 되는 날부터 정식으로 상복을 입음) 날에나 입는 것인데 조의만 표하면 되는 국상 때 성복 전날부터 깃옷을 해 입은 것은 유사 이래 처음"이라는 것이다. 게다가 철없는 여학생들이 "남들 다 해 입는 깃옷 해달라고" 가난한 부모를 졸라대고 상복을 입은 채 "오색찬란한 파라솔을 들었으니 말세"라는 게 기사의 요지다. 이와 관련, 천정환은 다음과 같이 말한다.

"당시에는 추모 분위기 자체가 일종의 유행이었으며, 이러한 분위기 속에서 국장은 유행을 창조해낸 매개가 되었다. 국장은 일종의 비극적인 카니발로서의 의미를 지니고 있었던 것이다. 남자들의 경우도 별로 다르지 않았다. 그해 봄 경성에는 때 이르게 백구두가 유행했다. 어느 해 여름이건 조선 사람들은 흰 구두, 흰 고무신을 즐겨 신었지만 유독 그해에 흰 신발이 빨리 유행을 타기 시작한 것도 국상 때문이었을 것이다"(천정환, 2005).

이처럼 한국인은 대성통곡과 더불어 '장례의 축제화'라고 하는 일견 상반되어 보이는 모습을 보여 비교적 비슷한 문화권인 중국·일본인들마저 당황하게 만든다. 그러나 모든 한국인이 다 장례의 축제화를 반기는 건 아니다. 그늘도 있다. 이는 명절 때 여성이 겪는 고통과 비슷한 문제다.[6] 문상이 유가

족에 대한 위로를 넘어 아예 놀자판으로 변질되었다고 비판하는 목소리도 나왔다. 1996년 5월 1일 문을 연 연세대 신촌 세브란스병원 영안실은 그런 비판에 호응해 밤샘 고스톱 금지, 소주 등 주류와 떡, 오징어무침 등 안주류 추방, 밤 12시 이후 빈소에서 퇴장, 과다한 팁과 바가지요금 일소 등 '4무無' 규칙을 내세웠다. 그러나 이는 잘 지켜지지 않았다. "병원 측 취지는 좋으나 혼령을 달래려 밤을 함께 보내는 우리 전통문화와는 맞지 않는다. 술과 화투를 즐기더라도 밤을 새워주는 우리 전통이 더 좋다"고 항의하는 조문객들이 워낙 많았기 때문이다(문갑식, 1996). 결국 세브란스병원은 시행 12년 만인 2008년 5월 1일 장례식장에서 술·밤샘·음식 제공을 금지했던 방침을 없앴다. 더 나아가 빈소마다 설치된 무인단말기를 이용해 신용카드로 조의금을 결제하거나 외부에서 장례식장 홈페이지에 접속해 해당 빈소에 신용카드로 조의금을 낼 수 있는 시스템을 가동했다(최수현, 2008).

세브란스병원은 서양 흉내를 냈다가 결국 한국식으로 전면 전환한 셈이다. 이런 전환엔 절박한 이유가 있었다. 술과 음식 등이 제공되지 않음에 따라 장례식 비용은 다른 장례식장의 5분의 1 수준에 그쳤지만, 낯선 장례문화에 찾는 손님이 갈수록 줄어 장례 유치 실적이 뚝 떨어져 14실의 분향소 가운데 하루에 4~5개 분향소만 이용되는 상황이었기 때문이다(윤석만, 2006). 장례식 비용이 다른 장례식장의 5분의 1 수준이었는데도 이를 거부했다는 게 놀랍다. 왜 그랬을까? 여러 이유 중의 하나로 장례식에 온 문상객들이 술과

---

6) 박유선의 경험담에 따르면 "슬픔을 위로해주러 온 수많은 문상객들은 상주만큼 슬픔이 없는 탓인지 저녁밥과 밤샘하는 새참과 심지어 술까지 자꾸 가져오란다. 졸지에 상가가 된 집 안은 김칫독을 찾느라 헤매고 양념과 음식 장만하느라 슬플 사이 없이, 마치 음식점을 연상시켰다. 난 이웃과 기쁨을 함께하고 슬픔을 분담하는 우리만의 전통을 존중해왔으나 그날은 모든 문상객을 다 보내고 싶은 심정이었다. 상한 마음을 위로해주기는커녕 오히려 짐이 되어주는 문상 방법을 고마워해야 할지 퍽 의심스러웠다"(박유선, 1980).

음식을 먹고 화투를 치면서 나누는 대화의 내용에 주목할 필요가 있다. 치열한 생존 경쟁을 하느라 자신을 돌아볼 틈도 갖지 못하는 대부분의 사람들에게 장례는 삶에 대한 성찰의 좋은 기회이며, 실제로 장례식장에서 오고 가는 대화는 상당 부분 그런 성찰과 관련되어 있다. 이런 대화를 나누기 위해선 '축제'에 근접하는 느슨한 분위기가 필요하다. 한국형 '수치의 문화'에선 성찰도 독자적으로 하기보다는 남들과의 관계와 커뮤니케이션을 통해서 이루어지기 때문이다. 물론 이 같은 성찰은 건강에 관한 이야기가 화두가 되면서 다시금 세속적인 '자기 관리'의 필요성을 절감하는 기회로 전환되지만 그나마 장례 이외에 그런 기회를 갖기가 쉽지 않다는 것을 감안해야 할 것이다. 장례의 축제화를 규제하는 시도는 앞으로도 성공하기 어려울 것이다. 장례의 축제화는 그런 성찰의 기회 제공과 더불어 죽은 사람보다는 산 사람들의 인정투쟁·인맥투쟁과 맞물려 있기 때문이다.

(4) 장례의 인정투쟁

장례의 축제화는 가문 간 축제화 경쟁으로 일종의 세勢 과시 경쟁의 양상을 보이고 여기에서 많은 사회적 문제가 발생하기도 한다. 무엇보다도 허례허식에 따른 낭비가 지적되어왔다. 이는 오랫동안 정부의 규제 대상이었다. 1969년 1월 16일 '가정의례준칙에 관한 법률'이 공포되었고 이 법률에 근거해 3월 5일 가정의례준칙이 고시되었다. 청첩장 발송, 신문 부고, 화환 진열, 답례품 증여, 굴건제복 착용, 만장 사용, 주류 및 음식물 접대 등 7개 항목에 대해 금지조항을 두었다. 대통령 박정희는 '가정의례준칙 공포에 즈음하여'라는 담화를 통해 "우리는 예부터 동방예의지국이라는 이름 아래 일상생활에서조차 남의 이목과 체면을 두려워한 나머지, 오랫동안 허례허식에 얽매여왔습니다"라고 지적하면서 '조국 근대화'를 위해 "번잡한 옛 의례에 따르는 고루(固陋)와 낭비가 빨리 시정되기를 바라는 바입니다"라고 했다(박태호, 2006, 195쪽 재인용).

그러나 박정희가 지적한 '남의 이목과 체면'은 한국적 삶의 본질에 가까운 것이어서 '조국 근대화'와 같은 구호에 의해 사라지거나 약화될 수 있는 것은 아니었다. 장례 간소화는 별 성과를 거두지 못했으며 이에 따라 1973년 3월 13일 '가정의례에 관한 법률'이 개정되었다. 장례의 경우 그 주요 내용은 3일장을 하며, 탈상은 100일까지 하고, 제사는 2대까지만 지내도록 하는 것 등이었다. 또 분묘 하나의 점유면적을 6평으로 규정하고 이를 어길 때엔 6개월 이하의 징역이나 1만 원 이하의 벌금을 물리도록 하는 등 이 법은 처음으로 허례허식 행위를 하는 자를 처벌할 수 있는 규정을 두었다. 그러나 이마저 실효를 거두진 못했다. 그 이유에 대해 고영진은 "유교식 의례의 시행이 자신이 뼈대 있는 가문 출신임을 드러내는 수단이기 때문"에 "본래 양반은 두말할 것도 없거니와 솔직히 출자가 불분명한 집안들조차 더욱 유교식 의례에 매달리게 되었다"(고영진, 1998, 279쪽)고 분석했다.

1980년 중반 가정의례준칙은 화환 수를 결혼예식장에는 2개, 상가에는 10개 이내로 제한했지만 아무도 지키지 않았다. 유력 집안 장례식엔 수백 개의 화환이 위용을 뽐내는 게 다반사였다. 이에 보건사회부는 1986년 3월 가정의례준칙과는 별도로 '공직자에 대한 축화와 조화 증여 기준'을 만들었다. 공직자는 결혼 축화를 보낼 수 없고 조화라 하더라도 상납성이라면 받거나 주지 못하게 하겠다는 것이었다. 그러나 상납성인지 아닌지 어떻게 구별할 것인가? 바로 이 문제 때문에 이 기준은 지켜지기 어려웠다(조연홍, 1986). 1990년 7월 보건사회부는 다시 과소비억제책의 하나로 가정의례법을 엄격히 적용키로 하고 전국적으로 혼례·장례의 화환 과다진열을 단속하기 시작했지만 소기의 성과를 거두진 못했다.

1994년 10월 서울 삼성병원이 기존의 칙칙하고 우울해 보이던 영안실 분위기를 산뜻한 예식장 분위기로 확 바꾸면서 장례식장의 대형화·고급화 추세가 발동을 걸었다. 이에 따라 "갈수록 장례를 병원 영안실에서 치르는 경향이 뚜렷해지면서 상류계층일수록 자신의 지위 확인과 다른 집단에 대한 지위 과시, 편리함 등 때문에 시설이 좋은 고급 병원 영안실을 선호하는 것"으로 나타났다(최영선, 1995). 장명수는 "가족행사를 사회적인 규모로 펼쳐 성대하게 치르겠다는 욕심을 가진 사람들이 의외로 많다"며 다음과 같이 말했다. "실력자, 권력자, 명사들을 가능하면 많이 참석시켜 행사를 빛내고 자신의 존재를 과시하겠다는 생각이다. 그런 생각을 나쁘게만 볼 수는 없다. 그러나 너도나도 그런 생각을 하는 동안 오늘의 악습이 뿌리내렸다는 것을 인식해야 한다.…… 사회생활을 잘하려면 신문의 부음난을 열심히 읽어야 한다고들 말하지만 이제 그런 식의 문상은 상주 측에서 거절할 때가 왔다고 생각한다. 결혼과 장례를 가족행사로 조용하고 아름답고 경건하게 치르는 사람들이 늘어나야 한다. 가족의 일로 요란 떠는 것을 부끄러워하는 사회가 되어야 한다"(장명수, 1996).

그러나 2000년대 들어 가문의 장례 인정투쟁은 더욱 치열해졌고 이에 발맞춰 대형 병원 장례식장은 서로 경쟁하면서 점점 더 화려해졌다. 마치 호텔이나 백화점 같은 분위기를 풍겼다. 산뜻한 인테리어에 에스컬레이터가 가동되며 커피숍도 만들어졌다. 지방 문상객들을 위한 호텔 수준의 객실도 갖췄다. 조문객에게 대접하는 식사를 일류 호텔에 맡겼다. 병원에서 단위 면적당 수익률이 가장 높은 곳이 장례식장, 그다음이 건강검진센터였다. "치료에 전념해야 할 병원이 장례식장을 운영하는 곳은 우리나라뿐"이라는 비판이 제기되었지만 병원 측 입장에선 그런 고수익을 포기할 리 만무했다(임형균·김성현, 2001). 그 결과 연간 3조 2,000억 원 규모의 부의금과 장례 비용의 4분의 1에서 3분의 1을 서울 소재 삼성병원, 서울 중앙병원, 서울대병원, 세브란스병원, 강남 성모병원, 목동 이대병원 등 이른바 메이저 병원들이 차지했다. 고위 공무원들은 부친이 시골 고향에서 사망하면 "문상객을 받으려면 서울로 옮겨야 한다"며 서울 유명 병원으로 옮기기도 했다(이상기, 2000년 12월 26일자).

이런 장례문화는 쏘스타인 베블렌Thorstein Veblen이 말한 '과시적 소비conspicuous consumption'(Veblen, 1899/1995)의 성격을 갖지만 부의금이라는 반대급부가 있기 때문에 비합리적인 소비 행위만으론 보기 어렵다. 상부상조하는 '품앗이'의 전통이 변질된 형태로나마 지속되는 것으로 볼 수 있다. 남들이 알아주는 것을 전제로 한 과시성은 상주와 문상객의 커뮤니케이션에도 그대로 나타나 과장된 애도와 추모의 담론이 흘러넘치지만 이 또한 상호 유대와 결속을 다지는 효과를 갖는다. 장례를 통한 인정투쟁은 인맥투쟁과 불가분의 관계를 맺는 셈이다.

(5) 장례의 인맥투쟁

사회 일각의 비판에도 불구하고 사회생활을 잘하려면 신문의 부음난을 열심히 읽어야 한다는 건 바꾸기 어려운 처세술의 법칙이 되었다. 인맥이 절대적으로 중요한 사회에서 조문은 인맥 구축·관리의 필수였다. 한 '성공한 젊은 부자'의 조문 철학에 따르면 "경사는 몰라도 조사는 반드시 챙긴다는 게 제 사업의 철칙입니다. 대체로 사람들은 기쁜 일보다는 슬픈 일을 함께 나눌 수 있는 사람에게 마음을 열게 마련이죠. 그리고 결혼식장보다는 상가에서 머무르는 시간이 훨씬 길게 마련입니다. 따라서 상가에서 얻는 정보가 훨씬 많습니다"(박용석, 2006, 248쪽). 또한 그 과정에서 부조가 합법적인 뇌물의 성격마저 갖게 되었다. 김경화는 이런 현실에 대해 다음과 같이 말한다.

"부조로 포장된 '떡값'. 사회 일각에서 경조사가 엉뚱하게 뇌물성 촌지를 요구하고 이에 응하는 기회로 변질되고 있다. 관공서나 기업체 고위 인사의 경조사 때면 두툼한 부조 봉투를 든 사람들의 발길이 끊이지 않는다. 유력 인사의 '눈도장'을 받을 수 있고 눈치 안 보고 떳떳하게 돈을 건넬 수 있기 때문이다. 뇌물성 촌지나 정치자금도 이 틈에 오간다. 부조 금액도 치솟는다.…… 관공서는 관내 업소나 소관 중소기업에, 대기업은 하청·협력업체에 청첩장과 부고를 마구잡이로 보내 '수금'에 나선다"(김경화, 1997).

1997년 5월 정부는 '공직사회의 합리적 경조사 관행 권장 지침'에 따른 공무원 직급별 부조금 한도액 기준을 제시했다. 장·차관급은 5만 원, 실·국장급(1~3급)은 3만 원, 과·계장급(4·5급)은 2만 원, 6급 이하 공무원은 1만 원이 부조 기준이었다. 이 지침이 보도되자 총리실 산하 고충처리위원회에는 "지금까지 부조금으로 나간 돈은 누가 보상하느냐"는 공무원들의 항의편지가 날아들었다. 30년 동안 행정기관에 복무했다고 밝힌 한 50대 공무원은 편지에서 "그동안 꼭 인사를 해야 할 경우에 부조한 돈이 수천만 원에 달한다"며 "공직자 윤리법이나 공직자 관혼상례 규정을 만들어 사실상 부조를 규제하면 그동안 공들여 품앗이한 것은 어떻게 되느냐"고 분통을 터뜨렸다(김경화, 1997). 그러나 이 지침은 이른바 지도층부터 지키지 않았기 때문에 유명무실한 것이 되고 말았다.[7]

이런 문제를 특집으로 다룬 『한겨레』는 '돈이 조문하는' 세상이라고 했

---

7) 예컨대 김대중 정부 출범 직후인 1998년 3월 초 토요일 오후 청와대 최고 실세 수석비서관이 섬 지방에 있던 백부상을 당했을 때에 벌어진 일을 보자. "이 소식이 전해지면서 관가와 대기업, 언론사 등에는 부의금 액수와 전달 방법을 놓고 '비상'이 걸렸다. ○언론사 사장은 청와대 수석과 장관의 경우 50만 원씩 하던 부조금 관례를 깨고 100만 원을 보냈다. 주말 오후 은행이 문을 닫아 현금을 구하느라 경리 직원이 한바탕 소동을 벌이기도 했다. 당시 상가엔 서울에서 온 각계각층 조문객 2,000여 명이 몰려 섬마을을 꽉 채웠다"(이상기, 2000년 12월 27일자).

다. 이 기사에 따르면 현직 국회의원이 친상을 당할 경우 소속 상임위 산하 기관과 관련 대기업이 하는 부조금만도 보통 수억 원에서 10억 원을 웃돈다는 사실은 공공연한 비밀이 되었다(이상기, 2000년 12월 27일자). 하위직 공무원이라도 무슨 일을 하느냐에 따라 억대의 부조금 수입을 올리는 건 흔한 일이 되었다.[8] 사정이 그런 만큼 인맥으로 '사업'을 하는 유명 브로커들의 한결같은 공통점이 상가 챙기는 데에 심혈을 기울인 것이라는 점은 결코 우연이 아니다.[9]

장례가 간소화될 수 없는 결정적인 이유는 상주의 인정투쟁과 더불어 그런 '인맥 만들기'를 위한 커뮤니케이션 공간으로서의 기능이다. 인맥 만들기엔 그만한 보상이 뒤따르지만, 흥미로운 건 인맥 만들기가 그런 이해관계의 게임으로만 이해되진 않는다는 사실이다. 한국인들은 덕德과 정情을 추가해 인맥을 사람 됨됨이의 문제로 격상시킨다. 삶의 보람이나 의미까지 덤으로 주어지기도 한다. 이해관계가 없는 순수한 조문객들의 경우에도 장례는

---

8) 예컨대 어느 부산 시민의 증언에 따르면 "얼마 전 평소 알고 지내던 지방 세무서 7급 직원이 부친상을 당해 조문하러 간 적이 있다. 병원 장례식장에 들어서는 순간 같이 간 일행 모두의 눈이 휘둥그레졌고 급기야 벌어진 입을 다물지 못했다. 조화가 병원 밖에서부터 추모실까지 두 줄로 도열해 있었는데 세어 보기가 힘들 정도였다. 족히 100개가 훨씬 넘는 화환이었는데 알고 보니 화환 대부분이 중소기업체에서 보내온 것이었다. 양쪽으로 도열한 화환들 가운데는 기업체에서 온 조문객들이 두툼한 노란 행정서류 봉투를 지참한 채 줄지어 서서 자신의 조문 차례를 기다리고 있었다. 장례식장에 수없이 많이 다녀보았지만 그렇게 많은 조화와 조문객, 부조금은 처음 보는 모습이었다.…… 우리는 저마다 '자식들은 앞으로 세무공무원 시켜야겠다'는 말들을 주고받으며 장례식장을 나왔다"(박학식, 2007)고 한다.
9) 예컨대 한기홍은 "(브로커) 윤상림 씨의 '상가 챙기기'는 한국적 장례문화의 핵심을 꿰뚫는 헌신과 봉사의 자세를 보여줬다"며 다음과 같이 말한다. "상주들은 그의 인간성에 매료되었고 그의 간단치 않은 자질에 탄복했다고 한다. 유력 인사가 상을 당했을 때 그는 상가의 모든 절차를 장악하고 주도했다. 상주는 '퓨너럴 마스터'와 같은 윤 씨의 행동에 깊은 고마움을 느꼈고 편하게 조문객을 맞을 수 있었다. 상가가 썰렁하게 느껴지면 참석하지 않은 유명 인사에게 연락을 취해 조문객을 그러모으기도 했다. 상주의 입장에서는 감동의 연속이었을 것이다. '피니시 블로'는 그의 조의금 봉투의 볼륨이었다. 상을 당한 유력 인사들은 적게는 수백만 원에서 많게는 5,000만 원에 이르렀다는 그의 봉투를 보고 또 한 번 놀라지 않을 수 없었다. 도대체 이런 사람을 돕지 않고 누구를 돕겠는가"(한기홍, 2006).

인간성을 검증하는 기회가 된다. 장례식장에서 오고 가는 대화 중엔 장례를 위해 '누가 애를 썼다' 느니 '누군 코빼기도 보이지 않는다' 느니 하는 식으로 '의리'에 대한 품평이 많다.

4. 결론 및 논의

이상 살펴본 바와 같이 한국 장례문화는 ①감정의 발산, ②억눌림의 폭발, ③장례의 축제화, ④장례의 인정투쟁, ⑤장례의 인맥투쟁 등 다섯 가지의 특성을 갖고 있다. 대성통곡으로 대변되는 감정의 발산은 한국인의 감성적 기질의 발로인 동시에 죽음에 대한 공포를 떨쳐버리고 강한 타인지향성을 드러내는 의식儀式의 성격이 강하다. 사회적 차원에서 장례는 감정 발산에 능하고 심정으로 소통하는 한국인의 기질로 인해 자주 대대적인 시위의 기폭제로 활용되곤 했으며, 지금도 그런 풍토는 여전하다. 구한말 때부터 왕이나 지도자의 장례는 자주독립운동의 촉발제로 기능했으며 독재 정권 시절엔 민주화투쟁의 계기가 되었고, 오늘날에도 장례는 노동운동이나 각종 시위에서 폭발적인 힘을 발휘하는 마력을 발휘하곤 한다. 김주열·박종철·이한열이라는 이름이 말해주듯 결정적 계기는 늘 개인의 죽음이었다. 이게 바로 '심정 민주주의'의 불가사의한 대목이다. 광주에도 수많은 김주열·박종철·이한열이 있었건만 왜 '광주학살'에서 '6월항쟁'까지 7년이라는 세월이 걸려야 했을까? 극심한 언론 통제로 그들의 죽음이 심정의 폭발을 불러오지 못했기 때문이었을까? 큰 흐름으로 보자면, 한국은 심정의 폭발이 없으면 큰 사회적 변화가 잘 일어나지 않는 사회다. 사실 선거는 늘 그 점을 입증해주는 생생한 드라마다. 웬만한 선거 치고 '이변' 아닌 선거가 드물다. 세계를 자주 놀라게 만드는 한국의 독특한 시위문화는 바로 그런 심정 민주주의의 관점에서 이해할 필요가 있다.

원래는 좋은 뜻이었던 장례의 축제화 전통도 이해관계자들의 이기심 때문에 많이 변질되었다. 한국인들은 장례에 오는 문상객의 수로 자신이 살아온 세월에 대한 검증 및 평가를 해보려는 성향이 매우 강하다. 이 성향 때문에 만사 제쳐놓고 일종의 '투자' 차원에서 조문을 하고 나중에 그 보상 또는 과실을 거두려고 하는 것이다. 물론 그걸 사람 사는 인정으로 좋게 볼 수도 있지만 문제는 '권력'과 '금력'이 미치는 영향이 너무 크다는 데에 있다. 장례는 '죽은 자'보다는 '산 자'를 위한 이벤트다. 여러 현실적인 목적 중에서 상주 가문의 인정투쟁 욕망이 가장 두드러져 보인다. 자신의 인생에 대한 일종의 중간결산 행위라고나 할까?

딜레마다. 인맥 없인 아무 일도 할 수 없는 현실이 말이다. 진보적인 운동마저도 '인맥 장사'가 필수다. 시민운동의 경우도 시민단체라는 '제도적 신뢰'에 근거해 자발적으로 가입한 회원들은 대부분 참여도가 낮으며 적극 활동하는 회원들은 기존 회원의 학연과 지연 등 연고에 의해 동원되는 경향이 있는 것으로 밝혀졌다(황장석, 2008). 주강현은 이렇게 된 이유의 일부를 '지정학'에서 찾는다. "한국사회는 '섬'이다. 남한사회에서 외국을 나가려면 반드시 비행기나 배를 타야 한다. 절반이 휴전선에 막혀 있는 이상 결코 대륙에 딸린 한반도가 아니라 섬나라일 뿐이다. 인맥, 지연 따위로 얽혀진 섬답게 늘 작은 일로 분노하고 흥분하고 들끓는다. 세계 어느 곳에서건 섬나라는 쏠림이 강하다. 한반도라는 통일적·대륙적 관점은 여전히 유효하나 우리 사회가 오랫동안 섬으로 살아왔다는 현실은 현실일 뿐이다"(주강현, 2008).

한국인은 평등주의가 강하다고 하면서도 한국인들이 '죽음의 서열화'를 용인하거나 긍정하는 것도 이상한 일이다. 이에 대한 증거로 자주 거론되는 게 바로 국립묘지다. 미국의 알링턴 국립묘지엔 이등병과 장군이 똑같이 1.36평 크기 무덤에 안장되어 있는 반면 한국의 국립묘지는 애국지사, 국가유공자, 장군급 장교 및 이와 동등한 대우를 받는 자는 8평, 그리고 영관급 이하 군인과 군무원 등 이와 동등한 대우를 받는 사람은 1평 이상 넘지 못하도록 규정되어 있다. 계급에 따라 비석, 상석, 봉분, 묘두름돌 등 모든 점에서 차별이 있다(이상기, 2001년 1월 5일자). 국립묘지만 그런 게 아니다. 한국에서 묘지는 철저하게 계급적이다. 이렇게 확연한 계급투쟁이 또 있을까 할 정도로 현실세계의 힘의 관계를 고스란히 반영하고 있다. '산 자'에 의한 '죽은 자'의 이용이 철저한 것이다. 인간관계도 좋고 인정투쟁도 좋지만 죽는 일에 있어서만큼은 평등주의가 좀 더 강하게 관철되어도 좋지 않을까. 그런데 그런 여론이 강하게 일지 않는 건 어인 이유 때문일까? 이거야말로 이데올로기 연구가 파고들어가야 할 영역일지도 모르겠다.

앞서 지적했듯이 치열한 생존 경쟁을 하느라 자신을 돌아볼 틈을 갖지 못하는 문상객들에게 장례는 삶에 대한 성찰의 좋은 기회이기도 하지만, 한국의 장례는 대체적으로 가족 차원에서건 사회적 차원에서건 외부지향적이며 현세주의적인 성격이 강하다. 좋은 의미에서건 좋지 않은 의미에서건 보여주는 과시와 이해관계에 민감한 실용주의의 목적이 크다. 장례가 죽음에서 삶에 대한 겸손을 느끼고 배울 수 있는 기회로 더욱 활용되면 좋겠다는 아쉬움이 있지만, 기존 장례문화가 공동체 질서 유지와 이른바 '연고 복지주의'에 순기능을 하는 점도 크다는 걸 부인하긴 어렵다.

본 연구는 '장례 커뮤니케이션'을 탐구했지만 제한된 지면에 역사적 사례를 소개하느라 에피소드 중심의 단편적인 느낌을 주었다는 한계를 안고 있다. 이론과 역사의 결합이 쉽지 않다는 걸 절감하게 된다. 이런 주제가 커뮤니케이션 학술논문 주제로 다뤄진 적이 거의 없다는 것은 본 논문의 한계이자 새로운 가능성일 것이다. 커뮤니케이션 연구의 지평을 넓혀보자는 제안의 가치에 의미를 두고자 한다. 본 논문에서 지적한 한국 장례문화의 5대 특성은 모두 독립적인 연구주제가 될 수 있다는 제안을 하고 싶다. 한국인의 '감정의 발산'과 '억눌림의 폭발'은 서양의 커뮤니케이션 연구 모델로는 포착하기 어려운 한국적 현상이므로 다양한 접근방법이 요청된다. '장례의 축제화'는 이른바 '월드컵 신드롬'으로 세계를 놀라게 한 한국 특유의 축제문화와 연계시켜 심도 있게 논의해볼 주제다.[10] '인상 관리'의 관점에서 장례의 다양한 풍경에 대한 미시적 분석도 가능하다. '장례의 인정투쟁'과 '장례의 인맥투쟁'도 저널리즘의 소재로만 소비하기엔 너무도 중요한 커뮤니케이션 연구의제들이라 할 수 있겠다.

---

10) 2002년 월드컵 때 진보적 지식인인 도정일이 "공동체의 축제가 벌어지고 있는 동안에는 누구도 거기 찬물을 끼얹지 않고 재를 뿌리지 않는다. 축제에 감히 찬물을 끼얹고 나서는 자는 공동체의 적이거나 공동체 소속을 거부하는 자다. 그는 추방감이다"(도정일, 2002)라고 발언한 것이 국민적 호응을 얻었다는 건 무엇을 의미하는가. 축제의 쏠림·획일화·집단주의라고 하는 관점에서 주목할 점이다.

5장 전화의 문화정치학

'구별 짓기'의 관점에서 본 한국의 전화문화사

1. '휴대전화혁명'의 동인

커뮤니케이션 학계는 이른바 '휴대전화혁명'에 성실히 대응해왔고, 그래서 2000년대 이후 많은 연구들이 이루어졌다. 그간 나온 연구는 크게 보아 다음 다섯 가지로 분류할 수 있다.

①휴대전화의 이용 동기·방식·행태 연구(구희령, 2000 ; 이인희, 2001 ; 김유정, 2002 ; 나은영, 2002, 2005 ; 배진한, 2002b, 2006a, 2006b, 2008 ; 성동규·조윤경, 2002 ; 박종민, 2003 ; 이수영, 2003 ; 김신동, 2004 ; 윤석민·송종현·김유경·김주형, 2004 ; 윤승욱, 2004 ; 이준호·안수근·정용조, 2004 ; 김영주·이화진, 2005 ; 김정기, 2005 ; 이동후·유지연·황주성, 2005 ; 김광수·박효정·송인기, 2006 ; 이동후·손승혜, 2006 ; 이병혜, 2006 ; 김선남, 2007 ; 전경란, 2007 ; 김선남·나미수, 2008 ; 김경희·윤해진, 2008 ; 황하성·이옥기, 2009 ; 금희조·조재호, 2010), ②휴대전화 이용 연구이면서도 인간 커뮤니케이션에 비중을 둔 연구(배진한, 2001, 2002a, 2003a, 2003b, 2005, 2009 ; 김명혜, 2005 ; 김은미, 2006 ; 황주성·유지연·이동후, 2006 ; 김은준, 2008 ; 안종묵, 2008 ; 김반야·이준웅, 2009 ; 임종수,

2009 ; 황유선 · 김주환, 2009), ③휴대전화의 테크놀로지 속성 · 정책 연구(나은영, 2001 ; 권상희 · 황유지, 2004 ; 윤석년 · 이재호, 2004 ; 김영기 · 한선, 2005 ; 성동규 · 임성원, 2005 ; 이만제, 2005 ; 이재현, 2005 ; 이창우, 2006 ; 이화진 · 김영주 · 정재민, 2006 ; 김원자, 2007 ; 남종훈, 2007 ; 박현주, 2008 ; 이시훈 · 박진서 · 진용주, 2008 ; 김광재, 2009), ④휴대전화에 관한 사회학 · 철학적 연구(김현주, 2000 ; 김신동, 2001 ; 김평호, 2002 ; 고영삼, 2004 ; 송종현, 2004 ; 이재현, 2004 ; 주정민, 2004 ; 강명현 외, 2006 ; 고현범, 2007 ; 김성도, 2008 ; 김예란, 2008 ; 김예란 · 권정민, 2008 ; 김찬호, 2008), ⑤휴대전화 중독에 관한 연구(박웅기, 2003 ; 김선남 · 정현욱, 2004 ; 한주리 · 허경호, 2004 ; 고재학, 2006 ; 한승수 · 오경수, 2006 ; 우형진, 2007 ; 이상기 · 김주희, 2009 ; 이정기 · 황상재, 2009), 그밖에 ⑥휴대전화 관련 광고 연구(박창희 · 이종민, 2001 ; 안동근, 2005 ; 탁진영 · 황영보, 2005)와 ⑦유선전화를 포함한 전화의 역사적 연구(이상길, 2002 ; 윤상길, 2007 ; 강준만, 2009) 등을 들 수 있다.

휴대전화가 폭발적으로 성장한 이유는 무엇일까? 이와 관련, 김신동은 경제적 요인, 커뮤니케이션 인프라 공급 요인, 산업정책 요인, 광고 및 유행 요인 등을 지적하고 여기에 문화적 요인을 추가한다. "한국인들이 휴대폰에 열광하고 앞을 다투어 하나씩 장만해야만 하는 품목이 된 데에는 위계적 권위주의, 집단주의, 연고주의 등 사회 저변에 흐르는 문화적 요인이 강하게 작용한 까닭이며, 휴대폰 초기 채택자들은 이러한 속성들의 영향을 받았을 것이다"(김신동, 2001, 79쪽). 김신동의 선구적 연구 이후 휴대전화 연구는 어떤 흐름을 보였던가. 배진한은 그간의 연구결과들을 종합해 이런 분석을 내놓는다. "선행연구들은 개인중심성, 즉시성, 직접성, 휴대성 등 휴대전화의 기술적 속성이 급성장의 밑바탕이 되었다는 논지를 편다. 한편 각 사회마다 고유한 실천이 휴대전화 수용과 이용에 유의미한 차이를 낳고 있음을 비교문화적 방법을 통해 확인하는 연구들도 점차 늘어나는 추세다"(배진한, 2009, 180쪽).

각 사회마다 갖고 있는 고유한 실천, 즉 한국의 문화적 특수성에 주목하는 연구추세에 속하는 본 연구는 부르디외(Bourdieu, 1979/1996)의 '구별 짓기' 개념을 동원해 김신동의 논지를 보완하고자 한다. '구별 짓기'는 행위자들이 사회적인 구별을 확실히 하고 서로 구분되는 인지양식을 확보하기 위해 사용하는 전략을 가리키며, 기존 계급 개념에 취향문화라고 하는 변수를 더한 새로운 계급 개념이 필요하다는 걸 역설한 개념이다. 부르디외는 은밀하고 개인적인 영역에 속하는 것으로 간주되어온 취향의 영역을 사회학적 분석의 주요 대상으로 삼는 파격을 보여주었다. 그러나 그의 파격은 지극히 프랑스적이라는 비판에 직면해왔다. 프랑스 사람들에게나 취향이 중요하지 다른 나라 사람들에게 그게 무어 그리 의미가 있겠느냐는 것이다. 특히 미국에서는 구별 짓기가 아무런 의미를 갖지 못한다는 주장마저 제기되었다(Mander, 1987, pp.445~448). 설사 미국의 경우엔 그렇다 하더라도 한국의 경우엔 구별 짓기가 오히려 프랑스보다 더 큰 설득력을 갖는다는 점에 주목하지 않을 수 없다. 계급의 개념이 상대적으로 모호하거니와 타인지향성과 체면문화가 강하기 때문이다.

본 연구는 구별 짓기의 관점에서 전화의 문화사를 살펴보면서 전화가 우선적으로 사람들 사이의 '관계 테크놀로지'라고 하는 점에 주목해 그 문화정치학을 탐구하는 데에 목적을 두고 있다. 문화정치학은 사람들이 자신의 일상생활 속에서 의미를 발견하고 창출해가는 모든 영역이 그것을 둘러싼 정치·경제·사회·문화와 관계를 맺는 복합적인 과정을 중시하는바, '익숙한 것'을 '낯설게 보는' 효과를 통해 커뮤니케이션 연구의 지평을 넓히는 데에 기여할 수 있다(Angus & Jhally, 1989 ; 조흡·강준만, 2009 ; 강준만, 2010). 본 연구는 한국 전화의 성장에 구별 짓기가 가장 중요했다고 주장하려는 건 아니다. 구별 짓기는 유선전화의 도입 때부터 전화 발달의 강력한 동인 중의 하나였음을 역사적으로 밝힘으로써, 그간의 연구경향에서 구별 짓기가 비교적 저평가되고 있는 현실에 대한 관심을 환기시키려는 것이 본 연구의 취지다.

2. 한국의 '구별 짓기' 문화

휴대전화 이전의 유선전화 시절부터 전화는 한국사회에서 막강한 지위재로서의 위상을 누려왔다. 전화는 도입 초기부터 일종의 '신분증명서'로 지위 구별 짓기의 유력한 수단이었지만, 휴대전화 대중화 시대에 구별 짓기는 전 국민적 참여를 가능케 함으로써 전화를 '인격화'하는 인정투쟁의 수준으로까지 나아갔다. 이미 휴대전화 보급은 포화 상태에 이르렀지만 최근의 '스마트폰 열풍'이 말해주듯이 전자통신업체들이 '고의적 진부화'를 끊임없이 실현함으로써 휴대전화는 영원히 '특별한 문화적 코드'로 작용하리라는 게 본 연구의 가설이다. 휴대전화를 유행에 민감한 지위재보다는 생활에 없어서는 안 될 필수품으로 평가하는 경향이 강하다는 연구결과들이 많이 나오고 있지만, 본 연구는 구별 짓기는 설문조사 등에 의존하는 경험적 연구로는 파악하기 어렵다는 입장을 취한다. '필수'의 개념이 애매하다고 보기 때문이다.

본 논문은 부르디외의 논지를 발전시켜 구별 짓기를 '공격적 구별 짓기'와 '방어적 구별 짓기'로 나누고자 한다. 부르디외는 공격적 구별 짓기에만 주목했지만 집단주의·타인지향성·쏠림문화가 강한 한국에선 방어적 구별 짓기도 큰 의미를 갖기 때문이다. 주요 연구 결과, 청소년들이 휴대전화를 처음으로 구입하게 된 가장 큰 동기는 '친구들이 가지고 있기 때문'인 것으로 나타났다(안동근, 2005). 성인들도 다르지 않다. 휴대전화를 갖지 않으면 '지독한 이기주의자'라거나 '아주 나쁜 사람'이라는 말을 듣기 십상이다. 이처럼 주류문화로부터 소외되지 않기 위해 시도하는 구별 짓기가 바로 '방어적 구별 짓기'다. 방어적 구별 짓기는 구별을 짓는 게 아니라 오히려 구별을 없애려는 것이기 때문에 구별 짓기라고 할 수 없지 않느냐는 반론도 가능하겠지만, 그런 자구책은 공격적 구별 짓기에 의해 파생된 결과라는 점에서 넓은 의미의 구별 짓기로 볼 수 있다는 게 본 논문의 입장이다. 휴대전화 이용 동기 연구는 모든 동기들을 같은 차원에서 다루는 경향이 있지만 1차적 동기와 2차적 동기를 구분할 필요가 있다. 그렇게 구분하지 않으면 1차적 동기로서의 구별 짓기는 실종되기 때문이다. 처음엔 실질적 필요가 없었던 것일지라도 어떤 문화적 현상이 주류가 되어 그 흐름에 동참하게 되면 2차적 동기인 '실질적인 필요'는 저절로 생겨나게 된다. 이른바 경로의존효과 때문이다. 혼자 사는 세상이 아니기 때문에 경로가 된 주류문화의 문법에 따르는 건 매우 실질적이고 필요한 일이 되는 것이다.

　'관계 테크놀로지'로서의 전화는 지극히 한국적인 매체다. 한국 특유의 '관계의 철학' 때문이다. 이는 한국이 세계 최고 수준의 '인맥사회'라고 하는 사실과 맥을 같이한다. 인맥사회에선 남들이 나를 어떻게 볼까 하는 것을 중요하게 생각하는 타인지향성이 높게 나타나기 때문에 남들과 끊임없이 관계를 맺어야만 한다. 이런 관계 맺기의 유력한 수단 중 하나가 바로 전화다. 인맥을 갖지 못한 사람들이 자조적으로 "전화 한 통 걸 데가 없다"고 말하는 건, 전화가 바로 그런 관계 테크놀로지임을 잘 말해주는 것이다. 이렇다 할 연고가 없으면 평소 꾸준하게 전화 문안인사를 드려야 한다. 안부 전화를 가볍게 주고받을 수 있는 관계를 구축한다는 건 대단한 '사회자본'이다. 이는 연예인들이 텔레비전 예능 프로그램에서 자신이 아는 유명 연예인과 통화를 시도해 전화를 주고받는 사이라는 점을 과시하는 게 고정 메뉴로 자리 잡았다는 것에서도 잘 드러난다. 자신의 인맥 과시는 구별 짓기의 중요한 콘텐츠이며 휴대전화는 인맥 과시의 좋은 기회다.

한국은 사회문화적 동질성이 강한 동시에 고밀집사회이므로 '이웃과의 비교' 가 삶의 주된 행동양식이 되었다. 행복감마저 이웃과의 비교에서 나온다. 이런 '이웃효과' 에 관한 한, 한국은 타의 추종을 불허했다. 동질적인 고밀집사회는 이웃을 의식하지 않고선 단 한시도 못 살게 만든다. '엄친아(엄마 친구 아들)', '엄친딸(엄마 친구 딸)', '아친남(아내 친구 남편)', '딸친아(딸친구 아빠)' 등과 같은 말들이 순식간에 국민이 공감하는 신조어가 될 정도로 그 비교는 필사적이다. 이웃효과는 강력한 중앙 일극구도로 인해 집단적으론 '쏠림' 현상으로 나타난다. "너도 하면 나도 하겠다"는 이웃효과형 평등의식의 결과다. 어느 음식점이 좋다 하면 우우 몰려가 줄을 서서라도 먹어야 직성이 풀리는 한국인들 특유의 행태는 사회의 전 국면을 지배하고 있다. 이를 잘 보여주는 게 이른바 '1,000만 신드롬' 이다. 1,000만 신드롬은 1,000만 관객을 목표로 하는 '대형 영화 제일주의' 가 한국 영화계를 지배하고 있는 현실과 이를 뒷받침해주고 있는 관객의 쏠림 현상을 일컫는 말이다. "너 아직도 안 봤니?" 라는 말과 함께 벌어지는 '빨리빨리 보기' 경쟁이 눈덩이효과를 낳아 경제활동 인구 3명 중 1명이 같은 영화를 보러 가는 일이 가끔 벌어지는 것이다. 기업들은 한국인의 이런 속성을 겨냥해 "1,000만 명이나 쓰는 카드가 있대요. 괜히 1,000만이겠어요"라는 식의 광고를 해댄다(장은교, 2006년 8월 10일자 ; 노재현, 2006년 8월 18일자). 좀 더 세련되었을망정 휴대전화 광고가 상품 자체의 특성보다는 이미지와 정체성 위주로 가는 것도 바로 그런 이유와 무관치 않다(박창희 · 이종민, 2001 ; 강준만 · 전상민, 2007). 자기 자신보다는 남들과의 관계에서 삶의 의미와 보람을 찾는 한국인의 강한 타인지향적 인정 욕구는 한국 전화의 성장에 큰 영향을 미쳤다.

3. 전화 '구별 짓기' 문화사

(1) 일제강점기의 전화 구별 짓기

미국에서 1876년에 발명된 전화가 일본에 도입된 건 그다음 해인 1877년, 조선에 들어온 것은 1890년대 후반이다. 기록상 한국 최초의 전화 개통은 1896년 10월 2일 궁중과 인천 간에 이루어졌지만 전화와 관련된 구별 짓기가 나타난 건 일제강점 이후였다. 전화는 일제의 식민통치를 정당화하고 미화하는 '근대화의 상징'으로서의 과시 목적을 갖게 되었으며, 이런 상징적 가치가 조선 대중 사이에서도 나타나게 된 건 전국의 전화기 수가 1만 5,000대를 넘어선 1920년 이후였다. 전화는 점점 권위와 신용의 상징이 되어갔다. 『동아일보』(1920년 6월 11일자)에 따르면 이제 상점 간판에 전화번호가 적혀 있어야 신용이 있어 보이게 되었다. 전화가 없으면 사람들은 "전화 하나 없는 상점이 무엇이 변변하겠느냐"며 냉소를 보냈다는 것이다. 그래서 공개추첨 방식으로 부여한 전화가입권을 얻으려는 경쟁이 치열했다(김영근, 2000).

전화는 주로 일본인들을 위한 것이었다. 1924년 서울의 전화가입자 수 총 5,969명 가운데 일본인이 전체의 82%를 차지했다. 『동아일보』(1924년 4월 21일자)는 "조선인의 서울인가, 일본인의 서울인가. 문명의 이기인 전화로 보아도 통곡하지 않을 수 없다"며 다음과 같이 절규했다. "어찌 전화뿐이랴. 조선 내에 있는 철도, 륜선, 탄탄한 대로, 우편, 전신 이러한 모든 문명의 이기는 그것을 설비하는 비용과 노력은 조선인이 하고 그것을 이용하기는 일본인이 한다.…… 우리는 조선의 오늘날 문명의 주인이 아니라 종이다. 조선 사람아, 우리는 이 문명의 주인이 되도록 전력을 다하자. 만일 그렇지 못하거든 차라리 이것을 깨뜨려버리자"(정인경, 1998, 25~26쪽 재인용). 민족적 울분을 토로할 만한 일이었지만, 그렇기 때문에 전화의 지위재 가치는 더욱 상승했다. 그래서 전화를 놔주겠다고 돈을 받고서는 돈만 챙기는 전화 사기꾼도 나타났다. 『조선일보』(1925년 4월 7일자)에 따르면 "요사이 며칠 동안 종로서에는 박영철에게 손해당한 사람들로부터 고소장이 매일 답지하는 중이며 일반 개인의 피해는 물론 각 관청 은행 회사 단체에서도 적지 않은 피해가 있는 듯하여 방금 그 여죄를 계속 취조 중이라더라"고 나와 있다.

이 와중에서도 1930년 전국의 전화기 대수는 4만 531대로, 처음 4만 대를 넘어섰다. 이제 "전화 하나 없는 상점이 무엇이 변변하겠느냐"는 말은 더욱 큰 설득력을 갖게 되었다. 특히 백화점의 등장으로 타격을 받은 소매점들에겐 전화가 살길이었다. 전화가 귀해서 지역 상점의 전화를 빌려 쓰는 것이 일반적인 상황에서 "웃는 낯으로 전화를 빌려주는 것은 민중들에게 매우 고마운 일"로 여겨졌다(윤상길, 2007, 122쪽). 그런 상황에서 전화 수요의 폭증으로 이른바 '전화 브로커'가 탄생했다. 전화의 인기는 나날이 치솟아 『조선일보』(1939년 4월 22일자)는 "경성은 바야흐로 전화광 시대電話狂時代를 연출하고 있다"고 했다. 경성에 비해 전화시설이 낙후한 지방에선 개선을 요구하는 진정운동이 벌어지기도 했다(조선일보, 1939년 6월 20일자).

이미 1937년 7월 중일전쟁 발발 이후 조선은 전시 체제로 접어들었지만 전화 시세는 계속 폭등하고 있었다. 이에 일제는 1940년 7월 17일부터 "전시하 각종 산업기관의 활발한 활동으로 전화의 투기적 매매가 성행하여 전화의 적정한 분포가 방해될 뿐만 아니라 이에 따르는 여러 가지 부정행위가 많아지는 경향"이 있다는 이유로 전화가입자의 임의 명의변경과 임대를 금지했다(조선일보, 1940년 7월 16일자). 일제는 1944년 10월 패전의 위기로 접어들자 전화시설을 공출하자는 통신시설공출운동通信施設供出運動을 폈고, 이에 따라 일반인들의 전화 사용은 억제되었다.

(2) 해방~1960년대의 전화 구별 짓기

한국이 일제 지배로부터 해방된 1945년 8월 15일 전국의 전화 총 대수는 6만 9,158대였지만 기기 고장과 선로의 정비 부족 때문에 사용 불능케 된 전화가 50%에 가까웠으며, 나머지 50%도 제대로 작동하지 않아 '전화전쟁' 상태를 방불케 했다(조선일보, 1945년 12월 10일자). 1948년 8월 15일 대한민국 정부 수립 후에도 이른바 '유령전화'(허가 없이 가설한 부정 전화)가 기승을 부렸다(조선일보, 1949년 10월 7일자). 1950년 초 정부는 자체 자금 21만 달러로 일제日製통신기재를 구입하는 등 전화시설 확충을 꾀했지만 6·25전쟁으로 사업 운영을 일시적으로 중단했음은 물론이고 전기통신시설은 80% 이상이 피해를 입었다. 전기통신시설이 6·25전쟁 이전의 수준으로 복구된 건 1957년이었다. 7년의 세월을 까먹은 셈이다. 그러니 전화는 귀하고 귀한 특권일 수밖에 없었다.

『조선일보』(1958년 9월 20일자)는 "체신부 장관이 된 곽의찬 의원을 찾았더니 '전화 하나만 얻는데도 장관을 찾아와서 괴롭히는 바람에 낮에는 서류 하나 제대로 볼 수가 없고 저녁까지도 이렇게 남아 있게 된다'"고 말했다며 "곽 장관 말대로 전화 한 대 얻는데도 장관을 찾아가는 일련의 청탁벽請託癖이 없어져야 일다운 일이 될 수 있을 텐데"라고 했다. 그러다 보니 특권층은 경찰의 경비전화에까지 눈독을 들였다. 1958년 10월 27일 서울시경찰국에 대한 국정감사에서는 경찰의 경비전화를 강일매, 임흥순, 이용범 등 자유당 정계 요인의 집에 가설한 사실이 밝혀져 물의를 빚었다(조선일보, 1958년 10월 29일자).

1961년 5·16쿠데타로 집권한 군사 정권은 1962년 1월 13일 제1차 경제개발5개년계획을 공표했는데 이 계획에 포함된 통신사업의 목표는 지방통신시설의 보급, 전신전화시설의 확장과 국내 통신기재공업 육성 등이었다. 그러나 전화 사정이 하루아침에 개선되기는 어려운 일이었다. 1965년 3월 체신부가 궁여지책으로 이미 가설된 가정용 전화를 10명의 이웃이 나누어 쓸 수 있는 전화공동사용제를 들고 나왔을 정도였으니, 당시 주간지가 유명 인사들의 전화 개설을 기사로 보도한 건 당연한 일이었는지도 모른다. 1965년 『주간한국』의 유명 인사 동정란을 보면 "정창범 씨(문학평론가)= 근래에 전화를 놓았다. 번호는……/ 박경리 씨(소설가)= 정릉동 768-6으로 이사. 전화는 그대로 92-0141번"과 같은 식이었다(정홍택, 2001년 7월 25일자 재인용). 1960년대에 전화가 엄청난 특권이었다는 걸 말해주는 일화를 보자. "국내외적으로 저명한 학자이자 현재 K대학 교수로 재직 중인 K교수는 총각 시절인 1960년대에 체신부 관련 기관에서 잠시 직장생활을 하였다. 그 덕분에 당시로서는 매우 귀했던 전화를 갖고 있던 그는 결혼을 하면서 살림집을 구하기 위해 그 전화를 팔았다. 그때 전화를 판 돈이 집값의 약 3분의 1이나 되었다고 그는 회고한다"(김정수, 2000, 19쪽).

1968년 8월 서울 시내 465개동 중 공중전화나 전신전화취급소가 없는 이른바 '벙어리동'이 48개동이나 되며 주로 압구정, 반포, 서초, 잠원, 신사, 논현, 역삼, 개포, 삼성 등 강남 변두리에 몰려 있는 것으로 나타났다. 훗날 한국의 대표적인 금싸라기 땅이 될 강남이 벙어리동이었다는 게 흥미롭다. 당시엔 고급 아파트들이 강북에 있었으며 이들은 전화의 혜택을 톡톡히 누리고 있었다. 『조선일보』(1969년 4월 17일자)는 "이미 준공을 본 청량리역전 대왕아파트를 비롯, 지금 공사가 한창인 세운상가의 '다' 동과 '라' 동, 삼풍상가, 삼원데파트맨션 등은 올여름까지 준공할 것을 목표로 지금부터 입주자들을 부르고 있다. 방 안에 앉아 구내전화를 걸면 상가 내 어느 곳에서나 필요한 물품을 구입할 수 있고 버튼만 누르면 냉·난방을 자유로이 조절할 수 있는 이 호화판 아파트는 도시민들의 생활을 훨씬 서구화시켜줄 것이다"라고 소개했다.

(3) 1970년대의 전화 구별 짓기

1970년대 들어서도 전화 사정은 달라지지 않았다. 가입 신청 뒤 전화가 놓일 때까지 1년 이상 기다려야 했기 때문에 전화 배정을 둘러싼 비리가 만연했고, 전화가입 업무 담당자의 '끗발'은 하늘을 찌를 듯이 높았다. 전화 수요의 폭증을 견디다 못한 체신부가 1970년 6월 일반 시민들의 신규 전화가입이 거의 불가능하게끔 억제키로 하자『조선일보』(1970년 6월 28일자)는 "전화를 사치품으로 착각하지 말라"는 제목의 사설을 통해 비판했다. 그러나 현실을 보자면 전화는 사치품, 그것도 투기의 대상이 된 사치품이었다. 이에 정부 일각에선 전화가입권을 사용권으로 규제해 전화의 양도를 전면 금지하자는 안이 나왔다. 하지만 그건 사유재산권 침해라며 반대하는 사람들이 많자, 전화양도금지조치를 이원화하기로 했다. 새로 공급하는 전화는 매매를 금지하되 이미 설치되어 있는 전화는 자유로이 매매할 수 있도록 풀어주기로 한 것이다. 이것이 바로 1970년 9월 1일 전기통신법 개정의 주요 내용이었다. 즉, 종래 재산권의 일종이던 전화가입권을 사용권으로 규정함으로써 전화가입권의 양도를 금지했고 전기통신법 개정 전에 인가된 전화에 대해서는 자유로이 양도할 수 있는 규정을 둠으로써 기설 전화를 사고팔 수 있는 길을 터준 것이다.

판매를 금지한 전화는 '청색전화', 여전히 자유롭게 사고팔 수 있는 이미 가설된 전화는 '백색전화'라 불렀다. 무슨 깊은 뜻이 있어서 그렇게 부른 건 아니었다. 앞의 전화는 가입전화에 관한 사항을 기재하는 원부의 색깔을 청색으로 했기에 청색전화, 뒤의 전화는 그 원부의 색깔을 종전의 백색 그대로 뒀기에 백색전화라 부른 것뿐이다. 김소진의 소설『장석조네 사람들』엔 이런 이야기가 나온다. "그 집에는 주인집 장 씨네에도 없는 백색전화라는 게 있을 정도로 끗발이 세었다.…… 백색전화가 어떻게 생겨부렸던가? 웬걸 깜장인 게로 흑색전화인가부던데? 분명히 백색전화라고 혀서 전화 중에서 젤로 비싸다 혔는디, 사람들이 잘못 알아부렀나? 그때까지만 해도 백색전화니 청색전화니 하는 말들이 색깔을 두고 하는 말이 아니라 남에게 어느 만큼 자유롭게 사고 팔 수 있는가 하는 조건을 뜻하는 것인 줄도 모르는 사람들이 패나 있었다"(김동식, 2008년 8월 6일자 재인용).

물론 그 정도의 처방으로 전화 공급의 절대부족으로 인한 문제를 해결할 수는 없었다. "전화청약 접수는 아귀다툼을 벌여야 하고 가설을 기다릴 땐 기린같이 목이 빠질 지경"인 상황이 계속되었다(조선일보, 1971년 11월 12일자). 당시 전화 공급엔 4개 등급의 우선순위가 있었다. 정부기관이나 주요 공공단체가 1·2순위였고 3순위는 공무원과 교사, 그리고 일반 서민은 4순위였다. 이른바 '4등 국민'이라는 자조 섞인 우스갯소리가 유행할 정도였다. 사거래되는 전화값이 서민들의 집 한 채 값과 맞먹을 만큼 치솟고 순위가 세분화되면서 일반 서민은 청약순위 9순위, 즉 '9등 국민'으로까지 밀려 내려갔다(조선일보, 1973년 11월 18일자 ; 강진구, 1996, 128쪽). 이 와중에 청약 부정 사건이 속출했다. 이에 『조선일보』(1974년 12월 4일자)는 "청약신청을 하고 1년 이상이나 기다려야, 그것도 운이 좋다거나 속칭 '빽'을 써야 겨우 가설이 되는 실정이니 전화는 가히 재산목록 1호"라며 "이처럼 '전화전쟁'의 거센 바람이 전국을 휩쓴 것이 어제오늘의 얘기가 아닌데도 체신당국의 대책은 소걸음보다 늦기만 하다"고 비판했다.

1975년 11월 29일 전화가입자가 100만 회선을 돌파했지만, 전화청약을 해놓고 기다리는 사람은 17만여 명에 이르렀다. 1978년 적체 전화 가운데 6개월 이상 기다리고 있는 것이 전체의 40%, 1년 정도 적체된 것도 10%에 이르렸다. "사거래 전화값은 집 한 채 값"이 될 정도로 1970년대에 전화가 낙후 상태를 면치 못한 건 꼭 당시의 경제 수준 때문만은 아니었다. 전화를 사치로 간주한 가운데 통신망 구축이 경제발전에 기여할 수 있는 면을 보지 못한 점, 변화에 소극적인 관료집단의 저항, 기업들 간의 이해관계 상충에 따른 방해 등 여러 이유가 작용했다(강진구, 1996 ; 김정수, 2000).

(4) 1980년대의 전화 구별 짓기

1980년대 들어서도 전화를 갖기 위한 국민적 열망은 더욱 뜨거워졌다. 1980년 9월 60만 건의 전화청약이 밀려 있었고 그중 1년 6개월 이상의 장기 적체만도 5만 건에 이르렀다. 게다가 전화를 열 번 걸면 겨우 네 번 정도 통화가 가능해 '울화통'이 치민다는 비난의 소리가 높았다. 1981년 5월 체신부 차관으로 부임한 오명은 전화 문제에 확고한 비전을 가진 인물이었다. 나중에 체신부장관(1987년 7월~1988년 12월 재임)까지 지낸 그는 '전화혁명' 또는 '통신혁명'이라 해도 좋을 정도의 빠른 기술·행정적 변화를 주도했다. 무선호출기(일명 '삐삐')Pager/Beeper 서비스(1982), 시내외 겸용 공중전화기 D·D·D 설치(1983), 국제자동전화 ISD·International Subscriber Dialing 개통(1983) 등에 이어 1984년 차량전화전담회사인 한국이동통신주식회사가 발족했으며 3월부터 자동차전화, 즉 '카폰'이 일반에 개방되었다. 서울 지역을 중심으로 약 700명의 가입자를 대상으로 이동통신서비스가 시작된 것이다. 카폰은 자신의 부를 과시할 수 있는 '신분증명서' 역할을 톡톡히 했다. 승용차 값이 300~400만 원이었는데, 카폰 값은 그 서너 배가 되는 1,200만 원이었으니 그야말로 '배보다 배꼽이 더 컸던 셈'이었다(박근태, 2008년 5월 31일자).

1985년 9월 말 전국의 전화기 대수가 700만 대를 돌파했다. 이때까지만 해도 전화는 중간층의 상징이었으나 이후부터는 그런 의미를 잃게 되었다.

1987년 7월 1일 자체 기술로 개발된 한국형 전전자식全電子式 교환기 TDX Time Division Exchange-1의 실용화로 전국 전화자동화가 완성되었다. 그해 9월 30일 전국 전화시설이 1,000만 회선을 돌파함으로써 본격적인 1가구 1전화 시대에 접어들었다. 이제 전화로 신분을 과시하긴 어려워졌지만 카폰에 이어 새로운 유형의 전화가 탄생했으니 그건 바로 휴대전화였다. 서울올림픽 개막 직전인 1988년 7월 1일 한국이동통신(현 SK텔레콤)이 휴대전화 서비스를 시작했다. 당시엔 이른바 '핸디폰'으로 불린 휴대전화 단말기의 길이는 23cm, 무게는 1.3kg이었다. 이때의 단말기 가격은 400만 원으로, 설치비 65만 원과 면허세 2만 9,000원을 합하면 휴대전화 개통을 위해 500만 원 가까운 비용이 들었다. 현대자동차의 프레스토 승용차가 600만 원 하던 시절이었으니 첫해 가입자수는 748명에 그쳤다. 그렇지만 휴대전화가 부자의 필수품이라는 인식이 확산되면서 1989년에는 5,230대, 1990년에는 3배가 넘는 1만 8,250대로 판매대수가 부쩍 늘었다. 해외여행자들이 외국에서 직접 사들고 오는 것도 많아 1990년 말 휴대전화가입자는 총 8만 명에 달했다. 단말기는 점점 더 경량화로 나아가지만, 초기엔 어린아이가 두 손으로 들어야 할 만큼 덩치가 크고 무거운 것이 오히려 권위의 상징으로 여겨졌다(박세훈, 1991년 6월 21일자).

1980년대에 이루어진 전화의 발전은 '정보통신혁명'으로 불릴 정도로 놀라운 것이었다. 1987년에 이룬 '1가구 1전화 시대'는 7년 전 5·18민주항쟁이 벌어진 광주에서 나타난 '전화 없는 세상'의 고통·공포와 극단적인 대조를 이루었다. 도청盜聽을 관례화한 독재 정권도 전 국민을 도청 대상으로 삼을 순 없는 일이었다. 중심도 없고 서열도 없는 전화 커뮤니케이션은 그 본질이 민주적인바, 전국에 걸쳐 이루어진 그런 소통의 기운이 민주화 열망으로 분출했던 걸까? '1가구 1전화 시대'가 대통령 직선제를 쟁취해낸 1987년 6월 민주항쟁과 같이 도래한 것은 우연일까? 이는 앞으로 연구해볼 주제이지만, 독재 정권이 주도한 전화혁명이 독재의 장기화를 저지시키는 데 일조한 걸 역설이라 한다면 또 하나의 역설은 독재 정권의 군사주의가 미친 영향이다. 한국인들은 군사주의를 혐오하지만 한국을 세계적인 정보통신 강국으로 떠오르게 만든 중요한 이유 중 하나가 아파트 대단지가 제공해주는 군사주의적 효율성임을 어찌 부인할 수 있으랴. 중앙집중화의 터전 위에 선 '아파트 공화국' 이야말로 네트워크를 깔기에 가장 적합한 체제가 아닌가. 이후 한국은 국민의 반 이상이 아파트에 거주할 뿐만 아니라 전화국 반경 4km 내에 거주하는 인구가 93%라 인터넷 서비스 공급에도 매우 유리한 위치에 서게 된다(강준만, 2010). 1980년대의 전화 발전이 '아파트 구별 짓기'와 더불어 이루어졌다는 점도 흥미롭다. 아파트 공화국은 1990년대에 완성되지만, 이미 1980년대부터 구축되기 시작된 통신 인프라의 터전 위에서 1990년대에 휴대전화의 폭발 현상이 일어나게 된다.

(5) 1990년대의 전화 구별 짓기

1990년대 들어 휴대전화의 대중화를 시대적 대세로 여기는 분위기가 팽배해지면서 제2이동통신사업은 '황금알을 낳는 거위', '재계의 판도를 바꾸는 사업', '6공 최대의 이권사업' 등으로 간주되었다. 이때 전문가들에 의해 예측된 휴대전화 수요는 '2000년 500만대'였다(유창하, 1992년 9월 27일자). 그러나 500만 대는 1997년에 달성되고 1999년엔 2,000만 대를 돌파하니, 전문가들조차 황금알을 낳는 거위라고 하면서도 휴대전화의 폭발적 성장을 전혀 예측하지 못한 셈이었다. 정치권에서 제2이동통신사업권 문제를 놓고 뜨거운 논란을 벌이는 동안 휴대전화의 기능을 대신해주는 무선호출기(삐삐) 서비스가 인기를 누렸다. 1992년 4월 휴대전화가입자 수는 20만 명, 무선호출기가입자 수는 100만 명을 돌파했고 이해에 신해철은 '도시인'이라는 가요에서 "한 손엔 휴대전화, 허리엔 삐삐 차고"라고 노래했다.

삐삐는 직장인을 넘어서 젊은이들 사이에서도 선풍적인 인기를 누렸다. 1993년 신촌에 위치한 그레이스백화점이 선정한 '신세대 대학생 인기상품 베스트 10'에서 인기품목 1위는 삐삐였다. 10대들 사이에서도 삐삐 붐이 일어났고, 유행에 뒤지지 않으려는 일부 청소년들이 삐삐를 가지려고 강도짓마저 벌이는 일이 빈발했다. 강도짓을 하다 경찰에 붙잡힌 고교생들은 "요즘은 중학생 애들도 다 삐삐를 갖고 있어요. 삐삐가 얼마나 인기가 좋은데요", "삐삐가 있으면 친구들끼리 연락하는 데 편하잖아요. 여자 친구들 불러낼 때도 좋고……. 우리 반에도 삐삐를 가진 애가 대여섯 명 있는데 친구들이 다 부러워해요"라고 말했다. 삐삐는 곧 초등학교 어린이들 사이에서도 '제일 갖고 싶은 것'이 되었다. 이런 인기에 힘입어 삐삐가입자 수는 1994년 2월 300만 명을 돌파했다(조상욱·김관명, 1994년 1월 29일자 ; 김도경, 1994년 2월 18일자 ; 고정수, 1994년 7월 13일자).

1996년 1월 1일 한국이동통신이 '디지털 011'이라는 이름으로 부호분할다중접속CDMA·Code Division Multiple Access 상용 서비스를 시작함으로써 휴대전화가 삐삐를 대체할 수 있는 길이 열렸다. 1997년 5월 7일 전화가입자 2,000만 명 돌파와 동시에 휴대전화 인구 500만 시대가 열림으로써 1997년이 '휴대전화 대중화'의 원년이 되었다. 폭포처럼 쏟아진 휴대전화 광고 대중화의 원년이기도 했다. 휴대전화 광고가 전 매체를 도배하다시피 했다. 재미있게 만들어진 휴대전화 광고는 워낙 인기가 높아 그 자체가 즐길 수 있는 대중문화 상품이 되었다. 이동통신사들의 이런 치열한 마케팅 공세에 힘입어 휴대전화가입자는 1998년 6월 1,000만 명을 넘어서더니, 불과 1년여 만인 1999년 8월 2,000만 명을 돌파했다. 그간 이동통신사들은 "언제 어디서나 누구와도 커뮤니케이션할 수 있게" 한다는 점을 강조하기 위해 "때와 장소를 가리지 않습니다"

라는 슬로건을 내세우는 것과 같은 기능 중심의 광고를 했지만, 이젠 차별화 전략이 필요한 시점이었다. 이동통신업체들은 타 업체와의 차별화를 시도하는 기능을 제공하는 동시에 그걸 알리는 광고 공세를 폄으로써 소비자들의 '구별 짓기' 심리를 파고들었다. "묻지마, 다쳐"라는 1999년 최대의 유행어를 탄생시킨 한솔PCS의 원샷018 '투넘버 서비스' 광고와 이에 맞서 'TTL족'이라는 신조어를 만들어낸 SK텔레콤의 TTL 광고가 대표적 사례다.

이동통신업체들의 공격적인 마케팅 전략에 힘입어 휴대전화가입자 수는 1999년 9월 유선전화가입자를 처음 앞질렀다. 덕분에 죽어나는 건 삐삐사업자들이었다. 삐삐가입자는 1997년 1,519만 명까지 늘어났다가 휴대전화 등장 이후 급격히 감소해 1999년 9월 말에는 482만여 명으로 1년 9개월 만에 1,000만 명 이상이 이탈했다. 이제 초등학생들에게도 "삐삐는 필수, 핸드폰은 선택"이 되었다. 최진환에 따르면 "특히 졸업을 앞둔 6학년 학생들은 핸드폰을 선물로 받을 수 있다는 이유 때문에 졸업을 기다릴 정도. 최근 생일선물로 핸드폰을 받았다는 이 모(12) 군은 '언제 어디서나 통화할 수 있다는 게 신기하기도 하지만 친구들 앞에서 우쭐하는 기분으로 항상 들고 다닌다'고 말했다"(최진환, 1999년 6월 4일자).

휴대전화 급증의 이면엔 이동통신사들의 치열한 마케팅 공세가 있었다. 이동통신사들의 가입자 유치 경쟁이 거세지면서 1996년부터 등장한 휴대전화 단말기 보조금도 큰 역할을 했다. "휴대전화를 돈 주고 사면 바보"라는 말이 나올 정도로 경쟁이 치열해져 1999년 이동통신업계의 보조금 규모는 3조 원이나 되었다. 여기에 언론은 이동통신업체들이 추진한 공격적 마케팅의 든든한 동맹세력이었다. 언론은 '생활과학정보'의 이름으로 휴대전화 붐을 부추기는 데 앞장섰기 때문이다. 휴대전화 관련 업체들이 전투적으로 벌인 광고 공세의 최대 수혜자인 언론으로선 아무래도 휴대전화가 사랑스러울 수밖에 없었으리라. 언론은 물론 소비자들의 휴대전화 사랑은 새천년을 맞으면서 더욱 깊어만 간다.

(6) 2000년대의 전화 구별 짓기

관련 업체들의 공격적인 마케팅 전략에 힘입어 휴대전화가입자 수는 2000년 3월 2,542만 8,000여 명으로 전체 인구(4,727만 명) 중 53.8%를 차지했다. 2002년 6월 대한민국을 덮친 '월드컵축제'는 '휴대폰축제'이기도 했다. 2002년 3월에 3,000만 명을 넘어선 휴대전화가입자 수는 이 월드컵 열기에 탄력을 받아 계속 급증했다. 2004년 1월 정부는 011, 016, 017, 018, 019 등 다양한 식별번호를 사용하는 데 따른 불편 등을 없애기 위해 010 단일 체계로의 전환을 시도하는데, 이때까진 휴대전화 번호가 신분의 상징처럼 통했다. 011은 '1번', '최초'라는 이미지와 더불어 통화품질이 제일 좋았기 때문에 휴대폰 사용자에게 가장 많은 인기를 끌었다. 이 번호를 독점 사용하던 SK텔레콤은 광고 문구에서 '스피드 011', '전화번호가 당신의 신분을 말해준다'는 식으로 번호 마케팅을 펼쳐 톡톡히 재미를 봤다(곽창렬, 2007년 8월 11일자). 휴대전화가 카메라폰(폰카)으로 진화하면서 휴대전화라고 해서 똑같은 휴대전화가 아닌, 휴대전화의 구별 짓기가 획기적 국면을 맞았다. 여기에 소비자들의 구별 짓기 메뉴를 다양화하는 휴대전화 통화연결음(컬러링)과 벨소리시장 규모도 날이 갈수록 커졌고, 통화연결음을 홍보와 마케팅에 이용하는 이른바 '비즈링'도 각광받았다. 2004년 4월 휴대전화에서도 싸이월드 홈피를 관리할 수 있는 '모바일 싸이월드'가 시작되었으며, 휴대전화에서 실시간으로 대화를 주고받는 '모바일 메신저'도 인기를 끌자 이동통신사들은 모바일족을 겨냥한 서비스를 잇달아 내놓았다. 언론도 이런 서비스에 호응해 "난 휴대전화로 다 ~한다: 미니홈피·메신저 아직도 인터넷으로 하니?"

라는 기사 제목을 달아 보도하기도 했다(이명희, 2005년 10월 12일자).

2004년 한국 IT산업의 국가경제 기여도는 경제협력개발기구 회원국 중 1위로, 수출의 34%(2002년), 국내총생산GDP의 16%를 차지했다. 특히 휴대전화는 단말기 세계시장의 25%를 차지했으며 IT산업을 연간 20%씩 키우는 성장동력이 되었다. 2004년 이동통신 3사의 매출액만도 18조 7,000억 원, 순익은 3조 원에 이르렀다. 이와 관련, 곽재원은 영어권 국가에서는 통신 서비스 지역을 마치 세포처럼 나눠놨다 해서 휴대전화를 '셀룰러폰cellular phone'이라고 부르는 점에 착안해 한국 경제를 '셀룰러 이코노미(세포의 경제)'라고 불렀다(곽재원, 2005년 6월 23일자). 셀룰러 이코노미의 선봉을 자처한 전자업체들은 '음주측정폰'에서 '스포츠카폰'에 이르기까지 그야말로 자고 나면 '신형 휴대전화'가 나올 정도로 숨 가쁘게 다양한 종류의 휴대전화를 양산해냈다. 휴대전화는 2년만 쓰면 버튼이 잘 눌러지지 않고 고장이 났다. 그러나 기술력이 모자라서 그런 게 아니었다. 불만을 토로하는 소비자에게 휴대전화 제조업체 관계자는 "몇 년 전 일본의 한 휴대전화 제조업체가 몇 년 써도 흠집조차 나지 않을 정도로 내구성이 뛰어난 제품을 내놨다가 망했다"며 "휴대전화산업을 살린다 생각하고 새것으로 바꾸라"고 권고했다(김재섭, 2005년 9월 27일자). 학생들에겐 굳이 그런 권고를 할 필요가 없었다. 2년도 길다며 스스로 알아서 1년 내에 바꾸었기 때문이다. 2004년 YWCA의 조사에 따르면 휴대전화를 가진 중고등학생의 38.6%가 1년 이내에 휴대전화를 바꾸는 것으로 나타났다.

휴대전화의 문자메시지 서비스SMS · Short Messaging Service와 멀티미디어 메시징 서비스MMS · Multimedia Messaging Service는 대인 커뮤니케이션 방식을 근본적으로 뒤흔들었다. 2004년 YWCA 조사 결과 중고등학생들은 하루 평균 53통씩 문자를 발송하는 것으로 나타났다. 2005년 말 휴대전화를 보유한 10대 어린이와 청소년은 약 478만 명으로, 전국의 초등학생(402만 명)과 중고등학생이 총 779만 명인 점을 감안하면 어린이와 청소년 10명 중 6명 이상이 휴대전화를 사용하는 셈이었다. 3개 이동통신사의 초등학생 가입자수는 약 118만 명이었지만 부모 이름으로 가입한 경우가 40%나 되어 실제 초등학생 이용자는 2.7명당 1명꼴인 150만 명을 웃돌 것으로 추정되었다. 청소년에겐 '과잉' 이 문제였지만 노인들에겐 '과소' 가 문제였다. 휴대전화로 인한 노인들의 소외감을 '치유' 하기 위해 '휴대전화 활용 무료 강좌' 가 전국적으로 개설되었고 이는 노인들의 큰 호응을 얻었다. 이런 강좌에서는 휴대전화 문자메시지 보내기와 게임, 벨소리 종류, 음량 조정, 단축 키 활용, 첫 화면 창 만들기, 스케줄 관리, 알람, 시계, 전자계산기 기능 등을 가르쳤다.

2005년 5월 1일 위성DMB Digital Multimedia Broadcasting 가 첫 전파를 발사해 이른바 '손 안의 TV' 시대를 열면서 휴대전화의 구별 짓기는 '폰카' 에 이어 또 한 번 새로운 국면을 맞았다. 새로 장만한 자신의 DMB폰을 주변 사람들에게 보여주면서 뻐기는 모습을 곳곳에서 볼 수 있었다. 또한 휴대전화 제조업체들은 "더 얇고, 더 가볍게"를 외치면서 휴대폰을 더 날씬하게 만들기 위한 두께 경쟁을 치열하게 벌였다. 이른바 '초슬림폰' 광고 경쟁은 전지현, 이효리, 김태희 등 슬림한 미녀들을 내세운 '미녀전쟁' 이 되었는데, 광고 자체가 재미있는 이야깃거리가 되고 또 이게 입소문으로 번져 판매를 늘려주는 식의 마케팅이었다.

이동통신사들은 소비자들의 구별 짓기 메뉴를 다양화하려는 시도를 더욱 왕성하게 전개했다. 2005년 여름 휴가철을 맞아 이동통신사들의 마케팅 공세가 이벤트 중심으로 더욱 뜨거워졌으며, 수능을 100일 앞두고선 두뇌 활동 증가, 졸음 쫓는 기능 등 공부의 효율성을 높인다는 서비스를 앞다투어 내놓았다. SK텔레콤, KTF, LG텔레콤 등 이동통신사 3사가 지출한 마케팅비는 2002년 2조 8,610억 원, 2003년 2조 5,130억 원, 2004년 3조 3,090억 원인 반면, 통신망과 신기술 개발 등을 위한 투자비는 2002년부터 2004년까지 각각 3조 4,420억 원, 3조 1,180억 원, 2조 9,410억 원으로 매년 감소하고 있는 추세를 보였다. 이들의 마케팅비는 영화관, 외식업체, 놀이공원, 제과점 등을 대상으로 한 할인마케팅 공세를 펴면서 더욱 늘어났다. "휴대전화가 빵집과 영화의 운명까지 결정한다"는 비판의 목소리가 높았지만 소비자들의 입장에선 이 또한 구별 짓기의 좋은 소재가 되었다. "요즘 입장료를 다 주고 영화 보는 관객은 아줌마나 아저씨들뿐이다"라는 말이 나올 정도로 할인 서비스를 받지 못하는 사람들은 뭔가 모자란 사람처럼 여겨질 정도였다(강한섭, 2004, 213~214쪽 ; 이나리, 2005년 8월 9일자). 2006년 동영상 UCC User Created Contents가 인터넷을 뒤흔들자 이동통신사들은 무선인터넷에서 똑같은 바람을 불러일으켜보겠다고 나섬으로써 휴대전화 이용자들의 구별 짓기 프로그램에 박차를 가했다.

   2007년 3월 1일 영상통화 시대가 활짝 열림으로써 휴대전화의 구별 짓기는 폰카, DMB폰에 이어 세 번째의 새로운 국면을 맞았다. KTF는 2007년 초부터 영상통화 서비스 이름을 '쇼Show'라 붙이고 티저teaser 광고 등을 통한 강력한 마케팅을 펼쳤다. "쇼를 하라, 쇼!"로 집약되는 광고 문구는 거의 '융단폭격' 수준의 TV 광고에 힘입어 소비자들의 관심을 끄는 데에 성공했다. 서비스 개시 9개월 만인 2007년 12월 KTF의 영상통화 서비스 가입자 수는 290만 명, SK텔레콤은 220만 명에 이르렀다. 휴대전화 단말기의 디자인 경쟁에도 불이 붙었다. 삼성전자, LG전자, 팬택 등 국내 휴대폰 제조 3사의 2007년 전략제품에서는 '세계 최초'란 수식어가 거의 사라진 대신 '디자인'이 제품 경쟁력을 강조하는 제일 중요한 요소로 떠올랐다. '기술보다 디자인'이라고 외치기 시작한 것이다(백강녕, 2007년 1월 19일자). 디자인 경쟁은 이른바 '촉각 경쟁'으로까지 발전했다. 2008년 3월 삼성전자가 내놓은 '애니콜 햅틱폰'은 이용자가 터치스크린을 만지면 강약과 장단이 서로 다른 22가지의 진동이 생겨 감성적 교감을 갖도록 디자인한 점이 특징이었다. LG전자도 실리콘 소재의 버튼을 누르면 피부를 만지는 듯한 탄력감을 주는 휴대전화(LG-SH240)를 내놓아 '손맛' 대결에 뛰어들었다. 2009년엔 LG전자의 '프라다폰 2', 삼성전자의 '아르마니폰', 팬택의 '듀퐁폰' 등 100만 원에 육박하는 '고가폰' 경쟁이 벌어졌다.

'손 안의 PC'로 불리는 스마트폰의 출현은 휴대전화 구별 짓기의 네 번째 국면이지만 이전의 모든 변화를 송두리째 압도할 만큼 강력한 '바람'을 몰고 왔다. 캐나다의 '블랙베리폰'과 미국의 '아이폰iPhone'에 의해 추동된 스마트폰은 한국에서도 2010년부터 본격적인 '대중화'의 길로 들어섰는데, 스마트폰과 함께 트위터twitter 등 SNSSocial Network Service가 급성장 추세를 보이기 시작했다. 2010년 5월 220만 명을 넘어선 국내 스마트폰 가입자를 추동한 요인 중의 하나는 구별 짓기였다. 최성진에 따르면 "지난 일주일간 사람을 만나면 그의 손이 닿을 만한 거리에 아이폰을 꺼내놓았다. '나 아이폰 쓰는 남자야' 혹은 '한번 만져봐도 좋아'라는 의사표시였다. 그가 정치권 인사든, 언론계 선후배든, 기업 관계자든 대부분 나의 희고 매끈한 '미끼'를 외면하지 못했다. 아이폰이 등장하는 순간, 화제는 아이폰으로 바뀌었다"(최성진, 2010년 1월 29일자). 또 최필식에 따르면 "처음 만난 사이인데도 뜬금없이 서로의 스마트폰을 부딪치거나, 가는 곳마다 스마트폰을 꺼내 열심히 누르고 있거나, 스마트폰을 들어 사방을 비쳐보는 등 쉽게 이해할 수 없는 행동들이 곳곳에서 나타나고 있다"(최필식, 2010년 4월 12일자).

아이폰을 모르면 '왕따'가 되는 사회적 분위기가 형성되었으며, 늘 시대에 뒤처질까 봐 전전긍긍하는 중장년층 사이에선 이른바 '스마트폰 포비아'까지 생겨났다. 박기수에 따르면 "대기업에 다니는 박 모(38) 차장은 직장에서 대화하다가 끊김 현상을 자주 느낀다. 동료가 스마트폰 용어를 늘어놓으면 무슨 말인지 알아듣기가 쉽지 않다. 친구들이 트위터(쌍방향 동시다발 단문문자 서비스)나 페이스북(미국판 싸이월드) 얘기를 하면 답답하기도 하지만 한편으론 이러다가 뒤처지는 것 아닌가 하는 불안감이 앞선다"(박기수, 2010년 2월 12일자). 이런 스마트폰 포비아는 평소 '느림의 철학'을 갖고 있던 사람들까지 뒤흔들었다. 김대환은 "느림의 편안함과 필요성을 존중하면서도 뒤처지는 것 같은 불안감을 안고 있을 자신이 없기에 스마트폰을 구입했다"며 "그 모든 편리함보다는 스마트폰 포비아에서 벗어나고 있는 것이 가장 즐겁다"고 말했다(김대환, 2010년 2월 20일자). 스마트폰 포비아와 스마트폰 사용의 어려움 때문에 생긴 '스마트폰 스트레스'를 치유하기 위한 스마트폰 이용법 강좌가 전국적으로 개설되었고 이는 큰 호응을 얻었다. 그러나 스마트폰이 꼭 필요한 특정 직종을 제외하곤 스마트폰을 사용해 얻을 수 있다는 게 무어 그리 중요하겠는가. 오히려 중요한 건 "나도 스마트폰을 갖고 있다"는 걸 만천하에 알리는 게 아니었을까? 스마트폰 유지보수 전문업체인 TGS가 2010년 7월 유지보수를 받은 스마트폰 사용자 662명에게 물어본 결과에 따르면 응답자 가운데 42.9%가 스마트폰을 일반 휴대전화로 사용하고 있었다. "스마트폰이 생활에 변화를 줄 정도로 영향을 미치는가?"란 질문엔 51.7%가 '큰 변화를 주지 못한다'고 응답했다(김재섭, 2010년 7월 20일자). 이는 과연 무엇을 말하는 걸까?

4. 결론 및 논의

한국의 커뮤니케이션 연구에서 반드시 고려해야 할 한 가지 필수 사항은

'수출 경제'가 커뮤니케이션에 미친 영향이다. 1970년대와 1980년대에 걸쳐 세계에서 가장 빨랐던 한국의 텔레비전 보급 속도는 당시 전자산업의 주요 수출 품목이 텔레비전 수상기였다는 사실과 깊은 관련이 있다. 이는 텔레비전이 매스 커뮤니케이션 매체인 동시에 국가적으로 먹고사는 문제였다는 사실을 시사한다. 이제 한국 전자산업의 주요 수출 품목은 휴대전화다. 이미 2004년 휴대전화 수출은 모두 1억 4,800만여 대로, 수출액 200억 달러를 넘어서 자동차 분야를 제치고 반도체(약 250억 달러)에 이어 2위 수출 품목으로 올라섰다. 자랑스러운 일이었지만 여기엔 국내 소비자들의 '희생'이 있었다. 국내에서 판매하는 휴대전화 가격이 수출용보다 3배 이상 비싼 것으로 밝혀졌다(최연진, 2006년 11월 1일자). 이에 못지않게 중요한 건 늘 '세계 최고'에 굶주린 한국인들의 갈증에 휴대전화가 단비가 되는 역할을 했다는 사실이다. '휴대전화 민족주의'라고나 할까? '세계 일류'를 지향한 삼성이 비자금 문제 등과 같은 비리를 저지르고서도 여전히 국민적 기대를 한 몸에 받은 것도 바로 그런 이유 때문이었다. 한국인들의 뜨거운 휴대전화 사랑은 저절로 이루어진 건 아니다. 'IT 선진국'을 이루기 위한 정치경제적 목적이라는 동력의 부추김을 받은 사랑이다. 관련 업체들의 보조금 지원에 따른 공짜 판매에다 공격적인 광고 등과 같은 치열한 마케팅 공세가 없었다면 한국의 휴대전화문화가 세계에서 최첨단을 달리는 '경이로운' 일이 어찌 그리 빨리 일어날 수 있었겠는가. 여기에 이런 마케팅을 사실상 대행해준 언론의 호의적 보도까지 가세하지 않았던가.

그러나 이런 정치경제적 진단이 휴대전화와 한국문화의 친화성을 고려하는 문화적 분석을 배제하는 건 아니다. 정치경제적 이유와 문화적 이유를 동시에 고려하는 게 옳을 것이다. 본 연구는 '구별 짓기'라고 하는 관점에서 한국의 전화문화사를 개략적으로 살펴봄으로써 전화에 대한 주류 연구경향인 경험적 연구가 놓치기 쉬운, 좀 더 크고 넓은 맥락을 제시하고자 했다. 사람들은 자신의 구별 짓기 욕망을 인정하지 않으려고 한다. 아니, 자기 자신도 못 느낄 수 있다. 설문조사에 의존하는 연구의 한계다. 전화가 '특권'이었던 시절은 지나갔지만 한 세기에 가깝게 축적되고 전승된 '집단적 기억' 속에서 전화를 중심으로 타올랐던 그 뜨거운 구별 짓기 열망이 어느 날 갑자기 단절되면서 사라질 수 있는 걸까? 게다가 휴대전화의 보급이 폭발에 폭발을 거듭한다 해도 "전화 위에 전화 있고, 전화 밑에 전화 있다"는 법칙은 건재하다고 보아야 하지 않을까? 새로운 성능과 디자인을 자랑하는 신형 휴대전화를 마련한 사람이 그걸 아무도 모르게 조용히 쓰는 걸 본 적이 있는가? 거의 대부분 어떻게 해서건 그걸 과시하려고 애를 쓴다. 구형 휴대전화라도 여전히 보여줘야 할 것은 있다. 자신의 소속 정체성이다. 김성도가 잘 묘사했듯이 "카페와 길거리에서 하릴없이 휴대전화를 노출시키는 몸짓에 대해서는 무엇이라고 해야 할까? 이는 곧 '나는 혼자가 아니라, 내 휴대전화와 같이 있다'는 것을 은연중에 과시하는 행동으로서 자신의 위상을 노출하는 몸짓이며, 특정 사회적 무리에 대한 소속을 표시하는 행동이다"(김성도, 2008, 19쪽).

2006년 11월 4,000만 명을 돌파한 휴대전화가입자 수는 사실상 포화 상태에 이르렀지만, 이후에도 매월 평균 20만 명씩 늘어 2009년 말 4,794만여 명으로 우리나라 인구 4,900여만 명에 육박했다. 왜 이런 일이 벌어졌을까? 업무용으로 쓰는 '업무폰'과 가족용으로 쓰는 '가족폰' 등과 같이 휴대전화를 두 대씩 쓰는 사람들이 늘었기 때문이다. 2010년 1월엔 휴대전화가입자가 27만여 명이나 늘었다. '스마트폰 바람'으로 '1인 2휴대전화' 추세가 가속화된 탓이었다(김재섭, 2010년 3월 9일자). 스마트폰 덕분에 한국인들이 더욱 스마트해진다면 좋은 일이겠지만 휴대전화는 빈부격차를 심화시키는 결과를 초래했으며 이는 스마트폰 열풍으로 인해 심화될 가능성이 높다는 데에 문제가 있다. 이미 2005년 한국의 가계비 중 통신비 비중은 6.3%로 경제협력개발기구 평균(2%)의 3배를 넘었다. 한국 가정의 한 달 통신비는 평균 120.7달러로 경제협력개발기구 회원국 중 단연 1위였다. 게다가 유별난 첨단 디지털 제품 선호 탓에 국내에서 거래되는 디지털 기기는 외국보다 평균 50~60%가 비싼데도, 휴대폰 교체주기는 평균 12개월로 미국(21개월), 러시아(24개월), 캐나다(30개월)의 절반 수준에 불과했다(고재학 외, 2006년 5월 2일자). 휴대폰 교체주기 평균 12개월은 2005년 말까지의 추산이었는데 이는 1년 만에 6개월로 짧아졌다. 이 같은 현상은 국내 휴대전화 제조사들이 글로벌 경쟁에서 살아남기 위해 교체주기 단축 전략을 구사했기 때문이라는 게 업계 전문가들의 분석이었다(김준, 2006년 11월 21일자). 덕분에 글로벌 경쟁에선 승리했는지 몰라도, 이른바 '통신 신용불량자'가 급증하면서 그 비율이 국민의 10%, 통신요금 연체금액도 1조 원에 육박했다. 저소득층인 가계지출 하위 20% 계층의 통신비 비중이 2001년 6.3%에서 2005년 7.5%로 늘어났지만 가계지출 상위 20% 계층은 3.6%에서 3.7%로 제자리에 머물렀다. 이는 통신비용이 가계의 고정비로 자리 잡아 두 계층의 통신비 지출 격차는 줄어든 반면에 소득 양극화로 가계지출 격차는 더 벌어졌기 때문이다(정세라·이정훈, 2006년 10월 9일자).

한국의 초고속 압축성장은 옛날의 이야기가 아니다. 지금도 한국은 그 노선을 걷고 있다. 산업화 시대에 뒤진 걸 정보화 시대에 만회하겠다는 의지로 충만하다. 디지털 경제는 '속도 경영'을 요구한다. 뭐든지 빨라야 하며 과거의 것도 빨리 내버려야 한다. 새것을 빨리 받아들이고 또 빨리 내버리는 정보처리 방식이 이른바 '냄비 근성'과 잘 맞아떨어진다. 세계에서 얼리어답터 early adopter 층이 가장 두꺼운 나라로 한국이 꼽히는 것도 결코 우연이 아니다. 집단적인 차원에서 나타나는 '쏠림'은 한국사회에 저주인 동시에 축복이었다. 이른바 '서울 공화국'으로 대변되는 일극 집중 체제와 그에 따른 부작용이 쏠림의 저주라면, 세계에서 가장 빠른 경제발전과 민주화는 쏠림의 축복일 것이다. 한국인은 새것이라면 환장하고 유행이라면 사족을 못 쓰는 줏대 없는 민족이라고 비판할 수도 있겠지만, 그건 달리 보면 한국인이 구습 타파에 능하고 새로운 도전을 사랑하는 진취적인 민족이라고 긍정 평가할 수도 있는 부분이다. '청각 만족'에서 출발한 휴대전화는 '시각 만족'을 거쳐 '촉각 만족'의 수준에까지 이르렀다. 앞으로 만족시켜야 할 새로운 유형의 감각이 나타날 수도 있지만 그 어떤 감각의 만족이건 그건 구별 짓기나 인정 욕망, 또는 왕따당하지 않으려는 최소한의 자위본능과 밀접한 관련을 맺고 있다. 인간의 삶에 긴요한 사회적 정체성은 차이를 통해 규정되고 확인되기 때문에, 한국인들의 이러한 구별 짓기 노력은 사회문화적 동질성으로 인해 이렇다 할 차이를 찾기 어려운 상황에서 삶의 의미와 보람을 찾으려는 몸부림으로 볼 수 있겠다.

6장 대학의 문화정치학
한국의 '대학 식민지' 체제에 관한 연구

1. '내부 식민지론'의 재평가

"무슨 일이 있어도 사대문 밖으로 이사 가지 말고 버티라. 멀리 서울을 벗어나는 순간 기회는 사라지며 사회적으로 재기하기 어렵다"(송도영, 2004, 61쪽). 다산 정약용이 자녀들에게 남긴 유언이다. 왜 그랬을까? 이미 조선 시대부터 지방은 서울의 식민지였기 때문이다. 오늘날 상황은 더욱 악화되었다. "지방 대학 같은 데 가려면 가지도 마." 지난 1990년 9월 17일 MBC TV의 청소년 드라마 〈두 권의 일기〉에서 어머니(고두심 연기)가 딸(최진실 연기)에게 말한 대사의 일부다. 당시 우연히 TV를 시청하다가 너무 어이가 없어서 기록을 해둔 것이다. 솔직해서 좋긴 하다. 실제로 전국의 많은 가정에서 "지방 대학 같은 데 가려면 가지도 마"라는 따위의 말이 내뱉어지고 있을 테니까 말이다. 2003년 11월 25일 MBC TV의 〈심야스페셜〉을 시청하다가 깜짝 놀랐다. 지방대 문제를 다룬 그 프로그램은 광주의 한 편입학 학원이 문전성시를 이루고 있는 모습을 보여주었다. 지방에서 서울 소재 대학으로 편입하려는 지원자가 5만 명에 이를 것이라고 했다. 그것도 놀라운 사실이지만 정작 놀라운 건 "지방대 출신 며느리보다는 서울에서 고등학교를 나온 며느리가 더 낫다. 지방에서 무얼 배웠겠는가?"라는 어느 서울 아줌마의 말을 전하는 한 여학생의 증언이었다. 그 말의 내용도 놀라웠지만 저런 말을 그대로 방송해도 되나 하는 의아심 때문에 더욱 놀라웠다. 극단적 사례이긴 하지만 이와 유사한 수많은 일화들이 있다. 서울-지방 간 발생하는 사회문화적 현상은 과거 일제강점기 시절의 동경-경성 간 관계와 너무도 비슷해 깜짝 놀랄 정도다. 과연 식민지 시대는 끝났는가?

　식민지는 국가들 사이에서만 존재하는 게 아니라 한 국가 내에서도 극심한 지역 간 불평등의 형식으로 존재한다는 '내부 식민지internal colony' 이론은 그간 국내에서도 적잖이 논의되어왔다(김정호, 1991 ; 강명구, 1992 ; 황태연, 1997 ; 최장집, 2001 ; 문종대·이강형, 2005 ; 임재해, 2007 ; 강준만, 2008). 무엇보다도 내부 식민지는 학술적으로 사망한 것처럼 보이는 종속이론의 아류라는 멍에로부터 자유롭지 않다. 그간 많은 비판이 쏟아져 나왔는데, 국가 간 수준에서 나타나는 중심-주변 관계를 무리하게 한 국가 내의 지역 간 수준에 적용시켰다는 게 그 핵심이다. 예컨대 최장집은 "중앙-지방 관계를 사회 전체의 문제가 놓여 있는 근본적인 모순의 소재로 인식할 때 하나의 단일한 요인을 통하여 전체 문제를 풀려고 하는 도식화나 환원주의로 빠질 가능성이 있"(최장집, 2001, 6쪽)며 다음과 같이 주장한다. "이는 지역모순과 같은 말이 사회의 한 부분에 대한 분석적 기능을 넘어 어떤 근본적 모순의 소재를 표현하는 개념으로 비약하기 쉽다는 것이다. 중심부-주변부와 같은 지역적 개념으로 자본주의사회와 착취의 문제를 해명하려고 했던 종속이론의 경우가 그 대표적인 경우라 할 수 있다. 이를 원용한 '내부 식민지' 개념도 다른 한 예이다.…… 이러한 이론들은 이론 그 자체의 문제도 문제려니와 한국사회에서 발생하는 실제의 경험적 지식들을 축적하는 것을 돕기 어렵다는 것이다."[1]

원론적으론 최장집의 주장에 동의하기 어렵지 않지만 문제는 원론과는 다른 현실이다. 한국인들은 입만 열면 '땅 좁은 나라'라고 푸념을 하면서도 전 국토의 0.6%에 불과한 땅에 전체 인구의 21.6%가 빽빽이 모여 살고 있으며, 유동인구까지 합하면 전 인구의 반 이상이 그 좁은 땅에 집중하고 있다(조명래, 2001). 지방 학생들이 KTX를 이용해 서울로 학원을 다니며, 지방 근무자들 사이에는 주말에 서울 집에 들르는 '금귀월래金歸月來'라는 두 집 살림이 보편화되고 있다. KTX로 인한 수도권의 강력한 흡인력에 지방이 쪼그라드는 '빨대효과' 또는 '블랙홀 현상'이 일어나고 있는 것이다(이철호, 2006; 허승호, 2007; 손규성 외, 2007). 이걸 어찌 설명할 것인가? 과연 우리의 현실이 지역모순이라는 하나의 단일한 요인을 통해 전체 문제를 풀려고 하는 도식화나 환원주의로 빠질 가능성을 염려해도 좋을 상황인가? 무엇보다도 지역모순에 대한 인식이 널리 퍼져 있는가? 김형기의 주장처럼 지역모순이 한국사회에서 독자적인 사회모순일 뿐만 아니라 계급모순을 압도하고 있는 주요한 사회적 모순이 되고 있음에도, 그것이 인정받지 못하고 있는 게 현실이 아닐까(김형기, 2002)? 게다가 탈식민 시대에 식민주의란 단순히 정치경제적인 종속을 뜻하는 것만이 아니며 문화적 지배와 종속으로까지 그 의미가 확대된 것으로 볼 때(윤택림, 2003, 87쪽), 내부 식민지 개념이 꼭 종속이론의 한계와 문제를 떠안을 필요는 없을 것이다. 오히려 그간 지방 문제를 바라보는 우리

---

1) 그런가 하면 박동천은 내부 식민지 담론을 지역주의 문제와 관련시켜 극도로 폄하한다. "'패권적 지역주의'와 '저항적 지역주의'라든지, '내부 식민지' 따위의 용어는 어떤 의도에서 만들어지고 사용되든지, 결국 쟁점 자체를 지역 차원의 문제로 사소하게 만들고 지역을 뛰어넘는 차원의 모든 가치에 대한 감수성을 자라나지 못하게 가로막는 결과를 낳는 것이다"(박동천, 2010, 148쪽). 이런 시각은 지역적 이동성이 비교적 자유로운 지식 엘리트급에게 자주 나타나는 것이지만, 여기선 내부 식민지 개념을 너무 단순화시켰다는 반론으로 대응하는 게 좋을 것 같다. 즉, 박동천의 주장과는 정반대로 내부 식민지 개념이야말로 영호남을 중앙을 정점으로 한 '분할지배'의 원리에 따라 실속 없는 허깨비 싸움을 하고 있다는 점을 설명해줄 수 있다는 것이다.

의 시각은 국가 간의 문제를 보는 종속이론의 틀을 크게 벗어나지 못했다는 것에 대한 성찰이 필요하다. 종속이론의 문제는 두말할 필요 없이 한 국가 내부의 계급 문제를 무시했다는 데에 있다. 우리가 지방 문제를 보는 시각은 어떠했던가? 그간 우리는 지방을 단일한 이해관계를 갖고 있는 하나의 통일체로 보는 과오를 범해온 건 아닐까?

지역모순이 정당한 평가를 받지 못하고 있는 가장 큰 이유는 연고주의다. 연고주의는 계급모순과 지역모순을 동시에 은폐하는 기능을 수행하고 있다. 설과 추석 때의 민족대이동이 잘 말해주듯이, 수도권 인구의 다수는 지방 출신이다. 동시에 지방의 엘리트계급은 수도권에 집 한 채 정도는 있거나 자식을 서울로 유학 보낸다.[2] 이들에게 서울-지방의 구분은 무의미하다. 한국인에게 주민등록 주소는 아무런 의미를 갖지 못한다. 지방에선 서울에서 태어나 서울에서 사는 사람일지라도 그의 아버지 고향에 따라 자기 지역 사람으로 인정해주는 반면, 자기 지역에서 수십 년을 살았더라도 고향이 딴 곳이면 '외지인' 취급을 하는 게 현실이다. 사정이 이와 같은바, 내부 식민지 개념은 기존 서울-지방 구분에 '계급'을 추가할 필요가 있다. 수도권의 빈민층은 지방에서 뿌리 뽑혀 쫓겨난 사람들이지 서울이 좋아서 간 게 아니므로 이들은 내부 식민지의 피해자로 간주되어야 한다.

우리가 정작 걱정해야 할 것은 내부 식민지라는 말이 지방민들에게 열패감을 안겨줄 수 있는 가능성이다. 즉, 그런 걱정을 한다면 모를까 지역모순으로 한국사회의 모든 걸 재단하려는 위험성에 대한 우려는 지금으로썬 부적합한 게 아니겠느냐는 것이다. 지방민들의 자존감을 살리는 노력을 병행하는 걸 전제로 해서 내부 식민지론은 과도기적 용법으로서의 가치를 인정

---

2) 심지어 과거 서울 아파트값 폭등도 지방 부자들의 투자(투기) 때문이었다는 주장도 있다(김종봉, 2002).

하는 게 좋지 않겠느냐는 제안을 하고 싶다. 최장집도 같은 논문에서 잘 지적했다시피 지금과 같은 서울 집중화는 그 자체가 기득권을 갖기 때문에 분권화는 저절로 주어지지 않으며, 지방에서의 적극적인 시민운동을 필요로 한다. 시민운동의 활성화, 즉 성공적인 지방자치와 국가 발전을 위해서라도 내부 식민지론이 기여할 수 있는 점에 주목해보는 게 좋겠다. 내부 식민지론엔 여러 층위와 관점이 있겠지만, 본 논문은 '대학 식민지론'에 집중하고자 한다. 대학 식민지론은 서울이 지방을 식민지로 거느리고 있는 가운데 대학 서열 체계의 상층부에 속하는 서울 소재 대학들이 그런 내부 식민지 체제를 온존·강화시키는 핵심적 역할을 하고 있다는 가설이다.

2. '대학 식민지' 체제의 발생 원인

한국인들의 제1의 관심사는 단연 자녀 교육이다. 그들의 가장 많은 자원과 에너지와 정열이 이곳에 투입된다. 교육이 성공과 출세의 주요 수단이라고 보기 때문이다. 이는 일제 식민통치와 한국전쟁을 거치면서 귀족 계급이 몰락한 가운데 누구에게나 기회가 보장되고 공정한 경쟁을 할 수 있게 만든 것이었기에, 우리가 자랑스럽게 생각해도 좋을 만한 경쟁 메커니즘이었다. 문제는 그 경쟁이 일극 집중 서열 체제의 지배를 받음으로써 과도한 사교육비 지출로 민생이 피폐해지고 출산 기피와 자살 증가 등과 같은 심각한 사회적 문제를 낳음으로써 그 효용의 임계점에 도달했거나 그걸 넘어섰다는 데에 있다.

한국의 연간 사교육비는 이미 1994년 17조 4,640억 원으로 16조 7,578억 원의 공교육비를 능가했다. 사교육비 지출 하위 20% 계층과 상위 20% 계층 사이 격차는 2001년 7.6배에서 2004년에 8.6배로 늘어나는 등 사교육비 지출의 양극화가 갈수록 깊어졌다. 이런 양극화로 인해 어머니들의 처지에도 양극화가 나타났다. 경찰청이 2004년 5월 노래방에 대한 특별단속을 실시한 결과 적발된 노래방 도우미 2,255명 중 830명(36.8%)이 가정주부인 것으로 나타났다. 이들 중 상당수가 자식 과외비를 대기 위해 노래방 도우미로 나선 어머니들이었다. 경제적 부담만 문제되는 게 아니다. 집안에 수험생이 있으면 온 가족이 비상사태로 돌입했으며 대다수의 수험생 어머니가 정신신경성 이상 증세를 호소했다. 부부 간의 성생활까지 자제한다는 학부모가 40%에 달했다(노동석, 2004 ; 이창곤·이정애, 2006).

그간 기존 입시전쟁의 최대 논거였던 '국제경쟁력'은 자살 증가와 결혼·출산의 감소 앞에서 점점 설득력을 잃고 있다. 하루 평균 35명이 자살을 한다. 한국의 자살 사망률은 경제협력개발기구 30개 회원국 중 1위다. 2004년 12월 전북여성정치발전센터가 전주에 거주하는 20~40대 여성 5,000여 명을 대상으로 실시한 설문조사에서는 "교육비 무서워 자녀 못 낳는다"고 답한 사람이 42.1%로 나타났다. 2006년 6월 한 조사에서도 중산층의 출산 중단 이유 1위는 교육비 부담인 것으로 나타났다(하재근, 2008). 2006년 5월 8일엔 '1.08 쇼크'가 찾아왔다. 통계청이 발표한 합계 출산율이 1.08로 세계 최저를 기록한 것이다. 언론은 '재앙의 도래'를 선언하고 나섰다. 『중앙일보』는 '국가적 재앙'으로 규정하면서 "서두르지 않으면 나라가 저출산 때문에 망하게 생겼다"고 했고, 『조선일보』는 '비상상황'을 선포하면서 "이렇게 가다간 경제는 주저앉고 복지는 부도날 수밖에 없다"고 했다. 그런데 참으로 놀랍다 못해 신기한 건 국가경쟁력을 목이 터져라 외치면서 기존 입시전쟁을 옹호하는 신문들이 입시전쟁과 출산율의 문제를 연결시켜 생각하지 못하는 무능력 상태에 처해 있다는 점이다.

한국인들의 삶이 이처럼 피폐해진 게 대학의 일극 집중 서열 체제 때문이란 말인가? 그렇게 단언하기는 어렵지만, 가장 강력한 요인이라고는 말할 수 있다. 대학의 일극 집중 서열 체제는 이른바 명문 대학들이 모두 서울에 몰려 있다는 데에서 비롯된다. 이는 세계적으로 그 유례를 찾기 어려운, 지극히 한국적인 현상이다. 이로 인한 문제들을 직시하기 위해선 정중한 공공 담론보다는 대중의 일상적 언어생활에 주목할 필요가 있다. 속될망정 '솔직히 까놓고 말해서'의 준말이라는 '솔까말'이라는 은어의 수준에서 현상을 관찰해야 한다. 박권일은 "솔까말, 지잡대(지방에 있는 대학교를 비하하는 속어)와 SKY(서울대·고려대·연세대)는 하늘과 땅 차이지"라는 말이 상식화되어 있음을 개탄한다(박권일, 2008). 이 '솔까말'의 원리대로 "지잡대와 SKY는 하늘과 땅 차이"라면, SKY는 내부 식민지의 토대라고 할 수 있겠다. 지방에서 서울로 과외를 다니거나 가족과 헤어져 사는 주말 부부 등의 풍경을 보라. 그 풍경의 이면에 무엇이 있는가? 바로 SKY가 있다.

①1995년 외무부 외시 출신 외교직 730여 명 가운데 80% ②1960년대 이후 1990년대까지 중앙지 편집국장 184명 중 77% ③2001년 한 해 동안 7개 중앙일간지에 칼럼을 실은 외부 기고자의 73% ④김영삼 정부 각료의 68.1% ⑤2004년 전국 고등법원 부장판사 이상 127명 가운데 87.4% ⑥2005년 청와대 중앙행정부처의 1급 이상 302명의 66.9% ⑦2005년 전체 장차관급 공무원의 62.2% ⑧2002년부터 2005년까지 사법연수원 입소자의 63.1% ⑨2006년 국내 4대 그룹의 사장급 이상 주요 경영자의 65.8% ⑩2007년 국내 100대 기업 최고경영자 CEO의 68.8%. 무슨 통계인가? SKY 대학 출신 비중이다(④, ⑤는 서울대 출신만의 비율이다). 사회 전 분야에 걸쳐 SKY 출신은 상층부의 50~90%를 점하고 있다. 조직에서 위로 올라갈수록 SKY 편중은 더욱 심해진다. 최근 6년간 차관급인 고등법원 부장판사로 승진한 판사 100명 가운데 서울대가 86명으로 압도

적인 비율을 차지한 것도 바로 그런 이유 때문이다(강준만, 2009, 296쪽).

사정이 이와 같으니 한국의 학부모가 그 어떤 희생을 감수하더라도 자식을 SKY에 보내려고 하는 건 매우 합리적인 현상이다. SKY 출신의 사회 요직 독과점은 한국인의 삶을 피폐하게 만드는 사교육 과잉과 입시전쟁의 주범이다. 나중엔 어떻게 될망정 자녀를 둔 학부모는 유치원 때부터 일단 SKY를 목표로 하는 사교육비 지출을 하기 때문이다. 그럼에도 이런 문제를 지적하면 한국의 평등주의가 지나치다고 비판하는 이들이 많다. 예컨대 송호근은 한국의 평등주의가 지나치다는 증거 사례라며 다음과 같이 주장한다.

"일본의 정부 부서 중 강력한 위치에 있는 통상산업성의 요직은 70% 정도가 도쿄대 출신으로 채워진다. 그러나 이것이 문제가 되지는 않는다. 한국의 대응 부서인 외교통상부에서 서울대 출신이 이보다 낮게 나타나도 서울대 견제 목소리가 높다. 서울대 독점을 견제해야 한다는 비판으로부터 이른바 '서울대 망국론'으로까지 발전된다. 미국의 동부에 편중되어 있는 금융기관, 법률회사, 증권회사, 정치조직 등은 동부의 13개 아이비리그Ivy League 대학 출신들로 장악된다. MIT의 경제학 교수인 레스터 서로우는 미국을 움직이는 중요 기관의 리더들이 대체로 아이비리그 출신임을 밝힌 바 있다. 그래도 미국에서는 '아이비리그 망국론'이 나오지 않을뿐더러, 그런 얘기를 하는 사람이 있다면 톡톡히 망신을 당할 가능성이 높다"(송호근, 2006, 32~33쪽).

이게 송호근 혼자만의 생각이라면 굳이 반박할 필요는 없으리라. 그런데 그게 그렇지 않다. 평등주의 비판은 이 주장이 실린 책을 출간한 삼성경제연구소를 비롯하여 이 나라의 주류에 속하는 지식 엘리트들의 일반적인 생각이다. 그래서 반론이 필요하다. 손쉽게 격파할 수 있는 '망국론'이라는 과장법에 집착하지 말고 사실 관계를 분명히 하면 좋겠다. 도쿄대 출신의 통상산업성 장악이 일본에서 문제가 되지 않는다는 주장은 사실 왜곡이다. 일본 정부는 지난 1992년 미야자와 기이치 총리 시절부터 도쿄대의 고급 공무원 독식이 심각한 사회적 부작용을 낳는다는 판단 아래 이 대학 출신자의 고급 공무원 합격 비중을 의도적으로 낮추는 정책을 써왔다. 한국에서 이런 일이 가능한가? 통상산업성만을 들어 도쿄대 독식을 말한 것도 사실 왜곡이다. 2000년 일본 사법시험 합격자 비율을 보자. 도쿄대가 1위지만 점유율은 19.9%에 불과했다. 와세다대(14.1%), 게이오대(11.7%), 교토대(10.9%), 추오대(10.3%) 등이 같은 10%대에 있는 다극 구조다. 전반적으로 일본 대학은 "관(官)은 도쿄대, 재계는 히도츠바대·게이오대, 학계는 교토대, 언론계는 와세다대" 등의 식으로 각기 특화되어 있다. 도쿄대보다는 교토대가 더 많은 수의 노벨상 수상자를 배출한 것도 일본 대학의 다극 구조를 잘 말해준다. 또한 일본 인구는 남한 인구의 3배에 가깝지만 도쿄대의 학부·대학원 학생 수는 서울대보다 4,000명이 적다(김태수, 2003, 86쪽 ; 박홍기·김재천, 2003, 195~196쪽 ; 하재근, 2008, 330쪽).

'서울대 일극 구조'에 대해선 일본 기자들도 놀란다. 일본 산케이신문 서울지국장인 구로다 가쓰히로는 한국은 일본에 비해 모든 분야가 압도적으로 중앙집권적인 '일극 구조'의 사회라며 서울대를 그런 구조의 상징으로 지목한다(구로다, 1996, 624~625쪽). 그는 "한국의 학문 세계는 서울대학교를 정점으로 하여 완벽한 피라미드형을 형성하고 있는 것처럼 보인다"며 다음과 같이 말한다. "서울대 말고는 다른 정상이 없다. 물론 라이벌도 존재하지 않는다. 이 하나의 정상을 목표로 하여 사람들은 마구 내딛고자 한다. 이 정상에 오르는 것에 성공한 사람만이 승자이며 나머지는 모두 패자다. 서울대학교가 라이벌 대학이 없는 존재라는 것을 잘 보여주는 에피소드가 있다. 그것은 서울대의 신문 타이틀이 바로 『대학신문』으로 되어 있다는 사실이다. 지금도 여전히 같은 타이틀일까?" 물론 지금도 같은 타이틀이다. 그걸 모를 리 없는 구로다가 이렇게 묻는 이유는 무엇이겠는가? 어이가 없다는 뜻이다. 구로다의 충고는 간단하다. 한국의 발전을 위해 일극 구조보다는 다극 구조가 더 낫지 않겠느냐는 것이다. 일극 구조 체제하에서 서울대가 모든 걸 독점하니까 연구의 필요성보다는 체면이나 자존심을 내세우는 비학문적 논리가 판을 치고, 그게 한국의 국익에 무슨 도움이 되겠느냐는 거다. 일본인의 충고니까 반일감정으로 배격해야 할까?

미국은 어떤가? 경제학자 로버트 프랭크와 필립 쿡(Frank & Cook, 1995/1997)은 『승자 독식사회』를 출간해 미국의 승자 독식 체제를 강하게 비판했다. 그런데 이 책을 읽다 보면 "뭘 이 정도를 가지고 흥분하나?" 생각하게 만드는 대목이 있다. 『포천』지가 1990년에 실시한 500대 기업 및 500대 서비스 기업을 대상으로 한 설문조사 결과다. 답변을 얻어낸 전·현직 최고경영자 1,500명의 출신 대학에 대한 분석이 흥미롭다. 이 조사를 한 사람이 놀랍다는 듯 내놓은 다음과 같은 분석이 오히려 우리를 놀라게 만든다. "아이비리그의 지배력은 증가하고 있다. 조사 대상자 중에서 전직 최고경영자의 14%가 아이비리그의 학부 졸업생인 데 반해, 현직의 경우는 거의 19%에 이르고 있다." 이 책은 이 통계 외에도 아이비리그 대학들의 승자 독식주의에 대해 많은 지면을 할애하고 있는데, 그 대학 출신들을 다 합쳐봐야 대기업 상층부의 겨우 20% 미만을 차지하고 있을 뿐이다. 대통령 당선자 버락 오바마가 고위직 인선 35명 중 22명을 명문대 출신으로 채운 것에 대해 말이 많았다. 명문대 점유비가 겨우 63%인 데다 명문대 출신이라는 22명의 출신 대학은 10개 이상인데도 일부 논객들은 강한 비난을 퍼부었다(최현묵, 2008). 이는 한국에선 상상하기조차 어려운 일이다. 한국에선 서울대 출신만 63% 이상을 차지한 일이 많았어도 별말이 없었잖은가. 그럼에도 대학 문제와 관련해 평등주의를 비판하는 목소리는 그칠 줄을 모른다.

특정 대학의 엘리트 점유비보다 더욱 중요한 게 있다. 세계 어느 나라에 일류 대학들이 인구 1,000만이 넘는 대도시에 전부 몰려 있는가? 서울 소재 대학들의 경쟁력은 지리적 위치에서 나오는 것이다. 물론 그것만으로 환원할 수 없는 경쟁력이 있는 건 분명하지만, 어느 순간 지리적 위치가 달라지면 곧 상실할 수밖에 없는 것이라는 점에서 지리적 위치의 중요성은 절대적이다. 지방 대학들은 산학협동마저도 바로 그 '지리적 위치' 때문에 수도권 대학에 밀릴 수밖에 없으며, 지방대의 경쟁력마저 다른 요소와 상관없이 서울과 얼마나 가까우냐에 따라 결정되는 것이 현실이다(김상영, 2008 ; 최창봉, 2008). 부질없는 가정이긴 하지만 서울대가 캠퍼스를 전라남도로 이전한다고 해보자. 그간 축적해온 서울대 파워 때문에 그래도 한동안 '전남 서울대'로 갈 학생들이 많긴 하겠지만, 비슷한 조건하에서 '전남 서울대' 대신 '서울 연·고대'를 택할 학생들이 크게 늘 것이며 서울대 파워는 점점 더 약화될 게 틀림없다. 연·고대 중 한 대학이 강원도 동해 쪽으로 이전한다고 가정해봐도 좋겠다. 두 라이벌 대학의 운명은 어떻게 될까? 아마 곧 '연·고대'라는 말이 사라지고 서울에 있는 어느 한 대학의 압도적 우위가 나타날게 틀림없다.

이른바 '간판문화'가 극성을 부리는 한국에서 SKY의 간판 가치는 평생 간다. 즉, 20세 전후에 한 번 치른 경쟁의 결과가 평생 지속된다는 뜻이다. 우리의 입시전쟁은 바로 그런 '병목 현상'이다. 이후에 경쟁이 없는 건 아니지만 초기 경쟁의 효과를 뛰어넘기는 매우 어렵다. 바로 그런 이유 때문에 SKY에 들어간 학생들은 추가적인 경쟁의 강력한 동인을 잃게 되고, SKY에 들어가지 못한 학생은 자포자기하는 마음으로 적극적인 경쟁에 임하기 위한 자기개발에 소홀해진다. SKY의 간판 가치는 일종의 '지대 추구rent-seeking' 효과다. 지대 추구는 사적 영역의 집단들이 생산적 활동을 통해 수익을 얻기보다 국가 부문의 자원과 영향력에 접근하여 수익을 얻고자 하는 비생산적인 행위를 의미하지만, SKY의 간판 가치가 생산적 활동의 가치를 압도한다는 점에서 그 본질은 같다. 이는 정의롭지 않을 뿐만 아니라 진정한 경쟁을 죽여 한국의 발전과 진보를 방해하는 일이다.

3. '대학 식민지' 체제하의 지방

해방 후 지금까지 입시 제도는 크게는 15회, 작은 변화까지 합치면 36회나 바뀌었지만 모두 다 소기의 성과를 얻는 데 실패했다. 그 이유는 간단하다. 모든 변화가 한국 엘리트시장에서의 SKY 독과점 현상을 절대성역과 금기로 간주한 채 이루어졌기 때문이다. 흥미롭고도 놀라운 건 '내부 식민지' 타파를 정부의 목표로 삼다시피 했던 노무현 정부에게도 대학 식민지 체제에 대해선 아무런 문제의식이 없었다는 점이다. 이를 잘 보여준 게 노무현 정부가 2004년에 발표한 '2008학년도 대입 제도 개선안'이다. 고교 내신성적으로 학생을 선발하도록 하고 수능은 등급제로 바꿔 지원 자격으로 사용할 것을 권장하는 내용이었다. 물론 이는 최악의 실패작이었다(이범, 2008). 어린 학생들과 그들의 학부모에게 주는 고통의 내용만 조금 다를 뿐, 그 고통의 근원을 외면한다는 점에선 이명박 정권이나 노무현 정권이나 아무런 차이가 없었다. 노무현 대통령에게 대학 식민지 체제에 대한 문제의식이 없거나 약했다는 것은 그의 2005년 10월 발언으로도 입증되었다. 그는 "사교육은 특별히 욕심을 내서 특별한 재능을 키우기 위한 것"이라며 "대학을 가기 위해, 필수 과제를 위해 사교육을 받는 일은 10년 내에 없어질 것"이라고 주장했다. 대통령부터 이런 어이없는 착각을 하고 있었으니 노무현 정부하에서 사교육비가 폭증한 것이다. 사교육은 특별히 욕심을 내서 특별한 재능을 키우기 위한 것이 아니라, 별 욕심이 없더라도 20세 전후에 한 번 치르는 시험으로 인생이 결정되는 경쟁 시스템에서 낙오되지 않기 위한 최소한의 자구책일 뿐이다.

지방에서 학생 부족으로 문을 닫는 대학들이 속출한다 해도 사교육 수요는 줄지 않게 되어 있다. 나중에야 어떻게 될망정 사교육은 일단 서울의 명문대 입학을 목표로 삼아 이루어지는 것이기 때문이다. 공교육 경쟁력 강화의 혜택은 공교육을 받는 모든 학생들에게 다 돌아가기 때문에 명문대 입학을 전제로 한 사교육 수요에 아무런 영향을 미치지 못하게 되어 있다. 왜 우리는 이 간단한 이치를 인정하지 않는 것일까? 거의 모든 이들이 자녀 교육을 이유로 수도권에 집착하지 않는가. 노무현 정부 시절에 시도되었던 혁신도시의 최대 난점 중 하나도 바로 인구 이주 문제였다. 공기업이 지방으로 이전해도 임직원들이 지방으로 이사를 오진 않는다는 것이다. 그런데 노무현 정부하에서 일어난 일은 정반대였다. 서울 소재 대학들은 계속 팽창한 반면 지방대 정원만 줄였다. 이렇게 되면 공기업·공공기관을 아무리 지방으로 이전해도 별 효과를 거둘 수 없다. 태평양을 사이에 두고 떨어져 사는 '기러기 부부'를 양산할 정도로 한국인의 자녀 교육열은 세계 최고가 아닌가. 그건 국가경쟁력 차원에선 우리의 자랑일 수도 있겠지만 개인적 삶의 질에 있어선 재앙을 초래하기도 한다. 공공기관들의 지방 이전이 완료될 경우 임직원들이 자녀 교육을 위해 서울에 거주하면서 지방에선 원룸 형태의 생활을 하는 일이 발생함으로써 서울-지방 간 불필요한 교통량만 폭증하고 직원들의 삶만 고달파진다는 건 쉽게 예측할 수 있는 일 아닌가. 모두를 괴롭게 만드는 비극이다. 대학 식민지 체제에 대한 고민이 결여된 혁신도시 사업은 성공할 수 없다.

그럼에도 서울 소재 대학들은 캠퍼스가 비좁다고 하늘로 치솟고 땅 밑으로 파고들더니 그걸로도 모자라 수도권에 제2·3의 캠퍼스를 짓느라 일로매진하고 있다. 김진석이 잘 지적했듯이 "연·고대를 비롯한 서울의 여러 사립대학들은 어마어마한 기업이다. 땅값을 감안하면 재벌에 가까울 정도일 뿐 아니라 서울로의 편향과 독점을 야기하는 대표적인 요인이다"(김진석, 2008, 216~217쪽). 서울 소재 대학 간 몸집 불리기 경쟁은 정부의 교육예산 차등 지원을 통해 얼마든지 통제할 수 있음에도 역대 정부들은 오히려 이를 장려하는 정책을 취해왔다. 전국교직원노동조합이 탄생한 1989년 5월 28일 이래, 그리고 노무현이 제16대 대통령에 취임한 2003년 2월 25일 이래 학생들과 학부모의 고통이 경감되기는커녕 더욱 악화되어온 결정적인 이유는 대학 식민지 체제에 대한 문제의식 결여다.

대학 식민지 체제가 지방에 미치는 최악의 폐해는 인재 유출이다. 참으로 이상한 것은 지방에 인재가 없다고 아우성을 치면서도 각 지역마다 지역의 우수 인재를 서울 소재 대학으로 보내는 걸 지역 발전 전략으로 삼고 있다는 사실이다. 지방의 자치단체와 교육청은 경쟁적으로 지역 학생들을 서울 명문대에 보내는 것을 장려하고 있다. 어느 자치단체는 서울대에 진학하는 학생에게 1,500만 원씩, 고교에는 서울대 합격자 1인당 800만 원씩, 연세대·고려대·포항공대·과학기술대 진학생에게는 900만 원씩, 고교에는 이들 대학 합격자 1인당 500만 원씩을 지원했다(백소영, 2006). 정도의 차이일 뿐 많은 지자체가 이런 금전적 지원책을 쓰고 있으며, 서울에 학숙을 지어 지방 인재들의 서울 유학을 장려하는 자자체들도 많다. 이는 서울에 가서 명문대를 나온 뒤 출세하면 고향 발전을 위해 기여해달라는 뜻이지만, 사실 이것이야말로 전형적인 식민지 근성의 발로이자 결과다. 전국적으로 벌어지는 이런 인재육성 전략은 사실상 중앙권력의 요직을 차지하기 위한 지역 간 경쟁으로 지역주의를 확대재생산하는 효과를 낳는다. 지방이 하나로 단결하면 기존 내부 식민지 체제는 크게 변화될 수 있지만, 그건 기대하기 어렵다. 지방이 바로 그런 '중앙 요직 차지하기' 경쟁에 함몰되어 있기 때문이다.

지방 학생들의 서울 유학은 지방민들의 삶을 어렵게 만드는 주요 이유 중 하나다. 서울에 있는 대학 재학생 40여만 명 가운데 지방 출신은 절반가량인 20만 명이나 되며, 이들의 학부모들이 서울로 보내는 등록금만 연간 1조 원이 넘는다(중앙일보 특별취재팀, 2001). 등록금뿐이랴. 집을 떠나 객지에서 대학에 다니기 때문에 들어가는 돈은 말할 것도 없거니와 그 밖의 다른 불이익도 많다. 어디 그뿐인가. 매년 수만 명의 학생이 서울 소재 대학으로의 편입을 위해 서울에 돈을 바치고 있으며, 고교생들은 물론 대학생들까지 방학만 되면 각종 학원에 다니기 위해 서울로 간다. 이쪽으로 얼마나 많은 돈이 뿌려지고 있는지 추산할 수조차 없다. 돈도 돈이지만 이로 인한 삶의 황폐함은 어찌할 것인가?

"방학을 맞은 지방대생들이 영어 학원이 밀집한 서울 종로와 강남 일대에 모여들고 있다. 방학 내내 영어 공부에 '올인' 하기 위해 팔자에도 없는 유학을 떠나오게 된 것. 2~3년 전 형성된 이런 분위기는 어떤 사회적 주목도 받지 못한 채 해를 거듭할수록 점입가경이다. 취업을 위해서 대학뿐 아니라 학원도 '인in 서울' 해야만 살아남는다는 사실이 아무래도 섬뜩하다"(김강지숙, 2006).

"여름방학을 앞두고 자녀를 서울 강남 지역 학원에 보내기 위해 남편은 집에 남겨둔 채 자녀를 데리고 단기간 상경해 생활하는, 이른바 '서울 기러기 엄마' 가 늘어나고 있다"(오윤희·원세일, 2008).

학생들만 서울로 가는 게 아니다. 매년 수백 명의 지방대 교수가 서울 소재 대학으로 이동하고 있다. 지방대에서 일하다가 무엇이 맞질 않아 뒤늦게 서울로 갈 결심을 한 게 아니다. 처음부터 지방대는 거쳐 가는 곳으로 생각한 결과다. 성경융은 "현재 지방 대학에 있는 사회과학자들은 서울 등 외지에서 간 사람들이거나 현지 출신이라도 어릴 때 고향을 떠났다가 다시 돌아간 사람이 대부분"이라며 "이들 가운데는 현지에 소속감을 느끼지 못하고 평생을 서울만 바라보며 사는 사람들이 많다"고 말한다(신연수, 1993 재인용). 지방대가 서울 소재 대학의 교수 양성소로 전락하는 건 단지 인재 유출의 문제에 그치지 않는다. 설사 서울 소재 대학으로 옮겨가지 못한다 해도 그걸 목표로 삼는 지방대 교수들의 수는 훨씬 더 많을 것이고, 이들이 지역사회 발전에 기여하겠다는 마인드를 갖기는 어렵다는 점이 더 중요하다. 물론 이런 상황에선 대학 식민지 체제에 대한 저항의 목소리도 나오기 어렵다. 또한 지역 연구는 학술성 인정과 연구비 지원 등에서 매우 불리하기 때문에 지방 대학에 영원히 머무르려는 교수들도 지역 연구를 회피한다(문종대, 2004, 8~9쪽).

대학 식민지 체제는 미디어 식민지 체제와 맞물려 사회적 의제로 떠오르지 못하고 있다. 방송은 물론 신문까지 철저하게 서울 중심적이다. 김주완은 "지금 『경남도민일보』에서는 '중앙지'라는 말 대신 '서울지'라는 표현이 정착되어 있다. 나는 전국의 모든 지역일간지에서 '중앙지'라는 말부터 없애 버리자고 제안하고 싶다. 그렇게 불러도 무리가 없을 만한 이유가 있다"며 다음과 같이 말한다. "서울지는 하루에 지면을 40페이지에서 무려 60페이지까지 제작한다. 그러나 그중 지역 소식을 전하는 지면은 고작 1페이지에 불과하다. 그것도 부산·울산·경남을 묶어서 낸다. 어떤 신문은 대구·경북까지 한데 묶어 '영남판'을 내기도 한다. 그럼에도 '서울지'들이 지역의 신문시장을 거의 장악할 수 있는 것은 그들이 만들어내고, 그들이 고착화시킨 우리 사회의 뿌리 깊은 중앙집권문화 때문이다"(김주완, 2007, 181~182쪽).

서울지의 총매출액은 전국 지방지 총매출액의 7배나 된다. 서울지의 인력 구성은 대학 식민지 체제의 수혜자들로 구성되어 있어 대학 식민지에 대한 문제의식이 없거나 약하다. 1960년대 이후 1990년대까지 중앙지 편집국장 184명 중 77%가 SKY 출신이라는 게 이를 잘 말해준다. 2003년 6월 기준으로 『경향신문』, 『동아일보』, 『서울신문』, 『조선일보』, 『중앙일보』, 『한겨레』 등 6개 신문사의 부장급 이상 간부 263명 중 SKY 출신 점유율은 67.3%, 조선일보의 부장급 이상 간부 중 SKY 출신의 점유율은 90%나 된다(박홍기·김재천, 2003, 51~52쪽). 게다가 역사적·인적 관계로 인해 "『조선일보』나 『동아일보』는 사실상 연세대·고려대의 학보사라는 말까지 나오고 있"는 현실이다(김동훈, 2001, 165쪽).

이런 인적 구성으로 인해 서울지는 대체적으로 학벌 경쟁을 사실상 긍정하거나 미화하는 보도 프레임을 고수하고 있다. 게다가 일부 유력 서울지는 자신들이 직접 사교육시장에 뛰어든 이해 당사자가 아닌가. 그래서 변화의 목소리를 낼 수 있는 출구마저 보이질 않는다. 그런 상황에서 대학 식민지 체제는 이미 대중의 일상적 삶에 깊은 뿌리를 내렸다. 국내 유명 결혼정보업체의 남성 특별회원 내부 심사기준 가운데 학벌 관련 점수표는 서울대·연세대·고려대 20점, 포항공대·카이스트·한양대·성균관대·중앙대 15점, 지방 국립대 및 서울 소재 대학 10점, 지방 4년제 사립대 5점을 매겼다. 기업도 마찬가지다. 국가인권위원회가 2003년 공개한 자료에 따르면 4대 대기업들은 신입사원을 채용할 때 대학의 서열에 따라 차등 점수를 매겨 차별하고 있는 것으로 드러났다. 평범한 젊은이들에게도 대학 식민지 체제의 내면화가 고약하게 자리 잡았다는 걸 말해주는 사건은 인터넷상에서 수시로 일어난다. 예컨대 『쿠키뉴스』 2006년 8월 31일자에 따르면 "최근 한 인터넷 사이트에 소개된 연세대생이 원주캠퍼스 학생임을 밝히지 않았다는 이유로 신촌캠퍼스 학생 등 네티즌들로부터 사이버 테러를 당했다. 이 학생을 공격한 네티즌들은 '왜 원세대(연세대 원주캠퍼스를 비하해 부르는 은어)생이 연세대생인 척하냐'며 원색적인 비난을 퍼부었다"(하재근, 2008, 336쪽).

지금과 같은 대학 식민지 체제는 이른바 '노블레스 오블리주'를 불가능하게 만든다. 이게 기존 입시전쟁이 한국사회에 미치는 가장 치명적인 악영향이다. 2005년 7월 5일 밤 MBC 〈PD수첩〉이 공개한 고위층의 병역의무 기피 실태에 따르면, 국적 이탈자의 아버지 출신 학교를 보면 서울대가 560명으로 45.8%, 연세대 145명으로 11.8%, 고려대 84명으로 6.8% 순으로 나타났다. SKY 점유율이 64.4%에 이르렀다. 물론 이 문제는 세계화 시대에 윤리적 문제로만 볼 일은 아니지만 한국 엘리트에게 노블레스 오블리주가 없다는 데엔 만인이 동의하고 있다(이종오, 2000 ; 전상인, 2008).

대학 식민지 체제 타파의 가장 큰 걸림돌은 결정권을 가진 엘리트들의 노블레스 오블리주 결여와 더불어 이른바 '사이즈 콤플렉스'다. 청와대 국정기획수석비서관이었던 박재완은 이렇게 주장했다. "수도권 규제 문제도 좀 더 큰 차원에서 봐야 합니다. 우리나라 전체가 중국의 자치성 하나보다 작아요. 이 좁은 나라 안에서조차 수도권, 비수도권으로 나누는 게 의미가 있는지 의문을 가져볼 수 있겠고요.…… 수도권과 비수도권의 동반 발전, 상생을 도모하는 것이 중요합니다. 이전 정부에서처럼 수도권에 있던 것을 빼내서 비수도권으로 이전하는 것은 낡은 방식입니다. 그렇게 하면 수도권과 비수도권의 격차는 완화할 수 있겠지만 전체 파이는 똑같지 않습니까"(박재완, 2008, 131쪽).

경남 마산에서 자라 부산고(이후 서울대 경제학과, 하버드대 정책학 박사)를 나왔다는 그가 '지방'보다는 국가 전체를 생각하는 애국심을 보인 것에 감동해야 마땅하겠건만, 한숨이 터져 나온 건 어인 이유일까? 박재완의 이론은 아무리 선의로 해석해도 기껏해야 위에서 잘하면 밑에서도 얻어먹을 국물이 생긴다는 이른바 '국물이론 trickle down theory'이다. 그 효용이 전혀 없다고 말할 수는 없다. 그러나 대大를 위해 소小가 희생하거나 인내하라는 것은 옳건 그

르건 독재 체제하에서나 가능한 일이다. 지금 지방의 요구는 무조건 수도권에 있던 것을 빼내서 비수도권으로 이전하라는 게 아니다. 전체 파이를 키우지 못하면서 나눠 먹기만 하자는 것도 아니다. 중앙의 기만적인 정책, 그리고 새로 투자·투입되는 돈과 인허가권이 수도권 위주로 돌아가는 것에 문제를 제기하는 것이다.

대학 식민지 체제에서 비롯된 사교육 과잉과 입시전쟁은 정치를 무의미하게 만든다. 대중은 정치라는 '공적 해결방식' 대신 각개약진식의 '사적 해결방식'을 택했기 때문에 정치에 관심과 시간을 투자하지 않기 때문이다. 정당에 가입해 당비 내고 시민단체에 가입해 회비 내는 건 꿈도 꾸기 어렵다는 것이다. 2006년 한국개발연구원의 '사회적 자본 실태 종합조사' 보고서는 이런 현실을 잘 보여주고 있다. 이 보고서에 따르면 우리나라 국민들의 사회적 관계망 가입비율은 동창회가 50.4%로 가장 높고 종교단체 24.7%, 종친회 22.0%, 향우회 16.8% 등이 뒤를 이었다. 반면 공익성이 짙은 단체들의 가입률은 2%대에 머물렀다. 소득·학력이 높을수록 연줄을 중시하는 것으로 나타났다(오관철, 2006). 사정이 이와 같은바, 사교육 과잉과 입시전쟁 문제를 해결하지 않고서 '정치의 정상화'라거나 '민주주의 발전'을 기대하기는 어렵다는 것이다. 그러니 어찌 지방분권이며 지역균형발전의 순조로운 이행이 가능하겠는가.

4. 결론 및 논의

대학 식민지 체제에서 비롯된 '삶의 피폐화'의 원인은 일극 집중 서열 체제와 그에 따른 SKY 출신의 사회 요직 독과점에 있는데, 우리는 원인을 방치하거나 악화시킨 채 '증상' 과만 싸우고 있다. 최근 사회적 현안이 되고 있는 대학 입학 사정관제나 진보 교육감들의 '진보적 투쟁' 역시 '증상' 과의 대결이라는 점에서 사회적 갈등만 증폭시킬 뿐 그 어떤 결실도 맺기 어려울 것이다.

SKY의 각 분야 고위직 독과점 체제는 형평의 문제를 넘어서 진정한 의미의 '경쟁'과 '엘리트'를 죽인다는 점에 주목할 필요가 있다. 학벌이라는 신분으로 결속된 양적 인해전술 경쟁에 의존하는 엘리트에게서 무얼 기대할 수 있겠는가. 국내 경쟁력만 강해질 뿐이다. 국외 경쟁력을 갖기 위해서라도 엘리트는 '홀로 서기'에 익숙해질 필요가 있다. SKY의 지방 이전이 가장 좋은 해결책이지만 그게 어렵다면 SKY 정원을 단계적으로 대폭 줄여 소수정예주의로 가게 만드는 것도 하나의 작은 대안이다. 이는 모두에게 좋다. 국내에서 존경을 누리면서 국내가 아닌 국외를 대상으로 경쟁을 하게 만들면 SKY에게도 좋고, SKY의 기존 인해전술이 사라진 공백을 놓고 다른 대학들이 치열한 경쟁을 함으로써 범국민적 차원의 '패자부활전'이 가능해진다. 즉, SKY를 향한 기존 입시 병목 현상이 크게 완화될 수 있다는 것이다.

그러나 SKY의 정원을 줄이면 문제가 더 악화된다고 주장하는 이들이 많다. 흥미로운 건 진보진영에서 이런 반대의 목소리가 더 높다는 점이다. 박거용은 "'서울대의 자기 축소'를 요구하는 주장은 더 피 말리는 입시 경쟁을 불러올 것이라는 점에서 볼 때 타당성에 의문을 던져주고 있다"(박거용, 2005, 205쪽)고 했다. 김기수는 "서울대학교 같은 일류 대학의 학부생 정원을 대폭 줄인다는 방안에 대해서 생각해보자"며 "대학 입시 경쟁이 일류 대학의 학부 입학을 둘러싸고 벌어지는 것이라면 그 일류 대학의 학부생 정원을 가령 10분의 1로 대폭 감축했을 경우 우리가 분명하게 예언할 수 있는 것은 경쟁이 더욱 치열해질 것이라는 점밖에 없다"고 했다(김기수, 1997, 285쪽).

이런 주장은 일면 타당하지만, 문제의 핵심을 놓친 것이다. SKY 정원을 그대로 두거나 늘리면 사태가 악화되지는 않으리라 보는가? 중요한 건 사회 전 분야에 걸쳐 SKY 출신은 상층부의 50~90%를 점하고 있다는 사실이며, 이게 달라지지 않는 한 대학 입시에 모든 걸 거는 지금과 같은 범국민적 차원의 사교육 열풍은 사라지지 않으리라는 점이다. SKY의 정원을 대폭 줄이면 경쟁이 더욱 치열해질 것이라는 주장은 맞다 하더라도 큰 문제는 아니다. 어차피 기존 체제하에서도 서울대에 갈 실력이 안 되는 학생들은 연·고대를 가고 있으며 연·고대를 못 가는 학생들은 다음 순위의 대학들을 가고 있다. 즉, 모두 다 오직 SKY에만 목을 걸고 있는 건 아니란 말이다.

반대로 물어보자. SKY의 정원을 대폭 늘리면 경쟁이 약화되는가? 그게 꼭 그렇지 않다는 데에 이 문제의 묘미가 있다. SKY의 정원이 줄면 정원 축소에 따른 경쟁률 상승과 더불어 "SKY의 특권적 지위가 강화되기 때문에 꼭 SKY에 들어가야 한다"는 이유로 경쟁이 더욱 치열해지라는 가설이 가능하다. 그렇지만 반대로 SKY의 정원이 늘면 "SKY에 저렇게 많이 들어가는데 SKY 못 나오면 더 죽는다"는 이유로 경쟁이 더욱 치열해지리라는 가설도 가능하다. 유치원 때부터라면 몰라도 고3이 되어서까지 "죽어도 SKY 아니면 안 된다"는 사람은 많지 않다. 그들의 그런 결정은 존중해주자. SKY에 들어가기 위해 재수, 3수, 아니 4수를 하더라도 장한 일이라고 격려해주자. 중요한 건 절대다수의 학생들이 취하는 태도다. SKY의 독과점 파워가 약해지면서 대학 서열의 유동화가 일어나면 대학에 들어가서도 다시 한 번 경쟁해볼 수 있다는 가능성이 미칠 수 있는 영향에 주목해보는 게 옳지 않을까?

사회 각계 엘리트의 절대다수가 3개 대학에서 나오는 것과 30개 대학에서 나오는 것이 무슨 차이가 있는가? 엄청난 차이가 있다. 엘리트 충원 학교가 대학별 특성화로 다양화된 수십 개 대학으로 늘어나면 서열 유동성이 생겨나게 되고, 대입전쟁의 열기를 대학에 들어간 이후로 분산시킬 수 있다. 어렵게 생각할 것 없이 공정거래법의 원리로 이해해보자. 공정거래법상 1개 사업자의 시장점유율이 50%를 넘을 경우, 상위 3사의 점유율이 75% 이상일 경우, 시장지배적 사업자(상위 3사에 포함되어도 점유율이 10% 미만인 사업자는 제외)로 지정된다. 이렇게 하는 이유를 굳이 설명할 필요가 있겠는가? 공정거래법 개념을 입시 문제에도 원용해보자. 공정거래법은 일류 기업의 세력 팽창과 그에 따른 취업 기회를 제약한다. 그러나 그 누구도 공정거래법 적용으로 일류 기업 입사 경쟁이 치열해진다고 불평하거나 걱정하지 않는다. 그런데 왜 SKY 소수정예화 방안에 대해선 위험하다고 벌벌 떠는 사람들이 많은 걸까?

대학 식민지 체제는 보수주의자들에 의해서만 지켜지고 있는 것은 아니다. 사실 우리가 가장 먼저 넘어야 할 장애는 '서울대 폐교'라거나 그에 준하는 근본주의적 대안 이외엔 그 어떤 타협도 하지 않으려는 '진보적 근본주의자들'이다. 학벌·서열·경쟁은 비판의 대상이지만 깨거나 없앨 수 있는 건 아니다. 이를 깨거나 없애려는 시도 이외에 어떤 다른 타협책도 수용하지 않으려는 경직된 자세를 '진보적 근본주의'라 부르는 것이다. 이 세상 모든 일엔 명암이 있는 법이다. 일방적으로 나쁘거나 좋기만 한 일은 없다. 입시전쟁이 한국사회에 미친 긍정적인 영향에도 주목하는 게 필요하다. 그런데 진보적 근본주의자들은 '엘리트'라는 개념마저도 인정하지 않으려고 한다. 아름다운 일이긴 한데 그걸 현실 세계에서의 정책 목표로 삼는 건 어리석은 정도를 넘어서 매우 무책임한 일이다. 우리가 아무리 평등을 추구하더라도 누군가는 대통령을 해야 하고 도지사를 해야 하고 시장을 해야 하고 총장을 해야 하고 사장을 해야 한다. 직책이 그럴 뿐 모두 다 평등하게 사는 세상은 우리가 앞으로 계속 추구해야 할 이상이지만, 그 이상을 대안으로 삼을 수는 없는 일이다. '학벌 타파'라는 말도 쓰지 말아야 한다. 학벌도 없고 서열도 없는 사회가 온다면 얼마나 좋겠는가만서도 그런 사회는 영원히 오지 않을 것이다. 그런 사회가 이 지구상에 단 하나라도 있는가? 없다! 학벌 타파는 '학벌의 극소수 독과점 체제 타파'의 의미로 쓰이기도 했지만 많은 진보주의자들이 말 그대로의 학벌 타파를 대안으로 생각하고 있는바, '학벌 완화'라는 말을 쓰는 게 바람직하다.

학벌의 독과점에 반대하고, 서열의 유동화를 지지하고, 경쟁의 합리화를 주장하는 선의 타협이 필요하다. 한국의 엘리트시장에 있어서 SKY에 의한 기존 독과점 체제의 강화는 SKY의 이익엔 기여할 수 있을망정 대학 입시전쟁을 더욱 격화시켜 이미 충분히 피폐해진 한국인들의 삶을 더욱 피폐하게 만들 수 있다. 지금 우리에게 가장 필요한 건 '다원적 경쟁 체제'다. 그래야 경쟁의 병목 현상에서 벗어나 합리적인 평생 경쟁 체제로 갈 수 있다. 즉, 대학의 기존 '고정 서열제'를 노력하기에 따라 달라질 수 있는 '변동 서열제'로 바꿔야 한다는 뜻이다. 이를 위해선 SKY가 기존의 문어발식 팽창주의를 지양하면서 소수정예주의로 내실화를 기해야 한다.

세계 꼴찌를 기록한 출산율의 주요 이유가 바로 입시전쟁과 사교육비 부담 때문인데, 출산율 꼴찌야말로 국가경쟁력을 걱정하는 엘리트들이 가장 두렵게 생각해야 할 일 아닌가? 이런 질문에 대한 고민이 포함된 대안 제시도 해가면서 엘리트 노릇을 해야지, 오직 평등주의가 나라 망친다는 선전·선동만 해서야 쓰겠는가. 학벌 개혁을 바라는 사람들은 성에 차진 않겠지만, 방향이라도 제대로 잡자는 뜻에서 SKY 소수정예화 방안을 재검토해볼 필요가 있다. 이는 입시전쟁과 사교육 문제가 교육정책 때문에만 형성된 것도 아니고 교육정책만으로 바꿀 수 있는 게 아니라는 걸 인식해야 한다는 요청이기도 하다. 수백 년 세월 동안 형성된 서울 일극 체제하에서 만개한 서열·

연고문화는 하루아침에 바꿀 수 없기 때문에, 오랜 시간과 더불어 인내가 필요하다는 뜻이기도 하다.

7장

영어의 문화정치학

한국에서의 '영어제국주의'에 관한 연구

1. 영어제국주의론

2009년 현재 전 세계에서 4억 명이 영어를 모국어로 사용하며, 3~5억 명은 제2외국어로서 유창하게 구사하고, 7억 5,000만 명이 영어를 배우는 중이다. 또한 전 세계의 영향력 있는 신문들은 대부분 '영어판'을 만들며, 세계 주요 과학잡지의 90% 이상이 영어로 발간된다. 세계 100대 대학 중 영어권 대학이 75개이고 인터넷 정보의 70%가 영어로 되어 있다. 이와 관련, 미국 카네기평화연구소의 연구원 알리 웨인은 2009년 6월 "2015년에는 전 세계 인구의 절반 이상이 영어를 사용할 것"이라면서 "영어가 지구촌 비공식 공용어로 사용되는 한, 미국의 파워는 유지될 것"이라 전망했다. 웨인은 영어의 영향력이 커지는 원인으로 '신분 상승upward mobility' 욕구를 들었다. '수퍼 파워' 미국을 대체할 국가로 꼽히는 중국에서조차 영어는 사람들이 중산층으로 진입하기 위한 수단이라는 것이다. 웨인은 "라틴어·프랑스어 시대에 이어 지금은 영어의 시대다. 영어의 영향력이 증가하는 한, 미국도 석양 속으로 사라지는 일은 없을 것"이라고 주장했다(이혜운, 2009).

이와 같은 영어의 세계적인 지배력을 가리켜 오래전부터 '영어제국주의 English Linguistic Imperialism'라는 말이 쓰이고 있으며, 이는 국내에서도 활발한 논의의 대상이 되어왔다(복거일, 1998 ; 고종석, 1999 ; 김영명, 2000 ; 박영준 외, 2004 ; 태혜숙, 2004 ; 윤지관, 2007 ; 강준만, 2009, 2010). 김영명은 영어제국주의는 역사적으로 ①직접적인 식민통치 ②개발 원조 ③영어의 상품화 등의 방식으로 전개되었다고 지적하면서 "영어제국주의는 정치적·문화적·경제적 제국주의 모두와 밀접히 연결되고, 어떻게 보면 제국 지배의 구체적인 방식에 관계없이 가장 보편적이며 항구적이고 뿌리 깊게 스며드는 패권 유지의 방편이라고 할 수 있다"고 말한다(김영명, 2000, 147~149쪽). '영어제국주의'라곤 하지만 이는 영국식 영어가 아니라 미국식 영어의 패권을 전제로 한 개념이다. 맥도널드를 상징으로 하여 초국적기업들이 지배하는 세상을 가리켜 '맥월드 McWorld'라는 표현을 쓴 벤저민 바버는 "맥월드의 기준에서 볼 때 영국식 영어는 미국의 상류층 소비자들을 겨냥하여 광고회사에서 사용하는 거만한 사투리에 불과하다"며 "미국식 영어는 과학, 기술, 상업, 수송, 금융에서뿐만 아니라 문화, 예술에서도 세계의 주요 언어로 자리 잡고 있다"(Barber, 2003, p.133)고 말한다.

과거엔 미국과 관련하여 '제국'이라거나 '제국주의'라는 단어를 쓰면 반미反美라거나 좌파라는 딱지가 붙곤 했지만, 이젠 미국의 네오콘(신보수주의자)Neo-Conservative 덕분에 그런 불필요한 오해가 필요 없게 된 것 같다. 2000년대 들어 네오콘들이 당당하게 미국이 '제국'임을 인정하고 긍정했기 때문이다. 예컨대 맥스 부트Max Boot는 로마가 정복을 위한 제국이었다면 미국은 민주주의와 안보라는 대의를 위한 제국이기 때문에 '선의의 제국'이라고 주장하며, 디네쉬 드수자Dinesh D'Souza는 "미국은 역사상 가장 관대한 제국이므로 우리는 더 큰 제국의 힘을 가져야 한다"고 주장한다(Ferguson, 2004/2010, p.52). '선의의 제국' 이건 '관대한 제국' 이건 미국이 제국임은 분명한 사실인바, '영어제국주의' 라는 용어에 대해서도 괜한 이념적 논란을 거두고 열린 자세를 갖는 게 좋겠다.

영어가 모국어가 아닌 나라에서 뜨거운 영어 교육열이 나타나는 이유와 양상은 나라마다 조금씩 다르다. '신분 상승' 욕구가 영어 교육열의 주된 이유라는 건 어느 나라나 같지만, 유난히 내부 경쟁용 구별 짓기의 목적이 두드러지는 나라가 있다. 바로 한국이다. 한국인들이 한 해 영어 교육에 쏟아붓는 사교육 비용은 약 20조 원이지만(일본은 7조 원), 한국인들의 영어 구사 능력이 투자한 '인풋in put' 에 비해 부실한 '아웃풋out put' 을 보이는 것도 바로 그런 이유 때문이다. 이와 관련, 차미례는 이렇게 말한다. "한국에서의 '영어에 관한 모든 것' 은 외국인들에겐 신비와 엽기 그 자체다. 학교에서 영어를 10년 배우고도 못하는 나라, 길 가는 사람에게 '영어 할 줄 아느냐' 고 물으면 반드시 영어로 못한다고 대답하는 나라, 취직 승진 등 모든 시험에 영어가 '필수' 이면서 공용어는 아닌 나라, 도로표지판과 관광안내의 영문 표기가 전국적으로 다르고 홍보책자도 틀리는 나라, 그러면서 영어 교육열은 극에 달해서 아기들까지 과외 공부를 시키는 나라"(차미례, 2001).

이는 한국사회의 내부 경쟁이 그만큼 치열해서 나타나는 현상이지만, 한국인의 강한 상층지향성이 그런 내부 경쟁을 실용적 차원을 넘어서 심리적 차원으로까지 격화시킨다는 점에 주목할 필요가 있다. 상층지향성이라 함은 국내는 물론 국가 간 관계에서도 작용하는데, 이는 힘이 있고 앞서가는 나라의 문물을 받아들이거나 흉내 내려는 강한 욕구로 나타난다. 이를 가리켜 '사대주의' 라고도 할 수 있겠지만, 선진화 욕구가 강하다고 볼 수도 있는 것이다. 여기에 "네가 하면 나도 한다"는 식으로 소외당하지 않으려는 한국형 평등주의가 가세했다고 볼 수 있다. 본 논문은 한국에서의 '영어제국주의' 가 우선적으로 내부 경쟁용 구별 짓기의 양태로 구현된 것에 주목하여 그 전개 과정을 기업 경쟁, 대학 경쟁, 조기교육 경쟁, 조기유학 경쟁, 평가시험 경쟁의 5단계로 나누어 살펴보고자 한다. 이 5단계는 서로 앞서거니 뒤서거니 동시다발적으로 일어나면서 상호 영향을 미치지만, 갈수록 '실용'과는 거리가 멀어지면서 내부 경쟁용 구별 짓기가 고착화되는 순서로 보아도 무방하다.

2. 영어제국주의의 5단계

개화기와 일제강점기에도 일부 사람들 사이에서 영어 열풍이 불었지만, 영어 능력이 출세의 지름길로 본격적인 신통력을 발휘하기 시작한 건 해방 후 영어가 공용어가 된 미군정 시대부터였다. 당시 영어를 할 수 있는 통역관들이 막강한 권력을 행사했다. 뇌물이나 매수 등을 뜻하는 속어인 '사바사바'라는 말도 바로 이때부터 생겨났는데, 이는 영어의 위력에서 비롯된 말이었다. 대한민국 건국 후에도 미국 의존도가 워낙 높아 사정은 달라지지 않았다. 영어의 후광은 눈이 부실 정도였다. 1950년대 내내 오늘날엔 뉴스로 취급하기 어려운 영어 교육과 관련된 기사들이 신문지상을 많이 장식했으며, 영어 웅변대회에 대통령상이 내걸리고 입상자가 경무대를 방문해 대통령 부처를 만나는 영예를 누리기도 했다.

1960년 4·19혁명도, 1961년 5·16쿠데타도 영어를 향한 열망을 약화시키진 못했다. 특히 군사정부가 수출지향적 경제개발에 눈을 돌리면서 영어의 중요성은 더욱 커졌다. 그렇지만 이때까지 영어는 한국인들 사이의 '구별 짓기' 도구였을 뿐, 영어 실력이 대단한 건 아니었다. 정부조차 영어를 제대로 하는 사람을 구할 수 없어 자주 실수를 연발하곤 했다. 1961년 2월 8일에 체결된 한미경제협정은 한국어로 된 것이 없었다. 그래서 외무부에서 영어로 된 것을 번역해서 돌렸는데 오역이 많았다. 번역이 그 수준인데 통역은 오죽했으랴. 정부 행사에서조차 제대로 된 통역자를 구하기 어려워 한국어를 잘하는 미국인이 통역을 맡기도 했다.

본격적인 '수출전쟁'이 시작된 1970년대에 영어가 생존의 문제로 격상되면서 수출을 지휘하는 정부의 중앙부처가 영어 붐 조성에 앞장섰다. 1970년대 내내 수출이 국가 제1의 목표가 되면서 각 회사마다 자체 영어 교육을 실시하는 건 물론, 사설 영어 학원들이 학생과 직장인들로 문전성시를 이뤘다. 1980년대 초 대기업의 80%가 1년에 한 번씩 자체 영어 시험을 실시하고 있었다. 여러 대기업이 사원들의 영어 실력을 3등급으로 나눠 보너스를 차등지급하는 등의 장려책을 썼다. 바로 이런 영어평가시장을 겨냥해 1982년 일반인들의 영어 실력을 가늠할 수 있는 토익TOEIC이 한국에 상륙했다. 1980년대 대기업 입사 시험에선 면접 시 미국인이 등장해 지원자들을 대상으로 영어회화 실력을 검증했으며, 여기서 당락의 판가름이 난다는 말이 떠돌았다(박세훈, 1985). 그럼에도 범국민적 차원의 영어 열풍은 세계화가 이루어진 1990년대부터 나타난 현상이었다.

(1) 기업 경쟁

1993년 10월 국내 최고 기업인 삼성그룹이 국제화·정보화 시대에 맞는 인재를 선발·육성하기 위해 전공 시험을 폐지하고 영어듣기 시험을 도입하는 등 신입사원 채용 방식을 대폭 바꾸기로 했다고 발표함으로써 기업들의 '영어전쟁'에 불을 붙였다. 1995년 1월 1일 세계무역기구WTO의 출범은 그런 영어전쟁을 격화하는 결정적인 계기가 되었다. 김영삼 정부는 1995년을 '세계화 원년'으로 선포하면서, 이는 곧 '제2의 개국'이자 '참다운 광복'이란 의미를 갖는다고 주장했다. 세계화의 첫 번째 수단은 물론 영어였다. 이미 뜨거웠던 직장인들의 영어 학원 수강 열기가 더욱 뜨거워졌다. 출근 전이나 점심시간, 퇴근 후 시간을 이용한 직장인들의 영어 학원 수강이 붐을 이룬 가운데 서울 종로와 강남 지역에 밀집한 대형 영어 학원들의 수강생이 전년 대비 평균 30~40%가량 늘어났다. 직장 위탁교육은 영어 학원 출석 상황과 시험 성적 등을 인사고과에 반영하는 자료로 삼았으며, 우수한 성적을 올린 직원들은 '어학 수당'을 받기도 하고 성적이 나쁠 경우에는 각서를 쓰기도 하는 등 어학 학습관리가 조직적으로 이뤄졌다(동아일보, 1995년 2월 16일자).

1995년 6월 삼성 등 30대 그룹이 입사 필기 시험 과목 중 영어를 토익 등 공인시험 성적으로 대체하면서 이른바 '토익 신드롬'이 일어났다. 1995년 토익에 응시한 수험자는 42만 명에 이르렀으며 토익 점수를 사원 선발과 인사고과에 반영하는 기업체의 수는 500곳 이상이었다. 그리하여 '족집게 토익 과외'마저 생겨났다. 영어 실력보다는 영어 시험 치는 요령을 가르친 것이다. 이런 문제점을 들어 하이텔 여론광장엔 '토익 망국론'까지 등장했다. 설사 '토익 망국론'이 맞더라도 좋은 직장에 들어가기 위해선 어쩔 수 없는 일이었다. 좋은 직장에 들어갔다 하더라도 "영어 잘 못하면 사표 써야 할 판"이 되고 말았다. 1996년 들어 삼성그룹은 외국어 성적이 일정 수준에 못 미치는 임직원들에 대해 승진은 물론 호봉승급에서도 불이익을 주기 시작했으며, 외국인과 접촉이 잦은 한진그룹은 토익 750점 이상을 얻어야 부장 진급이 가능하도록 했다. LG그룹은 인도네시아 발리에서 개최한 그룹 경영세미나를 영어로만 진행했다. 영어를 그룹 공용어로 선포한 삼성그룹의 삼성물산에선 사장이 영어로 조회사를 했으며, 직원들은 '찰스 김', '에드워드 박'과 같은 영어식 이름을 가져야 했다(남대희, 1996 ; 경향신문, 1996년 2월 4일자).

LG는 1999년부터 신규 임원승진자들에 대해 자체 영어평가시험 LGA-LAP을 치른 뒤 성적이 낮으면 탈락시키기로 했으며, SK 최태원 회장은 1999년 8월 직원들과 영어간담회를 가진 뒤 향후 3년 안에 사내의 공식적인 의사소통을 영어로 하겠다고 선언했다. 삼성은 1999년 9월 23일부터 그동안 해외파견자만이 응시했던 회화능력테스트SST를 모든 직원에게 보게 했고 그 성적을 인사고과에 반영토록 했다. 또 2000년 1월부터 전 계열사 임직원에 대해 회화능력테스트를 통과해야 해외근무를 갈 수 있도록 했다.

2006년 3월 한국일보 기획취재팀이 서울대 경영학과 86학번 졸업생 51명을 조사한 결과 '영어 실력이 우수하다'고 응답한 그룹의 평균 연봉(1억 600만 원)은 '중간 혹은 그 이하'라고 답한 그룹(7,000만 원)보다 3,000만 원 이상 많았다(고재학 외, 2006). 2006년 5월 MBC가 72개 대기업 인사담당자를 대상으로 실시한 설문조사 결과 79.2%가 '영어가 승진과 연봉 책정에 영향을 미친다'고 답했다(경향신문, 2006년 5월 18일자). 승진과 연봉에서 불이익을 받을 수는 없는 일이었다. 그래서 이른바 '스파르타식 영어 학원'마저 성황을 누렸다. 이런 학원에선 직장인 수강생들이 엄격한 생활규칙은 물론 벌금이나 체벌까지 감수했다. 도중에 학원을 그만둔 한 회사원은 "어떤 강사는 시험에서 틀린 문제 수만큼 손으로 수강생의 등을 때리기도 했다"며 "이 나이에 맞으면서까지 영어 공부를 해야 하나 하는 생각이 들 때도 있었다"고 말했다(박원기·김혜경, 2007).

누군들 매 맞아가면서까지 그런 짓을 하고 싶었겠는가마는 세상이 모두 다 그렇게 미쳐 돌아가는 걸 어쩌겠는가. 2007년 10월 온라인 채용정보 사이트인 잡코리아에 따르면 직장인 1,075명 중 64.1%인 689명이 "직장생활을 하면서 영어 때문에 스트레스를 받고 있다"고 답했다. 스트레스를 받는 이유에 대해 응답자의 절반가량은 '영어 교육을 받지 않으면 다른 직장인들과의 경쟁에서 뒤떨어질 것이라는 불안심리 때문'(46.3%)이라고 밝혔다. 또 '영어

능력 부족으로 업무 처리가 원활히 이뤄지지 않기 때문'(27.6%), '회사에서 영어 실력을 중요하게 생각하기 때문'(12.3%), '영어 성적이 인사고과에 반영되어 승진에 지장 있을 것 같아'(10.7%) 등이 뒤를 이었다(박원기, 2007).

시간이 흐를수록 더 영어는 샐러리맨들의 승진과 출세를 결정짓는 생존도구가 되었다. 2010년 1월 잡코리아가 직장인 2,042명을 대상으로 "불경기에 직장인에게 가장 후회되는 것?"을 설문조사한 결과, 1위는 단연 영어(27.2%)였다. 전문기술과 자격증(25.1%), 좋은 학벌(15.3%)보다 더 높은 수치였다. 영어가 필요 없는 부서도 영어에서 결코 해방될 수 없는 게 현실이었으며, 구조조정 시즌이 오면 영어 못하는 사람이 희망퇴직 1순위라는 소문이 좌악 퍼졌다. 그래서 "학벌도 이기는 영어"란 말이 나돌 정도였다(이인열, 2010). 이 같은 영어 열풍은 학벌주의의 폐해를 넘어선 실력 경쟁이라는 점에서 긍정적으로 보아야 할까? 영어 열풍이 단지 기업에만 머무른다면 그렇게 볼 수도 있겠지만 문제는 기업에서의 영어 열풍이 사회 전반에 미치는 '눈덩이 효과'였다.

(2) 대학 경쟁

기업에서의 영어 열풍이 대학에서 확대재생산된 건 당연한 일이지만, 여기에 추가적인 요인이 가세했다. 그건 바로 영어를 대학끼리의 순위 경쟁의 도구로 보는 대학 간 경쟁이었다. 이를 잘 보여준 게 이른바 '민족 고대'를 내세운 고려대가 1990년 11월 7일 발표한 '대학 교육의 국제화 방안'이었다. 이 방안에 따라 고려대는 1991년부터 54개 전공강좌를 영어로 강의하기로 했다. 다른 대학들도 고려대의 뒤를 따르기 시작했다. 대학생들은 앞다투어 해외로 어학연수를 떠났다. 이화여대 신방과 94학번들의 경우 60명의 입학동기생 가운데 1997년 6월 휴학계를 낸 사람이 절반 가까운 28명에 이르렀으며, 2학기에 7~8명이 추가로 휴학계를 낸다고 했다. 해외로 어학연수를 떠나는 학생이 대다수였다. 서울 시내 각 대학에서 장·단기 해외연수를 경험한 학생 숫자는 4학년 졸업 정원의 절반에 이를 것으로 추산되었다(박종생, 1997; 유신모, 1997).

2000년대 들어 대학들은 더욱 강력한 영어 정책을 쓰기 시작했다. 예컨대 경북대는 해외연수를 다녀와야만 졸업장을 주겠다며 학칙 개정을 추진했고, 이화여대는 학과마다 1개 과목 이상을 영어로 강의하며 졸업 때 '영어소양 인증제'를 적용하겠다고 나섰다. 서울대, 경희대, 성균관대 등의 대학들은 자체 개발한 영어자격시험이나 토익 시험 등의 결과를 수강 자격과 졸업 자격의 기준으로 삼았으며 이는 다른 대학들로 급속히 퍼져 나갔다. 심지어 입학 자격까지 영어가 좌우했다. 2001학년도 대학 입시에서 토플과 토익 등 영어특기자로 신입생을 선발키로 한 학교는 고려대, 성균관대, 경희대를 비롯해 총 72개교에 달했다. 이에 따라 "토플과 토익만 잘해도 대학에 갈 수 있다"는 인식이 확산되면서 서울 강남·종로 등지에는 이를 노린 전문학원이 우후죽순처럼 생겨나면서 호황을 누렸다(홍성철, 2000).

2006년 9월 서울대가 2008학년도 정시모집 학생부 반영에서 토익·토플·텝스 점수를 참고자료로 활용하겠다고 밝히면서 토익·토플·텝스 열풍이 더욱 거세졌다. 영어 강의의 선두주자인 고려대는 2007년 1학기 개설 2,389과목 가운데 35%에 이르는 850과목을 영어로 강의했으며 2012년까지 영어로 하는 강의를 절반 이상으로 늘리겠다고 했다. 일부 대학에서는 독일이나 프랑스에서 공부한 교수에게 영어 강의를 요구하기도 했다(노현웅·이재훼, 2007). 이런 영어 강의 붐은 주요 대학 교수들의 절대다수가 미국 박사 출신이라는 것과 무관치 않았다. 예컨대 서울대 교수 1,711명 중 전공별 미국 박사 비율을 살펴보면 사회과학(경영·행정 포함) 82%, 자연과학 78%, 공학 76%, 교육학 57% 등이었으며, 서울대·연세대·고려대의 정치·경제·사회학과 교수 가운데 미국 박사는 전체의 86%에 이르렀다(신호철·채승희, 2005 ; 이한수, 2005).

대학의 영어 강의에 대해 『경향신문』(2007년 10월 9일자) 사설은 "요즘 우리 대학들은 '영어를 위한, 영어에 의한, 영어의' 교육에 사활을 걸고 있는 듯하다"며 다음과 같이 주장했다. "유학을 하고 영어를 잘한다는 교수도 소통 능력은 한국어의 절반 정도라고 한다. 울며 겨자 먹기로 영어 강의를 담당한 교수와 학생들 모두 전달력과 이해도가 낮았다고 털어놓고 있다. 이런 상황에서 질 높고 창의적인 강의를 기대하는 것 자체가 무리다. 우리말로도 쉽지 않은 전공 강의가 '영어 좀 말하는' 교수와 '영어 좀 알아듣는' 학생 사이에서 의미 없이 진행되는 게 현실이다. 영어와 강의의 두 마리 토끼를 다 놓치고 있는 셈이다." 그러나 영어 강의는 '영어와 강의라는 두 마리 토끼'를 잡기 위한 것이 아니었기 때문에 별문제 없었다. 대학 평가기준에 영어 강의 비율이 있는 상황에서 대학 랭킹을 높이기 위해 영어 강좌를 경쟁적으로 늘리는 것이 중요했다(강병한, 2007).

일부 대학에선 학생들을 위해 여름방학 영어 합숙훈련을 실시했다. 빡빡한 교육 일정과 군대 뺨치는 엄격한 규율을 자랑하는 어느 대학의 합숙훈련에선 한국말을 사용하거나 수업이나 저녁 점호 시간에 늦으면 벌점을 받고 몰래 휴대전화를 사용하면 정학을 받았다. 벌점이 40점을 넘으면 2박 3일 정학을 맞으며 정학 두 번이면 합숙소를 나가야 했다. 이 합숙훈련에 입소한 학생들은 "40일 동안 우리는 영어의 노예다", "얼마 전에는 가위에 눌렸는데 꿈에 나온 귀신조차 영어로 말하고 있었다", "한참 자고 있는데 감독관이 들어와 한국말로 잠꼬대를 했으니 벌점을 받으라고 해서 깜짝 놀랐다"고 말했다(조백건 외, 2009).

영어 강좌를 늘리는 게 여의치 않은 일부 지방 대학들은 학생 부족에 대응하기 위해서뿐만 아니라 정부의 대학평가 점수를 높이기 위해 외국 유학생 유치에 사활을 걸었다. 그 결과 2009년 기준으로 한국에서 공부하는 외국인 학생은 7만 8,000여 명으로 2003년의 1만 2,300여 명에 비해 7년 새 6배나 늘어났다. 지방대생들은 방학만 되면 서울로 영어 유학을 떠났다. 김강지숙에 따르면 "방학을 맞은 지방대생들이 영어 학원이 밀집한 서울 종로와 강남 일대에 모여들고 있다. 방학 내내 영어 공부에 '올인' 하기 위해 팔자에도 없는 유학을 떠나오게 된 것. 2~3년 전 형성된 이런 분위기는 어떤 사회적 주목도 받지 못한 채 해를 거듭할수록 점입가경이다. 취업을 위해서 대학뿐 아니라 학원도 '인in 서울' 해야만 살아남는다는 사실이 아무래도 섬뜩하다"(김강지숙, 2006). 더욱 섬뜩한 건 대학에서의 이런 영어전쟁이 초·중·고교는 물론 유치원에까지 널리 확산되었다는 사실이다.

(3) 조기교육 경쟁

초등학생을 대상으로 한 공교육 차원의 조기 영어 교육은 1980년대부터 시작되었지만, 이것이 본격화된 것은 서울 강남 지역을 중심으로 유치원생들에게까지 조기 영어 교육 바람이 불기 시작한 1992년부터였다. 이에 『한겨레』(1993년 1월 28일자)는 "세 살을 갓 넘은 유치원생들에게 영어를 가르치는 것이 서울의 강남 지역 등에서 유행하고 있다는 보도는 가뜩이나 문화적 식민지로 전락해 있는 우리 사회의 병든 현실에 짙은 그늘 한 자락을 더 드리운다"고 개탄했다. 이처럼 조기 영어 교육 붐에 대한 비판의 목소리도 높았지만 어머니들의 압도적 다수는 찬성이었다. 1994년 6월 서울리서치가 만 3~18세의 자녀를 둔 서울 지역 주부 500명을 대상으로 '조기 영어 교육에 대한 의견조사'를 실시한 결과 '꼭 필요하다'(39.8%), '필요하다'(50.8%)고 응답하는 등 90.6%가 찬성하고 있는 것으로 나타났다. '필요하지 않다'(7%), '전혀 필요하지 않다'(2.4%)는 반대 의견은 극히 적었다(한겨레, 1994년 6월 26일자). 기업과 대학에서 벌어지는 영어전쟁을 바꿀 수 없는 현실로 보고 그것에 대비하는 임전태세를 갖춰야 한다는 의식이 반영된 것으로 볼 수 있겠다.

기업과 대학을 강타했던 세계화 바람은 학부모들에게도 큰 영향을 미쳐 1996년 전국 방방곡곡에서 치열한 영어전쟁이 벌어졌다. 한국형 평등주의 논리는 이 분야에도 어김없이 작동했다. 키즈클럽, 원더랜드, PACE, ECC, 월드키즈, SLP영어학당 등 서울의 아파트촌 위주로 번져가던 어린이 영어 학원들이 곧 수도권 새도시를 비롯한 전국에 직영·체인점을 늘려가는 등 문자 그대로 우후죽순을 방불케 했다. 조기 영어 교육열은 상식을 초월했다. 두 살 갓 넘은 어린아이들을 대상으로 모든 수업을 영어로 진행하는 학원까지 생겨났다. 일부 지역 교육청에선 미취학 아동의 영어 교육을 자제하도록 행정지도를 했지만 영어 광풍을 막아내기엔 역부족이었다. 젊은 주부들을 중심으로 선생님을 고용해 태어난 지 2~3개월 된 아기에게 과외를 시키는 것이 유행처럼 번졌다. 일주일에 한 번 방문하는 선생님에게 '장난감 갖고 놀기'를 지도받는 전 모 군은 생후 6개월인데, "좀 더 일찍 시작하지 못한 걸 후회한다"는 어머니 김 모(27) 씨는 "남편은 '아기에게 뭐하는 짓이냐' 며 나무라지만 주변의 아기에 비해 뒤떨어지는 건 참을 수 없다"고 잘라 말했다(김용식, 2000).

한국 영어 교육의 본질을 이처럼 잘 꿰뚫어 본 말이 또 있을까? "다른 집 아이에 비해 뒤떨어지는 건 참을 수 없다"는 원리가 영어 교육열은 물론 모든 교육열의 본질이다. 이런 원리에 따라 일반 유치원 과정을 100% 영어로 가르친다는 고가高價 영어 유치원에 이어 심지어 어린이 혀 수술까지 등장했다. 『동아일보』 2002년 2월 5일자에 따르면 "혀와 혀 밑바닥을 연결하는 막

설소대를 절개하면 혀가 길어져 R과 L 발음을 잘할 수 있다고 믿는 학부모도 있어 서울 강남구 도곡동의 Y병원에는 하루 5건의 수술 신청이 접수되고 있고 실제로 하루 1~2건씩 수술이 이뤄진다는 것". 2002년 3월 31일자 미국 일간지 『로스앤젤레스타임스』는 한국 학부모들 사이에서 자녀의 영어 발음 향상을 위해 효과도 없는 혓바닥 절개 수술이 성행하고 있다고 소개하는 등 영어 조기교육의 이상열기를 서울발로 상세하게 보도했다. 이 기사에 따르면 서울 압구정동에서 병원을 개업 중인 남 모 씨는 "이 같은 수술을 한 달에 10건 정도 시술하고 있으며 수술 대상자는 대부분 5세 미만의 어린이"라고 말했다. 이 신문은 EBS의 인기 토크쇼 진행자 조너선 힐츠의 말을 인용, "한국에서 영어 배우기 열풍은 거의 국가적 종교와 같다"고 말했다(하천식, 2002 ; 국민일보, 2002년 4월 1일자).

2006년 5·31 지방선거는 이런 '국가적 종교'의 지역 간 경쟁 마당이 되었다. 참여연대, 함께하는시민행동, 녹색연합 등 280여 시민·지역 단체가 모인 '2006 지방선거시민연대'가 16개 광역단체장 후보들의 공약을 분석한 결과, 11명의 후보가 영어 마을 조성이나 원어민 교사 확충 등 영어 교육 관련 공약 15건을 내놓은 것으로 나타났다. 2007년 대선도 마찬가지였다. 대선 후보들은 앞다투어 "국가가 영어 교육을 책임지겠다"는 공약을 내놓았다. 한국에선 영어가 '종교'나 다름없다는 걸 인정하고 이해한다면 사실 더 이상 놀랄 일은 없다. 국내외 투자가들 사이에서 한국의 영어시장은 전 세계에서 중국에 이어 2위로 알려진 가운데, 세계적 사모펀드인 칼라일그룹과 세계적 자산운용사인 AIG그룹 등 외국 거대 자본들이 속속 국내 영어시장에 진출했다. 국내 업체들도 진화를 거듭해 2008년 여름방학을 맞아 유치원생·초등학생 사이에 예체능 분야를 영어로 배우는 바람이 불었다. 이른바 '피글리시(피아노+영어)', '태글리시(태권도+영어)'라 불리는 실기·영어 혼합 교습은 발레, 수영, 미술 등 다양한 분야로 확산되었다. '영어 말하기 열풍'이 '외친 (외국인 친구) 사귀기' 쪽으로 번지면서 심지어 돈을 주고 외국인 친구를 사귀는 일도 나타났다. 사설 어학원들이 10만 원 안팎의 돈을 받고 외국인 친구를 소개시켜주는가 하면 그런 일을 전담하는 사설 브로커까지 등장했다 (조민진·임정환, 2008). 이런 영어 조기교육 경쟁은 계층별 차별화 원리에 따라 조기유학 경쟁으로도 나타났다.

(4) 조기유학 경쟁

1992년부터 본격화된 조기유학 경쟁은 사실상 영어전쟁의 일환이었다. 학부모들이 "미국에 떨어뜨려 놓기만 하면 영어는 된다"거나 "그래도 몇 년 있으면 영어 하나는 제대로 배워 오겠지"라고 생각하는 게 조기유학 붐의 주요 이유였기 때문이다(손태규, 1992). 유학이 여의치 않으면 방학을 이용한 어학연수라도 보내야 했다. 1996년 7월 김포출입국관리사무소의 집계에 따르면 만 6~10세 어린이(유치원생~초등학교 4학년) 출국자는 1993년 3만 5,000여 명, 1994년 4만 7,000여 명에 이어 1995년에는 6만여 명으로 크게 늘어났다. 이들 중 대부분이 방학 기간을 이용해 영어 학원과 여행사가 모집한 해외어학연수프로그램에 참가하거나 개인적으로 미국, 캐나다, 호주 등 영어권 국가에서 3~4주간 어학연수를 받기 위해 출국하는 어린이들이었다(부형권, 1996).

일부 부유층에서 이뤄지던 유치원생 해외 영어연수가 중산층으로까지 확산되면서 600~700만 원이 넘는 자녀 어학연수 비용 마련을 위한 학부모들의 '연수 계모임'까지 등장했다. 경제력이 약한 학부모는 조기유학을 보내기 어려웠지만, 그렇다고 길이 전혀 없는 것은 아니었다. 경제력에 따라 미국, 영국, 캐나다, 호주, 뉴질랜드, 필리핀, 인도 등 조기유학을 보내는 국가가 달라졌다. 뉴질랜드에 체류 중이던 김완준은 "지금 한국에서는 영어 어학연수 붐이 무섭게 일고 있다. 한국에 있을 때는 그 사실을 체감할 기회가 없었는데 호주와 뉴질랜드에서 몇 달 생활하면서 정말 한국에 영어 어학연수 붐이 무섭게 일고 있구나, 하는 걸 실감할 수 있었다"며 "어느 정도냐 하면 호주의 경우, 호주 영어 학원의 한 반 정원이 12명가량인데 보통 8~9명이 한국인이고 심한 곳은 10명이 넘는다"고 했다(김완준, 1997, 327~328쪽).

조기유학 열풍은 이제 더 이상 '일부 상류층'에만 국한된 게 아니라 연봉 3,000~4,000만 원을 받는 샐러리맨들도 참여하는 대중화의 길로 나아갔다. 영어권 국가들이 이런 시장에 눈독을 들이지 않는다면 오히려 그게 더 이상한 일이었을 게다. 한국의 영어권 해외유학생을 유치하기 위해 영어권 국가 대학들과 어학연수기관들이 한국으로 몰려들어 홍보전에 적극 나섰다. 포털 업체까지 뛰어들었다. 2002년 5월 포털업체 야후코리아가 어린이를 대상으로 "2주 미국 어학연수에 550만 원" 상품을 내놓아 논란을 빚었다. 2000년대 중반부터는 초등학교들까지 직접 나서서 1인당 수백만 원이 들어가는 미국 교환학생을 선발했다. 서울의 한 초등학교에서는 4학년 전체 150여 명 중 매년 100명 정도를 교환학생으로 뽑아 현지 자매결연 학교에서 한 달 동안 미국 정규 교과수업을 듣게 했다. 비용은 500만 원을 훌쩍 넘어 이 학교에 3학년 딸을 두고 있는 최 모 씨는 '지원을 포기할지, 빚을 내서라도 보내야 할지 벌써부터 고민'이라며 '애들 기죽을까 봐 고민하는 부모들이 나 말고도 더 있을 것'이라고 말했다(홍진수, 2006). 애들 기죽일 수 없다는 이유로 초·중·고교에 불어닥친 영어 교육 열풍 속에 2007년 상반기 부모를 동반하지 않고 '나 홀로' 해외로 떠난 초등학생 수가 사상 최대를 기록했다. 2007년 1월부터 6월까지 인천국제공항에서 혼자 출국하는 어린이 승객을 위한 '비동반 소아 서비스'를 이용한 초등학생(만 5~12세)은 모두 4,503명에 이르렀다.

"한국에선 영어가 '종교'나 다름없죠. '숭배' 해야 '출세' 할 수 있다는 믿음이 존재하는 것 같아요." 2008년 6월 한국일보 기자 강철원이 동남아 조기유학 실태를 현지에서 취재하면서 필리핀 마닐라에서 대면한 30대 후반의 학부모 A씨는 동남아 조기유학 '광풍'의 이유를 이런 식으로 분석했다고 한다. 간단히 말하면 영어 때문에 부부가 '생이별'을 하고 아버지와 자식이 헤어지는 조기유학을 택하고 있다는 뜻이다. 그의 말은 이렇게 이어졌다. "이곳에서 영어는 단순히 의사소통을 돕는 도구로만 인식되지 않아요. 영어가 유학생활의 성패를 판단하는 유일한 기준이 되어버렸지요." 영어를 잘하는 학생은 물론이고 엄마도 덩달아 존경의 대상이 된다고 했다. 기자가 현지에서 만난 한 일본인 여성은 "한국 엄마들 정말 대단하다. 영어 하나 때문에 어떻게 수년 씩 가족과 떨어져 살 수 있느냐"며 혀를 내두르기도 했다나.

유학이나 해외연수를 가지 않고 그 효과를 얻을 수 있는 방법도 있었는데, 그건 바로 국내 외국인학교에 다니는 것이었다. 2008년 3월 서울에 있는 21개 외국인학교 가운데 내국인 비율이 가장 높은 서울아카데미국제학교(미국계)는 재학생 166명 중 60.8%인 101명이 내국인이었다. 이어 프랑스계 하비에르국제학교(43.2%), 미국계 아시아퍼시픽국제외국인학교(36.6%), 한국외국인학교(30.8%), 한국기독교100주년기념외국인학교(27.9%) 순으로 나타났다. 유치원에서 초·중·고교 과정을 함께 운영해 외국인학교 중 학비가 가장 비싼 미국계 학교의 등록금은 연 1,000~2,800만 원으로 국내 일반 사립대학과 맞먹는 수준이었다(이태무, 2008).

미군학교도 인기를 끌었다. 미군 부대 내 학교가 있는 곳은 서울 용산, 대구, 경기 오산 등 8곳인데, 서울 용산 미8군에 있는 서울미국인고등학교의 경우 2008년 9월 전체 656명의 학생 중 아시아계가 195명으로 30%를 차지했다. 아시아계는 거의 다 한국계 학생이었는데 이들은 불법 입양을 통해 미국인으로 국적세탁을 한 학생들이었다. 한 입양 전문 브로커는 '혈연관계가 아닌 입양의 경우 약 2억 원(미화 15만 달러) 안팎에 거래가 이뤄진다'며 '입양할 미국인을 구하지 못해서 그렇지, 자녀를 입양시키려는 한국 부모는 줄을 섰다. 다들 미8군 학교에 보내려고 난리다' 라고 말했다. 입양으로 인해 날로 늘어나는 한국계 학생들 때문에 정작 미군 자녀는 입학하지 못하는 상황에까지 이르렀다(이대혁, 2009).

(5) 영어평가시험 경쟁

이 모든 영어전쟁은 내부 경쟁의 목적이 가장 컸기 때문에 사실상 영어평가시험의 계량화된 수치에 의해 그 성패가 판가름 났다. 영어평가시험은 1982년 토익의 한국 진출 이후 기업과 대학에서 요구한 것이었지만, 그 자체로 하나의 독립적인 신드롬이 되면서 광풍이라고 해도 좋을 정도로 범국민적으로 퍼져 나갔다. 중고교생 토익 응시자는 1999년 9월까지 모두 1만 1,938명으로 1998년 2,775명의 4배를 넘어섰다. 아우들이라고 가만 있을쏜가. 1999년 11월 30일 '조기유학 전면개방 공청회' 이후 초등학생들도 토익 광풍에 뛰어들었다. 서울 목동 S학원 원장은 "우리 학원 출신 중 이미 토익 900점을 넘어 대학 특례입학 자격을 얻은 학생도 다수"라면서 "방학을 앞두고 '스파르타반'에 입학하려는 초등 5·6학년 학부모의 문의전화가 많아 '설명회'를 일주일에 세 번씩 열고 있다"고 말했다(이학준·강영수, 1999).

2000년 1~3월 중 토익에 응시했거나 응시원서를 제출한 사람은 모두 16만 5,283명으로 전년 같은 기간에 비해 무려 55.5%(5만 8,996명)가 늘었다. 이렇듯 평가시험 응시자가 급증하면서 한국에서의 영어는 '찍기용 영어'라는 말까지 나왔다. 일부 학원에서는 토플을 주관하는 평가기관인 ETS가 문제은행식 출제 방식으로 수험자들에게 중복된 문제를 사용하는 점을 악용, 경험담을 모아서 게시하거나 따로 '최신 문제집'을 만들어 강의했다. 모 학원에선 강사가 "찍기도 기술이다. 문제를 안 보고 답안만 보고도 답을 맞힐 수 있다"고 스스럼없이 얘기할 정도가 되었다(김경달, 2001).

토익산업의 규모는 갈수록 커졌다. 1997년 1,596명에 불과하던 초중고생 응시생수가 2001년에는 4만 4,145명으로 급증, 불과 4년 만에 무려 27배나 증가했다. 2001년의 경우 초등학생 461명, 중학생 7,895명, 고교생 3만 5,789명이 시험을 치러 전체 응시생의 4.4%를 차지했다. 2002년 8월 현재까지 2만 5,148명의 초중고생이 토익 시험을 치렀다. 이렇듯 초중고생들의 토익 응시가 늘자 토익위원회는 2001년 '토익 브리지TOEIC Bridge'라는 청소년 대상 미니 토익 시험까지 개발해 적극 마케팅에 나섰다. 서울 강남 S외국어학원, T어학원 등 많은 영어 · 보습 학원에서 초중고생 대상의 '꼬맹이 토익반' 등을 운영해 인기를 끌었고, 'C주니어영어', 'Y어린이토익' 등 초등학생용 토익 교재와 학습지도 앞다투어 출간되었다. 토익 브리지가 처음 시행된 2001년 응시자는 2,632명에 그쳤으나 2002년에는 6,048명으로 1년 만에 2배 이상 늘었다. 이 중 초중생 비율이 80%를 웃돌았다(김진각, 2003).

토익 후원세력도 갈수록 늘어났다. 대원외고와 대일외고, 이화외고, 한영외고 등은 토익과 토플, 텝스만으로 외국어 특기자를 뽑았고 일반 고교의 경우도 전국 95개 학교에서 토익 고득점자에게 가산점을 주었다. 전남 교육청은 2000년부터 중고교의 토익 성적 우수자에게 표창장을 주고 담당교사에게 가산점을 주는 제도를 실시했다. 이에 영어학자 성기완 교수는 "일본 회사원들의 승진 시험용으로 개발된 토익을 초중고생에게 강요하는 것은 한국 영어 교육이 영어가 아니라 시험영어만 가르치고 있다는 증거"라고 개탄했다(우승현, 2002).

시험영어마저 '찍기 과외'를 낳는 부작용을 초래했다. "강사: 청취 파트에서 답을 모를 때는?" "학생들: 4개의 보기 중에 현재진행형을 찍으면 되지요." 서울 강남구 압구정동 A영어전문입시학원에선 '영어특기자 수시 입시 대비반' 학생 20여 명이 '영어'가 아닌 '시험 잘 치기'를 배우고 있었다. 학원에서 만든 100여 개의 청취 패턴과 150여 개의 문법 문제 패턴을 '모조리' 암기하는 게 이들의 목표였다. 서울 강남의 B학원은 아예 암기할 내용을 담은 '비법 노트'를 나눠주는데 내용은 대부분 '답 고르기 요령'으로, 예를 들어 "가정법 과거완료 문장이 나오는 제시문은 무조건 정답"이라는 식이었다(조인직, 2002).

이 와중에 초등학생을 대상으로 한 영어 시험인 펠트PELT · Primary English Level Test와 EEPAElementary School English Proficiency Assessment의 응시자가 크게 늘었다. 영어 초 · 중급자용으로 개발된 토익 브리지 시험에도 초등학생들이 몰렸다. PELT의 경우 2003년 27만여 명의 초등학생이 응시했으며 2004년 10월 40만 명을 넘어서는 등 폭발적인 증가세를 보였다. 응시자 중 초등학생이 30~40%를 차지한다는 토익 브리지도 매회 6,000여 명을 기록한 2003년에 비해 2004년에는 1만 명을 넘어섰다. 이처럼 초등학생들이 영어 시험으로 내몰리는 까닭은 대단위 아파트 단지를 중심으로 초등학생 자녀를 가진 부모들 사이에서 자녀들의 영어 시험 급수가 교육열을 나타내는 지표로 통용되는 등 유행을 타고 있기 때문인 것으로 분석되었다. 학원 친구들이 다 붙은 시험을 자신을 포함한 2명만 불합격했다는 한 초등학생은 "시험에 떨어져 너무 창피해서 학원에 갈 수가 없다"며 "엄마가 밥 먹지 말라고 화를 내 엄마 보기가 무섭다"고 고백했다(허윤, 2004).

서울대까지 가세해 자극한 '영어인증시험 열풍'은 유치원생까지 덮치는 결과를 초래했다. 초등학교 3학년 이상을 대상으로 시행하는 영어능력시험 '펠트 주니어'의 경우 응시생이 2001년 6만여 명, 2002년 14만여 명, 2004년

25만여 명, 2006년 26만여 명 등으로 2000년 이후 해마다 급증하는 추세를 보였는데, 이들 가운데 1~2%는 7세 이하의 유치원생이었다. 한국토익위원회가 초등학생용으로 만든 '제트JET' 응시생도 2004년 2만 5,000여 명, 2005년 5만여 명, 2006년 6만 5,000여 명으로 늘었으며 이 가운데 4%가량이 유치원생이었다. 아예 유치원생들을 대상으로 2006년 9월 첫 시험을 치른 '펠트 키즈'는 첫 회에만 2,000여 명의 응시생이 몰렸다. 유아들을 모아 시험대비반을 운영하는 유치원이나 영어 학원들도 늘었다. 분당에서 영어 유치원을 운영하는 ㄱ아무개 원장은 "'펠트 ○○명 합격'이라는 펼침막을 내걸 정도로 유치원들 사이에 경쟁이 붙은 상태"라고 말했다. 이 와중에서 연간 수업료가 1,800만 원이나 되는 이른바 '명품 유치원'도 생겨났다(박창섭, 2007 ; 임지선 외, 2007).

2008년 국내 토익 응시 인원이 사상 최초로 200만 명을 돌파했다. 이는 지난 1982년(응시 인원 1,379명) 처음으로 국내에 토익이 도입된 뒤 26년 만에 최고치였다. 최근 5년간 토익 응시생수는 2004년 183만 명을 넘어선 뒤 2007년까지 180~190만 선에서 각축하다가 2008년 200만 명을 넘어선 것이다. 2008년까지 토익 시험이 실시된 26년간 누적 응시 인원은 모두 1,800만 명으로 한국인 10명 당 3.8명이 응시한 셈이다. 2009년엔 돈을 받고 휴대전화 문자메시지와 무선 차임벨을 이용해 토익 수험생에게 답을 전송해주는 시험 부정사건까지 일어났다. 극단적일망정 영어 광풍의 본질을 시사해주는 사건이었다.

3. 영어 격차 논쟁

이런 영어 열풍에 대한 비판과 비난의 목소리는 늘 높았지만 대세를 바꿀 만한 규모나 수준의 것은 아니었다. 무시되었다고 보는 게 옳겠다. 그럼에도 늘 명분은 비판자들의 것처럼 보였는데, 1990년대 중반 영어를 공용어로 하자는 제안이 나오면서 영어제국주의 논쟁은 새로운 국면을 맞이했다. 복거일은 영어를 공용어로 쓰자고 제안했다. 영어를 배우는 데 들어가는 엄청난 비용을 생각하면 그 투자의 효율을 높이는 첩경이 영어의 공용어화라는 주장이었다(복거일, 1996). 2년 후 복거일은 『국제어 시대의 민족어』라는 책을 출간해 다시 영어공용화론을 주장하고 나섰다. 한국에서 영어는 이미 사실상 공용어共用語로서의 지위를 누리고 있는바, 복거일이 주장하는 건 공용어公用語로 하자는 것이었다. 그는 "이 세상의 여러 문명들이 하나의 '지구 제국'으로 통합되어가는 지금, 영어를 앵글로색슨족의 언어로 여기는 것은 비합리적이고 비현실적이다. 영어는 이제 인류의 표준 언어다. 그 사실을 외면하는 것은 누구에게도 도움이 되지 않는다"고 주장했다(복거일, 1998, 180~183쪽). 그가 이를 처음 제안한 1996년엔 이렇다 할 논쟁이 일어나지 않았지만 이번엔 달랐다. 2000년대까지 내내 신문지상을 중심으로 치열한 논쟁과 논란이 전개되었다.

 복거일의 주장에 대해 격렬한 반론, 아니 비난이 쏟아졌다. 나중에 어느 인터뷰에서 복거일이 밝힌 바에 따르면 "엄청 비난을 당했어요. 한글이 세계에서 가장 훌륭한 언어라고 생각하고 있는 사람들이 많이 있기 때문이죠. 이곳은, 그런 사람들은 현상 유지, 아무것도 바꾸고 싶지 않다는 태도입니다. 때문에 그런 사람들로부터 비국민 취급을 당했죠. 우리 한국 언어에 대해, 우리 전통에 대해, 우리 문화에 대해, 배신자라는 겁니다"(후나바시, 2001, 64쪽). 그런데 꼭 그런 이유 때문에 비판과 비난이 쏟아졌을까? 물론 그런 이유로 비판과 비난을 한 사람들도 있었겠지만 이유가 그렇게 단순한 건 아니었다. 예컨대 민족주의에 비판적인 박노자는 "유럽인들의 영어 실력은 높은 경제적 수준에 따른 심화된 외국어 교육의 산물이지, 경제적 발전의 원인이나 원동력은 전혀 아니었다"며 "국민 각자가 경제적인 차원에서 결정해야 할 외국어 습득 문제까지 국가가 '영어공용화정책'으로 결정한다면 이는 '선진화'가 아니라 중세적인 부역제도의 일종일 것"이라고 비판했다. 또 그는 "한국 공교육의 현주소를 고려하면 영어의 '국어화'로 고비용의 영어 학원 사교육과 현지 영어 연수는 모든 젊은이들에게 사실상 의무화될 것이다"라며 "한국 학원가와 미국 대학가는 대호황이겠지만 이 고비용을 부담치 못할 빈곤층은 삼류시민으로 전락하게 될 것이다"라고 주장했다(박노자, 1999).

일련의 엄청난 비난을 받고 느낀 바가 있던 것인지, 복거일은 이후 가진 자와 못 가진 자의 간극을 벌리는 이른바 '영어 격차 English divide'의 문제를 공세적으로 제기함으로써 '진보성'을 선점하고자 했다. 그는 '부의 세습' 문제와 '기회의 균등'을 내세워 영어공용어화론이 진보적 성격의 것임을 주장했다. "영어가 가능하면 유리하게 되죠. 그에 의해 부의 세습제가 생길 겁니다. 그렇지 않은 사람과의 불평등이 생길 겁니다. 영어를 공용어로 하는 한 가지 이점은 기회의 균등을 촉진하는 방향으로 작용할 것이라고 기대할 수 있는 것입니다. 영어가 공용어가 되면 학생은 대학 시험 때문이 아니라 좀 더 자연스럽게 영어를 공부하게 될 것입니다. 정부도 영어 교육에 좀 더 투자하게 되겠죠. 교육 기회의 불평등을 줄이는 방향으로 작용할 것입니다"(후나바시, 2001, 63쪽).

복거일은 갈수록 더욱 공격적인 면을 보였다. "영어를 공용화하면 기회의 평등에 이바지할 수 있는 장점이 있다. 공용어로서의 영어에 반대한다는 것은 지식과 정보를 특정 집단이 독점하는 것을 허락하겠다는 뜻이다. 라틴어와 한문을 읽고 쓸 수 있었던 중세의 엘리트들이 지식을 독점했던 것과 같다. 지식과 정보는 곧 권력이다. 영어가 공용어가 되든 안 되든 우리 사회의 부유층들은 자기 자식들에게 영어를 열심히 가르칠 것이고, 영어에 능숙한 그들의 자식들은 영어에 익숙하지 못해 지식과 정보에서 소외된 사람들 위에 군림할 것이다"(복거일, 2002).

과연 그럴까? 이명박 정권의 출범 전후로 영어 격차는 뜨거운 쟁점이 되었다. 대통령직인수위원회는 영어공용어화론의 연장선상에서 '영어 몰입교육', '국가영어능력평가시험' 도입 등 엄청난 파장을 불러일으킬 만한 주장들을 연일 쏟아냈다. 심지어 대통령직인수위원회는 군에 가야 할 젊은이들 중 영어를 잘하는 사람은 군대 대신 학교에서 영어를 가르치도록 하는 방안을 추진함으로써 거센 반발을 불러일으켰다. 이에 대해 권태선은 "그러지 않아도 기회만 되면 병역을 피해보려는 일부 부유층의 특례를 위한 외국 유학을 부추기고, 이것이 사회적 갈등의 골을 깊게 만들 것임은 불을 보듯 뻔하다. 영어 격차를 걱정하는 사람들이 어떻게 이토록 사회적 격차에는 둔감한지 이해하기 어렵다"고 비판했다(권태선, 2008). 2008년 1월 30일 한글학회와 한글문화연대 등 국어 관련 단체 18곳과 흥사단 등 14개 시민사회단체는 서울 중구 정동 세실레스토랑에서 기자회견을 열고 "이명박 당선인이 도입하겠다는 영어 교육정책은 사교육 증가를 빚고 교육 양극화를 강화시켜 결국 국어를 파괴하고 폭넓은 교양을 갖춘 인재를 길러내는 데 실패할 것"이라고 비판했다(노현웅, 2008).

반면 보수 논객들은 이명박 정권의 영어정책에 지지를 보내면서 그 주요 근거로 영어 격차를 들었다. 예컨대 김순덕은 "영어 공교육 강화를 늦출수록 손해 보는 쪽은 좌파가 그렇게도 끔찍이 위한다고 외쳤던 소외된 계층일 뿐이다"라고 주장했다(김순덕, 2008). 힘을 가진 건 정부 쪽이었다. 이명박 정부의 출범과 함께 각 지자체와 교육청마다 '영어 교육 강화'와 '영어 도시 만들기'에 앞장서는 등 영어 열풍이 그 어느 때보다 강하게 몰아쳤다. 비판자들은 '영어 망국론'을 들고 나왔다. 조성돈은 '영어 망국론'이라는 제목의 글에서 "대한민국에서 이제 계급은 영어를 할 줄 아는 사람들과 영어를 못하는 사람들로 구분될 것 같다. 학교에서는 영어 수업뿐 아니라 모든 과목을 영어로 시키겠다는데, 영어를 못하는 하층계급은 결국 도태에 도태될 수밖에 더 있겠는가"라고 개탄했다(조성돈, 2008).

이걸 어떻게 이해해야 할까? 영어공용어화론 또는 영어 공교육 강화를 지지하는 사람이나 반대하는 사람 모두 그 주요 논거로 영어 격차를 제기했는데, 과연 어느 쪽 주장이 맞는가? 어느 쪽 주장이 맞건 여기서 중요한 것은 한국에서 구현되는 영어제국주의의 가장 큰 문제는 바로 한국인들 사이의 영어 격차라는 사실이다. 그런데 그 영어 격차는 단지 정치경제적인 것만은 아니다. 사회문화적인 격차와 더불어 영어 능력의 상징적 과시효과라고 하는 심리적인 격차도 존재한다. 본 논문의 핵심적인 주장은 그런 다양한 유형의 영어 격차를 메우려는 시도, 즉 "다른 집 아이에 비해 뒤떨어지는 건 참을 수 없다"는 한국형 평등주의가 한국에서 영어제국주의와 영어 열풍을 번성시킨 주요 동인이라는 것이다.

한국형 평등주의란 거칠게 말하자면 "배고픈 건 참아도, 배 아픈 건 못 참는다"는 삶의 철학이다. 박권일이 잘 지적했듯이 일반적 평등주의는 '사회 전체의 비대칭'을 문제 삼는 데 비해, 한국적 평등주의는 '부자와 나의 비대칭'만 문제 삼는다(박권일, 2008). 한국형 평등주의는 "나도 부자가 되어야 한다"거나 "내 새끼도 서울대 가야 한다"는 원리로 작동한다는 것이다. 이로 인한 부작용은 심각하지만 그 장점도 크다. 『경향신문』(2005년 3월 14일자)에 따르면 "남처럼 잘살고 잘 먹겠다는 의지만큼 강력한 성취동기는 없다. 여기에는 개인이나 기업이 따로 없다. 누구나 출세하기 위해, 더 잘 먹고 잘살기 위해, 권력을 쥐기 위해 전력투구한다. 목적지상주의가 후유증을 남기기도 했지만 무엇이든 달성하고자 하는 욕구가 삶의 질을 급신장시킨 사실을 부인할 수 없다. 한국이 세계 10위권 경제대국으로 선진국 진입을 바라보게 된 배경에는 '너도 하면 나도 하겠다'는 평등의식이 깔려 있는 것이다".

4. 결론 및 논의

"우리는 지금 문화적 측면에서 한국인이 아니다. 동양인이라고 하기도 어렵다. 서양인 중에서도 대충 미국인이다. 미국식으로 생각하고, 미국식 제스처를 쓰고, 미국식 음식을 먹는다. 안성기보다 니콜라스 케이지가 인기 있는 화제가 되고, 최민수보다 브레드 피트가 연모의 대상이며, 현주엽의 기록은 몰라도 마이클 조던의 기록은 외워진다. 음식, 의복, 주거, 법규제도, 문화향유의 각 측면에서 미국 것이 곧 우리 것이다"(유초하, 1997, 136~137쪽).

"초등학교부터 대학교를 졸업할 때까지, 아니 사회에 나가서 늙어 죽을 때까지 '영어! 영어!' 하며 산다. 환갑이 다 된 어느 주부 왈, 중학교 시절 한 영어교사가 '미국 가면 거지도 영어를 잘하는데, 너희들은 거지만도 못하냐고 꾸지람을 해서 자신이 미국 거지보다 못하다는 '웃기는' 착각을 했단다. 영어 하나로 국가경쟁력을 높일 셈이라면 영어 마을, 영어 아파트, 영어 대학, 영어 도시, 영어 나라를 만들자. 아예 미국인으로 태어나든가, 미국으로 가고 싶은 사람들은 모두 국적을 옮기거나, 국가 자체를 미국에 편입시키는 방법도 괜찮을지 모른다"(최재목, 2008).

위 두 진술에 심정적으론 공감하지만 본 논문의 함의는 한국사회의 영어 광풍에 대해 좀 더 너그러워지자는 것이다. 아니, 이유를 정확히 알자는 것이다. 이유를 제대로 알고 표적을 제대로 잡으면 '영어 열풍'을 반미로 연결시키는 건 우습다는 결론이 저절로 도출된다. 두 번째 진술을 한 최재목도

"세상이 '영어, 영어' 하니 나도 부화뇌동해 영어를 좀 배워보겠다고 근년 학생들 틈에 끼어 안간힘을 다하다가 힘이 달려서 일단 휴식 중이다. 배워도 늘지 않고, 당장에 영어로 말할 필요도 없다. 그러니 해도 그만 안 해도 그만 이 된 셈. 세상이 영어로 아프니 나도 아프다. 비교적 안정된 직장을 잡고 있는 나마저도 이러니, 세상 살기 힘든 사람들은 오죽이나 하겠나"라고 했다. 그렇다. 바로 이것이다. 생존 경쟁과 인정투쟁 등 우리를 둘러싸고 있는 환경이 우리에게 영어를 강요하고 있는 것이다. 물론 그게 전부는 아니다. 한국은 사회문화적 동질성이 강한 동시에 고밀집사회이므로, '이웃과의 비교'가 삶의 주된 행동양식이 되었다는 점에 주목할 필요가 있다. 행복감마저 이웃과의 비교에서 나온다. 이런 '이웃효과'에 관한 한 한국은 타의 추종을 불허했다.

동질적인 고밀집사회는 이웃을 의식하지 않고선 단 한시도 못 살게 만든다. '엄친아(엄마 친구 아들)', '엄친딸(엄마 친구 딸)', '아친남(아내 친구 남편)', '딸친아(딸 친구 아빠)' 등과 같은 말들이 순식간에 국민이 공감하는 신조어가 될 정도로 그 비교는 필사적이다. 이웃효과는 강력한 중앙 일극구도로 인해 집단적으론 '쏠림' 현상으로 나타난다. "너도 하면 나도 하겠다"는 이웃효과형 평등의식의 결과다. 어느 음식점이 좋다 하면 우우 몰려가 줄을 서서라도 먹어야 직성이 풀리는 한국인들 특유의 행태는 사회의 전 국면을 지배하고 있다. 이를 잘 보여주는 게 이른바 '1,000만 신드롬'이다. 1,000만 신드롬은 1,000만 관객을 목표로 하는 '대형 영화 제일주의'가 한국 영화계를 지배하고 있는 현실과 이를 뒷받침해주고 있는 관객의 쏠림 현상을 일컫는 말이다. "너 아직도 안 봤니?"라는 말과 함께 벌어지는 '빨리빨리 보기' 경쟁이 눈덩이효과를 낳아 경제활동 인구 3명 중 1명이 같은 영화를 보러 가는 일이 가끔 벌어지는 것이다. 기업들은 한국인의 이런 속성을 겨냥해

"1,000만 명이나 쓰는 카드가 있대요. 괜히 1,000만이겠어요"라는 식의 광고를 해댄다(장은교, 2006 ; 노재현, 2006). 자기 자신보다는 남들과의 관계에서 삶의 의미와 보람을 찾는 한국인의 강한 타인지향적 인정 욕구는 영어 광풍에도 큰 영향을 미쳤다. 즉, 영어 광풍엔 '사대주의'라거나 '내 마음의 식민주의'(윤지관, 2007)라는 평가만으로는 환원할 수 없는 한국적 특수성이 있다는 것이다.

이런 한국적 특수성에 주목하는 김영명은 "우리의 영어 수요는 실수요가 아니라 가수요"라고 단언한다. "가수요가 또 다른 가수요를 낳고, 그것이 또 가수요를 낳고 하는 악순환이 바로 우리 영어 열풍의 참모습이다. 이런 가수요는 영어가 가진 막강한 힘 때문에 일어났지만 우리 사회가 가진 항구적 위기의식, 정신적 사대주의, 휩쓸리기 쉬운 문화, 지나친 경쟁 이데올로기와 상업주의, 그리고 학벌주의와 못 말리는 교육열 때문에 급기야 '정신 나간' 수준에까지 이르렀다.…… 그 맹목성은 영어가 가진 권력에서 나오지만 그것에 기대어 세력을 확대하는 기업, 언론, 정부, 사교육계와 상류층 전반이 이를 조장하기도 한다.…… 영어 교육의 기본 철학을 혁파해야 한다. 그것은 정치와 권력의 문제다"(김영명, 2007).

전적으로 공감하고 동의할 수 있는 주장이지만 영어는 '정치와 권력의 문제' 이상의 문제라는 것이 본 논문의 주장이다. 영어는 한국사회의 기본 작동 방식의 문제다. 물론 이 또한 넓게 보자면 '정치와 권력의 문제'에 포함되겠지만, 국가권력으로도 이 문제를 해결할 수는 없다고 본다는 점에서 본 논문은 좀 더 비관적이다. 김영명이 말한 가수요의 정체는 내부 서열이다. 즉, 내부 서열을 정하기 위해 역사적 상황과 시류에 맞는 판별 도구로 영어가 선택된 것이다. 따라서 계층 간 영어 격차는 필연이다. 영어 격차를 완화하기 위해 영어의 공용어화가 필요하다는 주장은 순진하거나 낭만적이거나 어리석거나 기만적이다. 영어전쟁의 목적이 영어를 잘하는 데에 있는 것이 아니라 내부 서열을 정하는 데에 있기 때문이다. 즉, 모든 국민이 영어를 모국어처럼 잘하는 날이 오더라도 누가 더 잘하는가를 따지는 서열은 꼭 필요하다는 것이다.

서열 없는 사회를 꿈꾸는 건 아름답지만 그건 종교의 비전과 비슷한 아름다움이다. 영어 광풍에 대한 비판과 비난은 백번 지당하신 말씀이지만, 이게 일반 대중 사이에 설득력을 갖지 못하는 이유에 대해서도 성찰이 필요하다. 영어전쟁에 비판적인 사람들은 다 영어를 잘했기 때문에 그렇게 발언할 수 있는 자리에 오른 사람들이라는 점이다. 우선 좋은 대학을 나오기 위해서라도 영어를 잘하는 건 꼭 필요한 일이었을 테고, 이후의 경쟁에서도 영어라고 하는 관문을 거쳐야만 사회적 발언을 할 수 있는 지위에 오를 수 있다는 건 분명한 사실이다. 이건 딜레마다. 영어를 못하는, 그래서 사회적 지위가 없는 사람이 영어전쟁을 비판해봐야 누가 들어주겠는가. 영어전쟁에서 승리를 거둔 사람이 영어전쟁을 비판하는 건 설득력이 있다고 볼 수도 있지만 '위선'의 혐의에서 자유로울 수 없다. 그건 마치 교육 문제를 포함하여 한국 진보진영의 최일선에서 활동하는 지식인들의 상당수가 자기 자식만큼은 한사코 일류 대학을 보내거나 미국으로 유학을 보내는 것과 비슷하다.

한국의 정치, 경제, 사회문화 등 전 분야가 서열화를 가져오는 경쟁의 구도로 짜여 있고, 그 장점을 한껏 누리는 사람들이 보수와 진보를 막론하고 엘리트계층에 오른 상황에서 서열 타파는 근본적인 국가개조론과 같다. 이건 가능한 일이 아니다. 그래서 현 영어전쟁을 이대로 즐기자는 것인가? 그게 아니다. 서열주의를 완화할 수 있는 실현 가능한 해법마저 눈곱만큼도 실천되지 못한 지난 세월의 현실, 그리고 그 현실을 낳은 메커니즘을 직시할 필요가 있다. 예컨대 서울대에 상당한 문제의식이나 반감을 갖고 있는 것 같았던 노무현 정부 시절에 서울대를 포함한 이른바 SKY 지배구조가 더 강화되었다는 건 어떻게 설명할 수 있을까? 노무현을 빼놓곤 그 주변 참모들이 거의 다 SKY 출신이었기 때문에 그랬을까? 그런 점도 없진 않겠지만 노무현 자신도 '개천에서 용 나는' 식의 서열주의 구현체이자 화신이었다는 게 더 큰 이유일 것이다. 그는 젊은 시절 영어라는 무기 대신 사법고시라는 다른 무기를 택했을 뿐이다. 영어전쟁과 입시전쟁은 동전의 양면관계, 아니 한 몸이다. 영어전쟁은 입시전쟁과 직결되어 있는 '서열 정하기 게임'이며, 그래서 영어전쟁은 우리의 숙명인 셈이다. 오늘도 영어전쟁을 비판하고 개탄과 한숨을 쏟아놓더라도 내 자식만큼은 영어 공부 열심히 시키는 게 대안 아닌 대안으로 만인의 공인을 받고 있는 것이다. 영어 광풍에 대해 너그러워지자는 것은 영어 광풍이 바꾸기 어려운 한국인의 정체성에 가까운 것일 수 있다는 점에 대한 인식을 새롭게 하자는 뜻이다.

8장 '피'의 문화정치학

한국의 '혈서 커뮤니케이션'에 관한 연구

1. '피'의 문화정치학과 '혈서 커뮤니케이션'

'피빛', '핏발', '핏줄', '피눈물', '피냄새', '피박살', '피 맺힌', '피 봤다', '젊은 피', '피 말리는', '피 튀기는', '피 터지게', '피로 맺은', '피를 빠는', '피땀 흘려', '피같이 귀한', '피처럼 붉은', '피가 끓어오르는', '피가 거꾸로 솟는', '혈기血氣', '혈세血稅', '혈맹血盟', '혈연血緣', '혈육血肉', '혈전血戰', '혈족血族', '혈투血鬪', '고혈膏血', '순혈純血', '혼혈混血' 등의 표현이 말해주듯, 한국인은 언어생활에서 '피'를 즐겨 쓴다. 피라는 말이 들어간 속담도 많다. "남의 눈에서 피 내려면 내 눈에서 고름이 나와야 한다", "두건이 목에 피 내어 먹듯", "모기 다리에서 피 뺀다", "새 발의 피鳥足之血", "이마빡에 피도 안 말랐다", "자식 떼고 돌아서는 어미는 발자국마다 피가 고인다", "찔러 피를 낸다", "피가 켕긴다", "피는 물보다 진하다", "피로 피를 씻는다", "피를 나누다", "피를 마신다", "피에 운다" 등등. 한국인은 '피'라는 말을 많이 쓸 뿐만 아니라 비상非常한 상황에선 직접 피로 글을 쓰는 혈서血書를 많이 이용해왔다. 혈서는 한국인의 대표적인 '비상 커뮤니케이션 수단'이라고 해도 좋을 정도였다. 혈서가 오늘날 많이 사라진 것은 한국사회가 '피의 사회'에서 '성(性)의 사회'로 이동했기 때문일 수도 있지만[1] 다른 비상 커뮤니케이션 수단이 발달했기 때문이라고 볼 수도 있다.

피를 커뮤니케이션 연구의 주제로 다루긴 쉽지 않겠지만 '혈서 커뮤니케이션'만큼은 '시위 커뮤니케이션'의 한 종류로서 한 번쯤 정리해주는 작업이 필요하지 않을까 싶다.[2] 그간 시위에 관한 연구는 주로 언론의 시위 보도 내용을 분석하는 데에 치중해왔으며 그다음으론 시위 관련 매체 테크놀로지 연구와 법제적 연구, 그리고 역사적 역구를 하는 데에만 머물러왔다(김영주, 2008 ; 이창호 · 배애진, 2008 ; 강준만, 2009년 4월호, 2009년 5월호 ; 이승선, 2010). 본 논문은 지난 100여 년간에 걸쳐 혈서가 공적 영역(주로 시위 현장)에서 사회적 의미를 가졌던 사건들을 중심으로 기술하면서 '피'의 문화정치학에 대해 생각해보고자 한다.

문화정치학은 사람들이 자신의 일상생활 속에서 의미를 발견하고 창출해가는 모든 영역이 그것을 둘러싼 정치 · 경제 · 사회 · 문화와 관계를 맺는 복합적인 과정을 중시하는바, '익숙한 것'을 '낯설게 보는' 효과를 통해 커뮤니케이션 연구의 지평을 넓히는 데에 기여할 수 있다(Angus & Jhally, 1989 ; 이무용, 2005 ; 강준만 2009, 2010 ; 조흡 · 강준만, 2009). 모든 한국인이 피 담론과 혈서에 대해 잘 알고 있지만 그 이면에 숨은 '감성 위주의 커뮤니케이션'에

---

1) "우리의 사회를 '피의 상징학'에서 '성적 욕망의 분석학'으로 옮겨가게 한 것은 바로 고전주의 시대에 구상되어 19세기에 실행된 새로운 권력 절차들이다. 주지하다시피 법 · 죽음 · 위반 · 상징체계 · 군주권 쪽에 속하는 어떤 것이 있다면 그것은 피인 반면에, 성적 욕망은 규준 · 앎 · 삶 · 의미 · 규율 그리고 조절 쪽에 속한다." 미셸 푸코(Foucault, 1976/1990, pp.157~158)가 『성의 역사』에서 편 주장이다. 인류는 오랫동안 권력의 기제 · 발현 · 관례에서 중요한 요소로서 기능해온 '피의 사회'에서 성적 욕망에 의해 움직이는 '성의 사회'로 이동했다는 것이다.
2) 미국에서 나온 '피의 역사'에 관한 책으론 빌 헤이스의 『5리터: 피의 역사 혹은 피의 개인사』(2005/2008)를 들 수 있다.

대해선 비교적 무감각한 편이다. 혈서로 대중을 선동하는 것은 시대에 뒤떨어졌거나 바람직하지 않다고 여기면서도 사실상 혈서의 효과를 내는 '피 끓는' 담론에 대해선 별 문제의식을 느끼지 못하는 경향이 있다. 문화정치학은 문화를 외양의 차원을 넘어 심층까지 파고들어 문화적 요소들의 절대적 상호 의존성을 밝힘으로써 분리될 수 없는 문화적 긍정·부정성에 대해 우리가 각기 다른 태도를 취하는 습속에 대한 성찰의 기회를 제공할 것이다.

혈서는 기본적으로 비장미를 연출하면서 자신의 진정성과 굳은 결의를 입증 또는 과시하기 위한 커뮤니케이션 행위이지만 그 의도와 연출 방식에 따라 다양한 모습을 보인다. 자신의 각오를 다지기 위한 내면적인 목적이 두드러진 혈서도 있지만, 집단이나 조직의 단결을 이끌어내기 위한 혈서도 있고[3] 자신을 입증해야 하거나 외부적 과시를 앞세워 사실상 수용자(구경꾼)에 대한 위협의 수단으로까지 이용되는 혈서도 있다. 얼른 생각하면 의도와 연출 방식에 따른 혈서의 분류가 가능할 것 같지만 좀 더 살펴보면 분류 자체가 무의미할 정도로 모든 요소가 복합적으로 뒤엉켜 있다는 걸 알 수 있다. 어떤 종류의 혈서이건 혈서는 자신의 몸에 상처를 내 피를 흘려야만 하는 것인바, 심정에 근거해야 하며 더 나아가 한으로까지 연결되기도 한다. 본 논문은 혈서가 '심정 커뮤니케이션'과 '한 커뮤니케이션'이라는 것을 밝히면서, 비록 혈서는 많이 사라졌을망정 혈서를 태동케 한 심정 커뮤니케이션과 한 커뮤니케이션은 다른 양식으로 지금도 건재하다는 함의를

---

3) 예컨대 1990년대 중반 농구대잔치 시절 '혈서'를 썼던 농구선수 김영만은 "대회 초반 성적이 좋지 않자 술집에서 허재 형의 제안으로 모두 혈서를 썼어요. 그리고 우승했죠. 슛은 해야 하니까 왼손을 찢었던 것 같은데"(송호진, 2007)라고 말하기도 했다. 그러나 단합을 위한 혈서는 주로 조폭들이 많이 이용하고 있다. 1995년 2월 주식시장에선 주가를 인위적으로 조작하는 '작전'이 난무하면서 '작전세력'의 독특한 행태가 화제가 되었다. 작전은 적게는 5~6명, 많게는 10명 이상이 함께 벌이는 게 보통인데 이들은 철저한 사전 담합에 의해 움직이며 주동자에 의해 일률적으로 통제되는 가운데 혈서까지 써 단결을 강조하는 것으로 밝혀졌다(강승규, 1995).

도출해내고자 한다.

2. '심정 커뮤니케이션'과 '한 커뮤니케이션'

한국문화와 한국인의 심리를 이해하는 데 가장 중요한 개념 중 하나는 심정이다. 최상진은 심정을 "마음이 일어난 상태와 상황"이자 "움직인 마음과 움직인 마음의 정황"으로 정의한다(최상진, 1999). 그에 따르면 한국어에서 마음이란 영어의 mind보다 좁은 의미로 사용된다. mind는 이성$_{reason}$과 감정$_{passion}$을 모두 포괄하나 한국말의 마음은 주로 passion과 관계가 많다. 한국 선거에서의 동정표는 한국인이 심정에 약함을 간접적으로 암시한다. 최상진은 '섭섭한 심정', '야속한 심정', '억울한 심정', '답답한 심정', '죽고 싶은 심정', '서러운 심정', '울고 싶은 심정' 등의 사례에서 볼 수 있듯이, 심정은 주로 부정적 상황에서 발동한다고 평가한다. 심정표현 언어의 기저를 보면 그러한 심정을 표현하는 사람 속에 무엇인가를 추구하거나 원하거나 싫어하거나 회피하려는 욕구나 동기가 전제되어 있다는 것이다. 보통 이러한 욕구나 동기가 원하거나 기대하는 방향으로 결과되지 않을 때 심정은 발동한다. 반대로 원하거나 기대하는 방향으로 결과되고 동시에 그러한 결과를 낳은 상대의 행동에 기대 이상의 좋은 마음이 실려 있을 때에도 '눈물겹도록 고마운 심정'과 같은 심정이 일어날 수도 있으나, 일반적으로는 부정적 결과에 대한 심정이 보편적이라는 것이다.

심정은 한의 토양이 된다. 한은 한국인이 역사적으로 피압박을 너무 많이 받아온 탓에 갖게 된 성향이다. 최상진은 한을 자신의 불행에 대한 자책의 정념과 자신의 불행에 대해 부당하다고 생각하는 심리가 결합된 복합감정

상태로 정의한다. 그는 한이 생겨나는 3대 조건으로 ①부당한 차별대우를 받았을 때, ②타인에 비해 현저히 결핍되어 고통을 당할 때, ③돌이킬 수 없는 큰 실수를 범했을 때 등을 들었다. 최상진은 원怨과 한을 대비시켜 "원망-피해, 분노-좌절, 반항 심리-수동적 체험, 보복-자학적 경향, 증오-슬픔" 등으로 분류했다. 한은 가해 당사자에 대한 증오가 약화된 상태의 상대 원망 감정과 더불어 피해를 당한 자기 자신을 자책하며 가엾게 여기는 슬픈 감정 상태를 내재하며, 따라서 활성화된 증오보다는 피해를 당한 자신의 신세에 대한 심정이 주조를 이루기 때문에 증오와는 달리 상대가 자신의 아픈 마음을 심정적으로 알아줄 때 풀린다는 것이다(최상진, 1999, 2000).

이규태는 한을 원어는 한문이지만 한국에서 그 의미가 확장된, 한국화된 개념으로 보면서 그 의미 공간을 외부의 충격을 반사反射하지 않고 마음속에 수용 처리하는 과정으로 잡는다(이규태 1983, 1994). 그는 한을 구조적으로 따져보면 원한 이외에 피해의식이 복합되어 있으며, 피해의식은 남에게의 복수를 자신에게 상처를 입힘으로써 해결하려 하는 자학적 요소가 있다는 점에 주목한다. 어린이들도 싸울 때 서로 '때려, 때려' 하며 먼저 얻어맞을 자세를 취하는 피학적 도전을 하며, 한국인의 민간신앙의 대상신위對象神位가 한결같이 억울한 죽음을 당하거나 강자에게 패해 원한 품고 죽은 인물들이라는 것이다.[4] 그는 한의 카타르시스 작용으로 인해 한국인은 약자에 공감하는 약자의식, 자신을 약자처럼 보임으로써 많은 사람의 공감 속에 안주하려는 성향이 강하다며 이런 약자 공감의식은 강자의 폭주를 은연중에 제어하는 긍정적 가치로 나타나기도 하지만 자칫 감정적 요인이 이성적 요인을 약화

---

4) 민간신앙의 대상이 되고 있는 가장 빈도 높은 신위는 신라의 마지막 임금 경순왕, 부하에게 살해당한 고려의 공민왕, 이성계의 흑심 때문에 살해당한 최영 장군, 역시 누명으로 살해당한 남이 장군, 임경업 장군 등이다. 이들의 공통점은 모두가 살해당했고 그 원한 때문에 신앙의 대상이 되었다는 것이다.

시키는 부정적 가치로도 나타난다고 말한다.

강자는 심정과 한을 이해하기 어렵다. 심정과 한은 약자의 심리 상태다. 혈서는 강한 상태에서 나오는 게 아니다. 약자의 입장에서 위기에 몰렸다고 판단했을 때 쓰는 것이다. 한과 밀접한 관계를 갖고 있는 화병은 분노의 억제에 따른 한의 축적으로 볼 수 있는데, 혈서는 그런 축적 상태가 폭발하는 양상을 띠기도 한다.[5] 서구인들이 분노를 일상생활에서 열 번 느낀다면 한국인은 오십 번을 느끼고, 서구인이 여덟 번 표출하면 한국인은 스무 번쯤 표출한다는 연구결과가 있다(조긍호, 2003). 오죽하면 미국정신과협회에서 화병을 한국인에게서 볼 수 있는 특이한 정신질환으로 규정하고 1996년 질병목록에 'Hwabyung(화병)'을 새로운 항목으로 등록했겠는가.

피는 늘 경계를 함축하는 개념이다.[6] 나치의 유태인 학살이나 오늘날에도 지구촌 곳곳에서 벌어지고 있는 '인종 청소'의 경우에서 보듯이, 피를 기준으로 한 강자의 경계는 늘 무자비한 폭력을 부르지만 약자의 경계는 생존을 도모하기 위한 자구책이다. 자신의 몸에서 피를 뿜어내는 자해를 통해 자신의 주장과 염원을 드러내거나 관철시키고 싶다는 약자의 무기인 셈이다. 한국에서 혈서의 역사는 오래되었겠지만, 한반도에 대대적인 혈서 바람이 분

---

5) 한과 화병의 관계에 주목한 김종우는 한에 대해 이렇게 말한다. "한이란 약하고 선한 자가 강하고 악한 자에게서 느끼는 열등의식이거나 갈등심리로 원한, 원망, 야속함, 미움, 질투 따위가 오래되어서 생기는 것이다. 외세의 침략을 수없이 받는 과정에서 생겨나, 현재도 정치적으로 억눌리고 경제적으로 가난한 상태로 억울한 처지에서 살아온 계층 사람들의 마음 깊숙이 쌓이고 응어리진 감정이라고 할 수 있다. 그러나 이러한 감정이 한국인에게는 유전에 가까우리만큼 수백 년 내려온 감정적 문제라는 점이 더욱 커다란 문제이다. 이는 약자의 욕망억제, 패배의식, 좌절, 적개심, 체념 등의 감정적 복합체 또는 '설움 덩어리'로 개인을 넘어 집안과 민족적으로 전승되어왔다는 점 때문이다"(김종우, 1997, 121쪽).
6) 앤드류 킴브렐(Kimbrell, 1993/1995, p.20)이 잘 지적했듯이 "혈액은 인종, 주의主義, 또는 그 문화적 유산에 상관없이 우리들의 몸속을 생명의 시냇물처럼 흘러 다닌다. 사람들은 '형제' 또는 '자매'가 되었다는 증표로 피를 교환하는 관례를 많이 사용했다.…… 그러나 역설적이게도 피에 대한 믿음은 우리를 분열시켜왔다. 인간의 역사를 통해 피는 박해와 학살에 대한 합리화의 수단으로 이용되어왔다. 종족과 인종에 대한 편견은 피의 '순수'와 '비순수'의 개념에서 연유되었다".

건 사실상 나라를 빼앗긴 을사늑약(1905년 11월 18일)과 정미7조약(1907년 7월 24일) 이후부터였다는 것이 그 점을 잘 말해준다.

본 논문은 1900년대부터 2000년대에 이르기까지 공적 영역에서의 사회적 의미, 즉 시위용으로 쓰인 혈서들의 역사를 살펴보면서 분석과 해석을 덧붙이는 방식으로 논지를 전개해나가고자 한다. 앞서 지적했듯이 혈서는 의도와 연출방식에 따른 분류를 무의미하게 만들 정도로 모든 요소가 복합적으로 뒤엉켜 있는바, 구체적인 역사적 분석은 개화기에서부터 오늘에 이르기까지 모두 25개의 장면 또는 사건들을 시간의 흐름 순서에 따라 당시의 관찰 위주로 인용·제시하면서 논평하는 방식을 취하고자 한다. 이런 방식은 발터 벤야민(Benjamin, 1982/2005)의 연구에서 영감을 받은 시도이다.

벤야민의 대표작 중 하나인 『아케이드 프로젝트』는 수많은 인용문과 평론으로 구성된 인상기에 가까운 저서다. 여기서 그가 주목한 것은 지극히 일상적인 문화적 사물들, 예컨대 네온사인, 지하철, 주유소, 영화 등 당대의 철학자들이 학문의 대상으로 거의 취급하지 않은 주제들이다. 이런 도시 공간의 사소한 것들에 대한 구체적인 분석을 그는 다시 전체를 조망할 수 있는 '도시 인상학'으로 발전시키고 있다. 부분에서 전체를 그리고 특정한 것으로부터 일반적인 것을 추론하고 있는 벤야민의 유물론적 인상학에서는, 따라서 이제까지 의미 없는 것과 의미 있는 것으로 구분하는 모든 이분법적 접근 방법을 거부한다. 대신 '문화사적 변증법'을 위해 이런 이분법적 구분을 전도시켜 도시의 인상을 형성하고 있는 낡고 허술하며 하찮은 것들에게 권리를 부여하는 연구방법론을 제안하고 있다.

혈서는 그런 '도시 인상학'의 범주에 포함될 수 없는 것처럼 보이지만, 혈서가 주로 쓰이는 시위는 도시의 풍경이며 단지 동적이라는 차이만 있을 뿐이다. 도시의 광고가 갖는 '전시 가능성'의 목적이 보는 사람들로 하여금 명

상케 하는 게 아니라 행동에 돌입케 하는 데에 있듯이, 혈서도 그런 전시 가능성의 지배를 받는 매체라고 볼 수 있다. 25개의 장면 또는 사건들을 발췌하는 것은 사물들이 스스로 말하게 하는 몽타주 기법 또는 모자이크 기법을 시도하고 더 나아가 완전히 인용만으로 이뤄진 작품을 쓰려는 야심을 품었던 벤야민의 '문화사적 변증법'의 취지와 상통한다. 벤야민이 산책의 대상으로 삼았던 자본주의 초기의 파리 아케이드라고 하는 비교적 좁은 영역과는 달리 본 논문은 한 세기에 걸쳐 한국사회 전체를 산책 대상으로 삼고 있어서 '느낌으로 아는 앎'에 더욱 의존해야 하는 처지에 놓여 있는 데다, 이런 방식은 엄밀한 사회과학적 분석의 그물망으로 포획하기 어려운 주제의 속성상 불가피한 점이 있다(Bolz & Reijen, 1991/2000 ; Buck-Morss, 1991/2004 ; 조흡·강준만, 2009).

3. '혈서 커뮤니케이션'의 역사

1) 1908년 5월 '단지斷指 혈서 피바람'이 전국으로 확산된 가운데 절정을 이루었다. 길주군 수도학교의 교사 권병희가 황제탄신일 축하 연설 도중에 자기 손가락을 끊어 그 피로 '대한정신력'이라는 다섯 글자를 쓴 이후로 '단지 혈서'는 전국의 학교로 퍼져 나갔다. 양기탁은 『대한매일신보』 1908년 5월 16일자 논설 「학계의 화花」에서 함흥군 풍호리 보창학교 학생 50여 명이 모여 연설하다가 그중 17인이 "내가 반드시 우리 대한을 복구하리라", "내가 삼천리 산하를 되찾으리라" 하며 칼로 손가락을 찔러 붉은 피로 그 맹세를 썼다는 소식을 전하면서 다음과 같이 말했다. "장하도다 열일곱 학생의 손가락 피여, 열렬하구나 열일곱 학생의 손가락 피여. 내가 그 피에 춤을 추노니

무릇 한국의 뜻있는 남녀야, 각자 그 피에 춤출지어다. 내가 그 피에 노래하며 그 피에 곡하노니 무릇 한국의 눈물 있는 남녀야 각자 그 피에 노래하고 곡할지어다. 열일곱 학생의 손가락 피는 어떤 피인고. 애국의 피며 시대를 걱정하는 피며 비분강개하는 피며 열광하는 피니, 장하구나 열일곱 학생의 손가락 피여. 열렬하구나 열일곱 학생의 손가락 피여"(이승원, 2005, 345~348쪽). 선생들이 학생들 앞에서 솔선하여 단지를 하고 그 피로 혈서를 썼으며 학생들은 선생의 뒤를 따라 단지의 대열에 합류했다. 일본 헌병들은 학교를 예의 주시하면서 단지를 한 학생을 의병 관련과 내란선동죄로 잡아들였지만 학생들은 계속해서 단지동맹을 결성해 피를 뿌렸다. 당시 망국의 한에 몸부림치던 조선인들에게 뜨거운 피 말고 무엇이 있었으랴. 피는 무기가 없거나 약한 약자가 굴복하지 않겠다는 의지를 표현할 수 있는 강력한 수단이었던 셈이다.

2) '단지 혈서 피바람'은 조선 밖으로도 퍼져 나갔다. 1908년 8월 안중근, 박근식, 박낙길 등 애국투사 7명은 연해주에서 이토 히로부미 등 일본 요인을 암살하기 위해 결사대를 조직하기로 결의하고 혈서를 쓴 뒤 이를 대리석비에 새겨 땅에 묻었다.[7] 결국 안중근은 이 혈서 맹세에 따라 1909년 10월 26일 이토 히로부미를 처단했다. 안중근을 비롯한 수많은 독립투사들이 자신의 목숨을 초개(草芥)처럼 여기며 항거했지만 끝내 일제강점은 막아내지 못했다. 일제강점 후 수많은 항거의 혈서가 쓰였겠지만 그 기록은 남길 수 없었

---

7) 이 '반일결사대 기념비'는 85년 만인 1993년 3월 문화재수집가인 오성환에 의해 고국에 돌아왔다. 가로 15cm, 세로 56cm, 두께 3cm 크기의 이 대리석비 윗부분에는 애국투사 7명의 이름이 새겨져 있고 밑부분에는 "조선 초대통감(이토 히로부미), 중국 주둔 일본 최고사령관, 중국 주재 일본대사 등 5명을 척살할 것을 혈서로 결의하고 이 혈서를 새긴 비문을 연해주 뒷산 큰 나무 아래에 묻는다"는 내용의 한자로 된 결의문과 1908년 8월 10일이라는 날짜가 새겨져 있다(황순구, 1993).

다. 오늘날에 이르러 그 시절의 혈서나 혈서에 관한 기록이 가끔 발견될 뿐이다. 1919년 독립운동가 733인이 모두 새끼손가락을 잘라 모은 피를 붓에 묻혀 쓴 '700명동맹서'에는 "우리들은 국가와 민족을 위해 목숨을 아끼지 않고 혈전육탄으로 항쟁한다"며 "700명의 피가 동해를 물들일지라도 조국 정신뿐"라고 되어 있다.[8] 이처럼 혈서는 대의를 위해 자신의 목숨을 걸겠다는 비장한 각오를 표현한 커뮤니케이션 행위였다.

3) 1937년 중일전쟁 이후엔 일제에 대한 충성 맹세용 혈서가 기승을 부렸다. 1938년 2월 26일 일제는 '조선육군특별지원병령'을 공포했는데, 지원병들은 혈서로 자신의 충성을 맹세했다. 당시 문경 공립보통학교 교사로 일하고 있던 박정희는 만주군관학교에 들어가기 위해 "진충보국 멸사봉공盡忠報國滅私奉公"이라는 혈서를 써서 보냈고, 이 '혈서 작전'이 성공해 박정희는 만주군관학교에 입학할 수 있었다. 이 혈서는 만주의 신문에 보도되기까지 했다. 1941년 12월 8일 일제의 하와이 진주만 폭격이 이루어지면서 전쟁 프로파간다propaganda가 극성을 부리자 대중가요의 주제도 '눈물, 사랑'에서 '혈서'로 이동했다. 1942년 백년설은 경성방송국에 나가 '아들의 혈서'를 불렀다. "어머님 전에 이 글월을 쓰옵나니/ 병정이 되온 것도 어머님 은혜/ 나라에 밧친 목숨 환고향 하올 적엔/ 쏘다지는 적탄 아래 죽어서 가오리다." 1943년엔 오케이레코드사에서 백년설·남인수·박향림이 '혈서 지원'을 합창했다. "무

---

8) 1995년 8월 일제치하에서 독립운동을 벌이던 결사대원 733인의 혈서가 일본 도쿄의 외교사료관에서 발견되었다. 독립군 혈서는 '혈전육탄', '애국정신' 등 4장으로 일제 경찰이 1919년 가을 만주 이도구 수남촌의 조선 독립군 숙영지를 급습했을 당시 압수한 것이다. 일제의 현지 관헌이 혈서와 함께 결사대원을 취조해 본국에 보고한 내용에 따르면 만주 일대의 조선인들은 3·1운동과 파리강화회의 대표 파견 준비에 관한 소식을 듣고서 명망가인 김병순이 주동이 되어 독립운동 사무실을 설치하고 독립자금을 모으는 한편 결사대원의 다짐을 혈서로 표현했다(박종문, 1995).

명지 깨물어서/ 붉은 피를 흘려서/ 일장기 그려놓고/ 성수 만세 부르고/ 한 글자 쓰는 사연/ 두 글자 쓰는 사연/ 나라님의 병정 되기 소원입니다." 일제에 대한 충성 맹세용 혈서는 독립운동가들의 혈서와는 달리 자신을 입증하고 과시해야 하는 필요성 때문에 쓰인 것이었지만, 혈서를 쓴 심정이 편했으리라고 보기는 어렵다. 나라를 빼앗긴 망국의 한을 씹는 자학적 요소가 있었다고 보아야 하지 않을까?

4) 1945년 12월 국군 건립을 시도하고 있던 광복군 직속 대한무관학교 창립준비위원회에 많은 청년이 혈서로 지원의 뜻을 밝혔다(조선일보, 1945년 12월 15일자). 이후 벌어진 신탁통치 정국에선 혈서가 더욱 난무했다. 지도자에 대한 충성 맹세에도 혈서가 빠지지 않고 등장했다. 1946년 12월 이승만이 미국을 방문할 때에 이를 적극 후원한 우익단체들은 이승만에게 청년들의 혈서를 전달했다. 1948년 3월 김구가 장덕수 암살 사건의 배후 혐의로 미군정의 재판을 받을 때 김구의 건국실천원양성소 소원 50여 명은 혈서를 써서 군정청에 항의했다(도진순, 1997). 이처럼 피가 용솟음치는 해방정국에서 혈서는 불타는 애국심과 더불어 지도자에 대한 충성심을 표현하기 위한 주요 커뮤니케이션 수단이었다.

5) 1948년 11월 30일 국군조직법이 공포된 뒤 12월 15일 국군이 정식 법제화되자 '혈서'를 긍정하는 이런 노래까지 만들어졌다. "신 대한국 국방군을 뽑는다는 이 소식/ 손꼽아 기다리던 이 소식이 꿈인가/ 감격에 못 이겨서 손가락을 깨물었소/ 나라 위해 병정 되기 소원합니다/ 무명지 깨물어서 붉은 피를 흘려서/ 태극기 걸어놓고 천세만세 부르자/ 한 글자 쓰는 사연 두 글자 쓰는 사연/ 나라 위해 병정 되기 소원합니다." 그러나 유감스럽게도 이 노래

는 1943년에 나온 '혈서 지원'의 가사를 상당 부분 그대로 가져다 쓴 것이었다. 이게 단순한 실수였을까? 아니면 자신의 목숨을 걸어야 하는 '개인'의 관점에서 보자면 1943년과 1948년 사이엔 별 차이가 없다고 본 것일까?

6) 1949년 6월 26일 일요일 김구가 경교장 2층 거실에서 현역 육군 소위 안두희가 쏜 4발의 총탄을 맞고 74세를 일기로 사망하는 비극이 발생했다. 이 소식이 전해지자 전국 각지에서 매일같이 조사와 조전이 장의위원회로 답지한 가운데 '자주독립', '남북통일' 등의 글자를 피로 쓴 혈서도 수십 통에 이르렀다(조선일보, 1949년 7월 3일자). 이처럼 혈서는 격렬한 애도의 뜻을 표현하기 위한 수단이기도 했으며 그 바탕엔 억울한 심정과 한이 서려 있었다.

7) 1949년 6월, 좌익의 발본색원과 탄압을 위해 만들어진 '국민보도연맹國民保導聯盟'은 대대적인 '혈서 충성 맹세'를 양산했다. 1950년 6·25전쟁이 터지자 충성 맹세를 해야 할 상황이 더욱 급박해졌다. 보도연맹원들이 앞다투어 혈서를 쓰면서 군에 지원하는 일이 벌어졌지만 모두에게 그런 행운이 허락된 건 아니었다. 이는 해방 후에도 혈서가 당당한 의사표현의 수단으로만 쓰인 건 아니며 사실상 강요된 충성 맹세의 도구이기도 했다는 걸 말해준다. 그럼에도 혈서를 쓴 이들은 살아남아야 한다는 절박한 심정을 품고 있었으리라.

8) 1953년 봄 미국에 의해 휴전이 추진될 조짐이 보이자 휴전 반대 투쟁위원회가 구성된 가운데 "통일 없는 휴전은 반대하며 북진을 해야 한다"는 북진통일시위가 전국적으로 전개되었으며, 그 와중에서 혈서가 홍수 사태를 이루었다.[9] 전국 각지에 수용 중이던 반공 포로들도 가세했다. 반공 포로들

은 매일 혈서 쓰는 게 일과였다. 하루가 멀게 미국 대통령, 미 상하 양원의원, 유엔군 사령관, 이승만 대통령, 국방부 장관 등 앞으로 혈서를 썼다(강용준, 1981).[10] 이후에도 북진을 절규하는 혈서는 계속 쓰였으며 이는 여학생들은 물론 13세 소녀로까지 연령대가 낮아졌다(조선일보, 1953년 6월 18일자). 13세 소녀의 혈서를 장하다고 칭찬하는 당시의 정서는 이미 수백만 명이나 되는 희생자의 피를 뿌린 6·25전쟁의 참상으로 인해 맺힌 심정·한과 분리해 생각하기는 어려우리라.

9) 이런 눈물겨운 혈서 공세에도 불구하고, 1953년 7월 27일 오전 10시 9분 정전협정이 미 해군중장 윌리엄 해리슨과 북한 인민군 대장 남일의 서명으로 조인되었다. 그러나 북진의 꿈까지 사라진 건 아니었다. 신문엔 혈서로 조국에 충성 맹세를 하고 북진을 위해 혈서로 입대 지원을 하는 반공 청년들의 이야기가 끊임없이 게재되었다. 1954년 중앙청 광장에서 태극기에 '북진

---

9) 몇몇 신문 기사를 살펴보면 다음과 같다. "통일 없는 휴전을 한사 반대하는 학생들 수백 명이 2일 서울역전에 모여 북진을 외쳤다. 이날 궐기한 학생 중 20여 명은 손가락을 짤라 혈서를 써서 통일 없는 휴전을 죽음으로 반대한다는 젊은 학도들의 의기를 남김없이 선양하였다"(조선일보, 1953년 5월 4일자). "대한상이군인회 서울지부에서는 9일 상오 10시 시내 탑동공원에서 천여 명의 회원이 참집하여 북진통일을 절규하는 궐기대회를 개최하였는데 순서에 따라 개회사와 선언서 낭독, 격려사 등이 있은 다음 수많은 회원이 서로 다투어 단상에 뛰어올라가 손가락을 깨물어 혈서를 써서 굳은 결의를 표명하였다"(조선일보, 1953년 5월 11일자). "서울에 있는 약 500명의 남녀 무대예술인들은 11일 오전 10시 시공관에 모여 북진통일궐기대회를 열고 '통일 없는 휴전은 3천만의 주검이다' 라고 외치면서 이 대통령을 비롯하여 관계 요로에 이 뜻을 표시하는 '멧세지'를 채택한 다음 오전 11시 15분 대회를 끝마치고 일동은 을지로와 종로 방면으로 데모 행진을 하였다. 그런데 대회가 끝날 무렵 북진을 외치는 무대인들의 굳은 결의를 표시하는 혈서가 명동극장 오진선 양 등 4명에 의하여 씌워지자 일동은 모두 기립하고 경숙히 애국가를 제창하면서 울분을 억제할 길 없이 흐느껴 우는 여성도 있었다"(조선일보, 1953년 5월 13일자).

10) 예컨대 『조선일보』(1953년 5월 16일자)에 따르면 "13일 상오 경북 경찰당국자가 언명한 바에 의하면 영천 포로수용소에 수용되어 있는 487명의 북한 포로들은 지난 12일 '통일 없는 휴전결사반대', '북한강제송환 결사반대' 등의 '프랑카드'를 들고 동 수용소 내에서 일대 시위를 감행하고 478명의 포로들은 각각 혈서로 연명된 '멧세지'를 작성하였는데 동 '멧세지' 는 이 대통령 및 미국 아이젠하워 대통령에게 전달하기를 요청하였다".

통일' 혈서를 쓰는 청년의 모습이 신문 기자의 카메라에 포착되었는데, 그로부터 46년 후인 2000년 3월 자민련은 총선 홍보소책자 3만 5,000부를 제작하면서 표지에 그 사진을 실어 당의 보수색채를 부각시켰다. 이는 혈서가 여전히 한국인들의 심정에 큰 공감을 불러일으킬 수 있다고 판단했기 때문이었으리라.

10) 1956년 5·15 정부통령 선거를 앞두고 희대의 '혈서 소동'이 벌어졌다. 이승만은 3월 5일 개최된 자유당의 정부통령 후보 지명대회에서 대통령 후보로 지명받자 불출마를 선언했다. 3월 6일부터 관변단체들이 이승만의 대통령 출마를 요구하며 총궐기하기 시작하자, 이승만은 3월 10일 국민이 강청하면 재고려할 것을 시사하면서 "나는 그들이 원하는 것이라면 무엇이든지 할 생각으로 자살을 원한다면 자살이라도 하겠다"고 말했다. 국민이 원하면 자살도 할 수 있다는 대통령을 위해 무엇을 아끼랴. 이승만의 출마를 요청하는 수많은 혈서가 쏟아져 들어왔다. 이승만은 3월 23일 "300만 명 이상의 민의들이 날인한 탄원서 혈서가 들어왔고, 수만 군중이 불철주야로 우설雨雪을 무릅쓰고 재출마를 간청하고 있으니 이는 국민 대부분을 대표하는 것으로, 내가 이에 불응하면 민중들이 다시 몰려올 것 같아서 민의에 양보하여 재출마하기로 결정하였다"는 성명을 발표했다(서중석, 1999). 이런 혈서를 어떻게 이해해야 할까? 며칠 후인 3월 29일 서울운동장에서는 남녀 고교생 수만 명이 참가해 매스게임을 벌이고 '대통령 찬가'를 부르는 등 이승만의 81회 탄생 경축식이 정부 및 서울시의 주최로 열렸으며, 각 지방에서도 이처럼 성대한 경축행사가 벌어졌다는 걸 감안할 필요가 있겠다. 왕조 의식의 잔재마저 심정과 한의 형식으로 표출될 수 있다는 게 흥미롭다.

11) 5·15 정부통령 선거에서도 혈서가 난무했다. 『조선일보』(1956년 4월 16일자)에 따르면 "언제부터 생긴 일인지 '흥분과 감격'의 표현으로서 '혈서' 쓰는 것이 일종의 상식(?)인지 선거 사무실마다 혈서가 답지. 손가락을 찢어 붉은 피로써 승리하라고 대서특필하는 광경은 보는 사람마다 이맛살을 찌푸리게 하는데 선거 사무실 직원들은 매일 수 건씩 당하고 보니 겁이 나는지 '여보 어떻게 신문을 통해서 혈서만은 그만두도록 해주시오'라고 간원懇願". 물론 혈서를 그만둬 달라는 요청은 홍보를 위한 과시였을 뿐 진심은 그게 아니었다. 정말 가슴에서 우러나와 혈서를 쓴 사람들도 없진 않았겠지만 이승만 정권 시절엔 거의 직업적으로 혈서를 쓰는 사람들이 많이 있었다. 이런 직업적인 혈서 전문가들에겐 보상이 뒤따랐기 때문에 이를 순수한 자발성이라고 보기엔 어려운 점이 있었지만 그렇다고 해서 그들 나름의 '애국충정'을 부정하기도 어렵다. 피가 흔했던 시절에 빚어진 혈서의 의례화라고 볼 수 있겠으나 혈서 전문가들에게도 그 나름의 심정과 한이 있었던 셈이다.[11]

12) 1959년 2월부터 시작된 재일교포북송반대시위는 반공反共과 반일反日이 결합한 시위여서 그 어떤 시위보다도 열기가 뜨거웠고 그래서 혈서도 그만큼 더 양산되었다. 이런 격렬한 반대에도 1959년 12월 14일 북송선 제1호가

---

11) 문순태의 소설 『鯉魚의 눈』(1984, 324~325쪽)에 나오는 아버지도 그런 경우로 볼 수 있겠다. "아버지의 자랑은 6·25때 공비토벌 작전에서 혁혁한 공을 세운 것이었고, 나라가 누란累卵에 처했을 때 애국충정으로 혈서를 썼다는 것이었다. 아버지의 말대로라면 자유당 때만 하더라도 이승만 정권을 위해 열두 차례나 혈서를 썼노라고 하였다. 중학교 다닐 때, 나는 아버지가 혈서를 쓴 것을 보았었다. 장충공원에서 선거연설이 있었다. 그날은 일요일이었고 집에서 가까운 곳이어서 연설장에 구경삼아 나갔었다. 시민들한테 별로 인기도 없는 자유당 후보의 연설이 끝나자마자 아버지가 연단 위로 뛰어올라가서 그 후보를 지지한다는 혈서를 썼다. 그때 나는 아버지가 너무 불쌍해서 울고 싶었다. 아버지는 또 학생들과 공무원들이 동원되는 큰 궐기대회 때마다 혈서를 썼다. 혈서를 쓴 날의 저녁상엔 어김없이 푸짐하게 고기가 올랐으며, 아버지는 왕성한 식욕으로 맛있게 고기를 먹으면서, 거즈를 감은 손으로 허공을 찌르며, 애국투사가 된 기분으로 일장 연설을 하곤 하였다."

일본 니가타 항에서 975명의 제일동포를 싣고 북한으로 첫 출항하자, 남한에선 또다시 이를 규탄하는 수많은 혈서가 쓰였다(조선일보, 1959년 12월 15일자). 당시 모든 시위의 하이라이트는 늘 혈서였다. 군중에게 자극을 주고 그들의 피까지 끓어오르게 만드는 데엔 혈서 이상 좋은 게 없었다.[12]

13) 1960년 3·15 정부통령 선거에서도 수많은 혈서가 쓰였다. 3월 2일 민주당의 전주 유세에서는 고등학생 한 명이 등단하여 "선생님들이 상부의 지시라면서 유세장에 못 가게 한다"고 폭로하고 "민주주의 만세!"라고 혈서를 썼다. 3월 4일 광주에서도 똑같은 일이 벌어졌다. 4만 명이 운집한 민주당 부통령 후보 장면의 공설운동장 유세 직후 10여 명의 학생들이 혈서를 썼다. 이에 질세라 3월 6일 광주에서의 자유당 유세에서도 혈서 소동이 벌어졌다. 미리 준비된 수천 자에 달하는 호소문 혈서가 학생이라고 자칭하는 청년에 의해 약 10분간에 걸쳐 낭독된 후 단상에 뛰어오른 7명의 청년들이 일제히 손가락을 깨물고 미리 준비한 천에다 혈서를 썼다(조선일보, 1960년 3월 8일자; 이재오, 1984). 왜 이런 혈서 쓰기 경쟁을 해야 했던 걸까? 자유당 지지자들의 혈서는 그 진정성이 의심스럽지만, 민주당 지지자들의 혈서는 당시 젊은이들에게 민주주의는 '한 맺힌 단어'로 종교와도 같은 것이었다는 걸 이해할 필요가 있겠다. 이후에도 민주주의를 위해 생명을 빼앗긴 건 물론이고 심지

---

[12] 조정래의 『한강』(2002, 98~99쪽)은 그런 장면을 다음과 같이 묘사했다. "서울운동장은 학생들로 새까맸다.…… 북괴 김일성 도당의 만행을 규탄하는 연설이 길게 이어지고, 다음 사람이 나와 또 비슷한 내용으로 외쳐대고, 남녀 학생대표가 나와서 북송 결사반대 웅변을 하고, 학생들은 너무 많이 들어온 똑같은 말에 몸들을 비비 꼬고 있었다. 그런데 갑자기 앞에서부터 술렁거리기 시작했다. 그 술렁거림은 물결치듯 빠르게 뒤로 퍼져 나갔다. '혈서를 썼다, 혈서!' 이 말은 서늘한 정적을 뿌리며 뒤로뒤로 굽이쳐 갔다. '청년학도 여러분, 세 명의 애국학생들이 북괴도당의 만행을 규탄하고 재일교포 북송을 결사반대하는 뜨거운 결의로 혈서를 썼습니다. 이 장한 용기와 투철한 애국심에 우리 다 같이 열렬한 박수를 보냅시다야!' 확성기에서 이런 외침이 울려 퍼지면서 단상에서는 3개의 혈서가 펄럭이기 시작했다. 학생들은 그때야 몸가짐을 바로잡고 박수를 쳐댔다."

어 스스로 분신자살까지 한 사람들도 많았다. 민주주의가 도대체 무엇이기에 자기 목숨까지 바쳐가면서 지켜야 하는 것이란 말인가? 목숨까지 바쳐가면서 지킨 것이었기에 한국인의 민주주의에 대한 기대치는 높을 수밖에 없었으며, 또 그래서 계속 혈서를 써야 할 이유가 되었다.

14) 3·15 혈서는 4·19 혈서로 이어졌다. 3·15 부정선거에 항의하는 학생들의 시위에 혈서가 동력이 된 것이다. 4월 19일 정오께 학생들은 시청과 국회의사당 앞으로 진출했으며 시민까지 가세, 순식간에 10만 명이 넘는 군중으로 불어났다. 학생들은 인파 앞으로 뛰쳐나와 3·15 부정선거를 규탄하고 시민들의 시위 참여를 촉구하는 혈서를 썼다. 이때 군중 속 곳곳에서 "대통령을 면담하자", "경무대로 가자"는 구호들이 터져 나왔다. 혈서가 망설이는 시민들의 참여를 이끌어내는 데에 큰 역할을 한 것이다(고재학, 1995 ; 이헌, 1995).

15) 1960년대 내내 선거나 시위 때마다 등장한 혈서는 1970년대 들어서도 수그러들지 않았다. 1973년 7월 11일 박정희 정권은 '집회 및 시위에 관한 법률 시행령'을 공포했는데, 혈서를 금지했다는 게 흥미롭다. 물론 이는 지켜지지 않았다. 관변 집회나 시위에서는 오히려 혈서가 장려되었다. 1975년 4월 30일 월남이 패망하자 5월부터 전국에 걸쳐 총력안보궐기대회가 열리면서 혈서 피바람이 불었다. 여의도 광장에서 열린 서울시민궐기대회를 보자. 『조선일보』(1975년 5월 11일자)에 따르면 "11시 30분 대회가 막바지에 들어서 대통령께 보내는 메시지가 낭독되자 재향군인회 부녀회원 박정자 씨(38)가 단상에 뛰어들어 '분쇄하자 남침야욕'이란 혈서를 썼고 이어 학생·주부 20여 명이 손가락을 깨물어 혈서를 썼다. 김선웅 씨(35) 등 2명은 면도로 배를

그어 피를 흘리기도 했다". 반공은 늘 피로 흥건해진 6·25 기억과의 투쟁이요, 따라서 피의 제전이기도 했다. 이후에도 6·25 기억은 한국인의 심정과 한이 결집된 저수지와도 같았다.

16) 1979년 10월 26일 박정희가 살해당하자 전국에서 박정희를 추모하고 국가안보를 외치는 궐기대회가 열렸으며, 여기서도 혈서가 어김없이 등장했다. 당시 고3이었던 유병선의 회고에 따르면 "웅성이던 교실 한쪽에서 통곡이 터져 나왔다. 박정희 집권과 나이를 같이 먹은 18세의 '박정희둥이' 박아무개였다. 며칠 뒤 시민궐기대회에 동원되었을 때 그는 혈서를 자원했다. 혈서가 처음이었던 그의 왼손은 난도질로 피투성이가 되었다. 그때의 '격앙'이 풍화될 만큼 시간이 흐른 뒤인 몇 해 전 그는 왼손의 추억을 들추자 슬그머니 주머니에 손을 쑤셔 넣었다"(유병선, 2004). 그러나 혈서를 써야 할 이유만 바뀌었을 뿐, '격앙'에 의한 혈서 쓰기는 오늘날까지도 살아 있다.

17) 10·26사건으로 박정희와 유신 체제는 종말을 고했지만 전두환을 중심으로 한 신군부는 12·12쿠데타를 일으켜 군권을 잡고 정권 장악을 꿈꾸었다. 1980년 5월 17일 전국으로 확대된 계엄령 선포 후 세상은 쥐 죽은 듯 조용해졌지만 광주에서는 시위가 계속되고 있었다. 신군부는 특전사 소속 7여단과 11여단 병력을 광주로 내려보냈다. 이른바 '충정 훈련'으로 이미 '인간 폭탄'이 되어 있는 병력이었다. 5월 17일 오후 광주 상무대 전투교육사령부에선 공수부대병력 1,000여 명이 작전개시 준비를 마치고 명령이 떨어지기를 기다리고 있었다. 작전 명령은 '화려한 휴가'였다. 그러나 그 '휴가'는 차마 필설로 다하기 힘든 '인간 사냥'을 위한 것이었다. 5월 18일부터 인간 사냥이 개시되었다. 5·18광주민주항쟁이다. 광주에서 흘려진 피는 6·25의

피와는 달리 은폐되어야 할 대상이었으며, 그런 이유로 혈서가 쓰이는 집회와 시위 자체가 원천 봉쇄되었다. 1980년대의 신문에서 혈서에 관한 기사들이 거의 보이지 않는 건 바로 이런 이유 때문이 아닐까?[13] 이후 혈서보다 훨씬 더 '강력'한 분신자살이 한동안 '유행'한 것은 혈서로도 말할 수 없는 심정과 한을 표출하기 위함이 아니었을까?

18) 노태우 정권퇴진시위가 거세게 일어나던 1991년 5월 9일, 총학생회장을 포함한 고려대생 20여 명은 출정식에서 길이 10m, 폭 1m가량의 현수막에 자신들의 새끼손가락을 입으로 깨물어 연서로 투쟁결의를 다지는 혈서를 썼다. 반면 6·20 지방광역의회 선거로 뜨거워진 정치권에선 자신의 공천과 당선을 호소하면서 혈서를 쓰는 후보들이 많이 나타났다. 1992년 3·24 총선 때도 어김없이 혈서를 쓰는 후보들이 등장했다. 1992년 5월 12일 사형제도가 위헌인지 여부를 가리는 '사형제도에 대한 헌법소원사건' 변론공판이 열린 헌법재판소 대심판정에서도 '사형 폐지'를 외치는 혈서가 나타났다. 1993년 12월 쌀 수입 개방을 반대하는 혈서도 많이 쓰였으며 농민들의 혈서는 스위스 제네바로까지 이어졌다. 12월 6일 제네바에 도착한 농민 대표 14명은 그동안 유엔 광장에서 시위를 벌였으나 울분을 풀지 못해 가트 본부 앞에서 '쌀시장 개방 결사반대'라는 혈서를 썼다. 1994년 9월 행정구역개편안에 반대하는 혈서도 나왔다. 9월 2일 경남도의회 신태성 내무위원장은 도의회 앞에서 동료 의원들이 지켜보는 가운데 오른쪽 약지를 칼로 끊어 '경남 분할 결사반대'라는 혈서를 쓰고 정부의 행정구역개편안을 즉각 철회하라고 촉

---

13) 1980년대 혈서 관련 기사는 기껏 해야 이런 경우였다. 1980년 12월 일본 수상 스즈끼가 "김대중을 처형하면 북괴와 교류하겠다"며 신군부에게 압력을 넣자 관변 단체들이 들고일어나 전국적으로 대대적인 스즈끼 화형식과 혈서 규탄대회가 벌어졌다(조선일보, 1980년 12월 5일자).

구했다. 이처럼 1990년대 들어 다시 혈서가 많이 등장했으며 그 이유도 과거에 비해 다양해졌지만, 혈서가 심정과 한의 폭발 양식으로 나타난 것만큼은 과거와 다를 바 없었다.

19) 1995년 9월 21일 전남대 등 광주전남지역 총학생회연합 소속 대학생과 시민 등 1,000여 명은 전남도청 앞에서 '5월 학살자 처단을 위한 시민·학생 결의대회'를 갖고 '학살자 처단'이라는 혈서를 쓴 뒤 이 혈서를 앞세우고 금남로를 거쳐 5km쯤 떨어진 민자당 광주전남지부 앞까지 거리행진을 벌였다. 바로 그날 5·18 책임자 처벌을 위한 학생궐기를 촉구하는 혈서 대자보가 고려대 정경대 뒷문 벽과 경제학과 사무실에 번갈아 붙여졌다. 민주화가 꽤 이루어진 세상에서도 혈서를 쓰지 않으면 안 될 정도로 '광주의 한'은 깊고 절박한 것이었다고 볼 수 있겠다.

20) 2001년 11월 21일 여중생 미군 궤도차량 사망사건 관련 재판 시, 범대책위원회 소속 참가자 10여 명은 태극기에 "살인미군 처벌하라"는 혈서를 썼다. 심지어 초등학생들도 혈서를 썼다. 12월 5일 대구시 남구 대봉초등학교 6학년 여학생 3명이 '미군의 무죄평결 무효화와 한미 주둔군지위협정(소파) 개정, 재판권 이양' 등을 촉구하는 반미 혈서 3장과 호소문 6장을 작성해 남구 이천파출소장에게 전달한 것이다. 손가락을 바늘로 찔러 "대한민국 재판을 다시 하라"는 등의 혈서를 쓴 이들은 "여중생 사망사건과 관련된 내용을 보고 너무나 분개했다"며 "사람을 죽이고도 무죄로 판결받는 부당한 현실 앞에서 한국인으로서 무언가 해야겠다는 생각에 혈서를 쓰게 되었다"고 말했다(박영률, 2002). 이에 오석근은 이렇게 개탄했다. "최근 들어 시위 현장에 어린이들이 머리에 빨간 띠를 둘러매고 붉은색 플래카드를 들고 서 있는

모습들이 이따금 눈에 띈다. 거기에다 이제는 어른들이 하기에도 섬뜩한 혈서까지 등장한 것이다. 하지만 아무리 목적이 정당할지라도 초등학생의 이런 과격한 행동은 쉽게 납득할 수가 없다. 순수한 동심이 지금의 사태를 바라보면서 받을 마음의 상처를 어떻게 치유할 수 있을지 국민 모두가 한 번쯤 냉철하게 생각해봤으면 한다. 어른들의 아귀다툼에 어린이가 동원되어 순수성을 잃어버리지 않도록 해야 한다"(오석근, 2002). 이는 혈서의 의례화·상례화가 빚은 결과로 볼 수 있겠지만, 당시의 반미주의가 그렇게 피를 뿌리는 형식으로 거칠게 나타난 것은 반세기 넘게 성역과 금기로 존재해온 미군과 미국의 존재에 대해 품어온 심정과 한이 폭발했기 때문이라고 볼 수 있겠다.

21) 2002년 12월 19일에 치러진 제16대 대통령선거에서 민주당 후보 노무현이 총 유효투표의 48.9%인 1,200만여 표를 얻어 1,143만여 표(46.6%)를 득표한 한나라당 후보 이회창을 57만여 표(2.3%) 차로 이겼다. 이와 관련, 동아일보 논설위원실장 이규민은 '보수들의 반성'을 촉구하고 나섰다. "미군 부대 담장까지 뚫고 들어가 '기개' 있는 시위를 한 젊은이들을 개탄하면서도 침묵으로 구경만 한 쪽은 보수였다. 저들이 백악관 앞까지 달려가 '부시 나오라' 며 소리 지르고 손가락 깨물어 혈서를 썼지만 보수들은 24명 전쟁영웅들의 희생을 놓고 '김정일 나오라' 고 한 적이 없다. 희생자 비율로 따지면 손가락 깨무는 정도가 아니라 손가락을 잘라서라도 혈서들을 썼어야 계산이 맞는데 그렇게 한 일도 없다"(이규민, 2003). 이는 혈서를 굳은 의지와 결의는 물론 실천력의 상징으로 보는 시각을 잘 대변해준다. '보수'가 '진보'에 비해 자발적 혈서 쓰기를 덜 한다면, 그건 그만큼 심정과 한에 있어서 사무친게 덜하기 때문은 아닐까?

22) 2004년 10월 28일 충청권의 300여 개 시민사회단체로 구성된 '신행정수도건설비상시국회의'가 주도한 '신행정수도건설 사수 제1차 범국민대회'가 대전역 광장에서 열렸다. 3시간여 동안 진행된 이날 대회에는 충청권 주민과 국회의원, 자치단체장 등 3,000여 명(경찰 추산)이 참석했다. 이 자리에서 이기동 자치분권전국연대상임운영위원장 등 6명은 '행정수도 사수'라는 혈서를 썼고 참가자들은 대회가 끝난 뒤 '서울만 수도라면 충청도는 하수도냐', '헌법재판소 해체', '충청권을 더 이상 유린 말라'고 적은 플래카드를 앞세우고 충남도청까지 1.5km를 행진했다. 지방의 심정과 한이 폭발한 혈서요, 시위라 할 수 있겠다.

23) 2007년 2월 6일 오후 의료법 개정안에 반발해 서울과 인천 지역 의사들이 집단 휴진하고 경기 과천시 정부과천청사 앞 잔디마당에서 의료법 개정안 전면 무효화를 촉구하는 궐기대회를 가졌다. 4,500여 명이 참가한 이날 집회에서 서울시의사협회 좌훈정 홍보이사는 경과보고를 하다 문구용 칼로 자신의 배를 6~7cm 그어 흰색 천에 혈서를 쓰고 "의사의 명예를 찾자"고 외쳤다. 의사들에게도 맺힌 심정과 한이 있었던 걸까? 아니면 단지 참가자들의 피를 끓어오르게 만들려는 이벤트였을까?

24) 2008년 8월 정부의 종교 차별에 항의하는 스님이 혈서를 쓰고 자신의 배를 흉기로 그어 자해한 사건이 일어났다. 8월 30일 서울 종로구 견지동 조계사 대웅전 안에서 강원도 오대산 상원사 주지를 맡았던 삼보 스님은 미리 준비해온 종이에 '이명박 정권은 불교 탄압 중단하라'고 혈서를 쓴 뒤 흉기로 배를 세 번 그었고 상처는 깊이 5mm, 길이 10cm가량이었다. 종교인까지 자기주장을 강하게 표현하기 위해 혈서를 쓴다는 것은 한국인들에게 혈서가

여전히 자신의 진정성을 드라마틱하게 표현할 수 있는 유력한 매체라는 것을 잘 말해준다 하겠다.

25) 2009년 11월 남성 아이돌그룹 2PM의 옥택연을 대상으로 한 팬이 '옥택연 너는 나 없이 살 수 없어' 라는 혈서를 디시인사이드에 올린 이후 극성 팬들의 혈서 공개가 경쟁적으로 진행되었다. 엠블랙의 이준, FT아일랜드의 이홍기, 빅뱅의 지드래곤, 원더걸스, 소녀시대의 윤아 등이 혈서 논란에 차례차례 휩싸였다. 이와 관련, 중앙대 사회학과 신광영 교수는 "아이돌그룹이 대중문화를 지배하고 팬덤끼리 경쟁이 치열해지면서 극단적인 팬문화가 형성되는 것 같다"며 "상식적으로 이해하기 어려운 자해를 하면서까지 팬 활동을 하다니 걱정된다"고 말했다(조현우, 2010). 이는 혈서의 본질 중의 하나가 주목을 받기 위한 '주목(注目)투쟁' 임을 말해준다. 이런 유형의 혈서에도 연예인의 주목을 받지 못해 애가 타는 심정과 한이 서려 있다고 보아야 하지 않을까?

4. 결론 및 논의

이상 살펴본 바와 같이 한국인의 혈서 커뮤니케이션은 주로 심정과 한에 의해 추동된 모습을 보여주고 있다. 물론 이는 냉철한 이성과는 거리가 멀다. 일본과의 갈등이 불거질 때마다 수많은 혈서가 쓰였지만, 수시로 망언을 해대는 일본 우익에 관한 연구서는 거의 없다는 것이 그 점을 잘 말해준다. 지난 2000년 4명의 일본 전문가가 『일본우익연구』라는 책을 출간한 것과 관련, 김학순은 "우리는 독도 영유권 문제나 역사왜곡 망언이 불거질 때마다 정치인들의 인기주의 발언이나 정부의 반짝 대중요법, 혈서나 삭발을 동반한 국민들의 잠깐 분노만 익숙하게 보아왔다"며 "일이 터지면 이처럼 '일본 우익'을 매도하고 우경화를 걱정하면서도 일본 우익 연구서 한 권이 겨우 8년 전, 광복 55년이 지난 시점에야 나왔다는 게 그저 부끄러울 따름이다"라고 했다(김학순, 2008). 이는 전적으로 공감할 수 있는 말이지만 우리는 별 부끄러움을 느끼지 않는다. 왜 그럴까?

1994년 3월 8일 조석간 신문은 농협중앙회 임직원 700여 명이 농협 대강당에서 연 '농협개혁 결의대회', 서울경찰청 강당에서 열린 '국가경쟁력 강화를 위한 내무행정 쇄신대회', 자동차노조 서울버스지부의 '준법운행실천 결의대회' 등 3건의 결의대회를 사진과 함께 보도했다. 이에 대해 장명수는 이렇게 개탄했다. "우리는 불행한 역사 속에서 수많은 규탄대회와 궐기대회를 치렀다. 6·25규탄, 휴전결사반대, 반공궐기대회 등에서는 으레 손가락을 잘라 혈서를 쓰는 사람들이 나왔고, 그 대회들은 십중팔구 '관제'였다. 오늘의 결의대회는 그 유산이고 북한에서 벌어지는 광적인 인민대회의 '사촌'이라는 것을 부인하기 어렵다. 일반 기업의 근로직·사무직 임직원에서 국가기관의 공무원에 이르기까지 툭하면 결의대회로 한 건 보여주는 악습을 버려야 한다. 그것은 너무나 위선적이고 낭비적이다. 우리에게 필요한 대회가 남아 있다면 그것은 각자 마음속에서 조용히 치를 '결의대회 추방대회' 뿐이다"(장명수, 1994). 가슴에 와 닿는 말이지만 이는 오늘날까지도 좀처럼 실현되지 않고 있다. 왜 그럴까?

혈서에 의한 심정과 한의 표현마저 의례성을 갖게 된 건 아닐까? 너무 오랜 세월 그렇게 해왔기 때문에 일종의 관습이나 체질이 된 건 아닐까? 아무리 의례적일망정 대부분의 한국인들이 공유하고 있는 심정과 한에 호소하기 위해선 자해적 요소가 들어가야 한다. 수용자를 전제로 한 장례에서의 대성통곡과 필사적인 몸부림이 그 좋은 예다. 타인지향성이 매우 강한 한국문화에선 부모의 죽음에 대해 자식들이 느낀 슬픔을 표현하고 알리는 게 미덕으로 통용되며, 슬픔의 표현은 강할수록 좋다는 원리에 따라 자해가 발생하는 것이다. 이런 자해의 전통은 거의 사라졌지만 그 원리는 아직도 공적 영역의 시위에 남아 있다. 자기희생을 통한 도덕적 선善의 획득을 위해 단식을 하거나 삭발을 하고 심지어는 혈서를 쓰는 시위가 아직도 성행하고 있는 것이다(이은봉, 2000 ; 민동용, 2003). 어빙 고프만(Goffman, 1959)이 역설한 이른바 '인상 관리impression management'의 관점에서 보자면 혈서는 자신의 뜻을 강하게 밝히려는 커뮤니케이션 전략의 산물이다. 인상 관리가 거의 본능의 수준에서 이루어질 수 있듯이 이 '전략'은 꼭 의도적인 건 아니며 무의식의 세계에서 일어날 수도 있다. 또한 그런 커뮤니케이션 전략은 사회적 차원에서도 일어날 수 있다. 피를 매개로 하여 매우 안타깝거나 억울하다는 심정의 공유가 광범위하게 일어나 사회적 차원에서 폭발하면 대대적인 시위로 발전하곤 한다. 혈서는 그런 시위의 촉발을 위한 것으로 볼 수 있다.

한국 민주주의의 원동력이 바로 심정이 폭발한 시위였다는 건 결코 우연이 아니다. '4·19혁명'에서부터 '6월항쟁'에 이르기까지 한국 민주주의의 주요 성과는 모두 시위의 결과였다. 한국인에게 차분한 대화와 토론의 마당은 주어지지 않았고 그런 경험도 별로 없었다. 잠자코 인내하다가 어느 순간 피 또는 죽음과 관련된 사건을 계기로 일시에 '욱' 하고 폭발하는 패턴이 반복되어왔다. 김주열, 박종철, 이한열이라는 이름이 말해주듯 결정적 계기는 늘 개인의 피와 죽음이었다. 큰 흐름으로 보자면 한국은 심정의 폭발이 없으면 큰 사회적 변화가 잘 일어나지 않는 사회다. 사실 선거는 늘 그 점을 입증해주는 생생한 드라마다. 웬만한 선거 치고 '이변' 아닌 선거가 드물다. 세계를 자주 놀라게 만드는 한국의 독특한 시위문화는 바로 이런 심정 민주주의의 관점에서 이해할 필요가 있다.

물론 시위도 점잖은 시위론 곤란하다. 혈서는 기본이다. 심정의 폭발을 보여줄 수 있는 그 어떤 상징적 행위로 혈서만 한 게 없다. 아니 그랬었다. 그러나 따지고 보면 혈서만 해도 매우 온건한 방법이다. 언론, 특히 방송이 좋아하는 '그림'으로 볼 때도 약하다.[14] 워낙 파란만장한 근현대사를 겪어오며 살아온 탓인지 한국인들은 대부분 '강심장'이다. 웬만해서 눈 하나 꿈쩍하지 않는다. 홍은택이 잘 지적했듯이 "우리 사회가 구성원의 사활이 걸린 중요한 문제에 대해 농성을 하고 손가락을 잘라야만 반응을 보이고 관심을 나타내는 경직된 사회가 되었다"(홍은택, 1990)고 보아야 할 것이다. 사람들의 시선을 쟁취하기 위해 '보다 강하게'를 외치지 않을 수 없는 '주목투쟁'의 악순환인 셈이다.

본 연구의 한계이자 차후 연구의 발전을 위한 지침으론 국가 간 비교연구를 들 수 있겠다. 혈서문화가 일본에서 온 것이라는 주장도 있는바[15] 한일 비교연구를 해보면 좋을 것이다. 태국의 이른바 '혈액시위'도 흥미로운 연구

---

14) 이주형의 다음과 같은 항변은 왜 한국에서 시위가 혈서를 필요로 하며 곧잘 과격으로 치달을 수밖에 없는지 그 이유를 잘 말해준다. "충북 영동군 매곡면 화학무기 폐기시설 반대 대책위는 주민 550여 명과 함께 지난 3일 서울 국방부 청사 앞에서 항의집회를 열었다. 다음 날 『한겨레』를 비롯해 그 많은 일간신문을 뒤져보았지만 단 한 줄의 보도도 찾아볼 수 없었다. 뒤늦게 '냉담한 국방부, 주민만 울분'이라고 지역신문 주간지가 보도했을 뿐이었다. 관광버스 13대가 동원되어 어렵사리 상경해 혈서를 쓰면서 의지를 보이기까지 했는데, 너무나 씁쓸하기만 했다. 분명히 국방부에는 출입기자들이 있었을 텐데, 보도 자료가 없었기 때문일까. 냉담한 국방부도 한심하지만 신문들까지 왜 그렇게 냉담한지 이해할 수가 없다. 시위자들이 '화염병'이라도 던져야 보도되는 것인지, '힘없는 촌것들'이라고 무시해 모르쇠로 일관한 것인지 알 수가 없다"(이주형, 2001).
15) 이는 김규식의 주장인데, 강원용 등 기독청년연합회 임원 몇 사람이 1945년 12월 초 김구가 살던 경교장을 방문했을 때의 일이다. "경교장에 들어가서 김구, 김규식, 조소앙 등 기라성 같은 독립투사들을 가까운 거리에서 만나 얘기를 나누게 된 우리들은 아무래도 좀 흥분되어 있었던 것 같다. 그래서 그랬는지 우리 일행 중에 성결교에 속해 있던 윤판석이라는 사람이, 죽 모여 있는 임정 요인들을 보더니 손가락을 깨물어 흰 천에다 혈서를 쓰고는 그것으로 머리를 질끈 동여매어 자신의 충성심을 과시하려 했다. 그런데 그것을 본 우사 김규식 박사는 얼굴을 찌푸리면서 '일본놈한테 배웠구먼. 그거 왜놈한테서 배운 버릇을……. 이보게 청년들, 그런 짓은 하지 말게'하고 점잖게 꾸중을 해 우리를 무색하게 했다"(강원용, 1993, 172쪽).

대상이다.[16)]

오늘날 한국에서 혈서는 많이 사라졌을망정 혈서를 태동케 한 '심정 커뮤니케이션'과 '한 커뮤니케이션'은 민족주의, 개혁주의 등과 같은 이념적 '비상사태'와 결합 시 냉정한 이성을 배제하는 언어적 과장의 형식으로 지금도 건재하다. 2002년 '월드컵 열광' 때 도정일이 "공동체의 축제가 벌어지고 있는 동안에는 누구도 거기 찬물을 끼얹지 않고 재를 뿌리지 않는다. 축제에 감히 찬물을 끼얹고 나서는 자는 공동체의 적이거나 공동체 소속을 거부하는 자다. 그는 추방감이다"(도정일, 2002)라고 발언한 것이 국민적 호응을 얻었다는 건 무엇을 의미하는가. 2008년 촛불집회 때 박승옥이 "촛불은 지금까지의 한국 민주주의가 허구임을 선언한 일종의 민주주의 선언"(박승옥, 2008)이라고 단언한 건 무엇을 의미하는가. 2009년 5월 23일 박연차 전 태광실업 회장으로부터 640만 달러를 받은 혐의로 검찰의 수사를 받던 노무현 전 대통령이 투신자살로 서거했을 때, 노무현을 지켜주지 못했다며 후회와 참회의 목소리가 폭포수처럼 쏟아지고 '열병과도 같은 눈물의 행렬'이 전국을 휩쓴 것은 무엇을 의미하는가(이계삼, 2009). 안도현이 "당신은 뛰어내렸어요, 뛰어내려 으깨진 붉은 꽃잎이 되었어요"라면서 절규한 것은 무엇을 의미하는가. "저 하이에나들이 밤낮으로 물어뜯은 게 한 장의 꽃잎이었다니요!…… 끊어진 핏줄을 한 가닥씩 이어 당신이 일어나야 우리가 꾹꾹 눌러둔 분노를 붙잡고 일어나요/ 피멍든 살을 쓰다듬으며 당신이 일어나야 우리가 슬픔을 내던지고 두둥실 일어나요"(안도현, 2009). 이렇듯 말과 글로 사실상

---

16) 2010년 3월 12일부터 시작된 태국의 반정부시위는 5월 19일까지 두 달 넘게 지속되었다. 시위 기간 내내 방콕 도심 곳곳에서 진압군과 시위대 간, 또는 반정부시위대와 친정부시위대 간의 크고 작은 물리적 충돌이 무수히 반복되었다. 반정부시위대원 수만 명이 1인당 20cc씩, 약 100만cc의 혈액을 채취해 정부청사와 집권당사, 총리관저 등에 몰려가 차례로 뿌려대는 '혈액시위'도 이루어졌다(김철민, 2010, 102쪽). 혈액시위는 많은 태국인들의 반감을 낳아 역효과를 초래했다는 시각도 있다(정용환, 2010).

의 단지 혈서를 쓴 진보적 지식인들은 나중에 다른 진보적 지식인들로부터 '지식인의 정신적 패배'라거나 '생각하는 일들을 포기해버린 듯한 지식인' 이라는 비판을 받지만(박경미, 2009 ; 이계삼, 2009) 이런 비판을 염두에 둔 신형철이 "그 누가 내 사랑을 파괴하면 그가 신이어도 나는 그를 파괴할 것이다"라며 다음과 같이 일갈한 것은 무엇을 의미하는가. "고인의 잘잘못을 냉철하게 따지지 않고서는 고인을 추모하지 못하는 이들도 있다. 일정 부분 업적이 없는 것은 아니지만 많은 잘못을 범했으니 무작정 감상에 젖지들 말라고 그들은 말한다. 그들이 옳다. 그들은 늘 옳다. 그래서 싫다"(신형철, 2009).

이런 일련의 발언들은 혈서 못지않게 감성 일변도이며 절박한 심정을 드러내는 게 아닌가. 그런 의미에서 혈서는 사라진 게 아니다. 시인은 반드시 시를 '피로 써야' 한다는 신념을 갖고 있는 시인들도 여전히 많다.[17] 피의 언어는 신문 사설과 칼럼, 그리고 최첨단 디지털매체들의 공간에서도 흘러넘친다.[18] 이런 심정과 한의 표현은 카타르시스로 전환된다. 아리스토텔레스는 비극을 관람하는 것은 관람자가 배우의 정서들을 대리적으로 경험할 수 있기 때문에 카타르시스를 일으킬 수 있다고 생각했다. 심층적이며 거대한 고통에 대한 예술가들의 모방은 청중의 가슴에 공포나 연민을 불러일으킴으로써 그러한 감정을 추방하고 더 나아가서는 관객의 영혼을 정화시킨다는 것이다(Stumpf & Fieser, 2003/2004). 프로이트는 이를 발전시켜 인간은 공격을

---

17) 마광수는 "시인이 반드시 시를 '피로 써야' 만 시인으로서의 책무를 다하는 것이라는 사고방식은 전혀 쓸데없는 신경증적 불안에 불과한 것"이라며, 이를 마조히즘으로 본다. "넓은 의미로는 마조히즘이란 직접적인 성적 쾌락의 탐닉이라는 범주를 벗어나 자신의 극기적 수련이나 금욕적 생활을 통하여 최고의 기쁨을 느끼는 종교적 고행까지를 포함한다"(마광수, 2010, 75쪽, 140~141쪽). 이 관점에서 보자면 혈서도 일종의 마조히즘일 수 있다.
18) 한국 신문 사설과 칼럼엔 비분강개조의 글이 많아 대입 논술 전문가들마저 학생들에게 신문 사설을 읽지 말라고 주문할 정도이다(하희정·이재성, 2005, 17쪽).

표현함으로써 분노의 감정을 감소시킬 수 있다고 보았다. 프로이트는 이런 과정을 카타르시스라고 했다. 왜 '표현의 자유'가 필요한가? 프로이트는 개인이나 집단이 표현의 자유를 통해 현명한 결정을 내릴 수 있다고 믿기보다는 표현의 자유가 심리학적으로 유익하다는 점을 높이 평가했다. 표현의 자유는 앞서 말한 '카타르시스효과'를 가져와 공격적 욕구를 해소하는 데에 기여할 수 있다는 것이다(Schwartz, 1986). 혈서는 심정과 한이 충만한 사회에서 자해의 형식을 통해 그런 카타르시스효과의 극대화를 겨냥한 특수한 커뮤니케이션 행위로 볼 수 있다.

혈서는 핏줄을 엄격하게 따지는 전통과도 밀접한 관련을 맺고 있다. 핏줄은 가문 내에만 머무르지 않는다. 한국사회 각 분야에서 같은 피끼리 배타적 그룹을 결성하는 순혈주의純血主義는 여전히 매우 강하다. 혼혈인에 대한 멸시도 심하다.[19] 피가 주요 소통 수단이 된 사회에선 피의 경계를 넘어서기 위한 시위가 끊이지 않기 마련이다. 피로써 피를 갚는 셈이다. 한국이 자타가 인정하는 '시위 공화국'이 된 주요 이유도 억울한 심정과 한을 가진 사람들이 너무 많기 때문이다. 문제는 심정과 한을 드러내는 양식이 의례화·상례화 되었다는 점이리라. 속된 말로 '우는 아이 젖 더 주기' 신드롬이라고나 할까. 어쩌겠는가. 좋건 싫건 그게 우리가 살아온 역사적 토양이고 우리 몸에 길들여진 '심정 커뮤니케이션'인 것을. 한국은 자타가 알아주는 시위 공화국이지만 한국처럼 유혈 테러가 드문 나라도 없다는 점에 주목할 필요가 있다. 다소 폭력적이긴 하지만 노골적으로 폭력적인 테러보다는 '심정'에 호소하는 시위가 발달되어 있다는 건 우리의 장점으로 여길 수도 있는 것이다. 물론 혈서를 수반한 시위를 하지 않으면 기본적인 소통조차 어려운 풍토가

---

19) 혼혈인들은 지금도 "이런저런 피가 다 섞였으니까 더럽다"는 냉대를 받으면서 살아가고 있다(박경태, 2004).

유발하는 사회경제적 비용은 심각하게 생각해볼 문제지만 말이다. 앞으론 혈서를 쓰더라도 단지斷指는 하지 말고, 대구의 초등학생들처럼 손가락을 바늘로 찔러 피를 조금만 내면 좋겠다.

부록

간판의 문화정치학
간판은 어떻게 한국사회를 재현하는가?

— 조흡(동국대 영화영상학과) · 강준만(전북대 신문방송학과)

1. 간판의 계보학

만약 발터 벤야민이 19세기 프랑스 파리 대신 대한제국의 한양을 연구대상으로 삼았다면 그 결과가 무엇일까? 드물게나마 존재하는 한양 상점의 조화롭지 못한 간판에 주목했을까? 벤야민에게 파리의 아케이드 상가는 도시의 중심적인 이미지로서 꿈꾸는 집단의 내면의식이자 동시에 '상품물신'의 환영에서 벗어날 수 있는 '산책자'를 상정해보는 철학적 사유의 대상이었다. 산책자는 아케이드의 현란함에 일방적으로 넋을 빼앗기기보다 매우 산만하게 분산된 시선 속에서도 선별적으로 집중하는 '주체의 능동적 활동'을 의미한다. 벤야민의『아케이드 프로젝트』는 19세기 파리의 문화현상을 통해 능동적 행위자를 제시할 수 있었고, 이는 다시 기존의 경제결정론에 빠져 있던 유물론을 '인간학적 유물론'으로 수정·보완하려는 시도와 연결된다(최성만, 2008). 한양에서는 당연히 이런 작업 자체가 불가능했을 것이다. 이제 막 상점에 간판을 내다는 정도의 경제 수준을 보여주고 있었기 때문이다.

벤야민이 로마나 런던 대신 특별히 파리에 주목한 이유는 무엇이었을까?

경제와 문화의 변증법적 관계에 주목했던 벤야민에게 로마는 상품을 논하기에는 문화유산이 더욱 돋보이는 도시였을 것이다. 런던 또한 경제가 문화를 압도하는 공간이었을 터이고, 19세기 파리에 들어선 아케이드 상점이야말로 상품과 문화라는 두 변수를 동시에 살펴볼 수 있는 유일한 도시였던 것이다. 파리는 여행객이 고대 유적을 스펙터클로서만 감상하는 로마나 주거자의 일상과 유리되어 바쁘게만 돌아가는 런던과는 다른 공간이었다. 그곳은 도시 자체가 아늑한 사적 거주지 같은 느낌을 주는, 화려한 '도시의 사물 세계에 매혹당하면서도 동시에 이를 비판적으로 볼 수 있는' 산책자가 존재하는 공간이었던 것이다(심혜련, 2008, 130쪽).

벤야민의 아케이드 프로젝트는, 따라서 "상품이 제왕이 되고 오락이 휘황찬란하게 빛나는" 메트로폴리스를 염두에 둔 개념이다(Gilloch, 2005, 248쪽). 유리로 만들어진 아케이드 상점 진열장은 외부에서도 내부를 관찰하는 것이 가능토록 만들었으며 이로써 내부와 외부 공간의 구분이 모호해져 내적 공간의 외면화와 외적 공간의 내면화를 동시에 지각하는 근대적 시선이 탄생한 곳이다. 이는 산만하지만 일순간 집중할 수 있는 성찰과 비판의식이 전제된 시선 체계인 것이다. 이렇게 벤야민은 근대의 비판적 주체를 프랑스 파리의 도시공간에서 발견하고 이를 통해 유물론의 환원적 경향에 대한 수정 가능성을 모색하고 있다. 상품의 생산 대신 근대화된 소비의 풍경에 주목해 자본사회를 정리한 이론인 것이다.

프랑스 파리가 아케이드 프로젝트를 통해 근대적 소비 체제를 구축하던 시점에 조선의 한양 중심가는 여전히 시전市廛 상인들이 경제를 독점하고 있었다. 독점경제였기에 소비를 자극할 이유가 없었고 상점의 존재를 알릴 필요도 느끼지 못한 것이다. 물론 조선 시대에도 주렴珠簾과 등롱燈籠을 동원해 상점의 위치를 나타내긴 했지만 누구나 어디에 어떤 상점이 있는지 알고 있는 상황에서 상점을 개별적으로 구분하기보다 전통적인 집단시장의 일부로 인식하는 경향이 더 강했다. 이런 시전 상인들의 독점적 특권이 사라진 계기가 바로 1894년 갑오개혁이다. 일본을 비롯한 외국 상인들이 서울 중심부로 진출하자 독점적인 경제 체제가 무너졌고, 그 결과 같은 업종끼리 경쟁이 시작된 것이다(허영란 외, 2001, 639쪽).

한국에서 근대적 개념의 자본주의는 그렇게 시작되었다. 그리고 그 시작을 상징하는 도시의 대표적 사물은 아케이드가 아니라 간판이었다. 파리가 아케이드라는 새로운 소비제도의 도입을 통해 성숙한 자본주의로 진입한 것이라면, 서울은 간판을 통해 이제 막 새로운 경제제도가 시작되었다는 사실을 만방에 알렸던 것이다. 개항기 때까지만 해도 거리에서 간판을 찾기 어려웠지만 1910년대 초반에 이르러서는 서울의 종로에 위치한 상점에서 간판이 일반화된 모습으로 나타난다. 한국에서 벌어진 이런 생소한 문화현상은 파리의 아케이드처럼 상품이라는 물신이 개입된 꿈꾸는 집단의 표현이라기보다 자본주의 초기 단계에서 찾아볼 수 있는 경제적 토대의 반영으로 보아야 할 것이다. 적어도 이 시기에 한정해서 보면 말이다.

이를 증명하는 흥미로운 역사적 사실이 존재한다. 종로 거리에 밀집한 소규모 한옥들로 이루어진 상점들은 이제 개별적인 존재를 알리기 위해 기와지붕에 간판을 얹기 시작한다. 문제는 이때 나타난 간판의 크기가 한옥 전체를 압도하는 형국으로, 건물과 간판이 서로 조화를 전혀 이루지 못하고 있다는 점이다(허영란 외, 2001, 640쪽). 새로운 경제제도가 자생적으로 정착된 것이 아니라 타율적으로 이식된 것이라는 사실을 일부러 드러내기라도 하듯 기와집에 얹힌 집채만 한 간판은 그야말로 추하고 부자연스러운 모습이었다. 자본주의라는 새로운 제도는 과도한 욕망을 생산하고 이에 비례한 간판을 출현시킨 것이다. 이는 경쟁이 제도화되지 않았던 세상에 자본주의가 도입된 결과 나타난 문화적 현상이라고 할 수 있을 것이다.

그러나 1920년대에 접어들면서 일본 상인들의 정착지였던 본정(충무로)이나 명치정(명동)과 비교해서 조선 상점의 주 무대였던 종로는 경제활동이 매우 제한적인 지역이었다. 실제로 당시의 일본인 구역이 서울 상권의 중심부로 자리 잡기 시작했고, 그곳은 조선 상점에 비하면 양과 규모에서 차이 나는 지역이었다. 그런 만큼 그 경제 수준에 어울리는 간판이 등장하기도 한다. 이 과정에서 간판이 건물만 한 크기로 걸려 있던 종로와 달리 일본 상인의 구역에서는 좁은 공간에 여러 간판이 공존해야 하는 새로운 문제가 발생한다. "상권의 발달에 따라 상점들의 밀도가 높아졌고 이와 더불어 보다 발달된 광고 기술이 도입되었으며, 그 결과 본정의 거리는 '간판의 거리'로 변해나간 것이다"(허영란 외, 2001, 642쪽). 가로 경관이 간판으로 뒤덮인 모습은 여기서 기원한 것이다.

당시 식민 시대를 살았던 주체들의 모습이 그리 능동적이지 못했을 것으로 짐작할 수 있는 실마리는 이렇게 화려하게 변모한 일본 상점가를 거닐면서 느꼈던 조선인들의 감상에서 추적해볼 수 있다. "한 번 가고 두 번 가는 동안에 어느덧 이 진고개의 찬연한 광경에 홀리게 되는 것이다. 종로 네거리 우리 동포들의 상점 지대로부터 북촌 일대의 휑덩그러하게 빈 듯하며 어두침침한 그것에 비하여 모든 사람의 눈을 현혹케 하여 마지않는 그 광경에 우리는 우리 정신까지도 전부 거기에 빼앗기고 마는 것이다"(허영란 외, 2001, 642쪽 재인용). 이렇게 일본 상점의 야경은 그대로 하나의 스펙터클이었고, 이는 또한 '우리'를 '그들'과 비교해서 정서, 경험 그리고 사회적 관계에서 열등하고 결핍된 존재로 인식하도록 만들었던 것이다.

오늘날 한국 도시 경관의 문제가 어디서 기원하는지 그 계보를 추적해보면 바로 이 지점과 맞닿아 있음을 쉽게 알 수 있다. 건물과 어울리지 않은 추한 간판, 좁은 공간에 밀집해 있는 다양한 간판들, 그리고 '간판의 거리'로 변한 도시공간을 당대의 본질적인 구조의 문제로 접근한 나머지 이를 수정하려는 그 어떤 인간적 노력도 좌절시키는 최초의 고리를 보여주는 역사적 맥락인 것이다. 간판은 지난 1세기 동안 수없이 변해왔지만 그 변화는 식민지배, 해방과 미군정, 6·25전쟁과 분단, 개발경제와 세계화 그리고 신자유주의정책이라는 새로운 구조가 정립될 때마다 이를 반영한 문화적 현상으로 되풀이되어 나타난 경향이 강했을 뿐, 정작 주체의 능동적 활동의 산물로서 이해되기 어려운 것이 사실이다.

2. 간판 커뮤니케이션과 한국학의 접목

그러고 보면 간판은 한국 경제의 압축성장 과정을 고스란히 드러내 보여주는 문화적 기호임에 틀림없다. 문제는 이 기호를 비판적으로 인식하는 산책자가 주기적으로 등장하지만 그 비판의 목소리를 구조화하는 것은 역부족이라는 점이다. 이는 구조와 실천의 쌍방향적 관계에서 한국의 역사적 과정이 주체의 능동적 활동을 통제한 결과 나타난 현상이라고 할 수 있을 것이다. 그런 이유에서 간판과 관계되는 모든 문제들, 그리고 그 연장선상에서 한국 자본주의가 가지고 있는 온갖 문제들이 역사적 과정의 산물임에도 불구하고 마치 원래부터 있었던 본질적인 것으로 취급되기도 한다. 그러나 이는 한국이라는 특수한 구조에서 본질인 것처럼 보이는 일종의 문화적 경향성, 즉 '아비투스(습속)'인 것이다.

바로 이 맥락에서 본 논문은 간판을 한국적 커뮤니케이션의 문제로 설정하고 있다. 간판은 좁은 의미로 봤을 때 간판의 정보를 제시하는 사람과 이를 수용하는 사람 사이에 발생하는 쌍방향 커뮤니케이션의 한 형태임이 분명하다. 그러나 이 글에서는 간판을 이런 미시적 관점으로 접근하는 데서 그 치는 것이 아니라 이를 다시 정치사회적 층위와 연결시켜 읽어내고 있다. 보다 구체적으로 언급하자면 본 논문의 초점은 간판 커뮤니케이션과 한국학의 접목에 맞춰져 있으며 이 과정에서 간판이 어떻게 한국사회를 재현하고 있는지, 그 문화정치적 의미를 탐구하고 있다. 이는 간판이 한국사회의 작동원리를 이해할 수 있는 '마이크로코즘microcosm'이라는 전제를 따랐을 때 가능한 문제제기라고 할 수 있다.

간판이라는 도시공간의 문제와 커뮤니케이션학의 접목은 물론 벤야민의 연구에서 영감을 받은 시도라고 할 수 있다. 벤야민에게 도시는 그 자체로 하나의 '문화적 다큐멘터리'다. 그는 이미 언급한 바대로 대도시공간에 채워진 모든 문화적 사물과 이를 몸으로 경험하는 주체의 새로운 지각 방식의 상호 관계에 천착하고 있다. 벤야민의 대표작 중 하나인 『아케이드 프로젝트』는 수많은 인용문과 평론으로 구성된 인상기에 가까운 저서다. 여기서 그가 주목한 것은 지극히 일상적인 문화적 사물들, 예컨대 네온사인, 지하철, 주유소, 영화 등 당대의 철학자들이 학문의 대상으로 거의 취급하지 않은 주제들이다. 이런 도시공간의 사소한 것들에 대한 구체적인 분석을 그는 다시 전체를 조망할 수 있는 '도시 인상학'으로 발전시키고 있다.

부분에서 전체를, 그리고 특정한 것으로부터 일반적인 것을 추론하고 있는 벤야민의 유물론적 인상학에서는 따라서 이제까지 의미 없는 것과 의미 있는 것으로 구분하는 모든 이분법적 접근 방법을 거부한다. 대신 '문화사적 변증법'을 위해 이런 이분법적 구분을 전도시켜 도시의 인상을 형성하고 있는 낡고 허술하며 하찮은 것들에게 권리를 부여하는 연구방법론을 제안하고 있다(Benjamin, 2005, 1048~1052쪽). 현상을 변화시키기 위해서는 그 현상을 제아무리 하찮은 것일지라도 우선 텍스트로 삼아야 할 것이며, 이를 이론에 얽매어 풀어내기보다 사실의 나열이 곧 이론이라는 방법론으로 벤야민은 도시 이미지를 해독하고 서술하고 재인용함으로써 진정한 의미의 현실비평을 시도하고 있는 것이다. 벤야민 자신이 산책자가 되어서 말이다.

본 논문에서 시도하고 있는 간판 커뮤니케이션과 한국학의 접목은 벤야민의 문제의식과 방법론에 크게 기대고 있다. 이는 물론 이 연구가 벤야민이 보여준 분석의 세밀함과 철학적 깊이까지 따라잡았다는 선언적 의미를 갖는 것은 아니다. 그러나 본 논문에서 제기하고 있는 가장 중요한 문제는 우리의 일상생활에 가장 밀착해 있는 문화현상 중 하나인 간판과 도시공간의 문제를 언론학에서 그동안 연구주제로 다루는 것을 외면하고 있었다는 사실이다. 이런 결과가 나타나는 이유는 아마도 한국적 특수성을 근거로 새로운 이론을 정립하기가 쉽지 않을 뿐만 아니라, 설령 연구가 완성되었다 해도 자칫 '저널리즘 비평'의 수준을 넘기 어려워 연구의 권위를 인정받을 수 없기 때문일 것이다.

한국에 만연한 이 같은 연구풍토는 문화 영역의 한국적 특수성이 한국 연구자들에 의해 외면되는 비극적인 결과를 초래하고 있다. 아파트의 경우를 예로 들어보면 한국사회에서 아파트만큼 중요한 연구주제를 찾기가 어려운 것이 사실임에도, 이 문제를 본격적인 학술논문으로 먼저 제시한 것은 서양의 학자이다(Gelézeau, 2004, 2007). 이를 두고 어느 한 사회학자는 "아파트 공화국 대한민국에 대한 연구가 우리 학계에서 먼저 발원하지 못했다는 점만은 부끄러운 일이"며 "아직도 이런 것이 우리나라 학문 세계의 현주소"임을 토로하고 있다(전상인, 2009, 27쪽). 그러나 이는 수준이나 질적 문제라기보다는 우리 인문사회과학계의 그 어떤 경향성 때문일 것이다. 바로 그 '연구공동체' 내에서의 인정 위계질서와 관련된 문제 말이다.

본 논문은 벤야민의 문제제기를 교훈 삼아 한국의 사회적 현실에 가까이 존재하고 있는 문화적 현상이면서, 바로 가까이 있다는 사실로 인해 그동안 무시되어온 간판과 도시공간의 문제를 구체적이고 현실적인 분석을 통해 '전체 사건의 결정체를 찾아내는' 유물론적 인상학을 시도하고 있다(Benjamin, 2005, 1052쪽). 이는 도시공간을 독해 가능한 일련의 기호와 텍스트로 삼는 것으로 도시의 표면적인 심미적 현상에 함몰되지 않고 도시 경관 아래 내재해 있는 본질처럼 작동하는 것, 즉 근원적 진리가 아니면서도 진리인 양 움직이는 '진리 체계'를 해체하는 비판적 기획이다. 따라서 간판의 문제를 미학적 담론으로 한정하기보다 사회심리적이고 정치경제적인 층위와 재접합해 한국사회의 거시적 문제를 풀어내는 알레고리로 제시하고 있다.

실제로 한국사회에서 간판은 정치, 경제, 사회, 문화 등 모든 영역과 알레고리적 관계를 맺고 있다. 소리 높여 외쳐야만 주목하는 소통문화, 개인보다는 가문·고향·학벌과 같은 소속 집단의 간판 파워로 개인을 평가하려는 집단주의문화, 간판의 주소화, 그리고 상점의 생존과 직결된 간판문화 등 이 모든 현상의 표면에 간판이 존재한다. 간판은 또한 계급과 젠더와 지역적 구분을 위한 잣대로 동원되며 결과적으로 자본주의·민주주의와 뗄 수 없는 관계를 맺고 있다. 바로 이 맥락에서 본 논문은 역사적 과정을 거쳐 이제는 거의 구조적 본질처럼 굳어 있는 간판과 관련된 대표적인 문화적 경향성을 ①속도주의 ②평등주의 ③형식주의 ④최대주의 ⑤냉소주의로 제시하고 이 아비투스를 비판적으로 성찰하고 있다.

3. 간판의 한국사회 재현론

(1) 속도주의

간판의 커뮤니케이션 기능, 특히 그 '혁명성'에 주목한 대니얼 부어스틴

(Boorstin, 1985)은 그래픽혁명 이전의 사고방식은 '이상 사고ideal-thinking'였는데 그래픽혁명 이후의 사고방식은 '이미지 사고image-thinking'라며, 이미지가 이상을 대체하고 있다고 주장한다. 부어스틴은 그래픽혁명의 한 사례로 입간판billboard을 든다. 미국에서 1920년대와 1930년대에 자동차가 폭증하고 고속도로가 건설되면서 입간판이 우후죽순 격으로 나타났다. 이 입간판의 사명은 빨리 달리는 사람들의 눈을 잡아 입간판의 이미지를 사람들의 기억에 남기는 것이다. 이와 같은 기술은 모든 미디어의 생존에 절대적으로 중요한 것이 되었다. 결국 미디어의 폭발은 이미지의 폭발로 이어졌으며 그로 인해 '이미지 사고'가 확산되었다는 게 부어스틴의 주장이다.

자동차 운전자의 주목을 쟁취하기 위한 입간판의 '주목투쟁'은 속도의 문제다. 이 원리는 도심지의 거리라고 해서 다를 게 없다. 스쳐 지나가는 행인의 걷는 속도도 간판 주인의 입장에선 너무 빠르게 여겨진다. 가급적 간판을 크게 요란하게 많이 달고 싶어진다. 서양 도시들에선 환경과 미학적 이유를 들어 그런 간판 경쟁에 엄격한 규제를 가했지만 한국의 사정은 다르다. 한국에서도 간판 규제는 연례행사처럼 벌어졌지만 실효성이 전혀 없었다. 사회 전반이 '빨리빨리'라고 하는 속도주의에 중독되어 있었기 때문이다. 행인의 인식이 산만해질수록 간판 경쟁의 속도는 더욱 빨라졌다. 앞서 살펴본 바와 같이 사회 변동을 촉진하는 경험방식을 회복하려는 열망을 갖고 도시를 관찰했던 벤야민은 행인의 산만한 인식이 '몰입' 대신에 '비판적 태도'를 가져와 보수적 문화전통을 일소한다는 의미에서 긍정적인 측면을 가지고 있다고 보았다(Savage & Warde, 1996, p.176). 간판 주인들의 속도 경쟁도 비슷한 효과를 냈다. 이른바 '전쟁의 역설'이다. 예컨대 한국전쟁이 촉진시킨 생존 경쟁, 물질만능주의, 개인주의, 경쟁과 같은 가치들은 자본주의 이데올로기의 심층을 구성하는 것들이며, 전쟁의 소용돌이에서 발생한 평준화의식과 상승이동의 기회균등화는 사회 발전에 기여했다(정진상, 2000). 간판전쟁도 마찬가지였다. 이는 속도로 단순화된 자본주의 이데올로기의 거친 실천양식이었다.

물론 여기엔 그럴 만한 충분한 역사적 이유가 있다. 사실상 개항(1876) 이후 반세기 이상 외세의 지배를 받은 한국에선 다른 나라들에 비해 뒤처진 국력을 하루빨리 만회해야 한다는 국민적 강박관념이 생성되었고, 이는 한국이 세계에서 가장 빠른 압축성장을 이루는 원동력이 되었다. 간판도 마찬가지다. 한국인은 간판의 요란함을 비판하지만 그 바탕에 깔린 속도주의는 전 국민이 공유하는 것이기에 간판만 차분해지기를 기대하긴 어려운 것이다. 규제가 약했던 것도 아니다. 해방 직후부터 간판을 규제하는 수많은 시도가 이뤄지지만 모두 다 비슷한 운명에 처하게 된다. 마치 '숨바꼭질' 놀이 같다. 신문지상엔 수시로 '간판 공해'를 비판하는 글이 실리고 당국은 주기적으로 간판 단속을 하겠다고 나서지만, 달라진 건 전혀 없는 순환이 2000년대까지 내내 지속된다.

(2) 평등주의

한국인의 평등주의가 강하다는 건 거의 상식처럼 받아들여지고 있다. 박재환은 한국사회는 전통적 권위와 성역이 사라지고 각 분야에서 극단적인 평등주의가 팽배해 있다며, 이는 일제의 강점에서부터 배태되었다고 보았다(박재환, 2004). 이민족에의 병합은 단순히 국권의 상실에 그치는 것이 아니라 전통적 지배문화가 현실 적합성을 상실했다는 것을 웅변으로 입증하는 것이었으며, 양반문화는 더 이상 성역이 아니라 그동안 야만국으로 치부하던 일본의 신문명에 의해 정복당하고 마는 폐기되어야 할 구시대적 유산에 불과했다는 것이다. 또 해방정국에서도 "사람 팔자 시간문제"라는 말은 옛날의 속담이 아니라 현실에 그대로 운용되는 생활원리였으며, 극단적 평등주의는

6·25전쟁과 개발독재에 의해 일반화되었다는 것이다.

보수진영 쪽에선 평등주의를 한국의 경쟁력을 약화시키는 주된 요인으로 지목하고 있다(김영용, 2005). 그러나 '소득 불평등'을 넘어서 부동산으로 대변되는 '자산 불평등'을 감안할 때에 한국의 불평등 정도는 매우 심한 편이다(신광영, 2004). 따라서 평등주의가 아니라 불평등 현실이 오히려 국가경쟁력을 약화시키는 요인이라는 반론도 가능하다. 한국인의 평등주의는 심리적인 '이웃효과' 평등주의로 이해하는 것이 옳다. 즉, 한국인은 동질성과 밀집성으로 인해 강한 평등주의를 갖고 있는 건 분명한데, 그건 개인 차원에서만 발휘될 뿐 사회정책적 차원에서는 좀 달리 볼 필요가 있다는 뜻이다. 고밀집 사회는 이웃과의 비교를 강요한다. 이웃을 의식하지 않고선 단 한시도 못 살게 만든다. 그 비교는 필사적이다. 행복은 비교에서 나오기 때문이다. 이웃효과 평등주의는 속도주의처럼 압축성장의 원동력이었다. 그 이치는 다음과 같다.

"남들처럼 잘살고 잘 먹겠다는 의지만큼 강력한 성취동기는 없다. 여기에는 개인이나 기업이 따로 없다. 누구나 출세하기 위해, 더 잘 먹고 잘살기 위해, 권력을 쥐기 위해 전력투구한다. 목적지상주의가 후유증을 남기기도 했지만 무엇이든 달성하고자 하는 욕구가 삶의 질을 급신장시킨 사실을 부인할 수 없다. 한국이 세계 10위권 경제대국으로 선진국 진입을 바라보게 된 배경에는 '너도 하면 나도 하겠다'는 평등의식이 깔려 있는 것이다"(경향신문 특별취재팀, 2006, 18~19쪽).

물론 "너도 하면 나도 하겠다"는 평등의식이 늘 순기능만을 낳는 건 아니다. 그 최대의 역기능은 필요 이상을 넘어선 과도한 경쟁이며, 간판은 그 폐해가 나타나는 대표적인 분야라 할 수 있다. 이와 관련, 이문재는 "간판을 음향으로 전환시키지 않더라도 간판은 우리 시대의 목청을 여실히 드러낸다.

바로 옆집의 간판이 커지면 이튿날 그 옆집의 간판이 커진다. 간판은 지기 싫어한다. '목청 큰 놈이 이긴다'는 현실의 판박이이다"라고 했다(이문재, 1994, 158~159쪽). 그렇게 볼 수도 있겠지만 "너도 하면 나도 하겠다"는 한국적 평등의식이 워낙 독보적인 것이었음을 어찌 부인할 수 있으랴.

(3) 형식주의

1940년대부터 서양 인류학자들은 '수치의 문화shame culture'와 '죄의식의 문화guilt culture'의 차이에 주목했다(Benedict, 1995). 대부분의 학자들이 수치심은 집단주의문화의 특징인 반면 죄의식은 개인주의문화의 특징이라는 데에 동의하고 있다. 정서엔 분노, 좌절, 우월감, 공포, 비애, 기쁨 등 '자기중심적 정서'와 동정심, 수치심 등 '타인중심적 정서'가 있는데, 개인주의 문화권에서는 자기중심적 정서의 표현이, 집단주의 문화권에서는 타인중심적 정서가 발달되어 있다. '수치심'과 '죄의식'은 누구를 더 의식하느냐에 따라 생기는 차이라고 볼 수 있다. 수치심은 본질상 사회적이며 죄의식은 개인적이다. 수치심을 느끼고 안 느끼고는 규칙 위반 사실을 남이 알고 있느냐 아니냐에 달려 있다. 수치심의 원인은 위반 자체보다도 다른 사람에게 알려진다는 사실이다. 그러나 죄의식의 경우엔 그렇지 않다. 죄의식은 비행非行을 다른 사람들이 알건 모르건 관계없이 느낀다(Hofstede, 1995).

'수치심문화'가 발달한 한국인은 '체면'과 '망신'을 '양심'과 '자존심'과 같은 자기 내면의 세계보다 더 중요하게 생각한다(최상진, 2000). 이런 체면주의 또는 형식주의는 포장을 중시한다. 체면은 실체가 아니라 외양이거나 이미지이기 때문에 밖으로 보여줘야 하며 다른 사람들과의 비교평가가 매우 중요하다. 남에게 뒤져선 안 된다는 전시성과 과시성이 중요한 의미를 갖는다(임태섭, 1995 ; 강길호, 1995). 사회생활에선 타인지향성이 과도한 나머지지 관혼상제에서의 허례허식의 주요 이유가 되고 있다. 정관계 및 기업조직 등에선 형식주의가 관료주의로 심화되어 대외적인 전시·과시를 앞세우는 상습적 행위로 나타나곤 한다. 한국의 간판문화는 상당 부분 바로 이런 형식주의를 고스란히 재현하고 있다.

그간 많은 이들이 정부의 강력한 간판 규제를 외쳤지만 사실 관官의 입장에선 민民의 간판만 문제 삼긴 어렵다. 관의 간판 광고 수준이 민의 수준보다 낮으면 낮았지 결코 높지 않았기 때문이다. 예컨대 "'문화유산의 해'를 알리는 현수막이 고궁 담에 걸려 '문화유산'을 지저분하게 가리고 있"기 일쑤였다(문화일보, 1997년 3월 22일자). 이런 형식주의는 속도주의·평등주의와 맞물려 곧잘 '기 싸움'의 형태로 나타난다. 업적 홍보나 돈과는 관련 없는 대학가 플래카드도 사람들의 주목을 쟁취하기 위해 치열한 기 싸움을 하고 있다는 점에선 다를 게 없다. 자극적인 간판 범람의 주된 이유는 체면사회가 미성숙한 자본주의와 결합하면서 나타난 경쟁의 악순환이다. 이는 여유 없는 조급증으로 인해 심화되는 것으로 볼 수 있겠지만, 여기에 형식주의가 더해지면서 변화의 출구를 찾기가 어려워진다. 형식주의는 곧잘 최대주의로 치닫곤 하기 때문에 더욱 그렇다.

(4) 최대주의

인류 역사에서 청각, 촉각에 이어 감각 서열의 3위를 차지했던 시각이 오늘날 압도적 1위를 차지하며 특권적 지위를 누리게 된 건 근대 이후부터다(이진경, 2002). 왜 그렇게 되었을까? 근대 문명의 주요 성과가 시각 중심으로 이루어졌기 때문이다. 근대화 경쟁은 "큰 것이 아름답다"는 '최대주의Maximalism'를 수반했다. 청각과 촉각은 인간 신체의 한계상 최대주의를 추구하는 데에 한계가 있는 감각인 반면, 시각은 무한대였다. 스펙터클의 무한팽창과 이데올로기로의 등극을 가능케 한 조건이다. 오로지 "겉으로 보이는 것은 좋은 것이며, 좋은 것은 겉으로 보인다"는 원리에 의해 양산된 스펙터클은 대중의 시선과 의식을 전유함으로써 현실을 망각하게 하거나 현실이 아닌 것을 현실로 오인하게 만드는 기능을 수행했다(Debord, 1996). 스펙터클은 그 속성상 최대주의를 내장한 개념이지만, 최대주의를 의도적인 목표로 삼아 스펙터클 경쟁을 벌일 수도 있다.

한국사회는 오래전부터 '동양 최고', '동양 최대', '동양 최초', '세계 최고', '세계 최대', '세계 최초' 등과 같은 '최고 병'·'최대 병'·'최초 병'을 앓아왔다. 역사적으로 너무 당한 경험이 많아서인지 한국인들은 최고·최대·최초주의에 한이 맺혔다. 일제강점기가 미친 영향이 크다. 1931년 안재홍은 "조선의 운동은 걸핏하면 최대형의 의도와 최전선적 논리에 열중 집착한다"고 했다(서중석, 1991, 136쪽). 나라를 빼앗긴 상황에서 "작은 것이 아름답다"고 외치긴 어려웠으리라. 최대주의를 의식과 행동의 지표로 삼았으리라는 건 미루어 짐작하기 어렵지 않다. 오늘날에도 최대주의는 담론의 형식으로 나타나기도 하는데, 이게 바로 한국 지식계에 팽배해 있는 '거대담론증'이다. 임지현은 "남한 지성사의 파국은 맑스주의 사상이 세련된 자유주의와의 공개된 논쟁 속에서 단련되지 못하고, 밀폐된 공간 속에서 '정통'과 '최대주의'의 장막 속에 안주했다는 점이다"라고 주장한다(임지현, 1999, 348쪽).

최대주의 지향성은 좌파 지식인에게만 해당하는 게 아니라 한국인 모두의 것이라고 보는 게 옳을 것이다. 문학계에서 권위 있는 민음사, 창비, 문학동네 등의 유명 문학출판사들마저 문학 광고에서 '우리 시대의 최고(최대) 작가(시인, 소설가)', '우리 시대 최고의 문장', '대표 작가', '최고 권위의 문학상' 등의 최대주의 언어를 남용하고 있지 않은가(김진석, 2003). 이런 상황에서 노골적으로 상업적인 간판이 최대주의를 지향하지 않는다는 건 오히려 이상한 일이 아닐까.

　최대주의가 주류문화로 자리 잡은 사회에서 계층 간 구별 짓기는 최소주의Minimalism 흐름을 낳기도 한다. 중산층의 명품 소유욕이 높아지면서 상류층을 대상으로 한 명품의 로고가 작아지는 것처럼, 상류층 대상의 업소는 작고 미학적 가치가 높은 간판을 선호한다. 그러나 이런 흐름을 일반화하기는 어려우며 이를 벤치마킹하는 간판 개혁 시도는 실패할 수밖에 없다. 간판문화 개선을 위해 발 벗고 나선 한나라당 의원 이계진은 상인들에게 큰 간판을 달아야 장사가 잘된다는 건 '오해'라는 점을 이해시켜야 한다고 했지만(송홍근, 2005), 이는 강남 문화권에서나 통하는 발상이 아닐까.

(5) 냉소주의

　냉소주의에 대한 비판은 무성하지만 사실 따지고 보면 냉소주의는 한국인의 오랜 친구였다. 그것 없인 도저히 견디기 어려운 세월이 너무 길었기 때문이다. 조선 말기엔 관리의 민중 수탈이 어찌나 심했던지 가난이 수탈의 유일한 보호막이라는 말까지 나왔다. 일제치하에선 다른 나라 사람들의 지배를 받는 민중이 공공기관과 엘리트계층에 대해 어떤 태도를 보였을지는 짐작하기 어렵지 않다. 극심한 내부 분열과 충돌로 점철된 해방정국에서 민생에 허덕이던 민중이 냉소 이외에 무엇으로 안전을 도모했으랴. 6·25전쟁 중엔 정부가 서울시민을 속이면서까지 도망가기에 바빴고 돌아와서는 피난을 못 간 이른바 '잔류파'를 처단하기에 바빴다. 좌우 어느 쪽에 줄을 서느냐에 따라 목숨이 왔다 갔다 하기도 했다. 그 이후 한 세대에 걸친 세월도 긍정적인 측면이 있긴 했지만 부패와 독재로 점철되어 민중의 냉소주의를 고착화시켰다. 민주화된 세상에선 달라졌는가? 법은 믿을 수 있나? 한국형사정책연구원의 2004년 조사에 따르면 국민 10명 중 7명이 '유권무죄有權無罪 유전무죄有錢無罪, 무권유죄無權有罪 무전유죄無錢有罪'라고 생각하는 등 형사사법 불신이 심각한 것으로 나타났다(이강은·오승재, 2005). 법무부의 2005년 '국민 법의식 실태조사 결과 보고서'에서도 전국 중고등학생의 88.7%가 "돈이, 권력의 위력이 법보다 세다"고 답하고, 83.8%는 "항상 법대로만 산다고 훌륭한 것은 아니다"라고 답한 것으로 나타났다(이정은, 2005).

냉소주의는 늘 최악을 준비하는 삶의 자세였다. 공적 영역엔 불신을 보내되, 사적 영역에선 신뢰할 수 있는 연고를 키우고 자녀 교육에 목숨을 거는 처세술이었다. 냉소의 사전엔 실망과 좌절이 없다. 배신을 당할 일도 없고 상처를 입을 염려도 없다. 사회적 책임을 져야 할 위치에 있는 사람들의 비리·파렴치·위선 행각이 그칠 줄 모르는 상황에서 대중이 의존하는 최대의 심리적 방어기제가 바로 냉소주의다. 한국의 간판문화는 바로 그런 냉소주의문화의 재현이기도 하다. 김현도가 난잡한 간판을 우리의 생존방식이며, 세상물정이고, 우리 미감美感의 현주소라고 본 건 옳다. 그는 "간판만의 문제가 아니라 우리의 대중음악, 디자인, 순수미술, 미디어, 인문학, 예술비평 등 모든 예술이나 문화적 흐름도 같은 방향으로 흐르고 있다"며 "막강한 주류 문화에 대항해 특이성과 자생력을 강조하려는 몸부림조차 어딘지 간판의 패턴을 그대로 닮고 있다"고 했다(최정훈, 2000).

앞서 거론한 속도주의, 평등주의, 형식주의, 최대주의 등은 냉소주의가 더해지면 극단적 양상을 보이게 된다. 냉소주의가 지배하는 사회는 언어의 인플레이션이 만연한다. 너나 할 것 없이 냉소의 벽을 깨기 위해 큰 소리로 절박한 듯 외쳐야 하기 때문이다. 간판은 냉소의 대상이자 주체로서 그런 외침의 대표적 매체가 된 것이다. 외침이 반복되다 보면 "될 대로 되어라"식의 정서가 팽배한 가운데 가볼 때까지 가보겠다는, 변형된 '위험을 무릅쓰는 문화a risk-taking culture'가 자리 잡는다. 정부의 규제와 단속에 따르지 않는 건 물론

이고, 간판과 관련된 적극적인 범법 행위를 하는 것마저 당연하게 여기기까지 한다.

4. 역사적 산책의 현장

속도주의, 평등주의, 형식주의, 최대주의, 냉소주의 등의 문화적 경향성은 비단 간판에만 국한되지 않으며 다른 문화적 현상에도 적용할 수 있다. 또한 이 다섯 가지 분류는 사회문화적 환경에 따른 동기 분석에 의거한 것일 뿐 겉으로 드러나는 점에 있어선 사실상 최대주의 하나로 귀결되며 하나 이상의 것이 혼재된 양상으로 나타난다. 따라서 구체적인 역사적 현장 분석은 일제강점기에서부터 오늘에 이르기까지 모두 25개의 장면 또는 사건들을 시간의 흐름 순서에 따라 당시의 관찰 위주로 인용·제시하면서 논평하는 방식을 취하고자 한다. 이런 방식은 사물들이 스스로 말하게 하는 몽타주 기법 또는 모자이크 기법을 시도하고 더 나아가 완전히 인용만으로 이뤄진 작품을 쓰려는 야심을 품었던 벤야민의 방식을 원용하려는 것이라기보다는, 엄밀한 사회과학적 분석의 그물망으로 포획하기 어려운 주제의 속성상 불가피한 점이 있다. 또한 벤야민이 산책의 대상으로 삼았던 자본주의 초기의 파리 아케이드라고 하는 비교적 좁은 영역과는 달리 본 논문은 한 세기에 걸쳐 한국사회 전체를 산책 대상으로 삼고 있어서 '느낌으로 아는 앎'에 더욱 의존해야 하는 처지에 놓여 있기 때문이다.

1) 일제강점기인 1910년대부터 ○○상점, ××상회라는 글씨 위주의 간판이 본격 사용되었는데, 경제 규모가 작고 국민들의 활동 영역이 좁았기 때문

에 오늘날처럼 간판이 요란하지는 않았다. 그러나 1920년대 말 서울의 밤거리에 네온사인이 등장하고 1930년에 열린 조선박람회를 기해 일본의 간판업자들이 대거 건너와 간판에 관한 갖가지 노하우를 전수하면서 간판이 과시적인 방향으로 나아가기 시작했다. 네온사인은 '일종의 근대색'으로 간주되었다. 『신민』(1931년 7월호)은 "초하初夏의 거리를 꾸미는 청·황·녹등燈의 광채를 방사하는 네온사인, 이것은 이름부터가 현대적인 것과 같이 '네온사인'은 실로 현대 도시를 장식하는 가장 진보적 조명품이다"라고 했다(장유정, 2006, 225쪽에서 재인용). 이는 한국 간판문화의 출발이 자생적이라기보다는 외부로부터 이식되어진 가운데 간판이 시대를 앞서 가는 듯한 효과를 줌으로써 그 과시적 가치가 증폭된 이유가 되었다.

2) 1920년대의 서울에선 일본의 미쓰코시, 조지야, 미나카이, 히로다 백화점 등이 치열한 경쟁을 벌이면서 유행을 선도했다. 1932년 박흥식이 화신백화점을 설립하면서 경쟁은 일본백화점 대 조선백화점의 구도로 바뀌었다. 그해에 백화점을 산책하고 쓴 이상의 시엔 "마르세이유의 봄을 떠난 코티의 향수를 맞는 동양의 가을"이라는 표현이 등장할 정도로, 백화점은 고급스러운 동시에 이국적인 아우라를 풍기는 별천지처럼 여겨졌다. 백화점들 간 경쟁은 간판 경쟁이기도 했다. 백화점들은 밤 9시 30분까지 영업을 하면서 네온사인을 포함한 화려한 야간조명으로 소비자들을 유혹했다. 화신은 건물 외벽에 빨간색 네온의 꽃 모양 마크를 내걸었고 6층 옥상에는 불꽃 모양의 첨탑과 전광뉴스판을 설치해 행인들의 시선을 사로잡았다(강준만, 2006). 간판의 유혹적인 매력을 극대화시킨 백화점은 이후 소비자를 유혹하는 간판 마케팅의 벤치마킹 대상이 되지만 어설픈 '짝퉁'을 양산하는 결과를 초래한다. 이런 모방효과는 한국의 요란한 간판문화가 '서울 일극 구조'와 밀접한

관련을 맺고 있다는 걸 시사한다.

3) 1930년대 중반 박태원은 「소설가 구보 씨의 일일」을 통해 산책자의 시선으로 도시를 탐구하는 고현학考現學·modernology을 시도했다. 그러나 박태원은 백화점, 전차, 다방, 경성역, 카페 등에 섬세한 시선을 주고 있지만 간판에 대해선 아무런 말이 없다. 간판을 외면하는 도시 관찰은 이후 70여 년간 지속된다. 아니 없었던 건 아니지만 존재한 건 오직 간판에 대한 비난과 개탄의 목소리뿐이었다고 해도 과언이 아니다. 그렇다고 해서 이것이 꼭 반상업주의나 반자본주의 정서가 강했다는 걸 의미하지는 않는다. 상업주의와 자본주의를 필요악으로 여겨 적극 포용하면서도 그렇기 때문에 그 정신을 대변하고 선전하는 담론 행위엔 거리를 두고자 한 건 아니었을까. 거시적으론 친자본주의적이면서도 미시적으론 반상업주의적인 아비투스는 한국 지식인문화의 전통으로 자리 잡는다.

4) 해방 직후 왜색倭色 간판 추방운동이 벌어졌지만, 미국색 간판은 인기를 누렸다. 김원일의 『불의 제전』은 당시의 서울 풍경을 묘사하는 대목에서 "포장된 큰길로 나가면 '오케이 사진관', '모던 악기점' 따위의 영어 간판이 흔하고 라디오 가게에서 흘러나오는 노래도 영어 노래가 많다"고 했다. 이는 간판이 달라진 사회 변화를 포착하고 표현해내는 데 있어서 가장 신속한 매체라는 것을 말해준다. 비교적 적은 비용과 간판주 개인의 결단만으로 가능하거니와 사회의 최전선인 거리를 상대하기 때문이다. 물론 이는 간판이 유행 따라 변신하는 가운데 거친 자본주의문화의 선두주자일 수도 있다는 점을 뜻한다.

5) "우선 그 알록달록한 간판 색깔은 어떠한 방법을 써서라도 좀 통제해야겠다. 종로 거리나 명동 같은 번화가를 걸어가면 단 5분이 못 되어서 눈이 어지러워진다"(조선일보, 1959년 9월 13일자). 1950년대 말 한국은 색 미학상 흑백사회였다는 걸 염두에 둘 필요가 있겠다. '한국 최초의 컬러 극영화'가 나온 건 1957년이지만 아직 대부분의 영화는 흑백이었으니 알록달록한 간판 색깔에 어지러워하는 것도 무리는 아니다. 미학적 불협화음을 동반할망정 간판은 늘 앞서간다.

6) "서울시가를 걸어가려면 무질서하게 나붙은 광고탑과 횡막수막橫幕垂幕에 숨이 막힐 것 같다. 조그마한 건물에 어울리지 않는 큰 간판이 즐비하게 늘어섰는가 하면 4·5층의 큰 건물에는 으레 무슨무슨 강조주간이라는 현수막이 매달려 있다"(조선일보, 1960). 그러나 이는 4·19혁명 후 학생들이 주도한 대대적인 '국민계몽운동'의 성과이기도 했다. 학생들은 농촌계몽운동, 국민신생활운동, 외래상품 배격운동, 선거계몽운동 등을 벌였으며 특히 국민신생활운동은 양담배 회수운동, 커피 안 마시기 운동, 불건전한 유흥업소 퇴치운동, 관용차 부정사용 적발운동, 가넘버 차량 적발운동 등 수많은 운동으로 발전했다. 현수막 없는 운동이 어찌 가능하겠는가.

7) 1962년 1월 서슬 퍼런 군사 정권이 광고물단속법시행세칙을 공포해 간판 규격을 엄격히 정했지만 이는 전혀 지켜지지 않았다. 오히려 1962년 말부터 네온사인 간판 붐이 일면서 간판의 요란스러움은 더욱 심해졌다. 네온사인은 '선전의 첨단'으로 '총애를 한 몸에' 받고 있다고 했던 어느 신문은 3개월 후 그 총애가 '환멸'로 변했음을 다음과 같이 개탄한다. "돌아가는 전광電光 뉴스를 바라보다가 차에 치인 사건이 있었다. 표지판 살인이랄까. '좌

회전', '우회전', '주차금지', '일단정지' 등의 교통 표지가 찬란한 오색五色 대소大小 광고 틈에서 빛을 잃어 운전수의 눈에 띄질 않고 '오시오', '가시오'의 횡단 표지가 깜박거리는 수천 '네온'에 겹쳐 보행자의 눈을 현혹시킨다. 표시효과를 죽이는 광고 밀림이다. 가로등 전주 밑 등 심지어는 연통과 가로수에까지 상혼商魂이 옮아 붙는다.…… 광고판들은 넓이로 대결하다가 위치로 대결하고, 색으로 대결하다가 '디자인'으로 대결한다. 이 싸움판에서 건물은 얼굴을 내어놓을 수가 없다. 서울의 창은 답답하다.…… 밤이면 5,000여 개의 네온이 서울의 멀미를 돋운다. 가만히 있어도 어지러운데 도는 놈, 오르내리는 놈, 깜박거리는 놈, 한 시간에 250kW 전력을 빛으로 발산하며 난무를 한다"(조선일보, 1962년 12월 7일자, 1963년 3월 7일자). 이즈음 기독교방송 내부에서 "주여! 상업방송을 금지시켜주시옵소서"라고 기도를 올린 사건이 일어났다는 걸 감안할 필요가 있겠다(신인섭, 1992, 139쪽). 광고를 멸시하는 사회풍토에서 네온사인 간판을 곱게 보긴 어려웠으리라.

8) "요사이 간판의 내용에 급격한 변화가 왔다. 이것은 아주 민감하게 유행된다. 양장점이면 대부분, 명동의 다방엔 불어를 사용한다. 살롱도 많이 생겼다. 양장점도 살롱이라고 하며 경양식집도 그렇게 부른다. 원피스 살롱인지, 함박스텍 살롱인지 똑바로 구별하여 들어가야 한다. 피아노사는 대부분 독일어를 쓰며 양화점이나 빵집은 세계적인 대도시 이름을 써야 한다. '센터'와 '연구소'도 대유행이다. '애견센터'나, 조그만 구멍가게에 장갑을 놓고 '장갑센터'라고까지 써 붙인다. '연구소'란 과학자의 흰 가운이나 컴퓨터가 생각난다. 그러나 서울의 어느 거리에는 '독사 연구소'까지 생겼다"(박대인, 1969). '살롱', '센터', '연구소' 등을 내세운 간판의 유행에 대해 '신판新版 사대주의'라는 비판도 나왔다(함병춘, 1969). 그러나 당시 전국을 휩쓸던 '조국

근대화'의 바람은 사실상 '서구화' 바람이었으니, 어찌 간판 탓만 할 수 있으랴. 1968년에 처음 등장한 '슈퍼마켓' 간판도 당시엔 '신판 사대주의'로 보였을지 모르지만 세월의 흐름은 그게 아니라는 걸 말해준다. 1970년 9월 서울시가 외국 관광객의 편의를 위해 시내 125개 시장과 백화점 간판을 모두 한글과 영문을 함께 쓴 간판으로 바꾸도록 한 것도 근대화의 일환이 아니었겠는가. 그럼에도 간판은 그 속성상 늘 과잉으로 치닫기 마련이다. 서구풍을 추종하는 키치kitsch의 유행은 이후 한국 간판문화의 한 축을 형성한다.

9) "서울 거리의 이 '시각소음視覺 騷音'은 현대의 필요악이라고 받아 넘기기에는 어딘가 허황하고 치맛바람처럼 극성스럽기만 하다. 애초에는 그저 겸손하게 구호 정도로 내세워졌을 간판이 이제는 주인을 밀어제치고 서로를 비벼대며 아귀다툼 같은 승강이를 벌이고 있다. 그야말로 서울의 주인 행세를 하자는 판이다(네온의 깜빡임은 어쩌면 창녀娼女의 윙크 같기도 하다)"(이일, 1972). 1971년부터 박정희 대통령이 '나태와 안일'을 적으로 삼은 새마을운동을 본격 추진하고 '수출전쟁'을 선포한 상황에서 '아귀다툼 같은 승강이'는 근대화와 자본주의에 친화적인 인간성 형성에 필요한 덕목이었는지도 모르겠다.

10) "간판을 규제해야 한다는 비판이 높다. 크게, 많이만 내걸면 효과적일 것이라는 인식 부족 때문에 심한 경우 한 업소에 7개나 붙인 넌센스가 벌어지고 있다. 돌출간판의 경우에는 대부분 설치 규정을 어기고 허술하게 설치되어 있으며 무게 제한 규정이 없는 법규 미비로 500kg짜리 중량 간판도 나붙어 있는 실정이다"(조선일보, 1977년 9월 23일자). 박정희는 군사작전식 밀어붙이기로 1980년 예정이었던 100억 달러 수출 목표를 3년 앞당겨 1977년에

달성했다. 당시의 시대정신이었던 군사작전식 밀어붙이기가 간판문화에도 그대로 나타난 건 아니었을까.

11) 1982년 1월 5일 밤 12시를 기해 야간통행 금지가 해제되었다. 이로 인해 그간 에너지 파동으로 금지했던 네온사인 광고가 부활한 건 물론이고 도시를 화려하게 만들고 심야활동에 도움을 준다는 이유로 각종 간판 규제가 풀리기 시작했다. 이른바 '24시간 사회'의 간판이라 할 편의점 시대는 1980년대 말 세븐일레븐이 등장하면서부터 시작되지만, 통금 해제 후 성(性)과 술 관련 업소들은 호황을 구가하면서 간판으로 도시의 밤을 밝히는 데에 일조했다. 특히 1980년대 중반부터 서울 강남구 테헤란로 주변은 빨강, 파랑 등 갖가지 색깔의 네온사인 간판이 넘실거리는 불야성으로 변했다. "○○호텔, ◆◆안마시술소, ××살롱, △△캬바레 등등 우리 시대의 과소비문화를 상징하는 갖가지 향락업소가 4km에 달하는 테헤란로를 문자 그대로 밤이 없는 이방지대로 만들고 있다"(송양민, 1986). 술과 성 중심으로 이루어지는 한국의 독특한 접대문화는 향락산업을 비대화시켰고, 이 산업의 자극적인 간판 경쟁은 한국의 전반적인 간판문화에 큰 영향을 끼쳤다.

12) 1986년 이후 저금리·저유가·저달러의 '3저 호황'으로 '단군 이래 최대 호황'이라는 말까지 나왔다. 증권·부동산·관광 붐을 비롯하여 대대적인 소비주의문화가 전 사회를 휩쓸었다. 특히 백화점이 '황금 알을 낳는 거위'로 불리면서 거의 모든 재벌들이 다 백화점 사업에 뛰어들었다. 1989년 공정거래위원회는 롯데, 신세계, 현대, 뉴코아, 미도파, 한양쇼핑 등 전국 10개 백화점의 불공정거래행위를 적발해 시정명령을 내리고 사과 광고를 내도록 지시했다. 적발된 허위 바겐세일 광고는 3가지 유형으로 ①일부 품목만

바겐세일하면서 전 품목을 세일하는 것처럼 허위 광고하는 행위, ②종전 가격을 터무니없이 올려 표시한 후 이를 대폭 할인한 것처럼 속인 행위, ③광고상의 판매가격과 실제 판매가격이 다른 행위 등이었다. 그러나 이후에도 대형 백화점들은 전혀 달라지지 않았고 1990년엔 사기 세일로 사회적 물의를 빚었다. 이에 어느 신문은 "'재벌의 쇼윈도' 격인 백화점의 휘황함이 속임수가 무성한 정글로만 비쳐지고 있다"고 개탄했다(강상헌, 1990). '간판 마케팅'의 선구자인 대형 백화점의 상도덕이 이런 상황에서 영세 자영업자 간판의 요란함을 문제 삼긴 어려운 일이었다.

13) 86 아시안게임과 88 서울올림픽은 간판의 제전이기도 했다. 1981년 9월 하계 올림픽의 서울 유치가 확정되고 그해 11월 86 아시안게임의 서울 유치도 확정되면서, 한국은 그때부터 이른바 '86·88 신드롬'에 빠져들었다. 그 신드롬의 최대 수혜자 중 하나는 간판이었다. 올림픽 기금을 마련하기 위해 옥탑 광고 및 야립野立 광고간판 규제도 풀린 데다 버스와 차체에도 광고간판을 달 수 있게 되었다. 1985년에 100만 대를 돌파한 자동차가 중산층의 상징으로 떠오르면서 급증 추세를 보이자 각종 간판은 자동차 운전자의 시선을 잡기 위해 더욱 과시적인 방향으로 치달았다.

14) "'미장원'이라고 쓴 미장원은 하나도 없었다. '헤어 케어(머리손질)', '뷰토피아(아름다움의 이상향)', '프로 메이크업(전문 화장)', '헤어 갤러리(머리 화랑)' 등으로 표시되어 있다. 향수판매가게는 '퍼퓨머리'로, 시계점은 '시티 타임'으로 간판을 달고 있고 선물의 집도 'DECO MART(장식가게)', '아트박스(예술상자)' 등으로 표시되어 있다. 'EVOKE'라는 선물의 집은 한참 들여다봐야 무엇을 취급하는 가게인가 알 수 있었다. 의류점에는 '옴파로

스', '찰스 주르당', '베네통' 등 외제 유명 브랜드를 원어로 그대로 써놓기도 했고 '레그샵', '겐지', '런던버스', '팝콘', '퀘스트664' 등 의미조차 연관이 안 되는 상호를 그대로 알파벳으로 표시해놨다. 술집이나 음식점은 더 심했다. '무라사끼', '유끼', '꼼므 데 피스', '오렌지 카운티', '땡큐', '예스맨', '레콜트', '페가서스' 등 영·불·일어 등 만국의 언어가 혼재되어 제각기 뽐내고 있었다"(김승현, 1991). 특히 경양식집·카페는 90%, 의류점은 95%가 외국어 간판이었는데, 이는 아시안게임과 올림픽 무드가 부추긴 국제화 열풍의 결과이기도 했다.

15) 1993년 8월 한 달 동안 국어학회가 서울, 부산 등 7대 도시를 대상으로 한 조사 결과에 따르면 간판은 모두 26개 언어를 사용하고 있으며 우리 고유어와 한자어 등 국어로 된 간판이 50.1%, 외국어나 외래어 간판이 49.9%를 차지하고 있는 것으로 나타났다. 외국어 간판 가운데는 영어가 70.1%로 가장 많고 프랑스어 10.9%, 이탈리아어 9%, 독일어 5.2%, 스페인어 2%, 헤브라이어 1.5%, 그리스어 1.4% 등 7개 언어가 대부분을 차지했다(최홍운, 1993). 1973년 외국어 간판의 점유비는 6.8%였는데, 그게 20년 만에 49.9%로 늘어난 것이다. 이는 그만큼 한국의 서구화가 진척되었음을 말해주는 것이었다. 1993년 12월 9일 김영삼 대통령은 '고립을 택할 것인가, 세계로 나아갈 것인가'란 제목의 담화를 통해 쌀시장 개방을 공식 선언했으며, 6일 후 8년 가까이 끌어오던 우르과이라운드협상이 타결되었다. 김영삼은 1994년 연두기자회견에서 "사회 전반의 국제화와 세계화를 위해 시책을 펴 나가겠다"고 했으며, 1995년 2월 정부는 1997학년도부터 국민학교 3~6학년생에게도 영어를 주당 2시간씩 정규교과목으로 가르치기로 했다고 발표했다. 이 발표에 자극받아 어린이 영어 학원이 급증하는 등 전국 방방곡곡에서 치열한 '영어전

쟁'이 벌어졌으며, 소설가 복거일은 1996년 영어를 공용어로 채택해 한국어와 공존케 하자고 주장했다. 요컨대 외국어 간판만 특별히 비난받아야 할 이유는 없는 셈이었다.

16) 한국의 자동차 증가율은 1990년대 전반 한 해 평균 12.2%로 세계 1위를 기록했다. 1995년 자동차가 800만 대를 돌파한 시점을 전후로 전 국토에 '가든' 간판을 단 음식점이 넘쳐 났고 '파크' 간판을 단 모텔과 더불어 '전원 카페'가 우후죽순 들어서기 시작했다. 1997년 자동차가 1,000만 대를 돌파하면서 자동차 운전자의 시선을 붙들기 위한 간판 경쟁이 전국 방방곡곡에서 광범위하게 벌어졌고, 그 와중에서 '지방의 서울화'와 이에 따른 간판의 획일화도 극대화되었다.

17) "4·5층짜리 건물에 20개도 넘는 간판이 다닥다닥 붙어 있는 풍경. 유리창과 출입문 외에는 모두 간판이다. 가능한 한 크게, 될수록 많은 내용으로. 현기증 나는 무질서의 극치다. 상가가 밀집한 서울 도심만 그런 게 아니다. 대한민국 어느 거리나 마찬가지다"(김윤덕, 1997). 이런 '무질서의 극치' 이면엔 광고와 홍보를 간판에만 의존하는 자영업 과잉이라는 경제구조가 자리 잡고 있었다. 한국 노동시장은 자영업주와 무급 가족 종사자 등 비임금 근로자 비중이 미국의 5배, 독일·영국의 3배, 일본의 2배 이상이었으며 게다가 간판 의존도가 높은 도·소매, 음식·숙박업, 개인 서비스업의 비중이 높았다. 이익을 내는 자영업자의 수는 전체의 10% 미만이기 때문에 간판 경쟁은 '죽느냐 사느냐' 하는 필사적인 전쟁이 될 수밖에 없었다(조계완, 2004). 여기에 부동산시장의 불안정이 가세했다. 건물 임대기간이 짧고 공급자가 큰 힘을 쓰는 '공급자시장'인지라, 자영업자가 한곳에 오래 머무는 게 어렵

다. 게다가 한국사회의 변화 속도와 유행 추종도가 매우 빨라 업종의 잦은 변경과 그에 따른 간판 교체를 초래한다. 즉, 건물 임대기간이 2~3년으로 짧고 때로 1년 주기로 점포의 업태가 변화하는 상황에서 단시일에 투자비용을 찾기 위해 자극적인 간판을 들이는 등 간판 의존도가 극대화되는 것이다.

18) "개강을 맞이한 캠퍼스는 온통 현수막으로 뒤덮인다. 총학생회, 학교의 공식기관, 전문 학자들의 학술 모임, 동아리, 산학협동행사, 연구소, 동문회, 구내 서점 등 학내외의 크고 작은 집단이 관계된 행사를 알리는 천 조각이 학기 내내 하늘을 가로지르며 펄럭인다. 심지어 어떤 것은 이미 날짜가 넘어 아무런 쓸모가 없는데도 시선을 끌며 버티고 있다. 대학의 현수막은 이미 홍보의 기능을 넘어 일종의 공해로 존재한다"(유석춘, 1998). 업적 홍보나 돈과는 관련 없는 대학가 플래카드도 사람들의 주목을 쟁취하기 위해 치열한 기 싸움을 하고 있다는 건 결코 자영업자들의 '간판 공해'만 탓할 수 없는 우리의 현실을 잘 말해준다 하겠다.

19) 새천년 들어 서울 신촌 일대엔 톡톡 튀는 젊은 세대의 시선을 잡기 위한 '돌연변이 간판'이 대거 등장했다. '불타는 자갈밭에 춤추는 조개들', '되어지가 꼬추장에 빠진 날', '형! 어디가', '이판저판 고기판', '똥값, 똥값 세일', '조개부인 바람났네', '악을 써라 노래방', '공때리네 당구장', '아무데서나', '용·BEER천가', '위풍 닭닭' 등……. 이들 간판 중 상당수는 몇 개월 지나지 않아 더욱 자극적인 새 상호로 바뀌며 경쟁을 벌였다. 이에 대해 국민대 테크노디자인 대학원 교수 조현신은 "외환위기 이후 우리나라 간판들에서 극단적인 조급증 현상이 두드러지고 있다"며 "생존이 어려워진 상황에서 흔히 나타나는 '될 대로 되어라' 식의 정서가 사회 전반에 확산되었기

때문"이라고 진단했다(윤상호, 2000). 그러나 외환위기 이후에도 이런 간판의 흐름이 꾸준히 이어지는 걸 보면 냉소주의와 더불어 한국인 특유의 호모 루덴스(놀이하는 인간) 기질이 작용한 게 아닌가 싶다.

20) "말라 죽거나 시들어 죽어가고 있는 경기도 성남시 내 가로수의 절반가량이 간판을 보이게 하기 위한 주변 상인들의 악덕 상혼에서 비롯된 것으로 밝혀져 충격을 주고 있다. 시는 5월 말 현재 고사한 가로수는 모두 520그루로 이 가운데 '인위적 요인'이 40~50%로 가장 많았고 기타 교통상해 20~30%, 자연고사 10%가량으로 추정하고 있다. 인위적 요인은 일부 몰지각한 상인들과 업주들이 나무가 광고판을 가리거나 시야를 막아 장사에 방해가 된다며 일부러 죽인 것으로 드러났다. 나무를 고사시키기 위해 검은 폐유를 붓거나 소금물을 매일 가로수 밑동에 부어 서서히 말라 죽게 하는 수법을 사용하고 있다"(윤상돈, 2001). 이 신문 기사는 '악덕 상혼'이라고 했지만 상인들은 이런 평가에 동의하지 않을 것이다. 정도의 차이는 있을망정 간판을 가리는 가로수와의 전쟁은 전국적으로 일어나는 현상이다. 늦봄부터 각 지방자치단체엔 가로수 때문에 간판이 가린다는 민원이 빗발친다(구대식, 2009). 간판을 생사生死의 문제로 보기 때문이다. 물론 이는 과장된 의식이지만 한국의 현대사가 '슬로건사회'이자 '캠페인 공화국'으로 점철되어왔음을 감안컨대, 그건 몸에 밴 아비투스일 수 있다.

21) "족발집이 밀집해 있는 서울 장충동 일대에 가보면 사방이 온통 원조 간판이다. '원조', '진짜 원조', '원조의 원조', 'TV에 나온 집', '1호집' 등 저마다 원조임을 강조한다. 지역마다 특산 음식에 대한 원조 자존심 대결 또한 치열하다. 전국의 한다하는 음식점 가운데 '욕쟁이집', '할매집'이란 옥

호號가 범람하고 있는 것도 원조 논쟁이나 다름없다. 아니라면 '욕 잘하는 할머니'가 그렇게 많다는 것일까"(오명철, 2004). 원조 홍수 사태에 대한 비판이 빗발쳤지만 이 또한 그들만 나무랄 수 있는 건 아니었다. '원조' 경쟁은 비단 음식점들 사이에서만 벌어지는 게 아니라 정치지도자들 사이에서도 벌어지기 때문이다. 자신이 새 시대를 여는 원조로 기록되었으면 하고 바라는 지도자들의 야망 경쟁은 한국 정치의 익숙한 모습이다. '문민정부' · '국민의 정부' · '참여정부' 라는 딱지가 바로 그런 야망을 웅변해준다. 이명박 정부는 그 어떤 딱지도 내세우지 않기로 했다가 건국 60주년인 2008년 '선진화 원년'을 선포하고 나섰다. 자신이 새 시대의 '원조' 가 되고 싶어 하는 '원조병'은 한국의 모든 역대 대통령들이 보여온 특성으로서, 그 밑바탕에는 자기를 될 수 있는 대로 뚜렷하게 돋보이게 하고자 하는 최대주의 심성이 자리 잡고 있다.

22) 성석제는 미국에서 20년 넘게 살다 잠시 다니러 왔던 선배가 저녁에 자신이 살고 있는 신도시의 중심 상업 지역을 보고 "아예 넋을 잃고 원색의 숨 가쁘게 점멸하는 간판들을 바라보고 있었다. 화를 낼 정신도 없는 듯했다"고 밝히면서, 선배에게 다음과 같은 변명을 내놓았다고 한다. "누군들 좋아서 천박하게 번쩍거리고 싶겠는가. 옆집 앞집 뒷집에서 하니까 가만히 있으면, 아니 평범하게 하면 묻히고 버림받을 것 같은 초조감에 간판도 커지고 자극적으로 변한다. 앞에서 시끄럽게 떠들어대니까 나도 스피커를 마주 틀어댈 수밖에 없다. 비슷비슷한 사람들이 비슷비슷하게 사는 한국에서 눈에 띄는 방법은 저런 것뿐이라고 생각하는 것 같다"(성석제, 2005). 계획된 신도시마저 기존 간판문화를 답습한다는 건 아비투스의 힘을 말해주는 것으로 볼 수 있다. 눈에 띄지 않으면 어떤가. 비슷비슷한 사람들이 비슷비슷하게

사는 사회에선 그 어떤 계산을 하기 전에 "너도 하면 나도 하겠다"는 의식이 삶의 문법으로 자리 잡았다고 보는 게 옳으리라.

23) 2007년 전국의 간판 434만 2,094개 가운데 219만 8,276개(51%)가 불법간판이었다. 서울시의 불법간판률은 약 54%였다(라동철, 2008). 한국사회의 고밀도 도시화, 영세 자영업의 비대화, 높은 건물 임대료로 인한 노마드적 영업 행태 등과 같은 조건하에서 속도주의는 문화라기보다는 너무도 당연한 정치경제적 원리에 가깝다. 특히 노마드적 행태는 자영업자에게만 국한된 게 아니라 전 국민이 공유하는 것이다. 2006년 기준 선진국에선 전체 주택의 5% 범위 내에서 거래가 이루어진 반면, 한국은 거의 20%에 이른다. 서울의 경우 한 집에서의 평균 거주 기간은 5.4년에 지나지 않는다. 이를 가리켜 '노마드'를 넘어서 '난민도시'라는 말이 나오는 이유다(전상인, 2009 ; 홍성태, 2004). 그처럼 공동체 의식을 갖기 어려운 상황에서 자영업자들은 오랜 정착에 의한 인지도보다는 간판의 속전속결주의에 의존할 수밖에 없으리라. 그래서 한국이 불법간판의 천국이 되었다고 보아야 하지 않을까.

24) "국제에너지기구IEA는 경제협력개발기구 국가의 야외 조명 중 간판이 차지하는 비중은 1% 미만인 것으로 추정하고 있다. 반면 한국은 간판 조명의 비율이 최소 10%를 넘을 것으로 추산된다(에너지관리공단). 전국에 설치된 430만 개의 간판(행정자치부 조사) 가운데 78%는 조명이 설치되어 있다. 특히 310만 개 간판은 형광등과 백열등처럼 전력을 많이 소비하는 조명을 이용한다. 네온간판이 5%나 된다"(강춘수 외, 2008). 한국의 간판문화가 유별나다는 걸 말해주는 또 다른 증거다. 속도주의, 평등주의, 형식주의, 최대주의, 냉소주의 등이 종합적으로 한꺼번에 나타난 결과로 보아야 하지 않을까.

25) "불법 광고물을 단속하는 경찰이 오히려 옥외 광고물법을 위반하고 있는 것으로 드러났다. 경찰이 대국민 홍보와 계도를 명목으로 경찰관서 외벽에 내건 현수막은 모두 불법 광고물이기 때문이다"(강혜승, 2008). 이는 유별난 사건이 아니라 늘 벌어지는 일이다. 관이 앞장서서 각종 정책 구호를 입간판, 현수막, 어깨띠 등으로 무질서하게 홍수처럼 쏟아내는 사회에서 자영업자들의 간판만 강력 단속한다는 건 앞뒤가 맞지 않는 처사가 아닌가. 민관 합동으로 과시적 홍보를 하는 게 문화로 자리 잡은 셈이다.

5. 결론 및 논의

벤야민은 근대사의 '쓰레기 더미', '넝마 찌꺼기', 상품 생산의 잔해 속에서 진리를 구하고 철학을 세우고자 했다(Buck-Morss, 2004, p.127). 이런 발상의 전환에 자극을 받아 한국사회에서 '시각적 공해'로 일컬어지는 간판을 다른 시각으로 보고자 했던 본 논문은 간판이 한국사회의 주요 특성으로 일컬어지는 ①속도주의 ②평등주의 ③형식주의 ④최대주의 ⑤냉소주의 등을 재현하고 있다는 논지를 전개했다. 반세기 넘게 계속 반복되어온 간판 비판! 그러나 달라진 건 없다. 왜 그럴까? 미학적으로만 대응하지 말고 정치경제적 구조와 사회심리적 배경에 주목하면서 간판에서 '철학'을 발굴해보자는 게 본 논문의 취지이자 의미였다.

유럽에선 이미 17~18세기부터 간판의 미학적 디스플레이가 시작되었지만(주은우, 2003) 한국의 간판은 압축성장의 와중에서 미학적 고려를 돌볼 틈이 없었던 절박함의 표현이었다. 벤야민식 '산책자'의 시선에 구조적 관점까지 더해서 보자면 한국의 간판문화는 우선적으로 '나'와 '공공의 이익'을 조화시킬 수 없었던 '타율에 의한 근대'의 산물이다(함성호, 2003). 좀 더 근원적으로 파고들자면 간판주의는 인구밀도와 깊은 관련이 있다. 한국의 인구밀도는 2005년 기준 1km 당 474명으로 세계 3위지만, 산악지대를 빼고 평지 중심으로 계산하면 세계 1위일 것이다. 적어도 서울의 인구밀도는 세계 최고가 아닐까. 서울의 인구밀도는 1만 6,181명으로 강원 88명보다 183배가 높다. 다른 도시들도 서울 모델을 따르고 있다. 이런 고밀도사회에서 여유는 기대하기 어렵다. 생물학적으로 그렇다. 치열한 경쟁과 더불어 '시간 강박'에 근거한 속전속결주의로 치닫게 되어 있다. 간판은 '시간 강박'이 요구하는 비용 절감효과를 가져다준다. 한국의 학부모들이 오직 자식 사랑 때문에 자식에게 좋은 간판을 요구하는 건 아니다. 이웃에게 기죽지 않으려는 심리도 적잖이 작용한다. 요란한 간판과 플래카드를 내거는 심리도 '기 싸움'과 밀접한 관련이 있다. 한국 정치가 '기의, 기에 의한, 기를 위한' 싸움을 하는 '기 민주주의'의 속성이 강한 것도 우연이 아니다.

"당신은 주목받기 위해 태어난 사람"이라는 말도 있지만 그건 당위일 뿐 현실은 아니다. 주목은 쟁취의 대상이다. 한국인은 주목투쟁의 전사들이다. 간판은 포장심리다. 주목투쟁은 포장투쟁이다. 한국의 근현대사는 불확실성의 질곡으로 점철된 시대였기에 한국인들은 본능적으로 불확실성에 대한 공포감을 갖고 있다. 그래서 불확실성을 제거하는 데에 도움을 주는 종교 · 위계질서 · 신분증문화가 발달되어 있다. 간판은 불확실성 제거의 표지이기에 요란할수록 좋다. 속전속결주의의 이면엔 바로 이 불확실성에 대한 공포가 자리 잡고 있다. 다른 것에 대한 공포는 동질성을 찾고자 하는 시도로 이어지고, 이게 연고와 코드를 융성케 한다. 또 이게 같은 간판을 가진 사람들의 결속력을 높여주기 때문에 이왕이면 좋은 간판을 가져야 할 결정적인 이유가 된다.

좋은 간판을 가진 사람들이 느끼는 간판의 우선적인 효용은 안도감이다. 자기 확인이다. 요란한 간판을 내건 상인들도 똑같은 말을 한다. 간판은 자기 존재 증명이다. 인정투쟁이다. 장사가 잘되면 좋지만 안 되더라도 "나 여기 있다"라는 걸 알리는 일을 소홀히 할 수는 없다. 눈과 귀는 따로 놀지 않는다. 언제 어느 곳에서건 감정 발산을 자유롭게 하는 한국인들의 큰 목소리가 낮아질까? 그게 낮아지지 않는데, 시각적인 간판문화만 홀로 바뀔 수 있을 것 같지는 않다. 국가주의와 민족주의를 강도 높게 비판하는 지식인들도 어느 낯선 나라의 공항에 내려 시선을 압도하는 한국 재벌들의 대형 광고판을 보면 묘한 안도감을 느낀다지 않는가. 그래서 지금과 같은 간판을 그대로 두자는 건가? 아니다. 간판 문제가 지극히 한국적 현상임을 인식하면서 전 분야에 걸쳐 주목의 기회균등과 공정거래의 원칙에도 눈을 돌려보자는 뜻이다. 자신이 살고 있는 아파트가 '아파트 브랜드'를 알리는 대형 광고판 노릇을 하는 걸 긍지로 여기며 살아가는 사회에서, 발버둥에 가까운 주목투쟁을 벌이는 조무래기 간판들만 문제 삼기는 쉽지 않은 일이다.

한국인은 냉소주의를 사랑하지만 그렇다고 해서 영원한 냉소주의자는 아니다. 그들의 가슴 한구석엔 뜨거운 정열이 꿈틀대고 있기 때문이다. 대중은 냉소에 잠겨 있지만 언제든 기회만 닿으면 냉소주의에서 탈출할 준비는 갖추고 있다. 냉소주의뿐만 아니라 속도주의, 평등주의, 형식주의, 최대주의 등의 문법도 늘 열려 있는 상태로 변화의 가능성은 있다. 물론 쉽지 않거니와 단기간 내에 이뤄질 수 있는 건 아니다. 우리가 정작 주목해야 할 것은 간판이 한국사회의 성찰을 위한 거울일 수 있다는 사실이다. 그 성찰은 꼭 잘못된 것을 바로잡자는 의미의 것만은 아니다. 간판들의 과격한 경쟁이 한국사회의 발전 동력과 직결되어 있다는 것에 대한 인식을 제대로 하자는 뜻이다. 우리는 발전의 열매는 자랑스럽게 생각하면서도 그 과정에서 발생한 '쓰레기 더미'는 저주하는 경향이 있지만, 열매와 쓰레기는 밖과 안의 구분이 없는 '뫼비우스의 띠'와 같은 것이다. 모든 이들이 "너도 하면 나도 하겠다"고 나설 때에 탈락자와 일탈자는 나오기 마련이지만, 우리는 과연 무엇에 더 주목해야 할까?

본 논문의 문화정치적 의미는 다양한 문화적 경향성을 추적하는 과정에서 노출된 이론적 함의에 있다. 이 글에서 간판이라는 기호를 통해 한국사회의 지배적인 속성을 읽어내고 있지만, 이런 특징 자체를 결정론적으로 또는 주어진 개념으로 접근할 것이 아니라 역사와 문화적 과정의 산물로 이해해야 한다는 사실을 강조하고 있다. 이 결론은 소박하게 들리지만 이론적으로는 매우 중요한 의미를 갖는다. 오늘날 간판 현상은 그것이 물리적인 간판의 문제이건 한국사회를 축소판으로 보여주는 상징적 개념이건 관계없이, 인간이 만들어놓은 결과물에 불과하다. 그동안 수없이 되풀이된 간판 비판에서 이론적으로 부족한 점이 있었다면 바로 이 인간 '주체의 소멸'이라고 할 수 있다. 주체가 전경화되고 동시에 주체와 구조의 상호 관계를 통한 간판 문제의 접근이라기보다 사회구조의 환원론적 관점에서 비판이 이뤄졌던 것이다. 본 논문에서 벤야민의 산책자 개념을 소환한 이유는 인간이 사회적 산물임은 틀림없지만 동시에 인간이 구조 변화의 행위자라는 사실을 개념적으로 제시하고 있기 때문이다.

본 논문은 그간 일방적인 비판과 혐오의 대상으로 전락한 간판이 한국사회를 재현했으며 긍정의 단서가 될 수 있다는 것을 밝혀내려고 시도했다는 점에선 의미가 있겠지만, 간판이 한국사회를 재현하는 매개의 과정을 충분히 서술하지 못했다. 100여 년에 걸친 광범위한 시간과 한국사회라고 하는 광범위한 공간을 거시적으로 본 탓이다. 이론적 기여와 관련, 벤야민의 '이용'도 매우 제한적이다. 간판, '찌라시', 투서, 유언비어 등과 같이 '허접스럽다'는 이유로 그간 외면되어온 연구의제들을 다시 보는 동시에 이를 수용하기 위한 글쓰기 방식의 지평을 넓혀보자는 뜻에서 이런 문제의식을 담은 선행연구를 소개한 의미가 컸다. 따라서 간판을 사유하는 주된 의미도 한국 사회의 거울인 간판에 대한 혐오가 모순적인 자기부정이라는 점을 밝히는 데에 주어졌다. 커뮤니케이션적 관점과 한국학의 관점을 접목한 의미도 바로 여기에 있다.

| 참고문헌 |

1장 '빨리빨리'의 문화정치학: 한국의 '속도' 커뮤니케이션에 관한 연구

강명석, 「드라마에 비친 경쟁사회의 자화상」, 『한겨레 21』(2010년 5월 14일자).
강수돌, 「노동중독의 덫과 황우석」, 『경향신문』(2006년 1월 20일자).
강준만, 『한국현대사 산책(전18권)』(인물과사상사, 2002~2006).
_____, 『한국인 코드』(인물과사상사, 2006).
_____, 『한국근대사 산책(전10권)』(인물과사상사, 2007~2008).
_____, 『각개약진공화국』(인물과사상사, 2008).
_____, 「자동차의 미디어 기능에 관한 연구: 자동차는 한국인의 국가·사회 정체성 형성에 어떤 영향을 미쳤는가?」, 『언론과학연구』 제9권 2호(한국지역언론학연합회, 2009), 5~46쪽.
_____, 「아파트의 문화정치학: 아파트가 공공 커뮤니케이션에 미친 영향에 관한 연구」, 『사회과학연구』 제21권 1호(충남대학교 사회과학연구소, 2010), 1~25쪽.
경향신문 특별취재팀, 『우리도 몰랐던 한국의 힘』(한스미디어, 2006).
고하리 스스무, 고영욱 옮김, 『한국과 한국인』(이지북, 2001).
구해근, 신광영 옮김, 『한국 노동계급의 형성』(창작과비평사, 2002).
권인숙, 「우리 삶 속의 군사주의: 여성과 군사주의의 관계를 중심으로」, 『여성과 평화』 제1호(당대, 2000), 133~161쪽.
_____, 『대한민국은 군대다: 여성학적 시각에서 본 평화, 군사주의, 남성성』(청년사, 2005).
김경두, 「CEO들 '시간 철학' 은?」, 『서울신문』(2005년 10월 28일자).
김균·정연교, 『맥루언을 읽는다: 마셜 맥루언의 생애와 사상』(궁리, 2006).
김기철, 「고구려인, 상갓집에서 풍악 울렸다」, 『조선일보』(2010년 1월 23일자).
김기태, 「2010년 여름, 한국인들의 대탈출」, 『한겨레 21』(2010년 8월 6일자).
김선하, 「한국 수출 사상 첫 세계 10위: 3분기엔 세계 9위도 넘볼 만」, 『중앙일보』(2009년 8월 12일자).
김영명, 『신한국론: 단일사회 한국, 그 빛과 그림자』(인간사랑, 2005).
김영봉, 「한국인 야성·경쟁본능 죽이면 국운도 끝난다」, 『조선일보』(2010년 3월 17일자).
김용배, 「느림, 기다림의 미학」, 『중앙일보』(2005년 3월 16일자).
김지석, 「인구 프랙털」, 『한겨레』(2005년 8월 19일자).
김창훈, 『한국외교 어제와 오늘』(다락원, 2002).
노재현, 「시네마 천국 vs 스크린 지옥」, 『중앙일보』(2006년 8월 18일자).
노정팔, 『한국방송과 50년』(나남, 1995).
동아일보, 「사설: 세계 10위 오른 한국 수출, 좀 더 뛰자」, 『동아일보』(2009년 8월 13일자).
리영희, 『역설의 변증: 통일과 전후세대와 나』(두레, 1987).
박노자, 「인간성을 파괴하는 한국의 '군사주의'」, 임지현 외, 『우리 안의 파시즘』(삼인, 2000), 85~102쪽.
박승옥, 「1970년대: '고속도로'와 '닭장집'」, 『역사비평』 제13호 여름(역사비평사, 1991).
박영규, 『특별한 한국인』(웅진닷컴, 2000).

박재현, 「한국인 90.2% 도시 산다」, 『경향신문』(2006년 9월 1일자).
박재환, 「현대 한국인의 생활원리」, 박재환 외, 『현대 한국사회의 일상문화코드』(한울아카데미, 2004), 13~67쪽.
박철수, 『아파트의 문화사』(살림, 2006).
박호성, 「빨리빨리, 그러나 아무렇게나」, 『한겨레』(2009년 11월 14일자).
박흥규, 「'빨리빨리'의 나라」, 『경향신문』(2007년 6월 15일자).
배경식, 「보릿고개를 넘어서」, 한국역사연구회, 『우리는 지난 100년 동안 어떻게 살았을까 3』(역사비평사, 1999).
설원태, 「한국의 '빨리빨리' 배우고 싶다」, 『경향신문』(2008년 8월 7일자).
소열녕, 「한국인 '빨리빨리'가 고도성장 이뤄」, 『세계일보』(2005년 8월 3일자).
손원제, 「빨리빨리 덕에 인터넷 강국」, 『한겨레』(2005년 8월 19일자).
손정목, 『서울 도시계획 이야기: 서울 격동의 50년과 나의 증언 ④』(한울, 2004).
송길호, 「경제 대외의존도 사상 최고」, 『문화일보』(2005년 3월 28일자).
송도영, 「내 아이만큼은 무슨 일이 있더라도!: 교육과 강남 부동산 문제」, 『황해문화』 제42호 봄(새얼문화재단, 2004).
송혜진, 「'빨리빨리' 한국의 배달문화, 이젠 해외 안방까지」, 『조선일보』(2009년 9월 8일자).
양웅, 「허영: 키워드로 읽는 광고」, 『월간 광고정보』(2005년 3월호), 66~70쪽.
오관철, 「소득·학력 높을수록 '연줄 중시'」, 『경향신문』(2006년 12월 27일자).
오원철, 『한국형 경제건설 3』(기아경제연구소, 1996).
오창민, 「작년 GNI 대비 수출입 비율 100% 넘어」, 『경향신문』(2009년 4월 2일자).
오태진, 「문 열린 해외여행 추태백태」, 『조선일보』(1989년 1월 19일자).
우석훈, 『괴물의 탄생』(개마고원, 2008).
유종일, 「경제위기를 개혁의 기회로」, 『한겨레』(2008년 11월 20일자).
이규태, 『한국인의 버릇: ①버리고 싶은 버릇』(신원문화사, 1991).
이무용, 『공간의 문화정치학』(논형, 2005).
이민화, 「안기석 인터뷰, 국내 벤처연방 모아 손정의 그룹과 겨루겠다」, 『월간 신동아』(2000년 3월호).
이승호, 『옛날 신문을 읽었다 1950~2002』(다우, 2002).
이영미, 『한국 대중가요사』(시공사, 1998).
이케하라 마모루, 『맞아죽을 각오를 하고 쓴 한국·한국인 비판』(중앙M&B, 1999).
이태영, 「낭가파르바트의 교훈」, 『한국일보』(2009년 7월 18일자).
임태섭, 「제7장 눈치작전」, 임태섭 편저, 『정, 체면, 연줄 그리고 한국인의 인간관계』(한나래, 1995), 149~163쪽.
장은교, 「1천만의 신드롬 괴물」, 『경향신문』(2006년 8월 10일자).
전상인, 『고개 숙인 수정주의: 한국현대사의 역사사회학』(전통과현대, 2001).
정성호, 「한국전쟁과 인구사회학적 변화」, 한국정신문화연구원 편, 『한국전쟁과 사회구조의 변화』(백산서당, 1999).
정수복, 『한국인의 문화적 문법』(생각의나무, 2007).
정진상, 「한국전쟁과 전근대적 계급관계의 해체」, 경상대학교 사회과학연구소 엮음, 『한국전쟁과 한국자본주의』(한울아카데미, 2000).
조전혁, 「'대외의존도'를 '대외활용도'로 바꾸자」, 『동아일보』(2007년 4월 9일자).
조흡·강준만, 「간판의 문화정치학: 간판은 어떻게 한국사회를 재현하는가?」, 『한국언론학보』 제53권 6호(한국언론학회, 2009), 104~126쪽.

주강현, 『21세기 우리문화』(한겨레신문사, 1999).
____, 『레드 신드롬과 히딩크 신화』(중앙M&B, 2002).
중앙일보 특별취재팀, 「실록 박정희시대: 수출 제일주의」, 『중앙일보』(1997년 9월 8일자).
최병준, 「IT 강국 이끈 "느린 건 못 참아"」, 『경향신문』(2005년 5월 9일자).
최봉영, 「한국인은 왜 불에 열광하나」, 『조선일보』(2009년 2월 22일자).
최상진, 「제14장 한국인의 심리특성」, 한국심리학회 편, 『현대심리학의 이해』(학문사, 2003).
최장집, 『민주화 이후의 민주주의: 한국 민주주의의 보수적 기원과 위기』(후마니타스, 2002).
탁석산, 『한국인은 무엇으로 사는가』(창비, 2008).
한홍구, 『대한민국사: 단군에서 김두한까지』(한겨레신문사, 2003).
홍성태, 「'군사적 성장주의'와 성수대교의 붕괴」, 이병천·이광일 편, 『20세기 한국의 야만 2』(일빛, 2001), 371~378쪽.
홍순권, 「지방분권 논의와 지역문화운동의 새 지평」, 『기억과 전망』 제2호 봄(민주화운동기념사업회, 2003).
황병주, 「민중, 희생자인가 공범자인가: 박정희 시대의 국가와 '민중'」, 『당대비평』 제12호 가을(삼인, 2000).
Geert Hofstede, *Culture and Organizations*(1995), 차재호·나은영 옮김, 『세계의 문화와 조직』(학지사, 1995).
Gregory Henderson, *Korea: The Politics of the Vortex*(1968), 박행웅·이종삼 옮김, 『소용돌이의 한국정치』(한울아카데미, 2000).
Ian Angus & Sut Jhally(eds.), *Cultural Politics in Contemporary America*(New York : Routledge, 1989).
James Gleick, *Faster*(1999), 석기용 옮김, 『빨리빨리!: 초스피드시대의 패러독스』(이끌리오, 2000).
Katharine H. S. Moon, *Sex Among Allies*(1997), 이정주 옮김, 『동맹 속의 섹스』(삼인, 2002).
Paul Virilio, *Vitesse et Politique*(1977), 이재원 옮김, 『속도와 정치』(그린비, 2004).
Peter Borscheid, *Das Tempo-Virus*(2003), 두행숙 옮김, 『템포 바이러스: 인간을 지배한 속도의 문화사』(들녘, 2008).
Valerie Gelézeau, *Séoul, ville géante, cités radieuses*(2003), 길혜연 옮김, 『한국의 아파트 연구』(아연출판부, 2004).
Vince Poscente, *The Age of Speed*(2008), 이현숙 옮김, 『속도의 시대』(멜론, 2008).
William Bernstein, *The Birth of Plenty*(2005), 김현구 옮김, 『부의 탄생』(시아출판사, 2005).

2장 아파트의 문화정치학: 아파트가 공공 커뮤니케이션에 미친 영향에 관한 연구

강내희, 「강남의 계급과 문화」, 『황해문화』 제42호 봄(새얼문화재단, 2004), 62~84쪽.
강내희 외, 『압구정동: 유토피아 디스토피아』(현실문화연구, 1992).
강대기, 『현대사회에서 공동체는 가능한가』(아카넷, 2001).
강준만, 『강남, 낯선 대한민국의 자화상』(인물과사상사, 2006).
____, 「자동차의 미디어 기능에 관한 연구: 자동차는 한국인의 국가·사회 정체성 형성에 어떤 영향을 미쳤는가?」, 『언론과학연구』 제9권 2호(한국지역언론학연합회, 2009), 5~46쪽.
강홍구, 『시시한 것들의 아름다움: 우리 시대 일상 속 시각문화 읽기』(황금가지, 2001).
강홍빈·주명덕, 『서울 에세이: 근대화의 도시풍경, 강홍빈과 주명덕이 함께하는 서울 기행』(열화당,

2002).
고성호, 「『포천』지 "한국, 디지털 최강국 될 것"」, 『한국일보』(2004년 9월 14일자).
고자카이 도시아키, 방광석 옮김, 『민족은 없다』(뿌리와이파리, 2003).
김균·정연교, 『맥루언을 읽는다: 마셜 맥루언의 생애와 사상』(궁리, 2006).
김상헌, 『대한민국 강남특별시』(위즈덤하우스, 2004).
김선주, 「지금 압구정동에서는…」, 『한겨레』(2006년 12월 14일자).
김신영, 「부녀회 집값 담합 조사 못 한다」, 『한국일보』(2005년 7월 5일자).
김왕배, 『도시, 공간, 생활세계: 계급과 국가권력의 텍스트 해석』(한울, 2000).
김우창 외, 『21세기의 환경과 도시』(민음사, 2000).
김은남, 「이름 바꿔 떼돈 벌어보자」, 『시사저널』(2005년 8월 2일자).
김은식, 「명 재촉하는 사회」, 『논(論): 위험사회』(숨비소리, 2003), 52~54쪽.
김은실, 『사교육 1번지 대치동 엄마들의 입시전략』(이지북, 2004).
김찬호, 『문화의 발견』(문학과지성사, 2007).
김헌동·선대인, 『대한민국은 부동산공화국이다?』(궁리, 2005).
김형국, 「나의 서울살이 30년」, 『사상』 겨울호(사회과학원, 1995), 84~107쪽.
____, 「강남의 탄생」, 『황해문화』 제42호 봄(새얼문화재단, 2004), 10~24쪽.
박민영, 「부동산, 사회문제를 야기하는 판도라의 상자」, 『월간 인물과 사상』(2009년 5월호), 51~61쪽.
박재현, 「한국인 90.2% 도시 산다」, 『경향신문』(2006년 9월 1일자).
박진석, 「'부녀회 집값 담합' 아파트 단지 실거래 가격 수시 공개」, 『한국일보』(2006년 7월 12일자).
박철수, 『아파트의 문화사』(살림, 2006).
박태견, 『참여정권, 건설족 덫에 걸리다』(뷰스, 2005).
박현정·홍두승, 「사회경제적 상황과 계층의식」, 홍두승·이동원 편, 『집합주거와 사회환경: 소형 아파트 단지 과밀의 사회적 함의』(서울대학교출판부, 1993), 101~127쪽.
서찬동, 「아파트 '짝퉁' 이름 골치」, 『매일경제』(2005년 1월 27일자).
선대인·심영철, 『부동산 대폭락 시대가 온다』(한국경제신문, 2008).
손정목, 『한국현대도시의 발자취』(일지사, 1988).
____, 『서울 도시계획 이야기: 서울 격동의 50년과 나의 증언(전5권)』(한울, 2003).
____, 『한국도시 60년의 이야기(전2권)』(한울, 2005).
송길호, 「경제 대외의존도 사상 최고」, 『문화일보』(2005년 3월 28일자).
송도영, 「내 아이만큼은 무슨 일이 있더라도!: 교육과 강남 부동산 문제」, 『황해문화』 제42호 봄(새얼문화재단, 2004), 41~61쪽.
심승희, 『서울 시간을 기억하는 공간』(나노미디어, 2004).
안인용, 「들어오고 싶은 자, 너를 다 까발려라」, 『한겨레21』(2007년 4월 10일자).
오관철, 「소득·학력 높을수록 '연줄 중시'」, 『경향신문』(2006년 12월 27일자).
오창민, 「작년 GNI 대비 수출입 비율 100% 넘어」, 『경향신문』(2009년 4월 2일자).
윤혜숙, 「독자기자석: 반상회 집값 담합 한심」, 『한겨레』(2005년 7월 1일자).
윤희일, 「'아파트 숲' 전국을 뒤덮는다」, 『경향신문』(2007년 4월 18일자).
이건영, 『서울 이야기: 어제, 오늘 그리고 내일』(나남출판, 1995).
이무용, 『공간의 문화정치학』(논형, 2005).
이문열, 「서울의 바벨탑」, 『중앙일보』(2004년 12월 30일자).
이상훈, 「세계 최고 초고속인터넷 서비스망 구축」, 월간 조선 편, 『2006년 한국의 실력』(조선일보사, 2006).

이승호, 『옛날 신문을 읽었다 1950~2002』(다우, 2002).
이신우, 「배부른 진보」, 『문화일보』(2005년 3월 24일자).
이재현 외, 『공간의 문화정치: 공간 문화 서울』(현실문화연구, 1995).
이종규, 「'원조강남' 뺨치는 '교육특별구'」, 『한겨레』(2006년 12월 27일자).
이태희, 「끈적끈적한 욕망의 투표함」, 『한겨레 21』(2008년 4월 17일자).
이태희·최성진, 「아파트의 힘」, 『한겨레 21』(2008년 4월 17일자).
임달호·조재길, 『강남 아파트: 명문학군만 따라가면 반드시 돈 번다』(이지북, 2006).
임상원 외, 『매체·역사·근대성』(나남출판, 2004).
임석재, 『건축, 우리의 자화상』(인물과사상사, 2005).
임석재, 『교양으로 읽는 건축』(인물과사상사, 2008).
장림종·박진희, 『대한민국 아파트 발굴사』(효형출판, 2009).
장상환, 「해방 후 한국자본주의 발전과 부동산 투기」, 『역사비평』 제66호 봄(역사비평사, 2004), 55~78쪽.
전남일 외, 『한국주거의 사회사』(돌베개, 2008).
전남일 외, 『한국주거의 미시사』(돌베개, 2009).
전상인, 『아파트에 미치다: 현대한국의 주거사회학』(이숲, 2009).
정수복, 『한국인의 문화적 문법』(생각의나무, 2007).
정유미, 「100층 이상 초고층 전 세계 5개뿐인데 한국 "10개 신축"」, 『경향신문』(2009년 5월 14일자).
조맹기, 『현대커뮤니케이션사상사』(나남, 2009).
조명래, 「자본의 재구조화와 지역불균형의 재생산: 포스트포디즘의 공간론을 중심으로」, 한국공간환경연구회 편, 『한국공간환경의 재인식』(한울, 1992), 40~86쪽.
_____, 『현대사회의 도시론』(한울아카데미, 2002).
_____, 「신상류층의 방주(方舟)로서의 강남」, 『황해문화』 제42호 봄(새얼문화재단, 2004), 25~40쪽.
조옥라, 「한국도시의 생활양식」, 한국도시연구소 편, 『한국도시론』(박영사, 1998), 288~306쪽.
조인직, 「'브랜드'가 주상복합 값 좌우」, 『동아일보』(2004년 12월 23일자).
조흡·강준만, 「간판의 문화정치학: 간판은 어떻게 한국사회를 재현하는가?」, 『한국언론학보』 제53권 6호(한국언론학회, 2009), 104~126쪽.
차학봉, 「한국인은 왜 아파트에 열광하는가」, 『조선일보』(2007년 4월 24일자).
최명철, 『아파트값, 5차 파동』(다다원, 2001).
최병두, 『근대적 공간의 한계』(삼인, 2002).
최성호, 『한옥으로 다시 읽는 집 이야기』(전우문화사, 2004).
최인훈, 『광장/구운몽』(문학과지성사, 2001).
한국공간환경연구회 편, 『한국공간환경의 재인식』(한울, 1992).
_____, 『서울연구: 유연적 산업화와 새로운 도시·사회·정치』(한울아카데미, 1993).
한국공간환경학회 편, 『새로운 공간환경론의 모색』(한울아카데미, 1995).
한국도시연구소 편, 『한국도시론』(박영사, 1998).
한국역사연구회, 『우리는 지난 100년 동안 어떻게 살았을까 1: 삶과 문화 이야기』(역사비평사, 1998).
한승완, 「'전통공동체'에서 '민주공동체'로」, 김수중 외, 『공동체란 무엇인가』(이학사, 2002), 177~224쪽.
한장희·허윤, 「'무서운 반상회': 집단 민원… 집값 담합… 위장전입 색출」, 『국민일보』(2005년 6월 29일자).
한홍구, 『대한민국사: 단군에서 김두한까지』(한겨레신문사, 2003).
허의도, 『낭만아파트』(플래닛미디어, 2008).
홍두승·이동원 편, 『집합주거와 사회환경: 소형 아파트 단지 과밀의 사회적 함의』(서울대학교출판부,

1993).

홍성구, 「온라인 커뮤니티를 매개로 한 아파트 공동체 형성에 관한 연구」, 『언론과학연구』 제9권 1호(한국지역언론학연합회, 2009), 227~270쪽.

홍성태, 『서울에서 서울을 찾는다: 홍성태의 서울 만보기』(궁리, 2004).

홍영애 외, 『강남의 부자들』(북라인, 2004).

Anthony Giddens, *Modernity and Self-Identity*(1991), 권기돈 옮김, 『현대성과 자아정체성』(새물결, 1997).

Casey Man Kong Lum(ed.), *Perspectives on Culture, Technology and Communication*(2006), 이동후 옮김, 『미디어 생태학 사상』(한나래, 2008).

Daniel J. Boorstin, *Hidden History*(1989), 이보형 외 옮김, 『미국사의 숨은 이야기』(범양사출판부, 1991).

David Harvey, *The Condition of Postmodernity*(1989), 구동회·박영민 옮김, 『포스트모더니티의 조건』(한울, 1994).

Desmond Morris, *The Human Animal*(1994), 황현숙 옮김, 『머리 기른 원숭이』(까치, 1996).

Douglass C. North, "A Theory of Economic Change", *Science*(1983. 1), p.219.

Edward T. Hall, *The Hidden Dimension*(1966), 최효선 옮김, 『숨겨진 차원』(한길사, 2002).

Gregory Henderson, *Korea: The Politics of the Vortex*(1968), 박행웅·이종삼 옮김, 『소용돌이의 한국정치』(한울아카데미, 2000).

Jacques Ellul, *Propagandes*(1965), trans. Konrad Kellen & Jean Lerner, *Propaganda: The Formation of Men's Attitudes*(New York : Vintage Books, 1973).

Jeffrey M. Berry, *The Interest Group Society*(Boston, Mass : Little & Brown Co., 1984).

Leon Kreitzman, *24 Hour Society*(1999), 한상진 옮김, 『24시간 사회』(민음사, 2001).

Marc A. Smith & Peter Kollock(eds.), *Communities in Cyberspace*(1999), 조동기 옮김, 『사이버공간과 공동체』(나남출판, 2001).

Marshall McLuhan, *Understanding Media: The Extensions of Man*(New York : McGraw-Hill, 1964).

Michael Savage & Alan Warde, *Urban Sociology, Capitalism and Modernity*(1993), 김왕배·박세훈 옮김, 『자본주의 도시와 근대성』(한울, 1996).

Pierre Bourdieu, *La Distinction*(1979), 최종철 옮김, 『구별 짓기: 문화와 취향의 사회학(전2권)』(새물결, 1996).

Stuart Ewen, *Captains of Consciousness*(New York : McGraw-Hill, 1976).

Valerie Gelézeau, *Séoul, ville géante, cités radieuses*(2003), 길혜연 옮김, 『한국의 아파트 연구』(아연출판부, 2004).

_____, *Séoul, ville géante, cités radieuses*(2003), 길혜연 옮김, 『아파트 공화국』(후마니타스, 2007 개정판).

3장 자동차의 문화정치학: 자동차가 한국인의 국가·사회 정체성에 미친 영향에 관한 연구

강내희 외, 「좌담: 새로운 문화적 실천을 위하여」, 『문화과학』 6호 여름(문화과학사, 1994), 13~68쪽.

강인철, 「한국전쟁과 사회의식 및 문화의 변화」, 한국정신문화연구원 편, 『한국전쟁과 사회구조의 변화』(백산서당, 1999), 197~308쪽.

강준만, 「자동차는 꿈을 싣고 달린다」, 『월간 인물과 사상』(2006년 6월호), 132~164쪽.
____, 「관광은 인정투쟁 의식(儀式)인가?」, 『월간 인물과 사상』(2006년 12월호), 128~178쪽.
고길섶, 『문화비평과 미시정치』(문화과학사, 1998).
고세욱, 「한국 승용차수 아(阿) 전체보다 많아」, 『국민일보』(2006년 1월 23일자).
곽수일, 「꿈을 꾸는 자가 열린 세계를 본다」, 서재명·곽수일 외, 『김우중의 세계 경영: 세계가 열린다 미래가 보인다』(해냄, 1998), 387~416쪽.
구동회, 「중산층의 도시탈출(urban exodus)과 '전원' 담론」, 『문화과학』 13호 겨울(문화과학사, 1997), 263~276쪽.
김균·정연교, 『맥루언을 읽는다: 마셜 맥루언의 생애와 사상』(궁리, 2006).
김기봉, 「제3장 역사 서술의 문화사적 전환과 신문화사」, 안병직 외, 『오늘의 역사학』(한겨레신문사, 2002), 134~199쪽.
김동춘, 『1997년 이후 한국사회의 성찰: 기업사회로의 변환과 과제』(길, 2006).
김명진, 「과학기술과 일상생활의 변화」, 국사편찬위원회 편, 『근현대 과학기술과 삶의 변화』(두산동아, 2005), 245~283쪽.
김문겸, 『여가의 사회학: 한국의 레저문화』(한울아카데미, 1993).
김상규, 『속담으로 풀어보는 이야기 경제학』(오늘의책, 2005).
김상호, 「맥루한 매체이론에서 인간의 위치: '기술 우선성'에 대한 논의를 중심으로」, 『언론과학연구』 8권 2호(한국지역언론학연합회, 2008), 84~121쪽.
김시현, 「자동차를 미국이 발명했다고?: "오바마 첫 의회연설 곳곳 오류투성이"」, 『조선일보』(2009년 2월 27일자).
김연기, 「일반국도 95.5% '인도' 없어… 목숨 걸고 걸어라?」, 『한겨레』(2007년 9월 22일자).
김영수, 「집 없어도 차부터 사겠다」, 『조선일보』(1996년 12월 26일자).
김정수, 「한국 자동차 밀도 미국의 11배」, 『한겨레』(1997년 7월 28일자).
김준태, 「자동차, 그리고 한국의 미래」, 『월간 사회문화리뷰』(1996년 8월호), 6~10쪽.
김진송, 『장미와 씨날코: 1959년 이기붕가의 선물 꾸러미』(푸른역사, 2006).
김찬호, 「우리에게 자동차는 무엇인가?」, 『동아일보』(2008년 4월 14일자).
김태수, 『꽃가치 피어 매혹케 하리라: 신문 광고로 본 근대의 풍경』(황소자리, 2005).
남정호, 「미국은 왜 한국 차만 때리나」, 『중앙일보』(2009년 1월 14일자).
디지털내일 편저, 『현대자동차 글로벌리더십』(휴먼앤북스, 2004).
류이근, 「오바마 "관용차 미국산으로 사라"」, 『한겨레』(2009년 4월 11일자).
마에마 다카노리, 박일근 옮김, 『세계자동차전쟁』(시아출판사, 2004).
문원택 외, 『헨리 포드에서 정주영까지』(한·언, 1997).
박상길, 「30년 만에 다시 보는 '국가와 혁명과 나'」, 월간 조선 엮음, 『비록(秘錄) 한국의 대통령: 월간 조선 1993년 신년호 별책부록』(조선일보사, 1992).
박용석, 『한국의 젊은 부자들』(토네이도, 2006).
박의준, 「차 한 대에 광고비 8만 원꼴」, 『중앙일보』(1997년 1월 29일자).
박천홍, 『매혹의 질주, 근대의 횡단: 철도로 돌아본 근대의 풍경』(산처럼, 2003).
백상현, 「수입차 국내서 사면 당신은 봉!」, 『스포츠서울』(2006년 2월 20일자).
백수하, 「'차(車) 생산 '세계 4강' 눈앞에: 동유럽에 속속 공장 '글로벌 네트워크' 구축」, 『문화일보』(2005년 10월 4일자).
변용식, 「현대자동차 정세영 사장 미(美) '산업영웅' 선정」, 『조선일보』(1986년 12월 30일자).
손유경, 「우리 전통예술은 한(恨)의 정서를 바탕에 깔고 있는가?」, 김용석 외 엮음, 『한국의 교양을 읽는다』(휴머니스트, 2003).
손정목, 『일제강점기 도시사회상연구』(일지사, 1996).
손진석, 「"큰 사고 나도 보험 들면 괜찮다" 인식 바꿔야: 헌법재판소, 종합보험 가입자 면책 위헌 결정」, 『조선일보』(2009년 2월 27일자).
신성아, 「신자유주의 국가 재편 과정에서 스포츠 스타는 어떻게 소비되는가?」, 『문화과학』 56호 겨울(문화과학사, 2008), 310~340쪽.
신용관, 「"서울은 자동차에 의해 살해된 도시": 세계적 사진작가 얀 베르트랑, 유인촌 문화장관과 대담」, 『조선일보』(2009년 2월 20일자).
안병직, 「제1장 '일상의 역사'란 무엇인가」, 안병직 외, 『오늘의 역사학』(한겨레신문사, 2002), 25~80쪽.
안병하, 『현대인을 위한 자동차산업 이야기』(골든벨, 2007).
오원철, 『한국형 경제건설 1』(기아경제연구소, 1995).
＿＿＿, 『한국형 경제건설 4』(기아경제연구소, 1996).
＿＿＿, 『한국형 경제건설 7』(한국형경제정책연구소, 1999).
오유석, 「서울의 과잉 도시화 과정: 성격과 특징」, 역사문제연구소 편, 『1950년대 남북한의 선택과 굴절』(역사비평사, 1998).
오창호, 「맥루한의 매체철학에 대한 비판적 소고: J. 데리다와의 비교를 중심으로」, 『한국언론학보』 47권 5호(한국언론학회, 2003), 311~337쪽.
＿＿＿, 「맥루한과 벤야민: 탈근대적 커뮤니케이션 양식에 대한 탐구」, 『한국언론학보』 48권 3호(한국언론학회, 2004), 410~435쪽.
요미우리신문사, 이종주 옮김, 『20세기의 드라마Ⅱ: 20세기의 꿈과 현실』(새로운 사람들, 1996).
유선영·박용규·이상길 외, 『한국의 미디어 사회문화사』(한국언론재단, 2007).
윤희일, 「외제·국산차 추월 경쟁 시비, 볼보 운전자가 공기총 난사」, 『경향신문』(1995년 10월 22일자).
이건희, 『이건희 에세이』(동아일보사, 1997).
이기호, 「자동차」, 『한국일보』(2007년 8월 18일자).
이봉현, 「'한 집 두 차' 중과세 폐지 추진 논란」, 『한겨레』(1997년 5월 31일자).
이상문, 「'나의 문화유산…' 펴낸 유홍준 교수」, 『경향신문』(1993년 12월 15일자).
이영훈, 「왜 다시 해방 전후사인가」, 박지향 외 엮음, 『해방 전후사의 재인식 1』(책세상, 2006), 25~63쪽.
이유재·이상록, 「프롤로그: 국경 넘는 일상사」, 이상록·이유재 엮음, 『일상사로 보는 한국근현대사』(책과함께, 2006), 11~39쪽.
이임광, 『변화를 향한 질주: 정몽구와 현대·기아차』(생각의지도, 2007).
이진경, 『근대적 시·공간의 탄생』(푸른숲, 2002).
이현우, 『한국인에게 가장 잘 통하는 설득전략 24』(더난출판, 2005).
이호규, 「자크 에룰의 테크닉과 그의 커뮤니케이션관」, 『언론과학연구』 8권 3호(한국지역언론학연합회, 2008), 492~518쪽.
임삼진, 「자동차에 대한 이성의 회복」, 『노동자신문』(1997년 6월 6일자).
임상원 외, 『매체·역사·근대성』(나남출판, 2004).
임상원·이윤진, 「마샬 맥루한의 미디어론: 이론과 사상 – '구텐베르크 은하계'를 중심으로」, 『한국언론학보』 46권 4호(한국언론학회, 2002), 277~313쪽.
임종국, 『한국인의 생활과 풍속(상): 임종국 선집 3』(아세아문화사, 1995).
장정일, 『장정일의 독서일기 3: 1995. 11~1997. 1』(하늘연못, 1997).
전성용, 「서 말 구슬이라도」, 『녹색평론』 16호(1994년 5·6월호), 135~142쪽.
정근식, 「서장: 식민지 일상생활 연구의 의의와 과제」, 공제욱·정근식 편, 『식민지의 일상, 지배와 균열』

(문화과학사, 2006), 13~46쪽.
정인경, 「과학기술의 도입, 그 환희와 절망」, 한국역사연구회 엮음, 『우리는 지난 100년 동안 어떻게 살았을까 1』(역사비평사, 1998).
정재정, 『일제침략과 한국철도(1892~1945)』(서울대학교출판부, 1999).
정희준, 『스포츠 코리아 환타지: 스포츠로 읽는 한국 사회문화사』(개마고원, 2009).
조용우, 「요즘 수입차는 개성표현 수단 중 하나예요」, 『동아일보』(2009년 1월 13일자).
조은미, 「강호순의 매력? 꽃보다 명차!」, 『시사IN』(2009년 2월 9일자).
중앙일보 특별취재팀, 「한국선 값 안 내리는 게 마케팅 전략」, 『중앙일보』(2007년 5월 7일자).
진희정·권용주, 『현대자동차의 힘』(명성, 2006).
최종헌, 「도시화와 종주성 문제」, 임희섭·박길성 공편, 『오늘의 한국사회』(나남, 1993), 277~294쪽.
한국철도연구회, 『자동차 권하는 사회』(양서각, 2007).
한천수, 「'신파' 조의 외제차 광고」, 『여성신문』(1996년 9월 20일자).
허영섭, 『50년의 신화: 현대그룹 50년을 이끈 주역들의 이야기』(자작나무, 1999).
홍승직, 「고속도로와 사회변동」, 임희섭·박길성 공편, 『오늘의 한국사회』(나남, 1993), 491~506쪽.
황순하, 『자동차문화에 시동 걸기』(이가서, 2005).
Alan T. Durning, *How Much Is Enough?*(1993), 구조건 옮김, 『소비사회의 극복』(따님, 1994).
Andrew Wernick, "Vehicles for Myth", Ian Angus & Sut Jhally(eds.), *Cultural Politics in Contemporary America*(New York : Routledge, 1989), pp.198~216.
Anthony Giddens, *Modernity and Self-Identity*(1991), 권기돈 옮김, 『현대성과 자아정체성』(새물결, 1997).
Benedict Anderson, *Imagined Communities*(1991), 윤형숙 옮김, 『상상의 공동체』(나남출판, 2002).
Bruce Mazlish, *The Fourth Discontinuity*(1993), 김희봉 옮김, 『네 번째 불연속: 인간과 기계의 공진화』(사이언스북스, 2001).
Casey Man Kong Lum(ed.), *Perspectives on Culture, Technology and Communication*(2006), 이동후 옮김, 『미디어 생태학 사상』(한나래, 2008).
C. Britt Beemer & Robert L. Shook, *It Takes a Prophet to Make a Profit*(2000), 정준희 옮김, 『떠오르는 트렌드 사라지는 트렌드』(청림출판, 2001).
Christopher Lasch, *Culture of Narcissism*(New York : Warner Books, 1979).
Clifford Geertz, *The Interpretation of Cultures*(New York : Basic Books, 1973).
Daniel Guerin, *Fascism and Big Business*(New York : Monad Press Book, 1974).
David Andrews & Steven Jackson, *Sport Stars*(2001), 강현석·박노영 옮김, 『스포츠스타』(이소, 2002).
David Harvey, *The Condition of Postmodernity*(1989), 구동회·박영민 옮김, 『포스트모더니티의 조건』(한울, 1994).
David Morley & Kevin Robins, *Spaces of Identity: Global Media, Electronic Landscapes and Cultural Boundaries*(1995), 마동훈·남궁협 옮김, 『방송의 세계화와 문화정체성』(한울아카데미, 1999).
Denis McQuail, *Mass Communication Theory*(London : Sage, 1987).
Don Slater, *Consumer Culture and Modernity*(1997), 정숙경 옮김, 『소비문화와 현대성』(문예출판사, 2000).
Douglas Kellner, *Media Culture*(1995), 김수정·정종희 옮김, 『미디어문화』(새물결, 1997).
Edward T. Hall, *The Silent Language*(1959), 최효선 옮김, 『침묵의 언어』(한길사, 2000).

_____, *The Hidden Dimension*(1966), 최효선 옮김, 『숨겨진 차원』(한길사, 2002).
Erick Eckermann, *Vom Dampfwagen zum Auto*(2002), 오성모 옮김, 『자동차 발달사』(MJ미디어, 2004).
Franklin Foer, *How Soccer Explains the World*(2004), 안명희 옮김, 『축구는 어떻게 세계를 지배했는 가』(말글빛냄, 2005).
Grant McCracken, *Culture and Consumption*(1988), 이상률 옮김, 『문화와 소비』(문예출판사, 1996).
Harold A. Innis, *The Bias of Communication*(Canada : University of Toronto Press, 1951).
Henri Lefebvre, *La vie Quotidienne dans le Monde Moderne*(1968), 박정자 옮김, 『현대세계의 일상 성』(세계일보, 1990).
Jacques Attali, *L'Homme Nomade*(2003), 이효숙 옮김, 『호모 노마드 유목하는 인간』(웅진닷컴, 2005).
Jean Baudrillard, *La Société de Consommation*(1986), 이상률 옮김, 『소비의 사회: 그 신화와 구조』(문 예출판사, 1991).
_____, *Amerique*(1986), 주은우 옮김, 『아메리카』(문예마당, 1994).
Jeremy Rifkin, *Biosphere Politics*(1991), 이정배 옮김, 『생명권 정치학』(대화출판사, 1996).
_____, *The European Dream*(2004), 이원기 옮김, 『유러피언 드림: 아메리칸 드림의 몰락과 세계의 미래』(민음사, 2005).
Joshua Meyrowitz, *No Sense of Place: The Impact of Electronic Media on Social Behavior*(New York : Oxford Univ. Press, 1985).
Katharine T. Alvord, *Divorce Your Car!*(2000), 박웅희 옮김, 『당신의 차와 이혼하라』(돌베개, 2004).
Kurt Möser, *Geschichte des Autos*(2002), 김태희·추금훈 옮김, 『자동차의 역사: 시간과 공간을 바꿔 놓은 120년의 이동혁명』(이파리, 2007).
Leon Kreitzman, *24 Hour Society*(1999), 한상진 옮김, 『24시간 사회』(민음사, 2001).
Manuel Castells, *The Power of Identity*(2004), 정병순 옮김, 『정체성 권력』(한울아카데미, 2008).
Marshall Berman, *All That Is Solid Melts Into Air: The Experience of Modernity*(1988), 윤호병·이만식 옮김, 『현대성의 경험』(현대미학사, 1998).
Marshall McLuhan, *Understanding Media: The Extensions of Man*(New York : McGraw-Hill, 1964).
Paul Virilio, *Vitesse et Politique*(1977), 이재원 옮김, 『속도와 정치』(그린비, 2004).
Peter Collett, *Foreign Bodies*(1993), 이윤식 옮김, 『습관의 역사』(추수밭, 2006).
Pierre Bourdieu, *La Distinction*(1979), 최종철 옮김, 『구별 짓기: 문화와 취향의 사회학(전2권)』(새물결, 1996).
R. van Dülmen, *Historiche Anthropologie*(2000), 최용찬 옮김, 『역사인류학이란 무엇인가』(푸른역사, 2001).
Roger Eatwell, *Fascism: A History*(New York : Penguin Books, 1995).
Samuel P. Huntington, *The Clash of Civilizations and the Remaking of World Order*(New York : Simon & Schuster, 1996).
Stefan Szymanski & Andrew Zimbalist, *How Americans Play Baseball and the Rest of World Plays Soccer*(2005), 김광우 옮김, 『왜? 세계는 축구에 열광하고 미국은 야구에 열광하나』(에디터, 2006).
Stuart Ewen, *Captains of Consciousness*(New York : McGraw-Hill, 1976).
_____, *All Consuming Images*(1988), 백지숙 옮김, 『이미지는 모든 것을 삼킨다』(시각과 언어, 1996).

_____, "Advertising and the Development of Consumer Society", Ian Angus & Sut Jhally(eds.), *Cultural Politics in Contemporary America*(New York : Routledge, 1989), pp.82~107.
Tim Edensor, *National Identity, Popular Culture and Everyday Life*(2002), 박성일 옮김, 『대중문화와 일상, 그리고 민족정체성』(이후, 2008).
Todd Gitlin, *The Twilight of Common Dreams*(New York : Metropolitan Books, 1995).
_____, *Media Unlimited*(2001), 남재일 옮김, 『무한미디어』(휴먼앤북스, 2006).

4장 죽음의 문화정치학: 한국의 '장례' 커뮤니케이션에 관한 연구

강준만, 「한국 장례의 역사: '산 자'를 위한 인정투쟁인가?」, 『월간 인물과 사상』(2007년 5월호), 135~186쪽.
_____, 「자동차의 미디어 기능에 관한 연구: 자동차는 한국인의 국가·사회 정체성 형성에 어떤 영향을 미쳤는가?」, 『언론과학연구』 제9권 2호(한국지역언론학연합회, 2009), 5~46쪽.
_____, 「아파트의 문화정치: 아파트가 공공 커뮤니케이션에 미친 영향에 관한 연구」, 『사회과학연구』 제21권 1호(충남대학교 사회과학연구소, 2010), 1~25쪽.
고영진, 「관혼상제, 어떻게 변했나」, 한국역사연구회 엮음, 『우리는 지난 100년 동안 어떻게 살았을까 1: 삶과 문화 이야기』(역사비평사, 1998).
구연상, 『공포와 두려움 그리고 불안: 하이데거의 기분 분석을 중심으로』(청계, 2002).
국사편찬위원회 편, 『상장례, 삶과 죽음의 방정식』(두산동아, 2005).
권수영, 『한국인의 관계심리학』(살림, 2007).
권숙인, 「대중적 한국문화론의 생성과 소비: 1980년대 후반 이후를 중심으로」, 『정신문화연구』 여름호(한국정신문화연구원, 1999).
김경화, 「미풍양속이 '골칫거리' 변질: 부조문화 백태」, 『한국일보』(1997년 6월 4일자).
김상우, 「경조비 지출 한 해 5조 원」, 『한국일보』(1998년 3월 26일자).
김상우, 「죽음을 삽니다」, 박재환 외, 『현대 한국사회의 일상문화코드』(한울아카데미, 2004), 361~380쪽.
김열규, 『한국인 우리들은 누구인가』(자유문학사, 1986).
_____, 『메멘토 모리, 죽음을 기억하라』(궁리, 2001).
김용직, 「남과 북에서 외면당한 불운의 공산당원: 1926년 6·10만세운동 주도 권오설의 옥중 편지 발굴」, 『월간 조선』(2001년 7월호), 576~589쪽.
김원, 『여공 1970: 그녀들의 반(反)역사』(이매진, 2005).
김인덕, 「6·10만세운동의 매개가 된 순종의 죽음」, 『역사비평』 제16호 봄(역사비평사, 1992), 180~183쪽.
김중식, 「마지막 '유림장' 산 자들의 통곡」, 『경향신문』(1997년 1월 18일자).
김진배, 「4·19 살리기」, 『뉴스메이커』(1996년 5월 4일자), 96쪽.
김진봉, 『3·1운동사연구』(국학자료원, 2000).
김태수, 『꽃가치 피어 매혹케 하라: 신문 광고로 본 근대의 풍경』(황소자리, 2005).
김형국, 「나의 서울살이 30년」, 『사상』 겨울호(사회과학원, 1995), 84~107쪽.
김호일, 『한국근대학생운동사』(선인, 2005).
남재일, 「한국 신문의 자살보도의 담론적 성격: 동아일보와 한겨레를 중심으로」, 『언론과학연구』 제10권 3호(한국지역언론학연합회, 2010), 191~224쪽.
도정일, 「지금은 축제의 시간」, 『한겨레』(2002년 6월 17일자).

문갑식, 「'4무 영안실'에 술·화투 여전」, 『조선일보』(1996년 5월 30일자).
민동용, 「서양 시위대는 왜 벗을까」, 『동아일보』(2003년 3월 14일자).
박경신, 「언론책임론 방향 잘못됐다」, 『미디어오늘』(2009년 6월 10일자).
박경미, 「'국가의 마법'과 지식인의 상상력」, 『녹색평론』 제107호(2009년 7·8월호), 171~178쪽.
박용석, 『한국의 젊은 부자들』(토네이도, 2006).
박유선, 「문상객」, 『조선일보』(1980년 3월 8일자).
박재환 외, 『현대 한국사회의 일상문화코드』(한울아카데미, 2004).
박지향 외, 『영웅 만들기: 신화와 역사의 갈림길』(휴머니스트, 2005).
박태호, 『장례의 역사: 고인돌부터 납골당까지, 숭배와 기피의 역사』(서해문집, 2006).
박학, 「독자 편지: 어느 장례식」, 『조선일보』(2007년 11월 13일자).
서홍관, 「누가 죽음을 미화하는가?」, 『한겨레』(2007년 3월 13일자).
송우혜, 「마지막 황태자: 초혼도 발상도 못한 1919년 1월 21일」, 『월간 신동아』(1999년 2월호).
신용하, 『일제강점기 한국민족사(중)』(서울대학교출판부, 2002).
연시중, 『한국정당정치실록 2: 6·25전쟁부터 장면 정권까지』(지와사랑, 2001).
오재환, 「자살 바이러스」, 박재환 외, 『현대 한국사회의 일상문화코드』(한울아카데미, 2004), 317~336쪽.
윤석만, 「세브란스병원 '조문 5不' 허용 검토」, 『문화일보』(2006년 6월 3일자).
윤택림, 『인류학자의 과거 여행: 한 빨갱이 마을의 역사를 찾아서』(역사비평사, 2003).
이계삼, 「평형감각을 되찾기 위하여」, 『녹색평론』 제107호(2009년 7·8월호), 179~187쪽.
이규태, 『한국인의 의식구조 2』(신원문화사, 1983a).
_____, 『한국인의 의식구조 4』(신원문화사, 1983b).
이무용, 『공간의 문화정치학』(논형, 2005).
이봉수, 「문제는 다시 언론… '노무현 보도' 반성해야」, 『한겨레』(2009년 5월 28일자).
이상기, 「장례식도 '80 대 20' 양극화」, 『한겨레』(2000년 12월 26일자).
_____, 「돈이 조문한다」, 『한겨레』(2000년 12월 27일자).
_____, 「'무덤도 계급차' 불합리」, 『한겨레』(2001년 1월 5일자).
이완수 외, 「'메멘토 모리(Memento Mori)'의 정치학: 부음(訃音) 기사(중앙일보 「삶과 추억」)에 나타난 집합기억과 망각의 구성」, 『한국언론학보』 제53권 5호(한국언론학회, 2009), 221~243쪽.
이은봉, 『한국인의 죽음관』(서울대학교출판부, 2000).
이진경, 「집합적 기억과 역사의 문제」, 이진경 편저, 『문화정치학의 영토들』(그린비, 2007), 240~267쪽.
임창용, 「연세대생 이한열: '최루탄 희생' 6월항쟁 시민참여 계기로」, 『대한매일』(1998년 11월 27일자).
임형균·김성현, 「대학병원 장례식장 "더 크게 더 고급스럽게"」, 『조선일보』(2001년 6월 4일자).
장명수, 「신문 부음 내지 마세요」, 『한국일보』(1996년 9월 13일자).
장충종, 『한국신문사진론』(눈빛, 1998).
전진성, 『역사가 기억을 말하다: 이론과 실천을 위한 기억의 문화사』(휴머니스트, 2005).
정대필·이아람, 「노무현 전 대통령 서거 보도」, 『월간 신문과 방송』 제463호(2009년 7월호), 66~79쪽.
정수복, 『한국인의 문화적 문법』(생각의나무, 2007).
정영오, 「'죽음의 질' 영국이 최고… 한국은 32위」, 『한국일보』(2010년 7월 16일자).
정유진, 「'민족'의 이름으로 순결해진 딸들?: 주한미군 범죄와 여성」, 『당대비평』 제11호 여름(삼인, 2000), 219~245쪽.
_____, 「반미와 반전은 대립하는가: 촛불시위를 생각하며」, 『당대비평』 제21호 봄(삼인, 2002), 251~264쪽.
정해승, 『엔터테인먼트 경제학』(휴먼비즈니스, 2006).
정희상, 「'상조 대란'의 먹구름이 몰려온다」, 『시사 IN』(2010년 7월 20일자).

조연홍, 「경조사와 허례」, 『조선일보』(1986년 3월 22일자).
조흡·강준만, 「간판의 문화정치학: 간판은 어떻게 한국사회를 재현하는가?」, 『한국언론학보』 제53권 6호(한국언론학회, 2009), 104~126쪽.
조희연, 『동원된 근대화: 박정희 개발동원 체제의 정치사회적 이중성』(후마니타스, 2010).
주강현, 「죽음의 축제화 전통과 상두꾼」, 국사편찬위원회 편, 『상장례, 삶과 죽음의 방정식』(두산동아, 2005), 258~266쪽.
____, 「정상과 비정상의 경계 허물어진 '죽은 양심의 시대'」, 『경향신문』(2008년 9월 18일자).
차길진, 「일본의 한류 열풍과 원인」, 『스포츠조선』(2004년 7월 27일자).
천정환, 『끝나지 않는 신드롬: 친일과 반일을 넘어선 식민지 시대 다시 읽기』(푸른역사, 2005).
최기영, 「3·1만세시위와 고종의 죽음」, 『역사비평』 제16호 봄(역사비평사, 1992), 176~179쪽.
최상진, 「한국인의 마음」, 최상진 외, 『동양심리학: 서구심리학에 대한 대안 모색』(지식산업사, 1999), 377~479쪽.
최수현, 「조의금, 신용카드로도 받습니다」, 『조선일보』(2008년 5월 2일자).
최영선, 「신문 부음난 장례식장 고급병원 영안실 '최고'」, 『한겨레』(1995년 10월 29일자).
탁석산, 『한국인은 무엇으로 사는가』(창비, 2008).
한국역사연구회, 『우리는 지난 100년 동안 어떻게 살았을까 1: 삶과 문화 이야기』(역사비평사, 1998).
한기홍, 「야누스 윤상림: 사상 최고 & 최악의 '브로커 게이트' 전모」, 『월간 중앙』(2006년 3월호).
홍성태, 「월드컵의 문화적 영향」, 『현대 한국사회의 문화적 형성』(현실문화연구, 2006), 101~188쪽.
황장석, 「시민단체 적극 참여 회원들, 학연-지연 등으로 동원」, 『동아일보』(2008년 9월 22일자).
Andrew Kimbrell, *The Human Body Shop*(1993), 김동광·과학세대 옮김, 『휴먼 보디숍: 생명의 엔지니어링과 마케팅』(김영사, 1995).
C. Fred Alford, *Think No Evil: Korean Values in the Age of Globalization*(1999), 남경태 옮김, 『한국인의 심리에 관한 보고서』(그린비, 2000).
Edgar Morin, *L'Homme et la mort*(1970), 김명숙 옮김, 『인간과 죽음』(동문선, 2000).
E. Kübler-Ross, *On Death and Dying*(1969), 이진 옮김, 『죽음과 죽어감』(이레, 2008).
Émile Durkheim, *Le Suicide*(1897), trans. John A. Spaulding & George Simpson, *Suicide: A Study in Sociology*(New York: The Free Press, 1951).
Erving Goffman, *The Presentation of Self in Everyday Life*(Garden City, New York: Doubleday Anchor Books, 1959).
Ian Angus & Sut Jhally(eds.), *Cultural Politics in Contemporary America*(New York: Routledge, 1989).
Ignacio Ramonet, *La Tyrannie de la communication*(1999), 원윤수·박성창 옮김, 『커뮤니케이션의 횡포』(민음사, 2000).
Jean Duvignaud, *Fetes et civilisations*(1991), 류정아 옮김, 『축제와 문명』(한길사, 1998).
Margaret Lock, "Displacing Suffering: The Reconstruction of Death in North America and Japan", Arthur Kleinman et al., *Social Suffering*(1997), 「고통의 치환: 북미와 일본에서의 죽음에 대한 재정립」, 안종설 옮김, 『사회적 고통』(그린비, 2002), 145~190쪽.
Mikhail Bakhtin, Творчество Франсуа Рабле и народная культура Средневековья и Ренессанса(1965), trans. Helene Iswolsky, *Rabelais and His World*(Cambridge, Mass.: MIT Press, 1968).
Norbert Elias, *Über die Einsamkeit der Sterbenden*(1982), 김수정 옮김, 『죽어가는 자의 고독』(문학동네, 1998).

Philippe Ariès, *Essais Sur L'Histoire De La Mort En Occident Du Moyen Age A Nos Jours*(1975), 이종민 옮김, 『죽음의 역사』(동문선, 1998).
Ruth Benedict, *The Chrysanthemum and the Sword: Patterns of Japanese Culture*(1946), 김윤식·오인석 옮김, 『국화와 칼: 일본문화의 틀』(을유문화사, 1995).
Stanley Cohen, *States of Denial: Knowing about Atrocities and Suffering*(2001), 조효제 옮김, 『잔인한 국가 외면하는 대중』(창비, 2009).
Thorstein Veblen, *The Theory of the Leisure Class*(1899), 이완재·최세양 옮김, 『한가한 무리들』(동인, 1995).

5장 전화의 문화정치학: '구별 짓기'의 관점에서 본 한국의 전화문화사

강명현 외, 『모바일 미디어: 디지털 유목민의 감각』(커뮤니케이션북스, 2006).
강준만, 『한국인 코드』(인물과사상사, 2006).
____, 『전화의 역사: 전화로 읽는 한국문화사』(인물과사상사, 2009).
____, 「아파트의 문화정치학: 아파트가 공공 커뮤니케이션에 미친 영향에 관한 연구」, 『사회과학연구』 제21권 1호(충남대학교 사회과학연구소, 2010), 1~25쪽.
강준만·전상민, 『광고, 욕망의 연금술』(인물과사상사, 2007).
강진구, 『삼성전자 신화와 그 비결』(고려원, 1996).
강한섭, 『한국의 영화학을 만들어라』(삼우반, 2004).
고영삼, 「새로운 인간유형 호모 디지털 로쿠엔스」, 박재환 외, 『현대 한국사회의 일상문화코드』(한울아카데미, 2004), 69~94쪽.
고재학, 『휴대폰에 빠진 내 아이 구하기』(예담, 2006).
고재학 외, 「디지털 과소비 심각」, 『한국일보』(2006년 5월 2일자).
고정수, 「'삐삐' 이야기」, 『한국일보』(1994년 7월 13일자).
고현범, 『휴대전화, 철학과 통화하다』(책세상, 2007).
곽재원, 「경제 살리는 '셀룰러 이코노미'」, 『중앙일보』(2005년 6월 23일자).
곽창렬, 「사용자 절반이 '010' 휴대폰 왕좌 오르기까지」, 『조선일보』(2007년 8월 11일자).
구희령, 「이용자의 내향성-외향성에 따른 대인매체 이용의 차이: 면대면 커뮤니케이션, 인터넷, 이동전화 이용 사이의 관계를 중심으로」, 『언론과학연구』 제5권 3호(한국지역언론학연합회, 2000), 303~337쪽.
권상희·황유지, 「문자메시지 매체의 기대가치 연구: 휴대폰과 인터넷 메신저 비교를 중심으로」, 『언론과학연구』 제4권 1호(한국지역언론학연합회, 2004), 5~47쪽.
금희조·조재호, 「스마트폰, 커뮤니케이션 격차, 그리고 정치참여: 소셜 미디어 효과에 대한 스마트폰 이용의 조절 역할을 중심으로」, 『한국언론학보』 제54권 5호(한국언론학회, 2010), 348~371쪽.
김경희·윤해진, 「재한 아시아유학생의 사회적 맥락과 모바일폰 이용에 대한 탐색적 연구」, 『한국방송학보』 제22권 2호(한국방송영상산업진흥원, 2008), 47~81쪽.
김광수·박효정·송인기, 「이동전화의 이용에 따른 결과와 가치의 탐색」, 『한국언론학보』 제50권 1호(한국언론학회, 2006), 60~90쪽.
김광재, 「DMB의 수용결정요인에 관한 연구」, 『한국언론학보』 제53권 3호(한국언론학회, 2009), 297~324쪽.
김대환, 「스마트폰 포비아」, 『한국일보』(2010년 2월 20일자).

김도경, 「10대들의 도덕불감증: '삐삐' 사려 강도… 반성 기색 안 보여」, 『동아일보』(1994년 2월 18일자).
김동식, 「추억 엽서- 대한민국 60년: 〈20〉 백색전화」, 『조선일보』(2008년 8월 6일자).
김명혜, 「이동전화를 통한 어머니 노릇의 재생산」, 『한국언론학보』 제49권 4호(한국언론학회, 2005), 140~165쪽.
김반야·이준웅, 「휴대전화 이용은 친밀하고 평등한 연인관계를 만드는가?: 연인 간 휴대전화 이용이 친밀감과 행동통제감에 미치는 영향」, 『한국언론학보』 제53권 6호(한국언론학회, 2009), 287~308쪽.
김선남, 「모바일 수용자의 콘텐츠 이용행태에 관한 연구」, 『언론과학연구』 제7권 4호(한국지역언론학연합회, 2007), 5~45쪽.
김선남·나미수, 「휴대폰 이용에서의 성차 연구」, 『언론과학연구』 제8권 3호(한국지역언론학연합회, 2008), 165~200쪽.
김선남·정현욱, 「청소년의 휴대폰 중독에 관한 연구」, 『한국방송학보』 제18권 4호(한국방송영상산업진흥원, 2004), 88~116쪽.
김성도, 『호모 모빌리쿠스: 모바일 미디어의 문화생태학』(삼성경제연구소, 2008).
김신동, 「호모 텔레포니쿠스의 등장: 이동전화 확산에 영향을 준 사회문화적 요인 연구」, 『한국언론학보』 제45권 2호(한국언론학회, 2001), 62~85쪽.
____, 「이동전화 이용행태에 대한 국가 간 비교연구」, 『한국언론학보』 제48권 2호(한국언론학회, 2004), 429~456쪽.
김영근, 「일제하 식민지적 근대성의 한 특징: 경성에서의 도시 경험을 중심으로」, 한국사회사학회, 『사회와 역사』 제57집(문학과지성사, 2000).
김영기·한선, 「모바일 미디어의 속성 평가와 커뮤니케이션 양식 차이에 관한 연구: 인터넷과 휴대전화를 중심으로」, 『언론과학연구』 제5권 1호(한국지역언론학연합회, 2005), 83~123쪽.
김영주·이화진, 「모바일 콘텐츠의 채택요인과 잠재적 이용자 특성」, 『방송과 커뮤니케이션』 제6권 1호(문화방송, 2005), 168~203쪽.
김예란, 「영상통화의 감각적·정서적·사회적 수용양식과 그 의미에 관한 연구」, 『한국언론학보』 제52권 2호(한국언론학회, 2008), 96~124쪽.
김예란·권정민, 「휴대폰 영상행위와 정체성 형성에 관한 문화적 접근」, 『언론과 사회』 제16권 2호(나남, 2008), 74~106쪽.
김원자, 『모바일혁명』(다지리, 2007).
김유정, 「미디어 선택과 이용에 따른 이용자의 미디어에 대한 태도분석: 이동전화 문자메시지를 중심으로」, 『한국방송학보』 제16권 3호(한국방송영상산업진흥원, 2002), 105~135쪽.
김은미, 「휴대전화 문자메시지의 이용에 관한 연구: 청소년의 인간관계 유지 행동을 중심으로」, 『한국언론학보』 제50권 2호(한국언론학회, 2006), 91~114쪽.
김은준, 「휴대폰 테크놀로지와 세대 간 커뮤니케이션: 휴대전화를 매개한 여성의 세대 간 커뮤니케이션을 중심으로」, 『한국언론학보』 제52권 1호(한국언론학회, 2008), 216~243쪽.
김재섭, 「휴대전화, 오래 쓰면 망한다?」, 『한겨레』(2005년 9월 27일자).
____, 「나만의 '오락폰', 회사엔 비밀이에요」, 『한겨레』(2010년 3월 9일자).
____, 「스마트폰족 43% "통화 기능만 사용"」, 『한겨레』(2010년 7월 20일자).
김정기, 「청소년과 성인 집단의 휴대전화 이용특성 비교」, 『한국언론학보』 제49권 3호(한국언론학회, 2005), 262~290쪽.
김정수, 『한국의 정보통신혁명: 오명의 리더십 연구』(나남출판, 2000).
김준, 「휴대전화 교체주기 갈수록 짧아져 반년 지나면 '구형'」, 『경향신문』(2006년 11월 21일자).
김찬호, 『휴대폰이 말하다: 모바일 통신의 문화인류학』(지식의날개, 2008).

김평호, 「이동성, 그리고 사인주의: 이동전화의 사회적 함의」, 『한국언론정보학보』 제18호(한국언론정보학회, 2002), 37~61쪽.
김현주, 「전화의 사회문화적 영향에 관한 연구」, 『한국언론학보』 제44권 2호(한국언론학회, 2000), 65~92쪽.
나은영, 「이동전화 채택에 영향을 미치는 이동전화 커뮤니케이션의 매체적 속성에 관한 연구: 개인중심성, 즉시성 및 직접성을 중심으로」, 『한국언론학보』 제45권 4호(한국언론학회, 2001), 189~228쪽.
＿＿＿, 「여성의 뉴미디어 이용과 가치관: 이동전화와 인터넷을 중심으로」, 『한국방송학보』 제16권 2호(한국방송영상산업진흥원, 2002), 77~115쪽.
＿＿＿, 「청소년의 이동전화 애착 이용, 효과 지각 및 커뮤니케이션 효능감: 2002·2004년 서울·수도권 지역 중·고등학생을 중심으로」, 『한국언론학보』 제49권 6호(한국언론학회, 2005), 198~233쪽.
남종훈, 「DMB의 수용결정 요인에 관한 연구: 위성 DMB와 지상파 DMB의 비교를 중심으로」, 『언론과학연구』 제7권 2호(한국지역언론학연합회, 2007), 143~188쪽.
노재현, 「시네마 천국 vs 스크린 지옥」, 『중앙일보』(2006년 8월 18일자).
박근태, 「'폰박물관' 이병철 관장」, 『동아일보』(2008년 5월 31일자).
박기수, 「직장인 '스마트폰 증후군'」, 『한국일보』(2010년 2월 12일자).
박세훈, 「핸디폰 수요 폭발: '외제' 판친다」, 『조선일보』(1991년 6월 21일자).
박웅기, 「대학생들의 이동전화 중독증에 관한 연구」, 『한국언론학보』 47권 2호(한국언론학회, 2003), 250~281쪽.
박종민, 「휴대전화, 인터넷, 텔레비전 미디어 속성 차이와 이용 동기에 관한 연구」, 『한국언론학보』 제47권 2호(한국언론학회, 2003), 221~249쪽.
박창희·이종민, 「텔레비전 광고 호명의 역할과 신세대문화: 이동통신 광고 분석을 통한 신세대문화 분석」, 『언론과학연구』 제1권 3호(한국지역언론학연합회, 2001), 107~139쪽.
박현주, 「DMB의 이용과 그 사회문화적 함의에 대한 이해: 미디어 이용행태의 변화와 일상문화의 미시적 구성방식의 변화를 중심으로」, 『언론과학연구』 제8권 1호(한국지역언론학연합회, 2008), 121~160쪽.
배진한, 「이동전화의 충족과 대인 커뮤니케이션 매체로서의 이동전화의 적합성 인식: 세대 간 비교를 중심으로」, 『한국언론학보』 제45권 4호(한국언론학회, 2001), 160~188쪽.
＿＿＿, 「전화의 이용과 충족 그리고 대인매체로서의 전화의 속성: 이동전화, 면대면 채널과의 비교를 중심으로」, 『한국언론정보학보』 제18호(한국언론정보학회, 2002a), 131~164쪽.
＿＿＿, 「이용자의 인적 속성이 이동전화 이용에 미치는 영향」, 『한국언론정보학보』 제19호(한국언론정보학회, 2002b), 155~184쪽.
＿＿＿, 「한국인의 커뮤니케이션 가치관과 대인 커뮤니케이션 매체로서의 이동전화의 매체인식: 기성세대의 이중성을 중심으로」, 『한국언론정보학보』 제21호(한국언론정보학회 2003a), 87~113쪽.
＿＿＿, 「면대면 커뮤니케이션 환경이 새로운 대인 커뮤니케이션 매체 이용에 미치는 영향: 인터넷, 이동전화를 중심으로」, 『한국언론정보학보』 제23호(한국언론정보학회, 2003b), 47~78쪽.
＿＿＿, 「이용자의 내향성-외향성에 따른 대인매체 이용의 차이: 면대면 커뮤니케이션, 인터넷, 이동전화 이용 사이의 관계를 중심으로」, 『언론과학연구』 제5권 3호(한국지역언론학연합회, 2005), 303~336쪽.
＿＿＿, 「공적 공간에서의 이동전화 이용에 영향을 미치는 요인에 관한 연구」, 『언론과학연구』 제6권 3호(한국지역언론학연합회, 2006a), 237~271쪽.
＿＿＿, 「공적 공간의 유형과 성별·연령·라이프스타일 등 수용자의 인적 속성이 모바일콘텐츠 이용에 미치는 영향」, 『언론과학연구』 제6권 4호(한국지역언론학연합회, 2006b), 133~171쪽.

_____, 「한국과 미국 대학생 집단의 휴대전화에 대한 매체인식 비교: 적합성과 효율성을 중심으로」, 『언론과학연구』 제8권 4호(한국지역언론학연합회, 2008), 367~400쪽.

_____, 「휴대전화 이용이 대인 커뮤니케이션 네트워크에 미치는 영향에 대한 한·미 비교연구」, 『언론과학연구』 제9권 3호(한국지역언론학연합회, 2009), 178~210쪽.

백강녕, 「목걸이·귀고리? 이젠 휴대폰으로 꾸며라」, 『조선일보』(2007년 1월 19일자).

성동규·임성원, 「수용자 특성에 따른 모바일미디어 콘텐츠 활용연구: 위성 DMB 초기 수용자의 이용행태를 중심으로」, 『한국방송학보』 제20권 1호(한국방송영상산업진흥원, 2005), 139~178쪽.

성동규·조윤경, 「이동전화 이용자의 집단적 특징에 따른 이용 유형 연구」, 『한국언론학보』 제46권 6호(한국언론학회, 2002), 153~190쪽.

송종현, 「이동전화와 인간 커뮤니케이션의 확장」, 『한국언론정보학보』 제27호(한국언론정보학회, 2004), 183~212쪽.

안동근, 「TV 광고가 청소년의 휴대전화 구매태도와 행동에 미치는 영향」, 『언론과학연구』 제5권 3호(한국지역언론학연합회, 2005), 337~372쪽.

안종묵, 「디지털컨버전스의 커뮤니케이션 기능에 관한 고찰: 이동전화의 커뮤니케이션 기능」, 『커뮤니케이션학 연구』 제16권 2호(커뮤니케이션북스, 2008), 101~127쪽.

우형진, 「미디어 이용자의 자아 안정성, 성향적 미디어 이용동기, 플로우, 그리고 중독에 관한 연구: 온라인게임, 인터넷 중독, 휴대폰 중독 비교 분석」, 『한국방송학보』 제21권 2호(한국방송영상산업진흥원, 2007), 391~427쪽.

유창하, 「수요 폭발… 2000년 500만 대 예측」, 『한겨레』(1992년 2월 27일자).

윤상길, 「통신의 사회문화사」, 유선영·박용규·이상길 외, 『한국의 미디어 사회문화사』(한국언론재단, 2007), 97~167쪽.

윤석년·이재호, 「위성 DMB 수용에 있어서 경제적 요인에 관한 연구」, 『한국방송학보』 제18권 4호(한국방송영상산업진흥원, 2004), 7~43쪽.

윤석민·송종현·김유경·김주형, 「이동전화격차(Mobile Phone Divide)」, 『한국언론학보』 제48권 3호(한국언론학회, 2004), 354~378쪽.

윤승욱, 「모바일 인터넷의 수용결정 요인에 대한 연구: 정보기술수용모형을 중심으로」, 『한국언론학보』 제48권 3호(한국언론학회, 2004), 274~301쪽.

이나리, 「관람료 할인은 당연… 통신사 카드 사용 고객 47.24%」, 『주간 동아』(2005년 8월 9일자).

이동후·손승혜, 「휴대전화 이용의 성별 차이에 관한 연구」, 『한국방송학보』 제20권 1호(한국방송영상산업진흥원, 2006), 249~284쪽.

이동후·유지연·황주성, 「휴대전화와 시공간 경험의 (재)구성: 초점집단의 사례연구를 중심으로」, 『한국방송학보』 제19권 2호(한국방송영상산업진흥원, 2005), 337~377쪽.

이만제, 『DMB와 모바일 콘텐츠』(커뮤니케이션북스, 2005).

이명희, 「난 휴대전화로 다~ 한다: 미니홈피·메신저 아직도 인터넷으로 하니?」, 『국민일보』(2005년 10월 12일자).

이병혜, 「모바일 미디어의 이용태도와 콘텐츠 방향에 관한 연구」, 『언론과학연구』 제6권 3호(한국지역언론학연합회, 2006), 415~447쪽.

이상기·김주희, 「휴대폰의 기능, 위험에 대한 인식과 중독적 이용의 관계에 관한 연구」, 『언론과학연구』 제9권 4호(한국지역언론학연합회, 2009), 540~575쪽.

이상길, 「전화의 활용과 근대성의 경험: 벤야민의 텍스트 전화를 중심으로」, 『언론과 사회』 제10권 2호(나남, 2002), 111~143쪽.

이수영, 「이동전화 이용에 관한 연구: 음성통화서비스와 문자서비스 간의 관계를 중심으로」, 『한국언론학보」 47권 5호(한국언론학회, 2003), 87~114쪽.
이시훈·박진서·진용주, 「DMB 이용자의 미디어 이용과 새로운 DMB 연구방향의 제언」, 『언론과학연구』 제8권 1호(한국지역언론학연합회, 2008), 195~221쪽.
이인희, 「대학생 집단의 휴대폰 이용동기에 관한 연구」, 『한국방송학보』 제15권 3호(한국방송영상산업진흥원, 2001), 261~293쪽.
이재현, 『모바일 미디어와 모바일 사회』(커뮤니케이션북스, 2004).
_____, 「DMB의 인터페이스, 시공간성, 그리고 모바일 상호작용」, 『방송문화연구』 제17권 1호(KBS방송문화연구소, 2005), 75~100쪽.
이정기·황상재, 「10대의 휴대폰 이용동기와 중독에 관한 연구」, 『한국방송학보』 제23권 5호(한국방송영상산업진흥원, 2009), 296~338쪽.
이준호·안수근·정용조, 「청소년들의 이동전화 이용행태와 사회심리적 변인에 관한 연구」, 『한국언론정보학보』 제27호(한국언론정보학회, 2004), 247~271쪽.
이중식, 「DMB 미디어 이용과 틈새시간에 관한 연구」, 『방송문화연구』 제17권 1호(KBS방송문화연구소, 2005), 207~232쪽.
이창우, 『유비쿼터스 시대의 허브 휴대폰』(엔타임, 2006).
이화진·김영주·정재민, 「위성 DMB 채택가능성에 영향을 미치는 요인에 관한 연구」, 『한국방송학보』 제20권 2호(한국방송영상산업진흥원, 2006), 238~270쪽.
임종수, 「'쇼'를 하라: 영상 모바일 커뮤니케이션 연구」, 『언론과 사회』 제17권 4호(나남, 2009), 2~47쪽.
장은교, 「1천만의 신드롬 괴물」, 『경향신문』(2006년 8월 10일자).
전경란, 「모바일 게임과 이동성의 성별화: 여성의 이동전화 게임하기에 대한 탐색적 고찰」, 『한국방송학보』 제21권 6호(한국방송영상산업진흥원, 2007), 536~573쪽.
정세라·이정훈, 「국민 10명 중 1명 '통신 신용불량자'」, 『한겨레』(2006년 10월 9일자).
정인경, 「과학기술의 도입, 그 환희와 절망」, 한국역사연구회, 『우리는 지난 100년 동안 어떻게 살았을까 1』(역사비평사, 1998).
정홍택, 「인물 동정란의 원조 '소식통'」, 『스포츠투데이』(2001년 7월 25일자).
조상욱·김관명, 「삐삐 유행 청소년 탈선 부추긴다」, 『한국일보』(1994년 1월 29일자).
조선일보, 「전화 사주마 하며 금전만 사취」, 『조선일보』(1925년 4월 7일자).
_____, 「완연 전화광시대(電話狂時代)!」, 『조선일보』(1939년 4월 22일자).
_____, 「전화개선진정운동」, 『조선일보』(1939년 6월 20일자).
_____, 「전화통제: 임의의 명의변경 불허」, 『조선일보』(1940년 7월 16일자).
_____, 「칠판(漆板)」, 『조선일보』(1945년 12월 10일자).
_____, 「전화에도 유령: 이미 300여 대를 적발」, 『조선일보』(1949년 10월 7일자).
_____, 「문외문」, 『조선일보』(1958년 9월 20일자).
_____, 「남용된 경비전화: 일부 의원들 집에도 가설되고」, 『조선일보』(1958년 10월 29일자).
_____, 「서울에도 '호화 아파트' 붐」, 『조선일보』(1969년 4월 17일자).
_____, 「사설: 전화를 사치품으로 착각하지 말라」, 『조선일보』(1970년 6월 28일자).
_____, 「전화: 아귀다툼 청약 까마득한 가설」, 『조선일보』(1971년 11월 12일자).
_____, 「사설: 전화 기근(饑饉)」, 『조선일보』(1973년 11월 18일자).
_____, 「'전화 기근' 언제 풀리나」, 『조선일보』(1974년 12월 4일자).
조흡·강준만, 「간판의 문화정치학: 간판은 어떻게 한국사회를 재현하는가?」, 『한국언론학보』 제53권 6호(한국언론학회, 2009), 104~126쪽.
주정민, 「이동전화 이용과 공적영역의 사적영역화에 관한 연구」, 『한국방송학보』 제18권 4호(한국방송영상산업진흥원, 2004), 117~147쪽.
최성진, 「앱스토어 없는 아이폰은 장 보러 가는 벤츠」, 『한겨레 21』(2010년 1월 29일자).
최연진, 「휴대폰 가격 수출용의 3배」, 『한국일보』(2006년 11월 1일자).
최진환, 「"휴대폰이 제일 갖고 싶어요"」, 『한국일보』(1999년 6월 4일자).
최필식, 「그들이 만들어내는 '문화 코드'에 주목하자」, 『교수신문』(2010년 4월 12일자).
탁진영·황영보, 「모바일 광고의 설득효과에 관한 탐사적 연구: 관여도와 수동적 학습이론을 중심으로」, 『언론과학연구』 제5권 1호(한국지역언론학연합회, 2005), 265~300쪽.
한승수·오경수, 「대인관계 유형과 사용경향에 따른 이동전화 중독성향 연구」, 『한국방송학보』 제48권 6호(한국방송영상산업진흥원, 2006), 138~166쪽.
한주리·허경호, 「이동전화 중독척도 개발 및 타당성 검증」, 『한국언론학보』 제48권 6호(한국언론학회, 2004), 138~166쪽.
황유선·김주현, 「대인 커뮤니케이션 능력이 휴대전화 사용과 애인관계 유지에 미치는 영향」, 『언론과학연구』 제9권 3호(한국지역언론학연합회, 2009), 687~719쪽.
황주성·유지연·이동후, 「휴대전화의 이용으로 인한 개인의 공간인식과 행태의 변화」, 『한국언론정보학보』 제34호(한국언론정보학회, 2006), 306~340쪽.
황하성·이옥기, 「수용자 특성에 따른 모바일의 매체풍요도 인식 및 이용의 차이: 음성, 문자, 영상통화의 비교를 중심으로」, 『한국언론학보』 제53권 2호(한국언론학회, 2009), 300~324쪽.
Ian Angus & Sut Jhally(eds.), *Cultural Politics in Contemporary America*(New York : Routledge, 1989).
Mary S. Mander, "Bourdieu, the Sociology of Culture and Cultural Studies: A Critique", *European Journal of Communication*(December 1987, 2), pp.427~453.
Pierre Bourdieu, *La Distinction*(1979), 최종철 옮김, 『구별 짓기: 문화와 취향의 사회학(전2권)』(새물결, 1996).

6장 대학의 문화정치학: 한국의 '대학 식민지' 체제에 관한 연구

강명구, 「도시 및 지방정치의 정치경제학」, 한국공간환경연구회 엮음, 『한국공간환경의 재인식』(한울, 1992), 141~167쪽.
강준만, 『지방은 식민지다: 지방자치·지방문화·지방언론의 정치학』(개마고원, 2008).
_____, 『입시전쟁 잔혹사: 학벌과 밥줄을 건 한판 승부』(인물과사상사, 2009).
구로다 가쓰히로, 「일극적 문화구조의 상징 서울대학교」, 『월간 조선』(1996년 8월호).
김강지숙, 「대한민국은 서울영어공화국」, 『한겨레』(2006년 1월 19일자).
김기수, 『아직 과외를 그만두지 마라』(민음사, 1997).
김동훈, 『한국의 학벌, 또 하나의 카스트인가』(책세상, 2001).
김상영, 「이명박 시대의 지방자치」, 『동아일보』(2008년 3월 5일자).
김정호, 『서울제국과 지방식민지』(지식산업사, 1991).
김종봉, 「전국 알부자들의 서울 아파트 과점이 값 폭등 원인: 국민 재테크 상품된 서울 아파트」, 『월간 조선』(2002년 11월호), 380~387쪽.
김주완, 『대한민국 지역신문 기자로 살아가기』(커뮤니케이션북스, 2007).
김진석, 『기우뚱한 균형』(개마고원, 2008).
김태수, 『학벌: 디지털 대한민국의 그 마지막 굴레』(서원, 2003).

김형기, 「지방분권의 정치경제학: 대안적 발전을 위하여」, 한국지역사회학회 주최, "지방자치 10년- 평가와 전망" 학술대회(전북대학교 산학협동관, 2002년 4월 26일).
노동석, 「노래방 도우미 3명 중 1명꼴 주부」, 『세계일보』(2004년 5월 26일자).
문종대, 『지역언론의 발전과 개혁』(커뮤니케이션북스, 2004).
문종대·이강형, 「내부 식민지로서의 지역방송 재생산에 관한 연구」, 『언론과학연구』 제5권 2호(한국지역언론학연합회, 2005), 175~208쪽.
박거용, 『350만의 배움터 한국대학의 현실: 신자유주의 교육정책 비판』(문화과학사, 2005).
박권일, 「끔찍하다, 그 솔직함」, 『시사IN』 제45호(2008년 7월 27일자), 89쪽.
박동천, 『깨어 있는 시민을 위한 정치학 특강』(모티브북, 2010).
박재완, 「정현상 인터뷰: "KBS 사장, 이명박 정부 국정철학 적극 구현할 사람이 되어야"」, 『월간 신동아』(2008년 8월호).
박홍기·김재천, 『학벌리포트』(더북, 2003).
백소용, 「고3 학생 77% "차별받기 싫어 대학 간다"」, 『세계일보』(2006년 1월 19일자).
손규성 외, 「'블랙홀 KTX' 돈도 사람도 서울로 서울로」, 『한겨레』(2006년 6월 26일자).
송도영, 「내 아이만큼은 무슨 일이 있더라도!: 교육과 강남 부동산 문제」, 『황해문화』 제42호 봄(새얼문화재단, 2004).
송호근, 『한국의 평등주의, 그 마음의 습관』(삼성경제연구소, 2006).
신연수, 「지역문제 연구 '서울 쳐다보기' 심하다」, 『동아일보』(1993년 10월 12일자).
오관철, 「소득·학력 높을수록 "연줄 중시"」, 『경향신문』(2006년 12월 27일자).
오윤희·원세일, 「방학마다 자녀 손잡고 서울 학원가(街)로」, 『조선일보』(2008년 7월 15일자).
윤택림, 『인류학자의 과거 여행: 한 빨갱이 마을의 역사를 찾아서』(역사비평사, 2003).
이범, 「3년 전에도 촛불이 있었다」, 『한겨레』(2008년 7월 1일자).
이종오, 『한국의 개혁과 민주주의』(나남출판, 2000).
이창곤·이정애, 「사교육비 양극화 심화」, 『한겨레』(2006년 2월 2일자).
이철호, 「KTX와 빨대효과」, 『중앙일보』(2006년 9월 6일자).
임재해, 「지역 문화주권의 인식과 문화창조력」, 『지역사회연구』 제15권 2호(한국지역사학회, 2007), 195~228쪽.
전상인, 「대통령, 길 위에서 길을 잃다」, 『동아일보』(2008년 6월 18일자).
조명래, 「지역으로서의 서울」, 『황해문화』 제32호 가을(새얼문화재단, 2001), 208~232쪽.
중앙일보 특별취재팀, 「인재도 문화도 '서울 독식'」, 『중앙일보』(2001년 4월 26일자).
최장집, 「지역정치와 분권화의 문제」, 『지역사회연구』 제9권 1호(한국지역사학회, 2001).
최창봉, 「"차등 지원 땐 고사" 지방大의 아우성」, 『동아일보』(2008년 7월 5일자).
최현묵, 「오바마 정권, 너무 잘나서 문제?」, 『조선일보』(2008년 12월 8일자).
하재근, 『서울대학교 학생선발지침』(포럼, 2008).
허승호, 「KTX 타보셨습니까」, 『동아일보』(2007년 4월 26일자).
황태연, 『지역패권의 나라』(무당미디어, 1997).
Robert H. Frank & Philip J. Cook, *The Winner-Take-All Society*(1995), 권영경·김양미 옮김, 『이긴 자가 전부 가지는 사회』(CM비즈니스, 1997).

7장 영어의 문화정치학: 한국에서의 '영어제국주의'에 관한 연구

강병한, 「영어 숭배는 新사대주의…」, 『경향신문』(2007년 10월 12일자).
강준만, 「한국에서의 '영어의 역사': 영어전쟁 잔혹사, 1816~2009」, 『월간 인물과 사상』(2009년 11월~2010년 2월호).
강철원, 「영어가 뭐길래」, 『한국일보』(2008년 6월 16일자).
경향신문, 「"직원조회 영어로" 삼성물산 신세길 사장」, 『경향신문』(1996년 2월 4일자).
_____, 「'배 아픈 건 못 참는' 도전적 평등주의」, 『경향신문』(2005년 3월 14일자).
_____, 「영어 배우기 열풍 허와 실」, 『경향신문』(2006년 5월 18일자).
_____, 「사설: 영어도 강의도 놓치는 대학 영어 강의 붐」, 『경향신문』(2007년 10월 9일자).
고재학 외, 「영어가 권력이다: 신분과 계급을 결정」, 『한국일보』(2006년 3월 6일자).
고종석, 『감염된 언어』(개마고원, 1999).
국민일보, 「한국 영어 배우기 국가적 종교 방불」, 『국민일보』(2002년 4월 1일자).
권태선, 「영어는 만능이 아니다」, 『한겨레』(2008년 1월 30일자).
김강지숙, 「대한민국은 서울영어공화국」, 『한겨레』(2006년 1월 19일자).
김경달, 「찍기용 영어로 세계화」, 『동아일보』(2001년 3월 9일자).
김순덕, 「영어라는 이름의 '글로벌 사다리'」, 『동아일보』(2008년 2월 1일자).
김영명, 『나는 고발한다: 김영명 교수의 영어사대주의 뛰어넘기』(한겨레신문사, 2000).
_____, 「영어 열풍을 잠재우려면」, 『한국일보』(2007년 11월 22일자).
김완준, 「영어 유감」, 『상상』 제18호 겨울(살림, 1997).
김용식, 「영어 과외 열풍 "아니 벌써"」, 『한국일보』(2000년 5월 5일자).
김진각, 「초등생에 "토익 브리지" 열풍」, 『한국일보』(2003년 3월 26일자).
남대희, 「영어 잘 못하면 사표 써야 할 판」, 『한국일보』(1996년 2월 26일자).
노재현, 「시네마 천국 vs 스크린 지옥」, 『중앙일보』(2006년 8월 18일자).
노현웅, 「영어 숭배 정책 당장 폐기하라」, 『한겨레』(2008년 1월 31일자).
노현웅·이재훈, 「학생 "수업 질 불만" 속 대학 "영어 강의 확대"」, 『한겨레』(2007년 8월 24일자).
동아일보, 「"외국어를 잡아라": 직장인 학원 수강 열기」, 『동아일보』(1995년 2월 16일자).
박권일, 「부자에게 유리한 한국형 평등주의」, 『시사IN』(2008년 10월 11일자).
박노자, 「영어공용화론의 망상」, 『한겨레』(1999년 11월 30일자).
박세훈, 「면접서 판가름… 대기업, 영어회화 중시」, 『조선일보』(1985년 10월 24일자).
박영준 외, 『영어공용화 국가의 말과 삶』(한국문화사, 2004).
박원기, 「직장인 64% "영어 때문에 괴로워"」, 『한국일보』(2007년 10월 30일자).
박원기·김혜경, 「맞아가며 공부해도 영어만 는다면…」, 『한국일보』(2007년 10월 30일자).
박종생, 「이대 신방과 94학번들이 절반도 안 남은 까닭은」, 『한겨레』(1997년 6월 21일자).
박창섭, 「'영어인증시험 열풍' 유치원생까지 덮쳐」, 『한겨레』(2007년 1월 6일자).
복거일, 「영어를 공용어로 채택 한국어와 공존케 하자」, 『뉴스위크 한국판』(1996년 11월 20일자).
_____, 『국제어 시대의 민족어』(문학과지성사, 1998).
_____, 「영어 열풍 이렇게 본다」, 『동아일보』(2002년 2월 5일자).
부형권, 「어린이 해외연수 열풍」, 『동아일보』(1996년 7월 11일자).
손태규, 「높은 영어벽… 수업시간이 두렵다」, 『한국일보』(1992년 2월 24일자).
신호철·채승희, 「도쿄대 교수, 미국 박사는 3.2%」, 『시사저널』(2005년 1월 25일자).
우승현, 「초중고생 토익 '이상 열풍'」, 『문화일보』(2002년 10월 11일자).

유신모, 「무너지는 상아탑 '대4병' 앓는 소리」, 『경향신문』(1997년 7월 12일자).
유초하, 「감성이 지성을 재는 잣대이다」, 『문화과학』 가을(문화과학사, 1997).
윤지관 편, 『영어, 내 마음의 식민주의』(당대, 2007).
이대혁, 「美8군 고교 한국계가 30%」, 『한국일보』(2009년 2월 12일자).
이인열, 「"영어가 학벌보다 낫다" 직장인들 학원 매달려」, 『조선일보』(2010년 3월 26일자).
이태무, 「외국인학교는 '검은머리 귀족' 판?」, 『한국일보』(2008년 11월 14일자).
이학준·강영수, 「초등교생 대상 불법학원과외 극성」, 『국민일보』(1999년 12월 8일자).
이한수, 「서울대·연대·고대 사회과학 교수 86% 미국 박사」, 『조선일보』(2005년 1월 19일자).
이혜운, 「미(美) 카네기연(硏) "영어가 미국의 몰락 막을 것"」, 『조선일보』(2009년 6월 11일자).
임지선 외, 「年 1,800만 원 '명품 유치원'」, 『경향신문』(2007년 2월 28일자).
장은교, 「1천만의 신드롬 괴물」, 『경향신문』(2006년 8월 10일자).
조민진·임정환, 「돈 주고 '외친' 만들기… 빗나간 영어 열풍」, 『문화일보』(2008년 8월 19일자).
조백건 외, 「"잠꼬대도 영어로만…" 영어 감옥에서 보낸 40일」, 『조선일보』(2009년 8월 4일자).
조성돈, 「영어 망국론」, 『국민일보』(2008년 4월 24일자).
조인직, 「영어 찍기 과외 열풍」, 『동아일보』(2002년 10월 24일자).
차미례, 「외국인 영어강사」, 『세계일보』(2001년 3월 9일자).
최재목, 「英語에 미친 나라」, 『교수신문』(2008년 10월 28일자).
태혜숙, 『한국의 탈식민 페미니즘과 지식생산』(문화과학사, 2004).
하천식, 「LA타임스 "R·L 발음 잘하려 어린이들 혀 수술 성행"」, 『한국일보』(2002년 4월 2일자).
한겨레, 「사설: 코흘리개 영어 교육과 말의 자주성」, 『한겨레』(1993년 1월 28일자).
_____, 「주부들 '조기 영어 교육 필요하다' 90%」, 『한겨레』(1994년 6월 26일자).
허윤, 「초등생도 영어시험(PELT·EPAT·TOEIC) 열풍」, 『국민일보』(2004년 10월 21일자).
홍성철, 「빗나간 열풍 中·高 영어 교육 멍든다」, 『문화일보』(2000년 5월 12일자).
홍진수, 「公교육마저 덮친 '영어 광풍'」, 『경향신문』(2006년 9월 15일자).
후나바시 요이치, 홍성민 옮김, 『나는 왜 영어공용어론을 주장하는가』(중앙M&B, 2001).
Benjamin R. Barber, *Jihad vs. McWorld*(2003), 박의경·이진우 옮김, 『지하드 대 맥월드』(문화디자인, 2003).
David Crystal, *English as a Global Language*(1998), 유영난 옮김, 『왜 영어가 세계어인가』(코기토, 2002).
Niall Ferguson, *Colossus: The Rise and Fall of American Empire*(2004), 김일영·강규형 옮김, 『콜로서스: 아메리카제국 흥망사』(21세기북스, 2010).

8장 '피'의 문화정치학: 한국의 '혈서 커뮤니케이션'에 관한 연구

강승규, 「작전주: '큰손'이 인위적으로 값 올린 주」, 『경향신문』(1995년 2월 13일자).
강용준, 「전환기의 내막/반공포로 석방: 장기 억류생활에 지쳐 매일 쓰던 혈서도 없어져」, 『조선일보』(1981년 9월 30일자).
강원용, 「빈 들에서: 나의 삶, 한국현대사의 소용돌이- ①선구자의 땅에서 해방의 혼돈까지」(열린문화, 1993).
강준만, 「자동차의 미디어 기능에 관한 연구: 자동차는 한국인의 국가·사회 정체성 형성에 어떤 영향을 미쳤는가?」, 『언론과학연구』 제9권 2호(한국지역언론학연합회, 2009), 5~46쪽.

_____, 「한국 혈서의 역사: '안중근의 혈서'에서 '히어로의 혈서'까지」, 『월간 인물과 사상』(2009년 4월호), 174~207쪽.
_____, 「한국 시위의 역사: 왜 한국은 '시위 공화국'이 되었나?」, 『월간 인물과 사상』(2009년 5월호), 167~209쪽.
_____, 「아파트의 문화정치학: 아파트가 공공 커뮤니케이션에 미친 영향에 관한 연구」, 『사회과학연구』 제21권 1호(충남대학교 사회과학연구소, 2010), 1~25쪽.
고재학, 「시민·학생과 한마음 민주합성」, 『한국일보』(1995년 4월 20일자).
김영주, 「조선시대 성균관 유생의 권당·공관 연구: 개념과 기원, 절차와 군주의 대응, 현황과 문제점을 중심으로」, 『언론과학연구』 제8권 4호(한국지역언론학연합회, 2008), 253~298쪽.
김종우, 『홧병』(여성신문사, 1997).
김철민, 「민주주의는 진정 피를 먹고 자라는가?: 태국의 반정부시위 사태와 민주주의」, 『관훈저널』 제115호 여름(관훈클럽, 2010), 99~110쪽.
김학순, 「日 우경화의 뿌리 캐기」, 『경향신문』(2008년 7월 25일자).
도정일, 「지금은 축제의 시간」, 『한겨레』(2002년 6월 17일자).
도진순, 『한국민족주의와 남북관계』(서울대학교출판부, 1997).
마광수, 『나는 야한 여자가 좋다: 마광수 에세이』(북리뷰, 2010 개정판).
문순태, 「鯉魚의 눈」, 『제3세대 한국문학: 문순태』(삼성출판사, 1984).
민동용, 「서양 시위대는 왜 벗을까」, 『동아일보』(2003년 3월 14일자).
박경미, 「'국가의 마법'과 지식인의 상상력」, 『녹색평론』 제107호(2009년 7·8월호), 171~178쪽.
박경태, 「날마다 자신을 확인해야 하는 사람들: 혼혈 '인'을 만나다」, 『당대비평』 제25호 봄(생각의나무, 2004), 234~243쪽.
박승옥, 「촛불, 민주주의, 석유문명」, 『녹색평론』 제101호(2008년 7·8월호), 78~93쪽.
박영률, 「"미군 재판 다시" 초등생들 혈서」, 『한겨레』(2002년 12월 10일자).
박종문, 「독립군 733인 혈서 발견」, 『한겨레』(1995년 8월 12일자).
서중석, 『조봉암과 1950년대(상)』(역사비평사, 1999).
송호진, 「어제 은퇴한 '사마귀슈터' 김영만」, 『한겨레』(2007년 3월 14일자).
신형철, 「그가 남몰래 울던 밤을 기억하라」, 『한겨레 21』(2009년 6월 12일자).
안도현, 「고마워요 미안해요 일어나요」, 『한겨레』(2009년 5월 30일자).
오석근, 「독자의 소리: 초등학생까지 혈서 쓰게 해서야」, 『한국일보』(2002년 12월 13일자).
유병선, 「10·26 사반세기」, 『경향신문』(2004년 10월 27일자).
이계삼, 「평형감각을 되찾기 위하여」, 『녹색평론』 제107호(2009년 7·8월호), 179~187쪽.
이규민, 「보수들이 무엇을 했는데」, 『동아일보』(2003년 1월 21일자).
이규태, 『한국인의 의식구조 2』(신원문화사, 1983).
_____, 『한국인의 정서구조 2』(신원문화사, 1994).
이기문 편, 『속담사전』(일조각, 1980).
이무용, 『공간의 문화정치학』(논형, 2005).
이승선, 「'1인 시위'에 있어서 '1인'의 개념에 관한 연구」, 『언론과학연구』 제10권 2호(한국지역언론학연합회, 2010), 380~420쪽.
이승원, 『학교의 탄생: 100년 전 학교의 풍경으로 본 근대의 일상』(휴머니스트, 2005).
이은봉, 『한국인의 죽음관』(서울대학교출판부, 2000).
이재오, 『해방 후 한국학생운동사』(형성사, 1984).
이재진·이정기, 「표현수단으로서의 1인 시위에 관한 탐색적 연구: 관련 판례 분석을 중심으로」, 『언론과학연구』 제9권 4호(한국지역언론학연합회, 2009), 603~638쪽.
이주형, 「언론이 외면한 집회」, 『한겨레』(2001년 4월 17일자).
이창호·배애진, 「뉴미디어를 활용한 다양한 사회운동방식에 대한 고찰: 2008년 촛불집회를 중심으로」, 『한국언론정보학보』 제44호 겨울(한국언론정보학회, 2008), 44~75쪽.
이헌, 「'4·19' 35주… 되새겨본 "민주함성"」, 『동아일보』(1995년 4월 18일자).
장명수, 「'결의대회' 추방대회」, 『한국일보』(1994년 3월 9일자).
정용환, 「'혈액시위' 반감… 농민 참가자 대거 이탈」, 『중앙일보』(2010년 3월 18일자).
조긍호, 「'한국인 이해의 개념틀'로 나눈 철학자와 심리학자의 대화」, 『교수신문』(2003년 5월 5일자).
조선일보, 「무관교에 혈서 지원청년과 기금 답지」, 『조선일보』(1945년 12월 15일자).
_____, 「혈서도 20여 통 경교장에 조사 답지」, 『조선일보』(1949년 7월 3일자).
_____, 「20여 학생이 혈서: 통일 없는 휴전반대에 궐기」, 『조선일보』(1953년 5월 4일자).
_____, 「다투어 북진 혈서: 탑동공원서 상이군인들 궐기」, 『조선일보』(1953년 5월 11일자).
_____, 「무대예술인 북진을 절규: 가냘픈 여성들도 연이어 혈서」, 『조선일보』(1953년 5월 13일자).
_____, 「송환반대의 혈서: 영천수용소서 반공포로들 시위」, 『조선일보』(1953년 5월 16일자).
_____, 「13세 소녀도 북진 혈서」, 『조선일보』(1953년 6월 18일자).
_____, 「혈서 통에 선거사무원들 두통」, 『조선일보』(1956년 4월 16일자).
_____, 「혈서도 각처에서 쇄도」, 『조선일보』(1959년 12월 15일자).
_____, 「자유당 강연회서도 청년들이 혈서」, 『조선일보』(1960년 3월 8일자).
_____, 「혈서-화형 '안보물결'」, 『조선일보』(1975년 5월 11일자).
_____, 「한파 속 규탄가열 스즈끼 화형식-혈서 쓰기도」, 『조선일보』(1980년 12월 5일자).
조정래, 『한강 1』(해냄, 2002).
조현우, 「'원더걸스 돌아와' 혈서 소동… 극단으로 치닫는 아이돌 팬덤」, 『국민일보』(2010년 1월 10일자).
조흡·강준만, 「간판의 문화정치학: 간판은 어떻게 한국사회를 재현하는가?」, 『한국언론학보』 제53권 6호(한국언론학회, 2009), 104~126쪽.
최상진, 「한국인의 마음」, 최상진 외, 『동양심리학: 서구심리학에 대한 대안 모색』(지식산업사, 1999), 377~479쪽.
_____, 『한국인 심리학』(중앙대학교출판부, 2000).
하희정·이재성, 『독서 논술의 핵심 코드 101』(위즈북스, 2005).
한규석, 『사회심리학의 이해』(학지사, 1995).
홍은택, 「인간답게 살고 싶다」, 『동아일보』(1990년 12월 5일자).
황순구, 「안중근 의사 등 혈서비문 고국에」, 『한겨레』(1993년 3월 18일자).
Andrew Kimbrell, *The Human Body Shop*(1993), 김동광·과학세대 옮김, 『휴먼 보디숍: 생명의 엔지니어링과 마케팅』(김영사, 1995).
Bill Hayes, *Five Quarts: A Personak and Natural History of Blood*(2005), 박중서 옮김, 『5리터: 피의 역사 혹은 피의 개인사』(사이언스북스, 2008).
Erving Goffman, *The Presentation of Self in Everyday Life*(Garden City, New York : Doubleday Anchor Books, 1959).
Ian Angus & Sut Jhally(eds.), *Cultural Politics in Contemporary America*(New York : Routledge, 1989).
Joel Schwartz, "Freud and Freedom of Speech", *American Political Science Review*(1986) 80:4, pp.1227~1248.
Michel Foucault, *L'histoire de la sexualité: La volunté de savoir*(1976), 이규현 옮김, 『성의 역사 1:

앎의 의지』(나남, 1990).
Norbert Bolz & Willem van Reijen, *Walter Benjamin*(1991), 김득룡 옮김, 『발터 벤야민: 예술, 종교, 역사철학』(서광사, 2000).
Susan Buck-Morss, *Dialectics of Seeing: Walter Benjamin and the Arcades Project*(1991), 김정아 옮김, 『발터 벤야민과 아케이드 프로젝트』(문학동네, 2004).
Samuel E. Stumpf & James Fieser, *Socrates to Sartre and Beyond*(2003), 이광래 옮김, 『소크라테스에서 포스트모더니즘까지』(열린책들, 2004).
Walter Benjamin, *Passagen-Werk*(1982), 조형준 옮김, 『아케이드 프로젝트 1』(새물결, 2005).

부록 간판의 문화정치학: 간판은 어떻게 한국사회를 재현하는가?

강길호, 「공손전략과 체면관리」, 임태섭 편저, 『정, 체면, 연줄 그리고 한국인의 인간관계』(한나래, 1995), 129~147쪽.
강상헌, 「백화점의 '속임수 판매'」, 『동아일보』(1990년 7월 21일자).
강준만, 「백화점의 '문화공학' 발달사」, 『월간 인물과 사상』(2006년 9월호), 99~155쪽.
_____, 「왜 한국인은 간판에 목숨을 거는가?」, 『월간 인물과 사상』(2008년 1월호), 154~204쪽.
강춘수 외, 「전기 먹는 '형광등 간판' 바꾸자」, 『중앙일보』(2008년 2월 5일자).
강혜승, 「경찰서 외벽에 불법 현수막」, 『동아일보』(2008년 3월 7일자).
경향신문 특별취재팀, 『우리도 몰랐던 한국의 힘』(한스미디어, 2006).
구대식, 「나무 심는 전주시, 나무 때문에 골머리」, 『전북일보』(2009년 4월 8일자).
김승현, 「여기가 한국인가 외국인가: 우리글이 거리서 쫓겨난다」, 『세계일보』(1991년 10월 9일자).
김영용, 「경쟁력과 '평등의 덫'」, 『문화일보』(2005년 3월 17일자).
김원일, 『불의 제전 4』(문학과지성사, 1997).
김윤덕, 「눈길이 머물지 못하는 거리: 한국의 간판문화」, 『경향신문』(1997년 1월 24일자).
김진석, 「문학장 더럽히는 부풀리기 광고」, 『한겨레』(2003년 9월 22일자).
라동철, 「행안부 "전국 불법간판 220만 개"」, 『국민일보』(2008년 5월 19일자).
문화일보, 「간판으로 덮인 서울」, 『문화일보』(1997년 3월 22일자).
박대인, 「간판 정글」, 『조선일보』(1969년 12월 21일자).
박재환, 「현대 한국인의 생활원리」, 박재환 외, 『현대 한국사회의 일상문화코드』(한울아카데미, 2004), 13~67쪽.
박태원, 『소설가 구보 씨의 일일: 박태원 단편선』(문학과지성사, 2005).
서중석, 『한국현대민족운동연구』(역사비평사, 1991).
성석제, 「비주얼의 폭력, 간판의 숲」, 『중앙일보』(2005년 7월 2일자).
송양민, 「2~3년 새 부쩍 는 향락업소」, 『조선일보』(1986년 7월 30일자).
송홍근, 「간판, 크다고 좋은 줄 아십니까」, 『주간 동아』(2005년 10월 18일자).
신광영, 『한국의 계급과 불평등』(을유문화사, 2004).
신인섭, 『한국광고발달사』(일조각, 1992).
심혜련, 「도시공간과 흔적 그리고 산책자」, 『시대와 철학』 19권 3호(한국철학사상연구회, 2008), 103~135쪽.
오명철, 「원조, 진짜 원조」, 『동아일보』(2004년 10월 29일자).
유석춘, 「간판문화」, 『경향신문』(1998년 3월 24일자).

윤상돈, 「'악덕상혼' 이 가로수 죽인다」, 『서울신문』(2001년 6월 2일자).
윤상호, 「미관 해치는 '마구잡이 간판'」, 『동아일보』(2000년 10월 18일자).
이강은·오승재, 「사법 불신 위험수위」, 『세계일보』(2005년 4월 1일자).
이문재, 「간판의 애무, 간판의 유혹, 간판의 범행」, 『상상』 3호 봄(살림, 1994), 156~160쪽.
이윤찬, 「기업 오너 동선 따라 광고판 '줄줄이'」, 『이코노미 21』(2007년 8월 6일자).
이일, 「간판 공해: 무질서로 치닫는 서울의 괴물」, 『조선일보』(1972년 3월 31일자).
이정은, 「중고생 88% "법 위에 돈-권력"」, 『동아일보』(2005년 9월 29일자).
이진경, 『근대적 시·공간의 탄생』(푸른숲, 2002).
임지현, 『민족주의는 반역이다』(소나무, 1999).
임태섭, 「체면을 숭배하는 나라, 한국」, 임태섭 편저, 『정, 체면, 연줄 그리고 한국인의 인간관계』(한나래, 1995), 101~128쪽.
장유정, 『오빠는 풍각쟁이야: 대중가요로 본 근대의 풍경』(민음in, 2006).
전상인, 『아파트에 미치다: 현대한국의 주거사회학』(이숲, 2009).
정진상, 「한국전쟁과 전근대적 계급관계의 해체」, 경상대학교 사회과학연구소 엮음, 『한국전쟁과 한국자본주의』(한울아카데미, 2000), 11~58쪽.
조계완, 「자영업은 정말 과잉인가」, 『한겨레 21』(2004년 12월 23일자).
조선일보, 「대서울 진단: 도시 미관」, 『조선일보』(1959년 9월 13일자).
_____, 「간판과 선전막에 덮인 서울」, 『조선일보』(1960년 11월 24일자).
_____, 「네온사인 붐: 서울만도 5,000군데」, 『조선일보』(1962년 12월 7일자).
_____, 「한국의 장글: 현판에 막히는 서울의 창」, 『조선일보』(1963년 3월 7일자).
_____, 「도시 미관 해치는 '간판 공해'」, 『조선일보』(1977년 9월 23일자).
주은우, 『시각과 현대성』(한나래, 2003).
최봉영, 『한국인의 사회적 성격(II): 일반이론의 적용』(느티나무, 1994).
최상진, 『한국인 심리학』(중앙대학교출판부, 2000).
최성만, 「발터 벤야민의 인간학적 유물론」, 『뷔히너와 현대문학』, 30호(한국뷔히너학회, 2008), 225~252쪽.
최정훈, 「문화평론가 김현도 씨가 본 우리시대 간판문화」, 『경향신문』(2000년 3월 9일자).
최홍운, 「국어학회, 전국 간판실태조사」, 『서울신문』(1993년 12월 22일자).
함병춘, 「수수께끼 간판」, 『조선일보』(1969년 12월 30일자).
함성호, 「전통은 아무리 더러운 전통이라도 좋다」, 강수미 외, 『서울생활의 발견』(현실문화연구, 2003), 233~243쪽.
허영란·류근범·김제정, 「한국 근현대사 속의 거리광고물과 가로 경관: 서울 도심의 간판을 중심으로」, 서울시정개발연구원, 『서울 20세기 생활문화 변천사』(서울시정개발연구원, 2001), 610~668쪽.
홍성태, 『서울에서 서울을 찾는다』(궁리, 2004).
Daniel J. Boorstin, *The Image: A Guide to Pseudo-Events in America*(New York : Atheneum, 1985).
Geert Hofstede, *Culture and Organizations*(1995), 차재호·나은영 옮김, 『세계의 문화와 조직』(학지사, 1996).
Graeme Gilloch, *Myth and Metropolis: Walter Benjamin and the City*(1996), 노명우 옮김, 『발터 벤야민과 메트로폴리스』(효형출판, 2005).
Guy Debord, *La Societe du Spectacle*(1967), 이경숙 옮김, 『스펙타클의 사회』(현실문화연구, 1996).
Michael Savage & Alan Warde, *Urban Sociology, Capitalism and Modernity*(1993), 김왕배·박세훈 옮김, 『자본주의 도시와 근대성』(한울, 1996).

Ruth Benedict, *The Chrysanthemum and the Sword: Patterns of Japanese Culture*(1946), 김윤식 · 오인석 옮김, 『국화와 칼: 일본문화의 틀』(을유문화사, 1995).
Susan Buck-Morss, *Dialectics of Seeing: Walter Benjamin and the Arcades Project*(1991), 김정아 옮김, 『발터 벤야민과 아케이드 프로젝트』(문학동네, 2004).
Valerie Gelézeau, *Séoul, ville géante, cités radieuses*(2003), 길혜연 옮김, 『한국의 아파트 연구』(아연출판부, 2004).
_____, *Séoul, ville géante, cités radieuses*(2003), 길혜연 옮김, 『아파트 공화국』(후마니타스, 2007 개정판).
Walter Benjamin, *Passagen-Werk*(1982), 조형준 옮김, 『아케이드 프로젝트 1』(새물결, 2005).